이 책에 쏟아진 찬사

"다니엘 아이젠버그는 이 책에서 다음과 같은 두 가지 잘못된 신화를 산산조각 낸다. 첫 번째는 재능에 대한 신화이고 두 번째는 전문가에 대한 신화다. 이 책은 초보자의 신선한 관점이 어떻게 장벽을 극복하고 전문가들이 보지 못할 수 있는 기회를 발견할 수 있는지를 알려준다. 올해 가장 주목할 만한 책이다."
● 《비즈니스 다이제스트Business Digest》

"아이젠버그는 창업을 성공으로 만드는 여러 요소들을 세분하는 데 탁월한 재주를 보이고 있다."
● 《배런스BARRONS》

"이 책에는 정말로 위대한 회사를 만드는 것이 얼마나 어려운지에 대한 솔직한 고백과 더불어 창업에 매우 유용하고 꼭 필요한 지식을 알려준다. 이런 종류의 지식이라면 무가치하거나 불가능하거나 어리석지 않다."
● 《파이낸셜 타임즈Financial Times》

"아이젠버그의 책은 새롭고 혁신적인 업무의 다채로운 지형을 효과적으로 보여준다. 그리고 창업가들에게 영감을 불러일으키는 이야기들을 통해 그의 신선한 주장을 명확히 입증한다."
● 《퍼블리셔스 위클리Publishers Weekly》

"매우 매력적인 책이다. 이 책은 대부분이 성공적인 창업가가 되기 위해 필요한 것이라고 생각하는 것들에 반기를 들고 실제로 어떻게 성공했는지에 대해 뛰어난 통찰력을 제공한다. 성공적인 창업가가 되기 위해 무엇이 필요한지 궁금하다면 다니엘 아이젠버그가 쓴 이 책을 추천한다."
● 《USA 투데이USA Today》

"도발적이고 통찰력이 있고, 흥미진진하게 읽힌다."
● 《초이스 매거진Choice magazine》

"야심을 가진 창업가들을 위해 동기 부여를 해주고 자립할 수 있는 통찰을 제시한다."
● 《북 뉴스Book News》

이 책은 고정관념을 흔들어놓는다. 이 책은 창업에 성공한 사람들이 모두 스티브 잡스, 마크 주커버그, 세르게이 브린과 같은 모습이 아님을 확실하게 보여준다. 창업을 하려는 사람들이 모두 실리콘밸리에 사는 건 아니다. 가장 중요한 것은 스타트업 기업을 설립하여 새로운 제품을 만들거나 문제를 해결하는 것 이상의 일을 창업가들이 해낸다는 점이다. 그들은 종국에는 영속적인 가치를 창조하는 기업을 만든다.
● 에스더 다이슨Esther Dyson, 에드벤처 홀딩스EDventure Holdings의 회장

다니엘 아이젠버그는 어떻게 직관에 반하는 사고(그리고 때때로 납득이 안 갈 정도로 실패에 무관심한 태도)가 세계적인 비즈니스를 일으키고 종종 대변혁을 일으키는지 설명하기 위해 현실 속 창업가들의 마음을 파고듦으로써 "쓸데없고 불가능하고 멍청하다"는 말을 엄청난 칭찬의 말로 바꾸어놓았다.
● 짐 맥캔Jim McCann, 1-800-Flowers.com 및 Celebrations.com의 창립자이자 CEO

다니엘 아이젠버그의 책은 창업가정신, 창업가, 비즈니스 기회의 특성들을 완전히 새롭게 조명한다. 독창적인 내용으로 생각을 자극하면서도 재미있게 읽힌다. 창업가정신이라는 중요한 주제에 관한 수많은 '뻔한 소리'들을 일시에 날려버리면서 말이다.
● 요시 바르디Yossi Vardi, 인터넷 분야의 '연쇄 창업가'

모든 역발상자들의 소명: 거대한 리스크, 의심, 좌절을 감수하며 비범한 가치를 촉발시킨다면, 당신은 다니엘 아이젠버그가 쓴 이 책에서 자신의 모습을 발견할 것이다. 이 책은 창업가정신에 관한 수많은 미신을 깨뜨리면서 창업가가 걷는 길의 험난함을 완벽하게 포착하고 있다.
● 린다 로텐버그Linda Rottenberg, 인데버 글로벌Endeavor Global의 공동 창립자이자 CEO

이 책은 사업 개발에 관한 전통적인 이론들에는 진짜로 위협이 되는 책으로서, 인간이 행하는 여러 노력에도 그 교훈을 동일하게 적용할 수 있다. 세상을 더 나은 곳으로 만들고자 한다면, 이 책을 읽어라.
● 칼레스투스 주마Calestous Juma, 하버드 케네디 스쿨 교수, 『The New Harvest』의 저자

스티브 잡스, 제프 베조스, 프랑수아 피놀트, 디에고 델라 발레 등 수많은 위대한 창업가들처럼 다니엘 아이젠버그는 역발상자이고 도발적인 사상가다. 이 책은 성공적으로 창업을 하려는 데에는 비전, 용기, 사고방식이 중요하지 나이, 전문성, 논리적 근거는 아무런 상관이 없다는 점을 실사례를 통해 정확하게 보여준다.
● 그레구아르 센틸레스Gregoire Sentilhes, 넥스트스테이지NextStage의 CEO, 'G20 청년 창업가 연대'의 공동 창립자

"창업가정신은 업을 창출하고 공동체를 지원하며 더 잘 작동하는 세계를

구축하기 때문에 건강한 경제를 위해 매우 중요하다. 이 책은 이런 중요한 주제들을 복잡하고 도발적인 이야기로 보여준다."
● 마리아 피넬리Maria Pinelli, 언스트 & 영Ernst & Young 부회장

"다니엘 아이젠버그는 이 책에서 '흐름을 거스르는 것'에 대해 분명히 보여준다. 창업가들은 가치를 창조하는 것만큼이나 가치를 포착할 방법을 찾는 데 혁신적일 필요가 있다. 창업가정신으로 인해 사회는 더 유익해질 것이다."
● 닉 나자리스Nick Lazaris, 큐리그Keurig의 전 CEO

"다니엘 아이젠버그는 우리에게 창업가정신의 근본이 무엇인지를 보여준다. 그것은 모두가 볼 수는 없는, 쓸데없고 불가능하고 멍청해 보이는 것에서 가치를 규명하고 창조하며 포착하는 일에 관한 것이다. 이에 성공한 단호한 창업가에게는 진정한 보상이 있을 것이라는 점 또한 보여준다."
● 미코 코소넨Mikko Kosonen, 핀란드 이노베이션 펀드 시트라Sitra의 회장

"이 책은 많은 창업가들의 반골적 성향에 대해 시사하는 바가 많다. 저자는 전 세계 모든 곳에서 수집한 여러 사례들로 창업가정신에 대한 기존의 정의에 이의를 제기한다. 스타트업 커뮤니티 구축을 위해 반드시 읽어야 할 책이다."
● 브래드 펠드Brad Feld, 파운드리 그룹Foundry Group의 상무이사, 테크스타스TechStars의 공동창립자, 『스타트업 커뮤니티Startup Communities』의 저자

"다니엘 아이젠버그의 친절하고 상세한 통찰력이 담긴 이 책은 회사를 시작하고 규모를 늘리기 위해, 그리고 더 현명한 환경을 구축하기 위해

노력하는 전 세계 정책 결정자들의 필독서다."
● 조나단 오트만스Jonathan Ortmans, 글로벌 엔트리프리너쉽 위크Global Entrepreneurship Week의 사장이자 어윙 마리온 카우프만 재단Ewing Marion Kauffman 선임연구원

"다니엘 아이젠버그는 이 혁신적인 책으로 고정관념을 깨뜨리고 종종 오해를 받곤 하는 창업가정신의 개념을 명확히 보여준다. 고무적이고 생생한 그의 예들은 많은 사람들이 종종 쓸데없고 불가능하고 멍청해 보이는 어떤 것에서 진정한 가치가 발견되곤 한다는 사실을 증명한다."
● 아킨 온고르Akin Öngör, 가란티 뱅크Garanti Bank의 전 CEO

"가치 있고 실용적이며 통찰력이 있는 다니엘 아이젠버그의 이 책은 창업가들의 여정에 큰 도움이 되는 최고의 지침서다."
● 로날드 코헨Ronald Cohen, 아팍스 파트너스Apax Partners의 전 회장

하버드
창업가
바이블

• 일러두기

국내에서는 일반적으로 'entrepreneur' 'entrepreneurship'을 '기업가' '기업가정신'으로 번역하는 경우가 많은데 미국 내에서 쓰이는 enterpreneur가 '유에서 무를 만드는' '탄생의 의미'로 주로 쓰인다는 점과 '업을 만드는' 과정과 그 스토리를 담고 있는 이 책의 맥락을 고려하여 'entrepreneur'는 '창업'으로, 'entrepreneurship'은 '창업가정신'으로 변역했다. 'serial entrepreneur'의 경우에는 연쇄 창업가로 번역했다.

WORTHLESS, IMPOSSIBLE, AND STUPID: How Contrarian Entrepreneurs Create and Capture Extraordinary Value by Daniel Isenberg

Original work copyright ⓒ 2013 Daniel Isenberg
All rights reserved.

This Korean edition was published by Dasan Books in 2014 by arrangement with Harvard Business Review Press through KCC(Korea Copyright Center Inc.), Seoul.

이 책은 (주)한국저작권센터(KCC)를 통한 저작권자와의 독점계약으로 (주)다산북스에서 출간되었습니다. 저작권법에 의해 한국 내에서 보호를 받는 저작물이므로 무단 전재와 복제를 금합니다.

전 세계 창업가들의 27가지 감동 스토리

하버드 창업가 바이블

다니엘 아이젠버그
캐런 딜론 지음 ǀ 유정식 옮김

다산북

| 한국의 독자들에게 |

나는 이 책의 번역본이 한국에서 출간되는 것을 우연이라고 생각하지 않는다.

세계에서 1조 달러가 넘는 GDP를 가진 국가는 20개도 채 되지 않는데 한국은 그중 하나다. 한국은 상대적으로 높은 산업적 성과와 낮은 문맹률을 달성했고, 인터넷과 무선통신의 보급률은 상당히 높으며, 청년 실업률은 스위스, 노르웨이, 독일 등의 국가와 비슷한 수준으로 낮다. 또한 한국의 활발한 주식시장은 그 규모에 있어 인구가 훨씬 많은 독일(약 8100만 명)에 필적할 정도다. 1998년에 아시아를 강타한 경제 위기 때 나는 지역적이면서도 세계적인 경제 위기를 극복하는 한국의 저력을 직접 목격했는데, 2008년의 금융 위기 때도 한국은 상대적으로 빠른 회복력을 다시 한 번 증명했다. 또한 한국의 이민자들은 세계 주요 국가의 경제에서 폭넓고 활발한 활동을 보이고 있다.

이 모든 특성들은 한국에서 창업가정신이 자라나기 위한 좋은 기반이다. 이 책은 창업가정신의 성공과 실패에 관한 개인들의 이야기에 초점을 맞추고 있지만, 창업가정신의 융성에 있어 한국이 가진 거시적인 조건들이 매우 도움이 된다는 사실은 의심의 여지가 없다. 한국에도 창업가정신이 광범위하게 잠재되어 있는 것이 틀림없다. 나는 창업가정신이 한국에서 크게 번성하리라고 믿어 의심치 않는다.

나는 이 책이 그 속도를 가속시키는 데 도움이 되길 희망한다.

다니엘 아이젠버그

| 차례 |

들어가는 말 | 왜 당신은 이 책을 읽어야 하는가? • 14
프롤로그 | 어떻게 평범한 사람이 성공한 창업가가 되는가? • 21

제1부
창업가에 대한 잘못된 환상 세 가지

나는 미신에 가까운 실리콘밸리의 위상이 창업을 꿈꾸는 사람들의 의지를 오히려 꺾는다고 생각한다. 창업가는 '쌈박한' 무언가를 발명해내는 '천재 소년'이란 고정관념 때문에, 사람들은 자신의 영역에서 높은 전문성을 보유하고 참신한 아이디어를 가진 젊은이만 창업할 수 있다고 생각해왔다.

1장 | 그들은 '혁신가여야' 하는가? • 32
2장 | 그들은 '전문가여야' 하는가? • 50
3장 | 그들은 '젊어야' 하는가? • 72

제2부
그들의 공통점은 '역발상'

"모든 사람들은 예외 없이 저 보고 제정신이 아니라고 말하더군요. 아무도 이 일이 멋진 아이디어라고 말하지 않았죠. 제 아내도 마찬가지였습니다"라고 제이 로저스는 말했다. 그런 경고성 조언을 들으니 로저스의 마음속에서는 더욱 그 일을 하고 싶다는 오기가 발동했다. "모든 사람들이 좋은 아이디어라고 말한다면, 다른 길로 달려가라."

4장 | 최고의 창업가는 미치광이 같다 • 98
5장 | 최고의 벤처기업은 불가능해 보인다 • 132

제3부
역경이 빛을 발하는 순간

베테랑 벤처 캐피탈리스트 토드 다그레스는 2011년 6월 밥슨 칼리지에서 개최된 '엑스코노미 창업가정신 회의'에서 이렇게 말했다. "새로운 '모험'을 시작하는 것은 반드시 어려워야만 한다." '역경'은 창업가를 강하게 만들고, 창업가정신의 필수요건인 '패기'가 없는 자들을 시장에서 제거해낸다.

6장 | 왜 모든 창업가들은 역경에 직면하는가? • 168
7장 | 역경을 제대로 마주하는 방법 • 187
8장 | 발등에 떨어진 불을 끄는 방법 • 208
9장 | 내 몫을 제대로 챙기는 능력 • 227

제4부
창업, 흐름을 거스르는 것

우리가 지금껏 살펴본 창업가들은 겉으로 보기엔 평범한 사람들이다. 다시 말해, 비범한 업적을 달성한 평범한 사람이란 뜻이다. 그렇기 때문에 그들이 '그것'을 할 수 있었다면, 나라고 해서 '그것'을 못할 이유는 없는 것이다. 이는 소질이나 스킬이 아니라 '선택과 헌신' '열망과 태도'의 문제다.

10장 | 비범한 가치 인식하기 • 259
11장 | 비범한 가치 창조하기 • 277
12장 | 비범한 가치 획득하기 • 302

에필로그 | 창업을 원하는 사람들에게 필요한 현실적인 조언 • 326
나가는 말 | 이 책을 쓰게 된 계기 • 377

| 들어가는 말 |

왜 당신은 이 책을 읽어야 하는가?

요즘 들어 '창업가정신Entrepreneurship'에 관한 이야기들이 시끌벅적하게 쏟아져 나온다. 대중의 이목을 끄는 '스타트업Start-Up 운동'들은 이미 여러 나라에서 활발하게 진행 중이다. 또한 소셜 미디어 기업들이 우후죽순 생겨나 개인의 삶은 물론 직장 생활에도 지대한 영향을(관점에 따라서는 지장을) 끼치고 있다. 수십 개국에서 수백만 명의 사람들이 '세계 창업가정신 주간Global Entrepreneurship Week'과 같은 축하 행사에 참가한다. 매년 여름, 미국에서는 수만 명의 학생들이 비즈니스를 교육하는 프로그램 '레모네이드 데이Lemonade Days'에 참여한다. 거의 모든 나라에서 대통령이나 총리들이 '창업가정신'이라는 단어를 입에 올리는 중이다. 이에 '일자리 창출'까지 덧붙여 숨 가쁘도록 언급하고 있다.

이런 현상이 우리에게 무엇을 의미할까? 느끼고 있는지 모르겠지만,

창업가정신은 우리의 삶에 점점 더 직접적으로 영향을 미치고 있다. 혹시 당신은 벤처기업을 시작했거나 벤처 기업가를 위해 일하고 있지 않은가? 어쩌면 당신은 고용주를 위해 일하기보다 상사가 쓰레기통에 던져버린 멋진 아이디어를 꺼내서 자신의 사업 아이템으로 삼으면 어떨까 고민하고 있을지도 모른다. 아마도 당신은 가족과 친구의 만류를 뿌리치고 급변하는 고객 니즈를 충족시키고자 시장에 뛰어들거나, 어려운 사회 문제에 관해 멋진 해결책을 내놓거나, 아무도 만들거나 팔려고 하지 않았던 새로운 제품을 개발하고 싶은 마음이 굴뚝 같을 것이다. 혹은, 지금껏 마음속에 품고 있던 엉뚱하지만 기발한 아이디어를 실현해보려고 회사 동료 한 명을 꾀고 있지는 않은가? 아니면 소유주나 채권 은행이 가망 없다고 포기해버린 부실업체 한 곳을 당신의 지인 중 누군가가 인수해 성장시키는 모습을 부러운 듯 바라보고 있을지 모른다. 그것도 아니라면 당신만의 벤처기업을 안정 궤도에 진입시키고 '빌어먹을 놈들'을 대하느라(뒤에서 이것에 대해 언급할 예정이다) 하루에 18시간씩 뼈 빠지게 일하다가 잠시 쉬는 시간에 이 책을 막 펼쳤을지도 모른다.

단언컨대, 식은 죽 먹기처럼 쉬운 벤처사업은 지금껏 없었고 앞으로도 없을 것이다. 배우자는 당신에게 '실패할 경우 가정이 급격히 위태로워질 것'이라고 경고할 것이다. 당신의 제품에 관심을 가질 고객들은 거의 없고, 있다고 해도 매출로 이어지기 힘들 수 있다. 투자자들은 아주 까다로워서 투자 요청을 받아들일 확률이 희박하다. 시장에 제품을 출시하려면 당신이 상상한 것 이상으로 많은 불면의 밤을 지새워야 한다. 삶의 최악의 시간을 언젠가 최고의 시간으로 기억되도록 만들려면 말이다.

이렇게 고된 이유가 뭘까? 가장 큰 이유는 당신이 시장의 흐름을 거슬러 헤엄치고 있거나, 당신의 의도와 다르게 시장이 흘러가기 때문이다. 명색이 창업가인데 그런 경험을 한 적이 없다면 당신은 창업가정신을 지녔다고 말할 수 없다. 창업가는 아직 세상에 존재하지 않는(아마도 창업가의 상상 속에서만 존재하는) 제품이나 서비스를 시장에 내놓으려고 끊임없이 새로운 무언가를 하는 사람이기 때문이다. 창업가는 사람들에게 지금 사용하고 있거나 구입하고 있는 것들이 생각보다 별로라는 점과, 삶을 개선하려면 행동을 바꿔야 하고 뛰어난 자사의 제품을 사야 한다는 점을 널리 알리고자 한다. 이 말은 곧 창업가가 아무에게나 무턱대고 들이대려다가 까딱 잘못하면 무관심의 대상에서 경멸의 대상으로 전락하고 말 것이라는 의미다. 그러나 현실에서 저항의 벽을 낮추는 데 성공한다면, 창업가는 마침내 자신이 제시한 새로운 제품이나 서비스가 높은 가치를 지녔음을 증명하게 될 것이다.

이 책에서 당신은 이런 '흐름에 역행하는' 과정이 예외적인 게 아니라 창업가정신의 근본적인 특성임을 깨달을 것이다. 앞에서 말한 과정은 어떤 형태로든 지금 이 순간에도 무수히 반복되고 있다. 세계 어느 곳이든 예외 없이 나타나는 '흐름에 역행하는' 현상은 이 책에서 다룰 핵심 질문의 기초다. 흐름을 거스르는 아이디어를 가진 사람들이 어떻게 비범한 가치를 창조하고 획득하는 데 성공할 수 있을까? 더 많은 사람들이 성공할 수 있는 역량을 갖출 수는 없을까?

이 책은 '보통 사람들'이 지나쳐버린 곳에 얼마나 다양한 가치가 숨겨져 있는지, 그리고 창업가들이 어떻게 이를 간파하고 성공으로 이끌어 냈는지를 다룬다. 그들은 자기가 발견한 '진주'가 새로운 제품과 서비스 (으레 그러하듯, 고객들이 처음에는 별로 필요성을 느끼지 못하는)로 이어지도록 애쓰고, 비범한 가치를 실현할 때까지 결코 포기하지 않았다.

나는 지금껏 방문했던 45개의 국가에서 예외 없이 이러한 창업가정신을 목격했다. 그러면서 창업가정신이 미술, 음악, 연극, 문학과 같은 '인간 경험Human Experience'의 일종이라는 점을 확신하게 됐다. 비록 통계적으로는 드물지 몰라도(훌륭한 예술가가 배출될 확률이 희박한 것과 마찬가지로), 창업가정신은 거의 모든 사회에서 발생하고 또 발견되고 있다. 절대로 실리콘밸리처럼 전설적인 지역에만 국한된 현상이 아니다.

아이러니하게도 비범한 가치를 창조해낸 사례가 적은데도 불구하고 이 책에 등장하는 대부분의 창업가들이 평범한 사람이라는 사실에 당신은 충격을 받을지도 모른다. 그들과 우리의 차이점은 '그들은 누구인가?' 혹은 '그들은 어떤 자원을 가졌는가?'에 있다기보다는 '그들은 무엇을 생각하고 어떻게 생각하는가?'에 있다.

창업가들의 이야기는 항상 사람들의 궁금증을 유발한다. 이 책에서 언급되는 창업가들 역시 예외가 아니다. 그들의 영감이 어디에서 비롯되는지, 그들이 성취하려고 매진하는 것들이 무엇인지, 무엇이 그들을 계속 인내하게 만드는지, 그리고 어떻게 그들이 그토록 놀라운 성과를 달성해내는지, 궁금하지 않을 수 없다. 이런 궁금증이 당신의 생각을 자극하고 행동에 옮길 수 있도록 영감을 줄 수 있을 것이다.

이 책은 창업가나 예비 창업가를 위해 출간된, '이렇게 하기만 하면 성공한다'는 식의 '요리책'이 아니다. 그런 종류의 책들은 이미 무수히 서점에 깔려 있지 않은가? 물론 몇몇 책들은 내용이 좋고 광범위한 연구와 사례를 바탕으로 쓰였지만, 결국 창업가가 되기 위한 요리책들은 창업가정신 자체의 특징 때문에 논리적으로 모순인 경우가 많다. 나는 이 책에서 창업가정신이 '우리의 기대와 상식을 배반하는 것'임을 줄곧 설명할 것이다. 창업가정신은 근본적으로 '이렇게 하기만 하면 성공한다'라는 레시피로 규정하기가 불가능하다. 창업가정신을 실천하는 기업가의 책무는 '우리가 잘못하고 있음을 증명하는 것'이다. 널리 통용되는 '처방전'을 찢어버리는(혹은 단순히 무시하는) 것이 얼마나 놀라운 효과를 나타내는지를 사람들에게 증명해 보일 때 '비범한 가치'가 생긴다.

사실 우리가 창업에 매료되는 이유 중 하나는 엄청난 돈뿐만이 아니라, 거기에는 우리의 기대를 배반하는 무언가가 있기 때문이다. 창업가들의 '역사책'은 성공해야 했으나 성공하지 못한 사람들, 성공하지 말아야 했으나 성공한 사람들, 거의 망할 뻔했지만 기적적으로 살아나 사업을 궤도에 올려놓은 사람들, 사업을 궤도에 올려놨지만 갑자기 고도를 잃고 추락한 사람들의 이야기로 빽빽하다. '우리의 기대를 배반한다'는 창업가의 공통적인 특징은 언제 봐도 놀라운 자질이다.

이 책은 '요리책'이 아니지만 본질적으로 흥미로울 뿐만 아니라 읽을 만한 가치가 있을 것이다. 몇몇 사람들에게는 너무나 오래 잠자고 있던 열망에 불을 붙이는 계기가 될 것이다. 또 어떤 이에게는 호기심이나 갈망이라는 문턱을 넘어 행동으로 나아가도록 촉매 역할을 할 것이다. 어쩌면 이 책을 통해 창업가들의 모험, 흥분의 순간, 성취감 등을 간접적으로 느끼거나, 친구나 가족과 함께 창업의 경험을 나눌 수 있을 것이다. 또한 이 책은 정책 입안자들이 창업가정신을 발전시키기 위한 효과적인 정책이나 프로그램을 개발하는 데 도움을 줄 것이다.

이 책은 크게 두 가지 목적을 가지고 있다. 첫 번째 목적은 창업가정신이 예외적인 것이긴 해도 누구나 열망을 가질 수 있다는 것(즉 비범한 가치를 창조하고 획득할 수 있다는 것)을 생생하게 보여줌으로써 좀 더 많은 사람들이 창업가의 길을 선택하도록(나는 이것을 '창업가적 선택'이라 부른다) 돕는 것이다. 그렇다고 해서 내가 어렸을 적에 들었던 바보 같은 농담을 당신에게 떠벌릴 생각은 없다. 이를테면 이런 식의 농담 말이다. "지난밤에 꿈을 꿨는데, 온 정신을 집중했더니 날 수 있었지 뭐야. 꿈이 너무나 생생해서 깨어나자마자 날아오르려고 모든 정신을 집중했어. 하지만 안타깝게도 땅에서 겨우 몇 센티 정도밖에 떠오르지 못했어." 열망은 난데없이 형성되지 않는다. 적어도 부분적으로는 '가능성의 영역' 내에 무엇이 있는지 인식해야 뜨거운 열망이 피어날 수 있다. 우리는 '달성할 수 있다고 생각하는 것'을 갈망한다. 그리고 우리가 '달성할 수 있다고 생각하는 것'은 '남들이 달성한 것'의 영향을 받는다. 역으로, 우리는 달성이 불가능하거나 실행할 수 없을 거라고 생각되는 것에는 야망을 접는다. 60대의 나이에 키가 152센티미터인 나의 신체조건으로 프로농구 선수가 되겠다는 꿈은 어불성설이지만, 만일 나와 비슷한 사람이 실제로 그런 꿈을 성취하는 모습을 목격한다면 나의 열망은 바뀔지 모른다.

사회학자 쿠르트 레빈Kurt Lewin은 이런 말을 남겼다.

"좋은 이론만큼 실용적인 것은 없다."

이 책의 두 번째 목적은 창업 자체보다는 '가치 창조'와 '가치 획득'의 관점으로 현상을 재조명하여 창업가정신에 대한 모호한 개념을 명확히 하는 것이다. 이러한 재조명 과정 자체만으로도 전문가들과 정책 입안자들이 창업가정신의 활성화에 좀 더 쉽게 영향력을 발휘할 수 있을 것이다. 앞으로 이 책에서 접하겠지만, 이러한 창업가정신의 '재개념화' 과정을 통해 우리가 얻을 수 있는 시사점은 상당히 많다. 창업가정신과 수입 불평등 간의 관계(둘은 어느 정도 같이 움직인다), 정부의 역할과 창업가 간의 관계(정부가 반드시 창업가정신의 발휘를 도와주지는 않는다), 젊음과 독창성 간의 관련성(둘 사이엔 관련성이 아주 적다) 등이 바로 그것이다.

| 프롤로그 |

어떻게 평범한 사람이 성공한 창업가가 되는가?

MIT에서 최근 '브라질에서의 비즈니스 기회'에 관한 컨퍼런스가 개최됐는데, 연사 중 한 명이 이렇게 한마디로 정리했다. "브라질은 군침 도는 곳이다." 전력 생산을 지적한 말이 아니었다. 그는 상파울로에서 서쪽으로 40킬로미터 떨어진 소루카바Sorocaba란 공업도시에서 텍시스 윈드Tecsis Wind라는 벤처기업을 경영하는 벤토 코이케Bento Koike를 만났다고 덧붙였다. 텍시스 윈드는 북미 대륙과 유럽의 풍력 발전소에서 1년 내내 작동하는 50미터짜리 풍력 터빈 날개를 1만 2000개 이상 판매했다. 코이케는 필수 원자재들을 거의 북반구로부터 조달받았는데, 재미있는 것은 터빈 날개를 사가는 고객들 역시 모두 북반구에 위치해 있다는 점이다. 브라질에서 정말로 매력적인 가치가 창조되고 획득되고 있는 셈이다.

소루카바에서 9600킬로미터 떨어진 아이슬란드 레이캬비크Reykjavik 에는 세계 4위의 복제약 제조업체인 액타비스Actavis가 있다. 이곳에서 일하고 있는 수십 명의 임원들은 보스턴에서 베이징으로 1000여 종 이상의 복제약품을 판매하느라 여념이 없다.[1] 1999년부터 2007년 사이 액타비스의 로버트 웨스만Robert Wessman과 그의 파트너들은 파산에 처한 작은 제약업체를 인수하여 100배 성장을 이루어냈다. 자신의 저축액과 주택, 그리고 명성을 모두 걸고 사업에 뛰어든 웨스만은 엄청난 양의 가치를 창출했고, 사람들이 절실히 필요로 하는 약품들을 40개 국가에 싼값으로 공급할 수 있었다.

레이캬비크로부터 다시 9600킬로미터 떨어진 도쿄의 어느 병원에서는 50세의 환자가 장에서 발생한 출혈의 원인을 규명하기 위해 아주 작은 '캡슐형 내시경'을 목구멍으로 넘기고 있다. 캡슐형 내시경은 환자의 출혈 부위를 찾아 스스로 움직이는 작은 '미사일' 같은 것이며 이는 헬스케어 분야에 작은 혁명을 일으켰다. 이미 100만 회 이상 사용된 이 캡슐형 내시경은 수천 명의 환자를 구해냈다. 이스라엘에서 두 명의 가비Gabi, 즉 가비 머론Gabi Meron과 가비 이단Gabi Iddan에 의해 발명되고 상용화된 캡슐형 내시경 '필캠PillCam'은 전 세계의 의사와 환자들에게 특별한 편익을 제공할 뿐만 아니라 이 제품을 만든 회사 '기븐 이미징Given Imaging' 주주들에게 수억 달러의 이익을 선사했다.

샌디 체스코Sandi Češko는 이스라엘에서 약 2400킬로미터 떨어진 슬로베니아에서 TV 쇼핑에 기반한 '유통 제국'을 구축했다. 그는 TV 쇼핑에 대해 깊은 불신을 가지고 있는 20개의 중부 및 동유럽 국가를 타깃으로

'스튜디오 모더나Studio Moderna'라는 회사를 창업했고 결국 고객들의 생각을 바꿔놓았다. 20년 동안 사람들로부터 주목받지 못하고 여러 사모 펀드로부터 퇴짜 맞기 일쑤였던 스튜디오 모더나는 이제 수억 달러 규모의 매출을 창출하여 체스코를 비롯한 주주들의 지분 가치를 크게 상승시켰을 뿐만 아니라 고객들에게 가치 있는 제품을 제공하고 있다.

막대한 상금을 걸어놓고 기술 개발을 독려하는 비영리 단체 'X-프라이즈 재단X PRIZE Foundation'의 회장이자 CEO인 피터 디아만디스Peter Diamandis는 위대한 혁신이 지닌 주요 특성 중 하나를 이렇게 설명한다. "획기적인 혁신들은 그것들이 혁신으로 여겨지기 전까지는 하나같이 미친 것처럼 보인다." 머론은 필캠을 통해 진단 분야에 완전히 새로운 장을 열었다. 기븐 이미징이 최대 경쟁사인 올림푸스Olympus를 누르리라고 상상했던 사람은 확신하건대 아무도 없었다. 또한 코이케가 브라질에서 풍력 터빈 날개를 제조하는 1등 업체를 창업하리라고는 그 누구도 예상하지 못했다. 샌디 체스코가 TV를 통해 '요통 완화 기구'를 판매하며 슬로베니아 시장을 장악했지만 처음에는 사람들로부터 조롱의 대상에 불과했다. 웨스만은 망해가는 회사를 인수하고 성장시켜 복제약품의 선두기업들이 모인 엘리트 그룹에 합류시켰다.

이 책에서 앞으로 언급될 성공적인 창업가들은 하나같이 다른 사람들이 아무것도 없다고 여기는 곳에서 가치를 발견하고 그 가치를 실현시킨다. 그리고 그들은 모든 사람들이 생각하는 것과 반대로 행동하는 것이 가치 있다는 식으로 행동하는 경향이 있다. 그래서 이 책에서 나는 창업가정신을 '역발상적인 관점으로 비범한 가치를 창조하고 획득하는 것'이라고 표현할 것이다. 앞으로 살펴보겠지만, 비범한 가치를 창조하고 획득하려면 다른 사람들이 쓸데없고 불가능하며 멍청하다고 여기는 것들에서 가치를 발견하고 감지해야 한다.

이 책은 눈에 띄지 않거나 무시당하고, 하찮게 여겨지거나 폄하된 곳에서 기회를 발견하여 비범한 가치를 창조하고 획득한, 바로 그런 창업가들의 이야기를 담고 있다. 이 창업가들은 연일 TV에 나오거나 신문 지면을 장식하는 실리콘밸리의 잘나가는 슈퍼스타들은 아니다. 만일 당신이 내가 언급하는 창업가들을 한 명이라도 들어본 적이 있다고 말한다면 나는 놀랄 수밖에 없을 것이다. 비록 그들 중 몇몇은 크게 성공하긴 했지만 록스타처럼 실제보다 과장된 슈퍼 히어로가 아니다. 그저 열심히 일하고, 통찰력을 갖추고, 자기 일에 지독히도 몰두하는, 이스라엘이든 아이슬란드든 세계 어느 곳에서나 만날 수 있는 사람들이다.

그들은 대중의 레이더망을 피해 유유히 날아다닌다. 때로는 거꾸로 날기도 한다. 뭉툭한 몸과 짧은 날개를 가진 탓에 날아서는 안 될 것 같은데 결국 물리 법칙을 극복하는 호박벌처럼, 창업가들은 될 것 같지 않은 것들을 성공시킨다. 이것이 바로 그들을 관찰하고 싶은 이유이자 그들을 이해하고 싶은 까닭이다.

창업가정신(비범한 가치를 인식하고, 창조하고, 획득하는 것)은 인간 경험의 일부다. 이런 관점에서 창업가정신은 미술, 시, 음악, 그리고 스토리텔링과 비슷하다. 이제껏 역사 속의 모든 사람들은 자신을 표현하기 위한 독특한 방법을 개발해왔다. 창업가정신 역시 자기표현의 한 가지 형태다. 그것이 미술이나 음악과 비슷한 이유가 또 하나 있다. 미술과 음악은 어디에서나 접할 수 있다. 하지만 사회 구성원 모두가 음악가나 미술가(혹은 창업가)가 아니지 않은가? 우리 모두가 어렸을 때부터 그리기와 노래에 소질이 있다고 해도 말이다. '비범함'이란 평범하지 않고 일반적이지 않다는 뜻이다. 모든 사람들은 서로 다르고 독특하다. 하지만 '비범함'이라는 말의 정의상, 모든 사람이 비범할 수는 없다. 이 책에 나오는 매우 다양한 사람들과 그들의 이야기는 창업에 성공하기 위한 수많은 방법을 보여준다. 이 책은 창업가정신의 참뜻에 대한 시각을 변화시키고 확대하는 것을 목표로 한다. 나는 창업가정신에 대한 나의 믿음이 확고하다고 당신에게 말할 수 있다.

이 책의 말미에서 나는 이렇게 질문하면서 우리들 상당수가 철석같이 여기는 믿음에 도전장을 던질 것이다. 창업을 하려면 혁신가여야 하나? 젊어야 하나? 전문가여야 하나? 창업가정신은 사회에 부정적인 영향을 미치나? 창업가정신에 이르려면 가치 창조가 정말로 비범해야 하나? 이렇게 여러 가지 질문에 답하게 되면, 창업가, 교육자, 정책 입안자뿐만 아니라 거대한 문제를 해결하고 세계를 좀 더 나은 곳으로 변화시킬 아이디어를 가진 사람들에게 위에서 언급한 창업가정신의 정의는 중요하고 실천적인 시사점을 줄 것이다.

이 책을 읽기 전에

이 책은 내가 창업가, 컨설턴트, 파트너, 기업 교육가, 벤처 캐피탈리스트, 엔젤 투자자로서 창업가정신이 현실에서 나타나는 현상을 30년 동안 지켜보고 직접 겪은 경험들로부터 나왔다. 그러나 이 복잡한 현상에 관한 나의 생각은 20년 이상을 창업가정신에 몰두하다가 교실로 돌아간 2005년에 가서야 비로소 확고해졌다. 학교로 돌아와 하버드 경영대학원 수업을 위해 사례를 개발하는 과정에서 '평범하기도 하고 비범하기도 한' 많은 사람들을 만났고 그들과 개인적으로 매우 가까워졌다.

나는 이 모든 경험과 관찰을 소상히 반추하기보다 먼저 광범위한 사례들을 소개할 것이다. 당신은 네덜란드인인 버트 트왈프호번Bert Twaalfhoven과 같은 사람을 이 책에서 만날 것이다. 이 책을 쓰는 시점에 81세인 그는 45년 동안 유럽에서 제트엔진부품 업체부터 코인 세탁기 업체에 이르기까지 50개가 넘는 벤처기업에서 일하다가 71세에 은퇴했다. 또 홍콩에 살고 있는 미국인 메리 가담스Mary Gadams도 만나볼 텐데, 그녀는 세계에서 가장 혹독한 사막에서 6일 동안 240킬로미터를 연달아 달려야 하는 경주인 레이싱더플래닛Racing The Planet을 2002년에 창설했다. 특이한 경험과 가담스만의 독특한 자금조달 전략이 행사의 지속적인 성장을 이끌었고, 정원이 금방 넘어버리기 일쑤라 수백 일 전에 미리 참가비를 납부하면서까지 수천 명의 선수가 참가하는 매력적인 대회로 만들어냈다. 양계에 대한 감각이 뛰어난 케그팜스Keggfarms의 비노드 카푸르Vinod Kapur는 질병에 강하고 일반 닭보다 5배나 많은 알을 낳는 쿠로일러Kuroiler라는 품종을 인도의 가난한 수백만 가정에 보급함으로써 음식문제와 경제문제 해결에 일조했다. 칼 비스타니Carl Bistany는 몇몇 국가에서 공립학교와 사립학교 학생들 수만 명을 대상으로 교육 관리 서비스를 제공하는 SABIS(사비스)의 소유주 중 한 사람으로서, 외부 투자 없이도 수백만 달러의 매출을 창출하고 있다. 우리가 이 책에서 만날 모든 창업가들과 그들의 업적은 책의 결론 부분에 짧게 요약되어 있다('이 책에서 소개된 창업가들'을 참조하라).

당신이 이 책의 내용을 처음부터 끝까지 모두 소화한다면 나는 더할 나위 없이 기쁠 것이다. 나는 물론이고 많은 학생들에게 그들의 이야기들은 저절로 빠져들게 만드는 매력을 가지고 있다. 하지만 각 이야기를 모두 읽고 전체를 이해해야만 더 큰 효과를 볼 수 있을 것이다. 그래도 한꺼번에 소화시키기에는 부담스러울 수 있으니 선택적으로 어떤 부분은 대충 읽으며 넘어가고 어떤 부분은 좀 더 깊게 파고드는 방식으로 읽어도 무방하다.

이 책은 모두 4부로 구성돼 있으며, 각각 상세한 이야기들을 담고 있다. 1부는 창업가가 새로운 모험에 뛰어들 만큼 수준 높은 전문성을 지닌 '혁신적인 젊은이'라고 간주하는 고정관념에 의문을 제기한다. 2부에서는 대중의 기대를 거스르는 것이 창업가정신을 발휘하는 과정에서 내재되어 있는 이유를 살펴본다. 3부는 창업가가 직면하는 다양한 종류의 역경을 알아보고, 어떤 역경이 창업가정신에 심각한 위협이 되고 또 어떤 역경이 그와 반대로 도움이 되는지 보여줄 것이다. 4부와 결론에서는 창업가들의 이야기를 발판으로 창업가정신의 의미가 비범한 가치를 인식하고, 창조하며, 획득하는 것이라는 결론을 이끌어낼 것이다.

내가 이 책에서 제시한 주장이 활발한 토론과 논쟁을 만들어내기를 바란다. 우리가 살고 있는 사회를 개선해야 한다는, 우리 모두의 의지와 관련된 많은 이슈들이 제기되길 희망한다. 나는 그런 이슈들 상당수가 중대하고 극도로 복잡하다는 점을 미리 밝히고자 한다. 소득 불평등, 경제 개발 정책, 개인적인 이익 획득과 같은 이슈를 건드리기 때문에 나라고 해서 항상 만족스러운 해답을 갖고 있지 않음을 고백한다.

자, 이제 이 책에 나온 창업가들, 특히 '누가 진짜로 전형적인 창업가인지'에 관한 고정관념을 산산이 깨뜨려주는 창업가들을 먼저 만나보자.

제1부

창업가에 대한
잘못된 환상 세 가지

"당신이 아는 창업가들 중 최고를 떠올려보라. 그러면 나는 그가 누군지 알아낼 것이다."

이 말은 내가 전 세계를 돌아다니며 청중들에게 던지곤 하는, 독심술처럼 보이는 속임수다. 당신은 이 속임수의 결과가 어떨지 이미 예상할 수 있을 것이다. 15초 정도 흐른 후에 내가 스티브 잡스Steve Jobs, 빌 게이츠Bill Gates, 제프 베조스Jeff Bezos, 래리 페이지Larry Page, 세르게이 브린Sergey Brin의 얼굴이 담긴 슬라이드를 보여주면 청중들은 십중팔구 동의한다는 뜻으로 만면에 미소를 띤다. 나의 속임수는 여기까지다. 애석하게도, 이것이 내가 잘할 수 있는 유일한 속임수다.

사람들에게 창업가의 이미지를 떠올려보라고 말하면, 기술에 아주 '빠삭한' 20대 대학생(혹은 대학 중퇴자)이 구글, 마이크로소프트, 페이스북 등에서 잠시 일하다가 청바지에 스니커즈 운동화를 신고 자기만의 비즈니스를 시작하는 모습을 거의 예외없이 그리곤 한다. 이러한 고정관념은 창업을 매력적으로 느끼게 해주지만, 오히려 많은 이들에게 창업의 길을 걷고자 하는 의욕을 꺾게 만들기도 한다.

내가 하버드 경영대학원에 개설한 '국제 창업가정신' 과목을 수강하던 학생들이 중간고사에 즈음하여 끊이지 않고 나를 방문하거나 나에게 이메일을 보내올 때마다 나는 이런 창업에 대한 고정관념을 깨뜨리기 위해 애썼다. 학생들과 나는 브라질, 슬로베니아, 아이슬란드, 일본, 홍콩, 사우디아라비아 등 다양한 곳에서 활동하는 특이한 창업 사례들(모두 내가 수집하고 정리한 사례들)을 가지고 토론을 벌였다. 그중 유명한 사람은 아무도 없었고 자기네 활동 영역 밖으로 나가본 적도 없었지만, 그들이 성취해낸 업적들은 하나같이 학생들의 마음을 고취시켰다. 나는 학생들에게 미치는 효과를 접하고 나서야 그들의 이야기들이 얼마나 사람들을 고양시키는지 깨달았다.

많은 학생들이 이렇게 말했다. "아이젠버그 교수님, 이 사례들은 정말로 제 눈을 활짝 뜨게 만들었습니다. 수강신청할 때만 해도 저는 스티브 잡스처럼 혁신적인 신제품이나 아이디어를 가진, 보기 드문 사람들만이 창업가로 성공할 수 있다고 생각했어요. 이제 저는 열정과 스킬을 가지고 시작하면 뭔가를 이룰 수 있다는 걸 깨달았습니다. 저도 그렇게 할 수 있겠죠? 어쩌면 창업을 제 커리어로 삼게 될 것 같아요." 한 달이 멀다 하고 나는 학생들 중 많은 이들이 벤처기업을 성공시켰고 몇몇은 좋은 가격에 회사를 매각했다는 소식을 전해 듣는다.

누구도 부인하지 못하는 실리콘밸리의 마술 비법을 규명하기 위해 많은 전문가들이 여러 번 시도했지만, '전형적인 창업가상'을 제시하지 못했다. 나는 미신에 가까운 실리콘밸리의 위상이 창업을 꿈꾸는 사람들의 의지를 오히려 꺾는다고 생각한다. '쌈박한' 무언가를 발명해내는 '천재 소년'이란 고정관념 때문에, 사람들은 자신의 영역에서 높은 전문성을 보유하고 참신한 아이디어를 가진 젊은이가 바로 창업가라고 잘못 가정해왔다.

정말로 그런가?

나는 이 '정말로'란 단어를 조심스럽게 써야 한다는 것을 잘 안다. 적어도 창업가에게 적용할 때는 말이다. 다큐멘터리 영화감독이 미래의 창업가정신을 소재로 영화를 찍고 싶다면서 나에게 미래의 유망 분야 세 가지를 뽑아줄 수 있는지 물은 적이 있다. 나는 답변을 사양하고 그런 질문은 창업가들에게 전혀 도움이 안 된다고 그에게 대답했다. 창업가의 일은 자기 혼자 힘으로 유망한 가능성을 발견하는 것이다. 유망 분야에 대한 나(그리고 다른 전문가들)의 의견을 들어봤자 소용이 없다. 여러 전문가들이 당신에게 유망 분야가 어디인지 말해줘도 이미 때는 늦었다. 다음 장에서 살펴보겠지만, 창업가정신에 있어 '정말로 확실히 그러하다'라고 말할 만한 것은 아무것도 없으니까.

1장
그들은 '혁신가여야' 하는가?

팝콘에 버터 대신 칠리소스와 라임주스를 끼얹은 것이 유일한 혁신이었다.
-미구엘 다빌라Miguel Davila, 시네멕스Cinemex의 공동창업자

창업가는 엔지니어거나, 특허로 도배된 벽면을 가지고 있거나, '전설 속의 차고'에서 작업에 몰두하는 사람일까? 그러한 자산이나 조건들이 유용하고 중요할 수는 있지만, 이 책에 나오는 사례들은 비범한 가치가 기존 시장의 결핍, 한 시장에서 다른 시장으로 사업을 복제하는 과정, 혹은 혁신적이라고 여기기 힘든 산업(부동산업, 상품 무역업, 재무 서비스업, 수입 대행업, 유통업 등)에서 종종 창조된다는 것을 알려준다. 또한 내가 '민노베이션Minnovation'이라 칭하는 것을 통해서도 많은 가치가 창조될 수 있다. 민노베이션이란 기존 아이디어를 살짝 비튼다든지, 직관에 반하는 방향으로 비즈니스 모델을 쉴 새 없이 변형해본다든지, 작은 범위 내에서 제품을 수정한다든지, 아니면 장애물을 극복하고 시장에 새로운 아이디어를 몰아붙일 능력이 출중한 환상적인 팀을 구성하고 리드한다

든지 하여 비범한 가치를 창조하는 것을 의미한다.[1]

매우 혁신적인 아이디어라 해도 창업가가 그 아이디어를 실질적인 가치(고객이 사고자 하는 무엇)를 창조하는 무언가로 변환시키지 않으면 혁신가들이 모인 명예의 전당에서 초라한 뒷자리를 겨우 차지할 뿐이다. '로컬 모터스Local Motors'를 설립한 제이 로저스Jay Rogers의 사업 파트너가 창업을 포기하겠다는 말을 남기고 떠난 이유도(이 이야기는 뒤에 언급된다_옮긴이) 현실적인 것으로 바꾸기 전의 아이디어는 어디까지나 아이디어이기 때문이었다. 아이디어 자체는 가치가 별로 없다. 대부분의 가치는 아이디어의 '인식'에서 나오는 것이 아니라 아이디어의 '실천과 구현'에서 창조된다.

혁신이라고는 찾아보기 힘든 '카피캣Copy Cat' 비즈니스 모델(다른 기업의 혁신을 재빨리 모방하여 따라잡아 시장을 석권하려는 사업 모델을 말함_옮긴이) 조차 엄청난 가치를 창출할 수 있다. 구글, 그루폰Groupon, 아마존 등을 모방한 회사들이 시장에서 얼마나 큰 바람을 일으키고 있는지 알고 있는가? 이 점은 정책 입안자들이 필히 주목해야 할 현상인데, 많은 정부 관계자들이 혁신성이 엿보이지 않는 창업가정신으로는 사회적 편익을 창출하지 못한다고(그래서 지원해서는 안 된다고) 잘못 알고 있기 때문이다.

복제약보다 혁신적이지 못한 제품은 세상에 없다. 복제약은 말 그대로 누군가가 예전에 만든 것을 '카피'한 약품이다. 복제약 사업은 혁신적

이었던 약품의 특허가 만료되고 그 약품이 더 이상 본질적인 차별 요소를 가지지 못할 때, 즉 혁신이 공식적으로 '사망'할 때 시작된다. 그러니 복제약 전문회사의 제품에서 혁신적 요소를 찾아내기란 거의 불가능에 가깝다. 그렇다면 복제약 분야에서 가치를 창조하고 획득하려면 창업가 정신이 덜 필요하다는 의미일까?

아이슬란드 사람인 로버트 웨스만은 이 말에 동의하지 않을 것이다. 1999년에 그는 망해가는 작은 기업인 액타비스를 인수하여 8년 만에 세계에서 다섯 번째로 큰 복제약 전문기업으로 성장시켰다. 2007년에 이르러 40개국에 진출한 액타비스는 총 11만 명의 직원들, 650개의 제품, 21곳의 제조공장, 5개국에 각각 R&D센터를 보유하게 되었고, 26건의 기업 인수를 성공리에 완수했다.[2] 개인적으로 나는 매출이 수십억 달러에 달하는 복제약 기업이 아이슬란드처럼 왜소하고 주요 시장에서 멀리 떨어진 국가에서 생겨날 거라고는 전혀 예상하지 못했다.

독일에서 아이슬란드의 고향으로 돌아온 웨스만이 현금 부족에 시달리던 작은 국내 복제약 업체를 인수한 건 그가 29살 때의 일이었다. 그는 새로운 CEO가 되어 구내식당에 모인 직원들에게 자신을 소개하던 날을 잊지 못한다.

전임 CEO는 모든 사람들 앞에서 비통한 말투로 이런 저런 변명을 늘어놓기 시작했죠. 그의 말이 미처 끝나기도 전에 저는 식당 한가운데로 걸어 들어가 놀란 표정의 직원들에게 제 자신을 소개했습니다. 제 말이 끝나고 고통스러운 침묵이 흐르던 중 누군가가 이렇게 묻더군요. "나이가 어떻게 됩니까?" 그러다 다른 사람이 이렇게 물었습니다. "결혼은 했나요?" 더 이상 질문이 없자, 저는 해산을 선언했습니다.³

아이슬란드의 운송회사에서 사회에 첫발을 디뎠고 독일 지사를 끝으로 월급쟁이 생활을 마감한, 아직 솜털이 보송보송했던 웨스만은 복제약 사업에 대해서는 아무것도 알지 못했다. 사실 '스타 창업가'라는 관점에서 볼 때, 웨스만은 그저 전형적인 아이슬란드의 중산층 출신이었고 어릴 때부터 보잘것없는 일들을 수행해온 평범한 사람이었다. 동창생들의 기억에 따르면 그는 거의 눈에 띄지 않는 아이였다. "우리는 로버트가 성공할 거라고는 절대 예상하지 못했어요. 그는 튀는 아이가 아니었거든요. 아주 소심한 친구였어요."

그러나 이제와 생각해보면, 웨스만의 전문성 부족과 지식 부족은 오히려 장점이었다. 그는 이렇게 회상한다. "어떤 면에서 저에게는 쉬운 일이었어요. 개념적으로 복제약 사업은 단순합니다. 복잡성은 실행할 때 발생하죠. 저는 회사가 커지지 않으면 죽는다는 걸 인수하자마자 깨달았습니다."

복제약 사업은 무자비할 만큼 경쟁이 치열하다. 혁신적인 약품의 특허가 종료되자마자 동일하게 약을 복제해서 원제품의 가격보다 싸게 파는 것이 복제약 사업의 개념이기 때문이다. 가격과 속도는 사업 성공에 매우 중요한 요소다.

웨스만은 액타비스가 복제약 제조업체로 오랫동안 생존할 수 있는 유일한 방법은 '성실한 선수'가 아니라 세계적인 수준의 R&D센터와 저비용의 공급망을 갖춤으로써 모든 주요 시장에 얼굴을 내미는 '주전 선수'가 되는 것이라고 결론을 내렸다. 웨스만의 신념은 많은 부분 자신의 능력에 대한 믿음에서 비롯됐다. 그는 결코 자신의 결정을 의심하지 않았다. 그는 가능한 한 더 많은 주식을 매입하려고 집을 담보로 대출을 받고 자금을 빌릴 정도로 자신의 결정을 신뢰했다. 그는 곧 들이닥칠지 모를 파산을 벗어나기 위해 개인적으로 보증을 서서 1000만 유로(약 140억 원)를 은행에서 빌려야 했다. 그의 의욕이 얼마나 컸는지에 대해서는 이제 그만 이야기해도 될 것이다. 흔들림 없는 '자기 신뢰'는 그가 액타비스를 이끌게 되면서 곧바로 시험대에 올랐으니까 말이다.

아이슬란드 바깥의 시장으로 진출하려고 애쓰던 초기에 액타비스는 유일하게 시장성 있는 제품을 하나 가지고 있었지만, 덴마크의 경쟁사들이 경쟁력 있는 제품을 가지고 바짝 따라오는 상황에서 독일 정부의 승인을 기다려야 하는 급박한 처지였다. 만약 경쟁사들이 덴마크 정부의 승인을 얻는 데 성공한다면 그들에게 독일 시장까지 내주어야 했다. 덴마크와 독일은 복제약에 관해 협약을 맺고 있었기 때문이었다. 규모가 작은 액타비스로서는 매출 기회를 상실하고, 직원들에게 월급을 주지 못하고, 은행에 빚을 지게 되고, 새로운 매출을 일으키지도 못한 채 회사 문을 닫게 될지 모를 절체절명의 순간이었다.

특정 시장에서 판매 허가를 얻어내는 '첫 번째 복제약 업체'만이 충분한 시장점유율을 확보하고 이익을 창출할 수 있다. 거의 모든 경우에 그렇다. 제품 마진이 매우 박해서 어느 정도 이익이 되려면 시장점유율이 높아야 한다. 그래서 '첫 번째 복제약 업체'가 되는 것은 액타비스에게 죽느냐 사느냐의 문제였다. 특히 독일 정부의 판매 허가를 받지 못하면 액타비스가 채무 불이행 상태에 처하고 결국 파산의 길(액타비스와 웨스만 모두에게)로 들어설 것임을 웨스만은 잘 알고 있었다.

액타비스는 문서상으로 정부 당국(우리나라의 식약청에 해당하는 기관_옮긴이)의 하급 직원으로부터 연말이 되기 전에 판매 허가가 나올 거라는 약속을 받았다. 그러나 점점 상황이 불투명해지고 덴마크 경쟁사가 판매 허가를 따낼 거라는 전망이 우세해지자 웨스만은 갈 데까지 가보기로 했다. 그는 정부 당국의 고위 책임자에게 전화를 걸어 마치 머리에 총을 겨누듯 이렇게 쏘아붙였다. "만약 우리가 연말까지 승인을 얻지 못한다면, 나는 개인적으로 당신과 당신네 기관을 고소하겠소." 이는 학생들에게 강력한 규제기관과 협상하는 방법으로 가르칠 만한 전술은 아니었다.

하지만 웨스만의 공격적인 방법은 실제로 그가 그럴 마음이 있든 없든 간에 바로 먹혀들었다. 다음 날, 그는 독일에서의 판매 허가가 곧 떨어질 것이고 이는 덴마크 경쟁자들이 승인을 받기 전에 이루어질 것이라고 통보받았다. 그야말로 액타비스가 선도기업이 될 수 있는 절호의 기회였다. 웨스만은 당시의 일을 이렇게 회상한다. "그 승인이 없었더라면 액타비스는 이 세상에서 사라졌을 겁니다."

복제약에 대한 수요는 지속적으로 상승하여 1000억 달러 규모에 육박했고 수요의 대부분은 액타비스가 뛰어든 '처방약 분야'에서 나왔다. 하지만 웨스만은 거대 시장에서 성공적으로 경쟁하려면 액타비스가 훨씬 더 몸집이 커져서 전 세계 시장을 공략해야 한다고 생각했다. 그래서 그는 2008년까지 인도, 러시아, 루마니아, 미국, 헝가리, 불가리아, 체코, 폴란드, 터키 등에서 30개가 넘는 기업을 성공적으로 인수하여 그 기업들을 세계화를 추진하는 액타비스의 멤버로 통합시켰다.

이러한 모든 활동을 통해 액타비스는 '무엇을 팔까?'란 문제뿐만 아니라 '어떻게 기업을 운영할까?'란 문제에 자원을 쏟아부었다. 이와 동시에 제품 포트폴리오를 확대하고 공급망을 세계화했으며 시장을 확장하고 R&D를 강화했다. "액타비스에서 뛰어난 아이디어를 제시한 직원은 1점을 받고 계획을 수립한 직원은 10점을 받지만, 성공적으로 이행한 직원은 100점을 받습니다." 웨스만이 혁신과 실행을 얼마나 소중히 여겼느냐를 이보다 더 분명하게 표현하는 말은 아마 없을 것이다(웨스만은 자신의 투자 펀드를 설립하고 새로운 복제약 벤처기업인 알보젠Alvogen을 운영하기 위해 2008년에 CEO 자리에서 물러났다). 바로 이것이 액타비스가 '글로벌 맵'을 성공적으로 그려낼 수 있었던 원동력이었다.

시네멕스의 창업자인 미구엘 다빌라는 "우리가 도입했던 유일한 혁신은 버터 대신에 칠리소스와 라임주스를 팝콘에 끼얹은 것이었다"라고 말하며 자신이 어떻게 멕시코에 멀티스크린 영화관 체인을 성공적으로 안착시켰는지 그 비법을 우리에게 일러준다.[4] 이 영화관 체인은 미국과 캐나다로부터 이것저것(칠리소스는 빼고)을 수입해서 팔던 세 명의 창업자에 의해 시작되었다.

다빌라는 하버드 경영대학원 동기인 아돌포 패스트리히트Adolfo Fastlicht와 매튜 헤이먼Mattew Heyman과 함께 대학원을 졸업하고 몇 주 되지 않아 시네멕스를 창업했다. 멀티스크린 영화관이라는 아이디어는 이미 진부했지만 멕시코에서는 그렇지 않았다. 다빌라, 패스트리히트, 헤이먼은 '벽돌과 막대기'라는 말로 대표되는 영화관 시장('벽돌과 막대기'는 인터넷 시대 이전의 전통적인 산업을 뜻하는 'brick and mortar'를 빗대어 쓴 말_옮긴이)에 멀티스크린 영화관이란 아이디어를 제시하면 엄청난 가치를 창출할 수 있을 거라고 보았다. 다빌라는 "벽돌은 앉는 데 쓰고, 막대기는 쥐를 쫓는 데 쓸 수 있을 겁니다"라는 농담을 하기도 했다. 1994년 당시 멕시코의 영화관들은 스크린은 하나뿐이고 좌석은 불편한 데다가, 매점은 입맛을 돋우기는커녕 있던 입맛도 달아나게 만들어버렸고, 티켓 가격은 터무니없이 싸고, 그마저도 정부의 통제를 받는 현실이었다. 시네멕스 영화관들은 멕시코인들의 '오락 경험'을 완전히 탈바꿈시켰다. 그러나 그들의 사업 콘셉트, 비즈니스 모델, 혹은 사업을 실행하는 방식에는 혁신적이라고 생각할 만한 것이 진짜로 하나도 없다. 혁신이란 말을 아무리 확대해석하더라도 말이다. 그들은 창업 후 10년 만에 시네멕스를 3억 달러라는 거액으로 어느 사모 펀드에 매각함으로써 '고급 영화관 시장'에서 성공적으로 점유율을 확보한 탁월한 '모방자'의 위상을 획득했다. 창업가정신이라고 말할 수 있냐고? 그렇다! 혁신이었냐고? 절대 그렇지 않다!

시네멕스 창업자들의 수완은 얼마나 수월하게 자신들의 아이디어를 현실로 옮길 수 있는지에 있었다. 다시 말해, 엄청나게 융통성 있고, 동시에 엄청나게 보잘것없는 아이디어에 참신하고 창의적인 생각을 약간 더하여 리스크에 대한 부담을 이겨내면서까지 공격적으로 움직였다는 데에 성공의 핵심 요인이 있었다. 바로 멕시코에 금융 위기가 강타하는 바람에 많은 보수적인 경쟁자들이 미국 시장으로 철수한 1994년에 말이다. 금융 위기를 겪는 동안, 시네멕스 창업자들은 자신들이 새롭게 확보한 투자금 2150만 달러 중 페소화 해당분의 가치가 절하되고 동시에 달러화 해당분의 평가 이득에 대해 세금 폭탄이 떨어지는 이중고에도 불구하고 새로운 위치를 선점하기 위해 오히려 투자를 늘렸다. 사실, 금융 위기는 시네멕스에게 새로운 기회의 창을 열어주었다. 그 전에는 상대할 수도 없던 새로운 쇼핑몰과 계약을 체결할 수 있었던 것이다.

경영대학원에서 알게 된 세 명의 동업자들은 밤을 새워 포커를 치면서 자신들의 생각을 다듬어갔다. 그들은 하버드 2년 차 때 각자 독립적으로 현장학습을 해보고 서로의 경험을 모아 앞으로 창업할 기업의 운영 계획과 자금조달 계획을 세우기로 했다. 현장학습을 하려면 상당한 비용이 소요되었다. 학생 신분으로는 수백 시간을 들여 멕시코와 미국을 오가는 것도 힘들었지만, 수천 달러의 비용도 충당하기 어려웠다. 그들은 의지가 강렬했던 나머지 공부에 가급적 최소한의 시간을 쏟으며 학교에서 마지막 해를 보내고 주당 40시간을 스타트업 기업을 구상하는 데에 할애했다. 문서로 구체화된 그들의 계획은 북미 지역에 영화관 체인을 성공적으로 론칭하겠다는 것이었다. 하지만 세 명의 학생이 추진하기에는 상당히 어마어마한 일이었다. 93페이지짜리 문서에는 16개의 영화관과 158개의 스크린, 그리고 3만 2800개의 좌석을 보유한 연매출 7160만 달러 규모의 회사를 만들겠다는 포부가 담겨 있었다. 1996년 7월까지 10개의 첫 영화관을 건립하거나 임대하여 개관하려면 벤처 캐피탈을 통해 600만 달러의 자금을 조달해야 한다는 내용도 포함돼 있었다.

다빌라와 그의 동업자들은 MBA 과정의 마지막 몇 개월 동안 미국과 멕시코 사이를 오가며 아이디어를 실현하는 데에 필요한 막대한 자금을 확보하기 위해 온 힘을 모았다. 그들은 신용카드로 뽑을 수 있는 최고 한도액뿐만 아니라 만일의 경우를 위해 모아둔 저축액 등 각자 확보할 수 있는 개인 자금을 빠짐없이 준비했다. 그들은 존슨 앤 존슨Johnson & Johnson가의 상속자들을 포함하여, 뱅커스 트러스트Bankers Trust("멕시코는 투자하기에 너무 리스크가 크다"), 잠재적 경쟁사의 CEO("우리는 멕시코 시장에서 당신네들보다 훨씬 앞서 있다") 등에게 지원을 요청했지만 모두 거절당하고 말았다. 많은 잠재적 투자자들이 긍정적인 관심을 보였지만 거래까지 이어지지는 못했다.

졸업할 시기가 다가오자 그들은 직업을 선택해야 하는 기로에 섰다. 하버드 경영대학원을 졸업한 사람이라면 충분히 가질 수 있는 확실한 직업을 놓치고 싶지는 않았지만, 그들은 이미 벤처 정신을 실현하는 일에 너무나 가까이 와 있었다.

투자금에 대한 압박감뿐만 아니라 직업 선택에 대한 압박감도 날이 갈수록 심해졌다. 여름이 되자 그들 셋은 영화관 창업이라는 열망 대신 입사 제의를 받아들여야 하는지에 대해 다시 한 번 진지하게 생각해볼 시간을 갖기로 했다.

그러나 고민은 오래가지 않았다. 1993년 10월, 그러니까 졸업 후 5개월 만에 그들은 마침내 기회를 잡을 수 있었다. 그 무렵 다빌라와 패스트리히트는 멕시코시티에서 최고급 쇼핑몰 입점을 위해 사전 협약을 체결하느라 애쓰고 있었고, 헤이먼은 투자자를 물색하려고 뉴욕에 머물러 있었다. 하지만 누군가가 자신들의 벤처기업을 후원할 것이라는 희망이 희미해지자, 헤이먼은 미국 서부 해안으로 이주하여 직업을 얻어 정착하기로 결심했다. 얼마 안 되는 소지품과 전화기 대용으로 쓰던 싸구려 무선호출기를 가지고서 말이다. 그가 막 서부 해안을 향해 뉴욕을 떠나려고 할 때 무선호출기가 울렸다. 패스트리히트가 보낸 메세지였다. "뉴욕으로 돌아와. J.P. 모건J.P. Morgan과 만나기로 했어!"

나중에 알게 된 일이지만, 우연히 디너파티에서 나눴던 대화가 그들에게 절실했던 행운을 가져다주었다. J.P. 모건은 그들의 사업에 총 2150만 달러를 투자하기로 결정했는데, 이는 그때까지 멕시코에서 이루어진 사모 펀드 중 가장 큰 것이었고 그들이 투자 유치 목표액으로 설정했던 600만 달러를 크게 상회하는 금액이었다.

이들 '삼총사'는 멕시코시티에 영화관 체인을 론칭하기 위해 전속력으로 내달렸다. 하지만 오래 지나지 않아 예상하지 못했던 시련이 그들의 뒤통수를 강타했다. 시네멕스가 아직 한 곳의 영화관도 개관하지 못했던 1994년 12월, 멕시코 정부는 페소화의 가치를 달러화 대비 절반으로 내렸다. 멕시코 역사상 최악의 경제 위기 때문이었다. 투자자들에게 주기로 약속한 보상액이 갑자기 절반으로 줄어들었지만, 그보다는 페소화의 평가 절하로 인해 현금 가치가 달러화 기준으로 2150만 달러에서

1380만 달러로 급격히 감소한 것이 문제였다. 달러화로 투자한 투자자들에게 페소화의 평가 절하는 아무런 영향을 미치지 않았다. 그러나 총 투자금의 30퍼센트는 멕시코 투자자들이 페소화로 투자한 금액으로 이루어져 있었다. 멕시코 내에서 모든 건설 공사는 중단될 수밖에 없었다. 경제 위기와 정부의 후속 조치는 시네멕스의 모든 경쟁사들이 프로젝트를 철회하거나 중단하기로 결정할 만큼 강력했다. 경쟁사들은 엔터테인먼트 시장의 리스크가 매우 크다고 판단했던 것이다.

다행히 그때까지 시네멕스 창업자들은 사무실을 차리고 초기 단계 계획을 수립하는 데에 겨우 20만 달러만을 사용했을 뿐이라서 실질적으로는 투자를 진행하지도 않은 셈이었다. "'이제 불을 끌 시간이다. 위기가 닥쳤으니 여기에서 빠져나가자'는 말은 아마도 누구나 쉽게 할 수 있을 겁니다"라고 다빌라는 말한다.

오히려 유리한 위치를 점한 시네멕스로서는 역경을 기회로 전환시킬 수 있는 순간이었다. "우리는 투자자들에게 이렇게 말했어요. '우리가 구매력을 상실했다는 것을 잘 압니다'라고 말이죠. 하지만 당신도 봐서 알겠지만 우리에겐 엄청난 기회가 되었답니다"라고 다빌라는 회상한다. "멕시코 경쟁사들은 꼼짝없이 아무것도 못하는 상태가 되었고, 미국 경쟁사들은 겁에 질려서 '지금은 시장에 진입할 때가 아니다'라고 말했죠. 그런데 우리의 투자자들은 우리의 판단에 동의하고 지원을 재차 확인해주었습니다." 멕시코 투자자들도 상황을 알게 되자 투자를 그대로 유지하겠다는 의사를 표명했다. "그들은 이렇게 말하더군요. '미국 투자자들은 우리가 모르는 것을 알고 있는 게 틀림없어. 그러니 우리도 계속 지켜봐야 해!'라고 말이죠." 창업자들은 멕시코 투자자들에게 투자 협약을 유지해야 할 뿐만 아니라 투자 금액을 두 배로 늘릴 것을 요청했다. 그렇게 해야 평가 절하된 페소화의 가치를 벌충하여 원래의 투자 금액인 2150만 달러를 유지할 수 있었기 때문이었다.

물론 페소화의 평가 절하는 시네멕스의 전략에 나쁜 영향을 끼칠 수 있었다. 당초에 시네멕스는 멕시코 전국에 걸쳐 한꺼번에 여러 영화관들을 론칭하여 새로운 브랜드를 신속하게 정립하려는 계획을 가지고 있었다. 티켓 가격도 15페소로 설정했던 차였다.

대신, 시네멕스는 멕시코 흥행 수입의 40퍼센트를 차지하고 전 세계에서 스페인어를 사용하는 가장 큰 단일 시장이었던(그리고 지금도 그렇다) 멕시코시티만을 집중적으로 공략하기로 방향을 급선회했다. 시네멕스의 창업자들은 멕시코시티를 장악하면 영화 배급업자들과 협상하기가 상당히 유리해질 것이라고 기대했다.

그들은 전략적으로 티켓 가격을 인상했다. 15페소에서 25페소(약 2000원_옮긴이)로 가격을 인상했는데, 일반 고객들이 기꺼이 지불하기에는 부담을 느낄 만한 금액이었다. 시네멕스는 비싼 티켓 가격에 상응하는 예상 밖의 최고급 경험을 고객에게 제공하기로 했다. 그들은 벽돌이라 해도 과언이 아닌 기존의 좌석을 고급스럽고 안락한 좌석으로 교체하여 영화관 전체에 럭셔리한 분위기를 연출하기로 했고 예전 영화관에서는 맛볼 수 없었던 맛있는 먹거리를 제공하기로 했다. 영화관 시장이 거의 하룻밤 만에 무주공산이 되었기에 시네멕스는 마음만 먹으면 과거의 영화관 체인이 감히 접근할 수 없었던 여러 장소에서 영화관 건립을 위한 협상을 진행할 수 있었다.

1995년 8월이 되자 이 벤처기업은 신축된 최고급 쇼핑몰에 첫 번째 멀티플렉스 영화관을 개관할 만반의 준비를 갖추었다. 그러나 불행인지 다행인지 개관일 전에 최종적으로 넘어야 할 높은 장애물이 나타났다. '멕시코 영화관 노동조합'은 멕시코의 영화 산업을 70년 넘게 좌지우지했고 옛날부터 몇 가지 규칙들을 강제로 준수하게 했는데(예를 들어, 탄산음료를 파는 직원은 팝콘을 판매하면 안 된다는 근무 규칙이 있었다), 이 때문에 남녀노소로 이루어진 150여 명의 시위대가 개관을 방해할 목적으로 영화관 로비에 모여 "시네멕스는 물러가라!"라는 구호를 외쳐댔던 것이다.

언론과의 인터뷰 중 시위대의 외침을 들은 다빌라는 기자들에게 영화관 로비로 자신과 함께 가자고 제안했다. 다빌라는 "국민들을 등쳐먹는 도둑이자 매국노는 물러나라"며 한창 연설 중인 노조 관계자와 정면으로 맞섰다. 상당히 건장한 체구를 가진 노조 관계자는 다빌라에게 덤벼들었고, 기자들은 신이 나 그 폭행 사건을 기사로 썼.

시네멕스는 공개적으로 벌어진 폭행 사건을 법원에 제소하여 노조의 무단 침입이라는 판결을 받아낼 거라며 시위대를 압박했다. 시네멕스는 금요일에 영화관을 개관하겠다고 언론에 알렸지만 시위대가 미처 손쓰지 못하도록 수요일에 개관하는 속임수를 썼다. 영화관이 실제로 운영되자 분쟁은 지역 노동위원회로 이관됐고 결국 노동위원회는 회사의 손을 들어주었다. 이 사건은 일흔 살 먹은 '케케묵은 노조'를 영화관 노동자들을 엄격하게 다루지 않는 '현대적인 노조'로 탈바꿈시키는 계기가 되었다.

시네멕스는 개관 첫 주말부터 예상을 훨씬 뛰어넘는 상업적 성공을 거두었다. 비록 당초의 아이디어대로 사업을 추진하지는 못했지만, 창업자들은 사업을 시작하는 데에 충분한 기술과 지식, 능력을 보여줬다. 그들은 고객들의 영화 관람 문화를 바꿔놓았고, 2000만 명에 달하는 멕시코시티 시장을 장악함으로써 투자자들과 본인들을 위해 3억 달러라는 돈을 벌어들였다. 이런 성과가 단 하나의 혁신(칠리소스와 라임주스와 같은) 덕이었다고 나는 생각하지 않는다.

다빌라는 이제 이렇게 말한다. "예비 창업가들과 이야기를 나눌 때면 저는 그들에게 '차세대 페이스북'과 같은 아이디어가 번개처럼 떠오를 것을 기대하지 말라고 조언합니다. 그런 일은 100년에 한 번 돌아오는 헬리 혜성과 같은 것이라고 말하죠. 저는 그들에게 고객들이 원하는 것을 발견해서 남들보다 그걸 더 잘 실행할 수 있는 방법을 찾으라고 충고한답니다."

간단한 질문을 던져보겠다. 만약 투자금으로 1달러를 가지고 있다면 그 돈을 혁신가에게 투자할 것인가, 아니면 창업가에게 투자할 것인가?[5] 아마도 많은 사람들은 몇 초간 생각하고 나서 창업가라고 대답할 것이다. 대답은 이렇게 해도 많은 사람들이 '혁신'이란 말을 좋은 의미로 받아들인다. 개인적으로 나는 과학적인 분위기가 충만한 가정에서 성장했다. 생물물리학자인 아버지는 뿌리 깊이 혁신가 성향을 갖고 있었다. 새

로운 실험 장비를 손수 제작했고 주민들이 버린 음식물 쓰레기로 물고기 밥을 만들었을 뿐만 아니라, 작곡도 하고 집에서 즐길 수 있는 새로운 게임을 고안하기도 했다. 그러나 아버지는 창업가가 아니었다. 할아버지는 어렸을 때부터 사업에 대해 무관심하도록(심하게 말해, 역겨워하도록) 아버지를 가르쳤고, 그런 기대에 부응한 아버지는 과학자가 되어 나중에 교수라는 안정적이고 존경받는 직업을 평생 유지했다.

만약 처음에 던진 질문(1달러를 투자한다면 혁신가와 창업가, 누구에게 투자할 것인가란 질문_옮긴이)이 이상하게 들린다면 그 이유는 반사적으로 혁신과 창업가정신을 동일시하기 때문이다. 우리 주위에는 혁신과 창업가정신을 가르치는 기관들이 넘쳐나고, 학위를 수여하는 곳도 있다. 구글에서 '혁신'과 '창업가'란 단어를 같이 검색하면 2억 5000만 건의 문서가 나오는데, '창업가'만 치면 1억 5000만 건이 검색된다. 비록 여기저기에서 창업가에 관한 좋지 않은 말을 많이 들어봤겠지만(월스트리트의 창업가들은 2008년 금융 위기 이후 엄청난 욕을 먹어야 했다), 혁신에 대해서는 그런 말을 들어본 적이 없을 것이다. 혁신은 마치 언제든 다가갈 수 있는 엄마와 애플파이 같은 친근한 존재로 느껴질 것이다.

당연히 그렇다. 혁신은 중요한 사회적 '선善'이다. 경제학 연구에 따르면, 혁신(특히 기술적인 돌파구)은 여러 시대에 걸쳐 경제적이고 사회적인 번영을 이끄는, 지속적이고 장기적인 동인이었다. 혁신은 사회의 진보에 매우 중요한 요소다.

그렇다면 우리가 혁신가가 아니라 창업가에게 투자하는 이유는 무엇일까? 한 가지 이유는 혁신가에게 투자하려 할 때 '누구에게 투자해야 하는지'를 확실하게 알 수 없기 때문이다. 실제로 누가 경제적인 활동을 할 수 있는 사람인지 알기가 힘들다(경제적인 활동을 해야 투자할 이유가 있기 때문_옮긴이). 그런 사람이 설령 존재한다 해도 말이다. 과학자일까, 아니면 현장에서 일하는 엔지니어일까? 혹시 제품 개발 관리자는 아닐까? 나 역시 창업가가 누군지는 확실히 알고 있지만 혁신가가 누군지는 잘 알지 못한다. 원대한 아이디어를 구상하는 사람일까, 아니면 소수의 엘리트일까? 여러 명이 참여하는 그룹일까, 아니면 외로운 혁신가일까? 내가 만약 혁신가가 누군지를 안다면 그에게 내 돈을 기꺼이 투자할 테지만, 그럼에도 나는 그의 마음속에 창업의 기질이 존재할 거라고 확신하지 못하겠다.

사람들 대부분은 혁신이 '참신하고 독창적인 아이디어를 생생하게 표현해내는 것'이라고 생각한다. 그러나 창업가정신은 현실적인 가치를 창조하는 것이다. 물론 혁신적인 아이디어가 가치 창조에 도움을 주긴 한다. 하지만 창업가가 갖춰야 할 필수요소(고된 노력, 야망, 지략, 파격적인 사고방식, 영업 능력, 리더십 등)들이 아이디어 자체보다 훨씬 중요하다. 비범한 아이디어를 인식하는 것만으로는 안 된다. 아이디어로부터 가치를 창조해내고 동시에 획득해야만 비로소 창업가정신은 완벽해진다.

분명히 말하지만, 혁신은 멋진 것이고 본질적으로 심미적인 매력을 지니고 있다. 창업가가 혁신의 결과물을 실질적으로 활용한다면, 혁신이 비범한 가치를 창조하고 획득하는 일(즉 창업가정신)로 이어질 수 있다. 하지만 아무 생각 없이 혁신을 강조한다면 뛰어난 아이디어가 없는 예비 창업가들이 겁을 집어먹고 창업을 포기하는, 원치 않는 상황이 벌어질 수 있다. 예비 창업가들이 어떠한 리스크를 감수하려 하지 않고 그저 현재의 높은 직위나 안정적인 직장에 만족하려 할지도 모른다.

그러므로 창업가에게 사회에서 축적된 '혁신의 자산'을 샅샅이 뒤지고 검색하도록 도와줘야 한다(혁신 자체를 요구하기보다는_옮긴이). 그들이 혁신의 자산 더미 속에서 어떻게 가치 있는 것을 발견하고 어떻게 가치를 창조해내는지 알게 된다면, 당신은 필시 놀라게 될 것이다.

2장
그들은 '전문가여야' 하는가?

결론 부분에 나열된 '이 책에서 소개된 창업가들'을 쭉 살펴보기 바란다. 그들 중 전문가라고 칭할 수 있는 사람이 있는가? 그리고 사업을 시작할 때 해당 산업에 대해 아무것도 몰랐던 사람은 또 누구인가? 아마 반반 정도로 나뉘지 않을까 싶다. 메리 가담스는 레이싱더플래닛을 창설할 때 이미 베테랑 울트라 마라톤 선수였고, 칼 비스타니는 SABIS가 관리하는 학교의 교사로 일하고 있었다. 하지만 버트 트왈프호번은 사업을 론칭할 때 알루미늄 압출, 제트엔진 정비, 코인 세탁기에 대해서는 아무것도 알지 못했다. 오늘날 혈당 모니터링 기술의 전문가로 인정받고 있는 론 츠반치거Ron Zwanziger는 회사를 설립할 당시를 이렇게 회상한다. "우리는 머리에 피도 안 마른 상태였고 경험이라고는 아무것도 없었습니다. 그래서 경험이 없다는 게 문제되지 않을 분야에서 사업할 거리를 찾기로 했죠. 그래서 유전공학을 선택했답니다." 우습게 들리겠지만, 이것이 당시에 그가 사업을 시작한 이유였다.[1] 그가 설립한 메디센스Medisense는 혈당 모니터를 판매하며 당시의 시장을 석권했다.

'전문성은 창업가정신과 관련성이 적고, 높은 전문성은 오히려 창업가정신을 발휘하는 데 불리하다'라고 주장하면 과장이 심하다고 생각할지 모르겠다. 사실 창업자에게 벤처기업을 10년 정도 경영하게 하거나 해당 산업에서 충분한 경험을 쌓게 만들면, 성장과 성공을 이끌어낼 수 있다는 증거는 있다.[2] 그러나 '불가능한 것'에 대한 편견과 선입견 없이 참신한 눈으로 어떤 주제를 바라보면, 다른 사람이 알아차리지 못하는 곳에서 기회를 발견할 수 있는 능력을 촉진시킨다는 반론이 있다. 전문성이 도움이 된다고 생각하든 그렇지 않다고 생각하든, 어떤 분야의 사전 경험이 반드시 선행조건은 아니다. 고도의 기술적인 노력이 요구되는 분야에서도 마찬가지다. 창업가이자 자선사업가인 나빈 자인Naveen Jain(X PRIZE 기금의 이사회 멤버)은 이렇게 말한다. "진정으로 업계를 뒤흔드는 자들은 한 산업 내에 고여 있는 사람들이 아닙니다. 그들은 다양한 경험과 지식과 기회를 모두 동원하여 참신한 시각으로 도전하는 사람들이죠. 전문가가 아닌 자들이 파괴적인 혁신을 이끌어낼 겁니다."[3] 다시 말하지만, 전문성이 도움이 된다고 생각하든 그렇지 않다고 생각하든, 적어도 어떤 분야의 사전 경험이 선행조건이어야 하는 것은 아니다. 이 점은 매우 중요하다. 전문성을 창업가정신의 필수조건이라 간주하는 탓에 안타깝게도 많은 예비 창업가들(예를 들어, 학생들)이 잘 알지 못하는 분야라는 이유로 누구나 인지할 수 있는 기회를 잡으려 하지 않는다.

───

"작게 생각하는 것은 범죄다." 이 말은 아비 샤Abhi Shah가 자기 직원들에게 자주 반복하는 말이다. 그는 가끔 내 수업에 오면 학생들에게 이 말을 즐겨 한다. 사실 샤는 변호사도 아니고 법에 대해서는 아무것도 모른다. 하지만 그가 설립하여 경영 중인 클러치 그룹Clutch Group은 미국, 인도, 영국에서 활동하는 400명의 변호사 업무를 관리하고 있다.[4] 그는 법정에서 일한 적이 단 한 번도 없다. 클러치 그룹을 창업하기 전, 법과 관련된 샤의 경험은 어렸을 때 미국 대법원을 견학했던 것이 전부였다. 법률 교육을 받지 못한 것이 오히려 그로 하여금 아무런 편견 없이 의뢰인과 변호사의 고충에 귀를 기울이게 했고, 그들의 고충을 해결하려는 목적으로 사업을 시작하게 했다. 그는 자기가 법률 전문가였다면 시장의 '결핍'을 결코 발견하지 못했을 거라고 믿는다.

클러치 그룹은 법률 소송 절차를 대행하는 기업이다. 2006년에 창업한 클러치 그룹은 6년 만에 연매출이 2500만 달러에 달하는 기업으로 성장했고, 앞으로도 비약적인 성장이 예상된다. 설립된 지 얼마 되지 않았음에도 불구하고 이 회사는 이미 법률 소송 대행 부문의 최고 기업으로 인정받아 더 블랙 북 오브 아웃소싱The Black Book of Oursourcing, 던 앤 브래드스트리트Dun & Bradstreet, 프로스트 앤 설리번Frost & Sullivan, 국제 아웃소싱 전문가 협회, 체임버스 글로벌 2011: 세계 최고의 기업 전문 변호사에 대한 고객용 가이드북 등으로부터 수많은 상을 받았다.

오랫동안 변호사들은 인력 구성이 '빵빵하고' 높은 수수료를 청구하는 대형 로펌만이 고도의 법률 업무를 수행할 수 있다고 의뢰인을 설득하느라 진이 빠져 있었다. 하지만 클러치 그룹은 뉴욕, 시카고, 워싱턴 DC를 포함한 여러 대도시에서 변호사 사무소들 간의 네트워크를 구축함으로써 로펌과 의뢰기업의 법무팀에게 문서 검토, 계약 관리, 소송 지원, 규제 및 법률 준수, 법률 조사 등 수준 높은 법률 지원 서비스를 제공하고 있다. 본질적으로 클러치 그룹은 전통적으로 수수료가 비싼 로펌들이 수행해오던, 매우 복잡하고 오랜 시간이 걸리는 서비스를 로펌보다 훨씬 싼 비용으로 제공한다. 이것이 가능한 이유는 클러치 그룹의 세계적인 네트워크와 독점적인 소프트웨어 시스템을 통해 업무, 비용, 인력 투입, 인가 관련 사항 등을 최적화하기 때문이다.

창업 초부터 샤는 법률에 대한 직접적인 경험이 전무하고 관련 교육도 받지 않았다는 사실이 본인의 핸디캡이 될 것이라고 절대 생각하지 않았다. 그는 자신이 설득력 있게 무언가를 판매하는 능력, 장애물에 굴하지 않고 밀고 나가는 의지력, 성공하고자 하는 개인적 열망 등 사업을 론칭하는 데에 꼭 필요한 개인적 자산을 풍부하게 지니고 있다고 믿었다. 성공적인 여러 창업가들과 마찬가지로, 샤의 자신감은 자기가 무엇을 모르는지, 무엇을 배울 필요가 있는지, 그리고 직원들 중 누구에게서 배워야 하는지를 인식하는 것으로부터 나왔다. 전문성으로부터 나온 것은 아니었다.

인도의 구자라트 출신인 그의 부모는 미국 조지아 주에서 잠시 유학

하던 중에 샤를 낳았다. 그 후 부모는 샤를 데리고 고향인 아마다바드로 돌아왔는데, 미국에서의 경험을 통해 그들은 '열심히 일하는 것의 가치'를 뼛속 깊이 실감했다.5 부모는 샤의 의사와 상관없이 이제 막 16살이 된 그에게 자신들이 느꼈던 교훈을 똑같이 경험하도록 했다. 1996년, 텍사스 A&M 대학교에 입학을 앞둔 샤에게 그의 아버지는 충분히 형편이 되는데도 불구하고 등록금 2만 달러를 주지 않았다. 대신 아버지는 아들에게 자기가 어떻게 일하면서 대학을 다닐 수 있었는지 그 방법을 전수해주었다. 가을이 시작되기 전까지 학교 다닐 준비를 마쳐야 했던 아들에게 그가 기꺼이 준 것은 전화번호뿐이었다. 샤가 누구의 전호번호냐고 묻자, 아버지는 그 번호로 전화를 하면 어떻게 해야 등록금을 벌고 방을 구하는 데 보탬이 되는 일자리를 얻을 수 있는지 알려줄 거라고 했다.

 샤는 아버지의 말에 시큰둥했지만, 일단 그 번호로 전화를 걸어보기로 했다. 전화를 받은 사람은 책을 판매하는 회사의 매니저였다. 샤는 당시에 매니저에게 건넨 말을 똑똑히 기억하고 있다. "당신들이 운영하는 서점은 어디에 있죠?" "서점은 없다네. 우리는 방문판매를 하지." 매니저는 대답했다. 샤는 '뭐, 괜찮아. 더 나쁜 게 있겠어? 그 정도쯤이야 충분히 할 수 있을 거야'라고 생각했다. 그는 물었다. "어떤 종류의 책을 팝니까?"

"성경이라네."

'맙소사!' 샤는 거의 대부분의 시간을 인도에서 자란 힌두교도였다.

"인생은 배우는 과정이라네." 매니저는 빈정거리듯 말하며 샤에게 일을 할지 말지 결정하라고 재촉했다.

돈이 절실했던 샤는 일단 한번 해보기로 했다. 그때까지만 해도 얼마나 엄청난 일이 그를 기다리고 있는지를 알지 못했다. 일주일 간의 업무 교육을 받으러 내슈빌을 찾은 샤는 영업을 하려면 여름 동안 책임지고 팔아야 할 책들을 각자 구매해야 한다는 소리를 들었다.

일주일이 끝나갈 무렵, 교육생들은 각자가 담당할 지역명이 적힌 표를 뽑았다. 인도에서 온 아비 샤는 알라바마 주의 탈라데가를 뽑았다. 탈라데가는 샤가 살던 아마다바드와는 비슷한 구석이 하나도 없었다. 37제곱킬로미터에 1만 6000명의 주민이 흩어져 살고 있어서 인구밀도가 1제곱킬로미터당 432명밖에 안 됐다. 이에 비하면 아마다바드는 인구밀도가 거의 1000배 가까이 높아서 1제곱킬로미터에 4만 명이 거주하고 있다. 샤는 드넓은 판매 지역을 함께 담당할 다른 세 명의 학생들과 함께 성경책을 가득 싣고 탈라데가로 향했다. 무게가 20킬로그램이나 나가는 책 더미를 끌고 담당 지역을 누비고 다녀야 한다는 곤경에 부딪히자(샤는 몸매가 매우 가냘펐다) 그는 아버지에게 전화를 걸어 중고차를 구입할 돈을 빌려달라고 말했다. "아들아, 나도 너를 도와주고 싶구나. 하지만 20년 전에 네 엄마와 내가 학교에 들어갈 때 우리 부모님은 중고차처럼 비싼 물건을 사줄 형편이 아니었단다." 별 수 없이 샤는 차 없이 판매를 시작했다.

샤는 집주인에게 부탁하여 매일 아침 다른 장소에 자신을 내려달라고 부탁했다. 그렇게 해야 담당 지역을 모두 걸어서 다닐 수 있을 것 같았다. "그래도 저는 38도까지 올라가는 인도의 날씨에 익숙했던 덕에 탈라데가의 여름 날씨는 견딜 만했습니다." 샤는 얼굴을 찌푸리며 회상했다.

첫째 날, 첫 번째 집의 초인종을 눌렀지만 아무런 대답이 없었다. 두 번째 집에서는 차갑게 외면당했다. 세 번째 집에서는 으르렁거리는 개 때문에 쫓기듯 도망 나왔다. 네 번째 집에서는 어떤 아이가 다가와 샤를 보더니 "엄마, 시커먼 사람이 문 앞에 있어!"라고 소리치는 바람에 소동이 벌어지기도 했다.

그때가 샤가 기억하는 여름 중에서 가장 고된 여름임이 분명했다. 선택의 여지가 없던 샤는 10주 동안 어떻게 해서든 참고 견뎌서 등록금을 벌고 책도 다 팔아치우기로 결심했다. 8월까지 그는 손익분기점을 넘기기 위해 고군분투했다. 모든 비용을 제하고 남은 순수입은 2000달러 정도였다.

텍사스 A&M 대학교로 돌아온 그는 장학금과 학자금 대출을 통해 등록금 납부에 모자란 돈을 얼추 충당했다. 아마도 탈라데가처럼 무더운 곳에서 1주일에 80시간 넘게 성경책을 끌고 다니며 이 집 저 집으로 문을 두드려대는 일을 하던 힌두교도 인도인이라면 누구나 다음번 여름에는 다른 일자리를 택할 것이 뻔하다고 당신은 생각할 것이다. 그러나 어찌된 일인지 한 차례의 시련을 겪은 후에 샤는 더욱 강인해졌다. "맨정신으로는 절대 불가능한 일이었죠. 저는 목표를 달성하지 못했기 때문에 그곳에 다시 가서 싸우고 싶었답니다." 다시 여름이 찾아오자 그는 탈라데가로 향했다.

성경이 뭔지도 모르고 판매도 젬병이었던 샤는 찌그러져가는 자동차 안에서 생활했고 맥도날드 햄버거를 먹으며 돈을 아끼고 또 아꼈다. 그는 신학생처럼 성경을 공부하기 시작했다. "저는 성경책 내용을 몽땅 외워버렸습니다."

그해 여름, 그는 스스로 설정한 판매 목표치를 달성하여 1만 달러 이상의 이익을 벌어들였고, 그때부터 '성경책 판매 영업'은 호전되었다. "세 번째 여름은 저에게 결정적인 순간이었죠." 매년 여름마다 뜨거운 알라바마의 거리를 이리 뛰고 저리 뛰며 얻은, 값을 매길 수 없는 교훈을 그는 이렇게 말한다. "첫째, 이유야 어떻든 자영업자의 길로 들어선 저를 아무도 쉽게 무너뜨리지 못할 거라고 생각했습니다. 뭐든지 할 수 있었거든요. 둘째, 저는 제가 얼마나 행운아인지 깨달았습니다. 트레일러 파크(이동주택들이 모여 있는 주차장_옮긴이)에 사는 사람들에 비하면 저는 큰 혜택을 누리고 있었던 거죠. 그리고 셋째, 고된 노동의 가치를 알게 됐습니다. 도전이 얼마나 어렵고 터무니없든 간에 몰두하고 전념하면 무엇이든 이룰 수 있다는 것을 말입니다."

그 후 샤는 역시나 명확한 목적의식을 가지고 하버드 경영대학원에 입학했다. 그의 목표는 업무 처리 아웃소싱 벤처기업을 인도에 창업하는 것이었다. 업무 처리 아웃소싱Business Process Oursourcing, 즉 BPO는 당시에도 세계적으로 일반화된 사업이었다. 서구의 기업들은 고등교육을 받고 영어를 유창하게 구사하는 인도의 인력을 활용 중이었고, 자국에서 수행할 때 드는 비용보다 훨씬 저렴한 가격으로 '핵심 지원 기능'을 아웃소싱하고 있었다. 인도의 BPO 기업들 대부분은 특별한 전문성이 필요치 않은, 저가치의 노동집약적 운영 업무를 맡고 있었다. 영어를 구사하는 수천 명의 교환원들이 근무하는 콜센터가 대표적이었다.

BPO의 어떤 측면에 초점을 맞춰야 할지 잘 알지 못했던 샤는 여름 방학 동안 BPO 기업의 CEO에게 인턴 근무를 요청해보기로 했다. 그는 유명하고 인맥이 좋고 자기에게 언제든지 시간을 허락해줄 고위 임원을 물색했다. 그래야 그로부터 개인적으로 가능한 한 많은 것을 배울 수 있을 거라고 생각했다. 샤는 '미국-인도 정치활동위원회'를 워싱턴DC에 설치하는 일에 자원봉사자로 참여했는데, 그 일을 계기로 엠파시스MphasiS라는 소프트웨어 기업의 창업자인 제리 라오Jerry Rao를 만날 수 있었다. 그 회사는 1만 2000명의 종업원을 보유한 BPO 기업이었다. 탈라데가에서 성경책을 판매할 때와 비교하면, 인턴 자리를 요청하고 원할 때마다 언제든지 만나달라고 라오를 설득하는 일은 식은 죽 먹기처럼 쉬웠다. 라오는 요청을 수락했고, 샤 역시 밤낮 없이 일하겠다고 약속했다.

그러나 샤는 엠파시스의 방갈로 지사에 첫 출근하기 전까지는 자신을 기다리고 있는 거친 여정을 전혀 예상하지 못했다. 엠파시스가 다른 회사로 매각되리라는 소식이 들려온 것이었다. 라오는 모든 임원들이 지켜보는 가운데 샤에게 이렇게 물었다. "잘나가는 하버드 학생은 이런 상황을 어떻게 이끌어가고 싶은가?" 엠파시스의 임원들은 물론이고 샤 역시 아무 말도 할 수 없었다. 샤는 여름 내내 인턴으로 일하면서 BPO 산업을 상세히 파악했고, 그 후 엠파시스는 로스 페로Ross Perot가 이끄는 EDS에 결국 매각되었다. 나중에 라오가 내게 말한 바에 따르면, 샤는 자기 자신을 '파는 능력'도 탁월했다. 라오는 샤가 뛰어들기로 결심한 벤처기업이라면 어디든 간에 자기 돈을 투자할 거라고 말했다. 라오는

"샤는 인상적인 친구예요. 설득력과 실행력이 탁월하고, 근면하고, 인내심이 강하고, 사람들과의 관계도 훌륭하죠. 그를 제 친구에게 소개해준다면, 몇 주 지나지 않아 샤는 저보다 그 친구와 더 친하게 지낼걸요"라고 농담했다. "엠파시스 사람들은 샤를 아주 좋아했죠."[6]

2학년 과정을 보내기 위해 하버드 경영대학원으로 돌아온 샤는 창업 분야 찾기에 완전히 몰입하여 라오와 주위 사람들이 제안한 수많은 아이디어를 검증해보았다. 그는 분석적 사고가 뛰어난 어느 동급생의 도움을 받아 38개의 아이디어 중 36개를 폐기하고 나서 마침내 가망성 있어 보이는 2가지 사업 계획 초안을 어렵사리 수립할 수 있었다.

직업을 구하지 못한 상태로 졸업할 때가 임박했지만, 샤는 창업가가 되겠다는 다짐을 더욱 확고히 다지며 아무런 이력서도 준비하지 않았다. 하지만 10만 달러나 되는 학자금 대출이 문제였다. 그는 6개월의 기한을 두고 어떤 벤처기업을 설립할지 구상하기로 했다. "두말할 나위 없이 저는 아버지에게 돈을 달라고 전화하지 않았습니다."

샤는 다른 사람들은 무시해버리는 단편적인 현상들을 발견하고 그 의미를 파고들어갔다. 그는 법학대학을 졸업한 친구들 상당수가 대형 로펌에 입사하여 하루 12~14시간, 일주일에 6~7일을 격무에 시달린다는 불만을 들었다. 변호사 친구들과의 저녁식사 자리에서 그는 얼마나 그들이 비참한 직장 생활을 하는지를 듣고 충격을 받았다. "그들은 꽤 괜찮은 연봉을 받았지만, 아무도 제대로 된 삶을 사는 것 같지 않았습니다. 저는 그 친구들이 불행을 느끼는 곳 어딘가에 기회가 숨어 있다는 걸 간파했지요."

샤에게 변호사 친구들과의 만남은 '큰 고통'을 '크고 새로운 기회'로 전환시켜야 함을 깨닫는, 섬광 같은 순간이었다. 아무도 그런 '사소한 불만'에 귀를 기울이지 않았었다. 같은 시기에 샤는 뉴욕에서 잘나가는 로펌에서 변호사 보조로 일하는 라오의 아들과 친구가 되었다. 둘은 법률 업무 중 어떤 것들이 전 세계적으로 효과적인 아웃소싱이 가능할지 토론했다. 당시 법률 서비스 시장 규모는 5000억 달러에 달했고, 몇 안 되는 미국과 영국 로펌들이 전 세계 시장의 절반 이상을 차지하며 시장을 장악하고 있었다.

샤는 급여를 받고 법률 서비스 아웃소싱이 타당한지를 조사할 수 있는 일자리를 찾아보기로 했다. 그는 하버드 법학대학원 부설 법학 연구소에서 연구 프로젝트를 수행하게 해달라고 요청했다. 법률 서비스는 '파는 사람'과 '사는 사람' 모두 엄청난 고충을 경험하고 있다고 샤는 주장했다. 또한 그는 법학대학원이 시장 상황을 정확히 이해하길 원한다면 참신한 시각을 가진 하버드 경영대학원 졸업생인 본인이 현장 조사를 심도 있게 수행할 수 있다고 말했다. 덧붙여 그는 자신이 법률 서비스 산업에 경험이 전혀 없지만 오히려 그것이 큰 장점이 될 것이라고 설득했다. 자신의 경력은 말 그대로 '깨끗했고' 선입견도 없기 때문에 하버드 경영대학원 졸업생의 분석 능력으로 법률 서비스 세계의 공급과 수요 사이에서 '고장을 일으키는 것'을 쉽게 파악할 수 있다고도 말했다. 법학대학원은 샤에게 한 달에 1000달러의 급여와 함께 프로젝트와 관련된 여비를 지급하겠다고 제안했다. 하지만 그보다 더 가치 있는 것이 있었으니, 그것은 세계에서 영향력이 큰 《포춘Fortune》

선정 100대 기업들의 법무팀 사무실을 찾아가 실질적인 지식을 배울 수 있게 해주는, '하버드 법학대학원'이 찍힌 명함이었다.

법무팀 입장에서 가장 큰 불만 중 하나는 로펌에 대형 소송 사건을 의뢰하면 수수료로 보통 시간당 300달러에서 1000달러 이상을 로펌에 지급해야 한다는 것이었다. 그뿐만 아니라, 법무팀은 햇병아리 변호사들에게도 '분 단위'로 시간을 계산하여 수수료를 지급해야 한다는 것에도 강한 불만을 토로했다. 한 법무팀원은 이렇게 불평했다. "왜 제가 이제 막 법학대학원을 졸업한 햇병아리 친구에게 시간당 300달러를 줘야 하죠? 실제로는 제가 그 친구를 가르치면서 일하는데 말이에요. 로펌들은 그런 친구들을 가르치는 대가로 우리에게 오히려 돈을 줘야 한다고요!"

변호사들은 행복하지 못했다. 의뢰인들도 마찬가지였다. 무려 5000억 달러에 달하는 시장 규모인데도 말이다. 인도에서 배출되는 법학대학원 졸업생들도 불행하긴 마찬가지였다. 인도는 미국보다 2배나 많은, 영어를 구사할 줄 아는 법학대학원 졸업생들을 매년 배출했지만, 그들 중 상당수가 변호사 직업을 갖지 못했다. 여기에 세 번째로 커다란 고충이 자리 잡고 있었다.

샤는 큰 사업을 일으켜 헌신할 수 있는 기회, 다시 말해 자신의 영업 능력, 분석 능력, 그리고 세 개의 고충들이 교차하는 정확한 지점을 마침내 발견했다고 확신했다. 그 기회는 그가 선천적으로 지니고 있던 야망에 불을 당겼다. 샤는 본인이 직접 법률 서비스를 제공하는 모습을 그려보기 시작했다.

"크게 생각하라! 작게 생각하는 것은 일종의 범죄다." 샤가 가장 좋아하는 말이다. 그는 본인이 '오션스 일레븐Ocean's 11 전략'이라고 명명한 계획을 수립했다. 「오션스 일레븐」은 조지 클루니, 브래드 피트, 맷 데이먼 등이 출연한 영화로, 각 방면에서 뛰어난 기술을 가진 11명의 개인들을 완벽하게 규합해 라스베이거스의 카지노를 턴다는 줄거리를 가지고 있다. '어떤 능력이 필요할까? 그리고 누가 세계에서 최고인가?'

샤는 법률 서비스 산업을 잘 알면서도 그의 사업체에 초기 투자를 하고 전략 수립에 도움을 줄 뿐만 아니라 필요할 때마다 소매를 걷어붙이고 도와줄 투자자들과 조언자들을 모아보기로 결심했다. 샤는 투자자가 돼주기로 이미 약속한 라오보다 든든한 지원자는 없다고 생각했다. "그는 제 오션스 일레븐 전략의 핵심 인물이었죠." 라오는 엠파시스를 종업원이 1만 명 이상의 조직으로 성장시켜 성공적으로 매각했을 뿐만 아니라, 한때 '씨티코프Citicorp 인도'의 전임 지사장을 역임했기 때문에 금융 서비스 업계의 거물들을 잘 알고 있었다. 씨티코프는 법률 서비스 고객으로서 세계에서 가장 큰 기업들 중 하나였다. 라오가 기꺼이 주요 인사들에게 전화를 걸어주고 샤의 스타트업 기업에 투자자로 참여한다면, 그때부터 사업의 품격이 달라지고 오션스 일레븐 전략에 참여할 전문가들을 모으기가 훨씬 수월해질 터였다. 라오는 동의했고, 샤의 전략엔 비로소 시동이 걸렸다.

매번 인력을 성공적으로 채용했기에 샤는 차기 '드림팀'으로 구성할 스타 직원들을 더 많이 보유할 수 있었고, 직원들의 신용은 곧바로 그 자신의 신용이 되었다. 샤는 적어도 10만 달러를 들여 회사를 널리 광고하여 향후 '아웃소싱 분야의 마이크로소프트'라는 칭호를 얻어야 한다고 조언자들을 설득했다.

젊은 나이(동안이라서 더 어려 보였다)라는 샤의 약점은 나이 지긋한 사람들이 자문위원회에 있어 어느 정도 보완되었다. 그는 본인의 신용과 원대한 비전을 활용하여 최고 수준의 임원들을 고위 경영진으로 영입했고 매출을 가속시키기 위해 규모 있는 미국 기업 한 곳을 인수했다.

그로부터 6년 동안 샤는 인도는 물론 뉴욕, 시카고, 워싱턴 DC에 지사를 개설했다(그 후 몇 년 내에 다른 대도시에서도 지사를 열 계획도 가지고 있었다). 이 미국의 세 도시는 클러치 그룹의 매출액 3분의 2 이상을 차지하고 있다. 창업하자마자 세계적인 경기불황이 들이닥쳤지만 그 와중에서도 클러치 그룹은 성장을 이어갔다. 그는 "경기가 상승하면, 언젠가 내려가기 마련입니다"라고 말하면서 경기의 하락이 오히려 자신들에게 기회가 되었다고 덧붙였다. 클러치 그룹은 이제 《포춘》 선정 100대 기업들과 세계적 수준의 로펌들을 의뢰인으로 두고 있다.[7]

샤는 변화하는 시장에 발맞춰야 하지만 그렇다고 해서 매번 완전히 다른 방향으로 궤도를 틀어야 하는 것은 아니라고 말한다. "결론적으로 말해, 핵심역량을 고수해야 합니다." 그는 회사를 경영하기 전에 얼마나 고되게 성경책을 판매했었는지 회상하며 이렇게 말한다. "핵심역량을 고수한다는 것, 그것이 우리의 DNA입니다. 우리 회사는 무엇이든 포기하지 않는 사람들이 모인 곳입니다." 샤는 영화 「록키Rocky」에서 록키 역을 맡은 실베스터 스탤론Sylvester Stallone의 대사 중 자신이 가장 좋아하는 대목을 즐겨 말하곤 한다. "얼마나 세게 때리느냐가 관건이 아닙니다. 세게 얻어맞으면서도 얼마나 앞으로 전진할 수 있느냐가 관건이죠.

그게 이기는 방법입니다!"⁸

아비 샤의 경험은 비범한 가치를 창조하고 획득한다는 의미로 창업가정신을 정의함에 있어 몇 가지 중요한 시사점을 준다. 그중 하나는 "크게 생각하라"는 샤의 말과 관련된 것으로서, 동기, 열망, 야망처럼 마음속에 비범한 무언가를 성취해내는 모습을 그려본다는 것을 일컫는다. 창업가정신의 수많은 사례에서 보듯, 원대한 비전을 위해 정진하려는 욕구는 비범한 가치를 창조하고 획득하기 위한 동인 중 하나고, 반대로 그 비전이 불가능하다는 믿음(혹은 쓸데없다든가 바보 같다는 믿음)은 저해 요인으로 작용한다. 이 책을 통해 나는 창업의 야망을 불태우는 지점이 어디인지 종종 질문을 던질 것이다. 그러나 분명한 점은 야망과 전문성이 서로 뒤엉켜 있다는 것이다. 전문성이 야망을 이끌어내는지 그 반대인지, 아니면 서로가 서로를 이끌어내는지는 분명하지 않을 수 있다.

여기에 기술이 크게 요구되는 분야라 해도 창업가정신은 전문성 없이 발휘될 수 있다는 증거가 또 하나 있다. 엔지니어가 아닌 올리버 커트너Oliver Kuttner가 피터 디아만디스가 창설한 X-프라이즈 재단으로부터 '끝내주는 기술적 돌파구' 중 하나라고 평가받으며 500만 달러의 상금을

획득했으니 말이다.

 X-프라이즈 재단은 '크게 생각하지 않은 것이라면 아무것도 아니다'란 신념을 가지고 있다. 이 비영리 재단의 독특한 미션은 이렇다. '인류의 이익을 위해 급진적인 돌파구를 이끌어내는 것. 그렇게 하여 새로운 산업의 형성에 영감을 주고, 여러 실패들로 인해 옴짝달싹 못하거나 해결책이 없다는 믿음이 널리 퍼진 시장에 새로운 활력을 불어넣는 것.'[9] 간단히 말해, X-프라이즈 재단은 대부분의 사람들이 불가능하다고 믿는 것을 성취해내라고 강하게 요구한다. 이 책 전체에 걸쳐 살펴보겠지만, '불가능하다'는 말은 오히려 창업가에게 '바로 그것이 기회'임을 가리키는 지표라고 할 수 있다.

 부동산 개발업자이고 자동차 애호가이며 자동차 딜러인 커트너는 자동차 부문에 X-프라이즈라는 상이 내걸렸다는 소식을 듣고 그 상을 자기가 수상하겠다는, 정말로 터무니없어 보이는 목표를 세웠다. 올리버 커트너 역시 자기가 위대한 기술 전문가가 아니라는 점이 오히려 전문가들이 '안 될 것'이라고 믿는 것을 성공시키는 데 유리하리라고 믿었다. 진보적인 단체인 X-프라이즈가 자동차 부문에 내건 급진적인 과제는 바로 1리터로 42.5킬로미터 이상을 달릴 수 있는 자동차를 만들어내라는 것이었다. 조건은 그것만이 아니었다. 반드시 바퀴 네 개가 달린 4인승 자동차여야 하고, 시속 300킬로미터 이상으로 달릴 수 있어야 하며, 시속 0킬로미터에서 시속 100킬로미터까지 가속하는 데에 걸리는 시간이 15초 이내여야 하고, 소비자연맹이 정한 안전 기준과 배출가스 기준을 충족해야 하며, 대량 생산이 가능해야 했다. 말 그대로 '급진적인' 돌파구를 요구했던 것이다.

그는 오히려 자신에게 승산이 거의 없는 상을 타낼 수 있다면 혁신적인(그래, 혁신적인!) 자동차 사업으로 자연스레 도약할 수 있을 거라고 생각했다. 물론 그는 원대한 비전('불가능한' 자동차를 만들어서 상금을 획득한다)을 달성하기 위한 나름의 세부 계획을 가지고 있었다.

야망에 불을 지핀 커트너는 자동차가 움직이고 작동되고 제작되는 모든 측면을 완전히 다시 개념화하고 자동차 엔지니어링의 방법을 다시 정립할 팀원들을 규합하기로 했다. 대학을 다닐 때는 엔지니어가 되겠다는 꿈을 꾸기도 했지만, 대학 졸업 후 그가 얻은 첫 번째 직업은 자동차 차체 수리 공장을 운영하는 것이었다. 커트너는 "평생 자동차 수리 공장의 소유주로 일하려면 이 분야에서 앞서 나가지 않으면 안 되겠지"라고 생각으로 중고차 대리점 한 곳을 인수했다. 그는 폐차 수준의 클래식 자동차를 낮은 가격에 사들여 말끔하고 성능 좋게 수리한 다음 높은 가격에 판매하는 데에 뛰어난 수완을 보였다. 그는 이렇게 회상한다. "저는 아무도 관리하지 않는 이탈리아 자동차에 관심을 가졌습니다. 페라리 컨버터블을 2000달러에 구입해서 수백만 달러를 받고 되팔았죠." 그는 확장을 거듭하여 BMW, 포르쉐, 아우디 브랜드를 단 자동차에 대해서도 똑같은 가치를 창출했다.

책상머리에 가만히 앉아 있을 사람이 아닌 커트너는 주말이면 취미 삼아 자동차 경주를 즐겼다. 4년 동안 그는 드라이버, 경주팀 소유주, 팀 매니저로 활동하면서 국제 자동차 스포츠에 심취했다. 자동차 경주는 그를 흥분시켰다. 단순히 속도 때문만은 아니었다. 그는 말한다. "스피드는 효율에 의해 결정됩니다. 자동차 경주는 1000분의 1초를 다투는 시간 싸움이라서 모든 것들이 즉각적으로 피드백됩니다." 자동차 경주에서는 사소한 실수와 작은 개선이 크게 증폭되어 나타난다는 뜻이다.

비록 오래전에 엔지니어가 되겠다는 생각을 접었지만, 엔지니어에 대한 커트너의 동경은 커지기만 했다. "경주용 자동차 엔지니어들은 아주 멋진 사람들이죠. 그들은 자기 직업에 아주 진지해서 좋은 결과를 내기 위해 어떤 문제든지 철저하게 고민합니다. 직업윤리의 귀감이 될 만한 사람들이에요."

X-프라이즈의 기사를 읽은 커트너는 마침내 자기가 세상에 이름을 떨칠 기회가 왔음을 직감했다. 그리고 자기가 엔지니어가 아니지만 반드시 상을 타내겠다고 다짐했다. "그러기 위해 제가 뭘 해야 하는지 저는 분명하게 알고 있었습니다. 뛰어난 엔지니어들을 고용하는 것이 바로 제가 할 일의 전부였죠."

커트너는 샤와 마찬가지로 자동차 산업의 인맥을 총동원하여 세계적 수준의 전문가들로 자신만의 오션스 일레븐을 구성했다. 그들 대부분은 도전 과제(X-프라이즈가 제시한 과제_옮긴이)만을 보고 합류에 동의했다. 그들은 그저 X-프라이즈가 제시한 자동차 사양을 만족시키기보다는 심사위원들을 기절초풍시킬 만한 무언가를 함께 만들어내기로 했다.

개발팀은 자동차에 관한 기존의 모든 가정을 타파하기 시작했다. "우리는 기술과 스피드, 강성 등에 관한 데이터를 모두 살펴보았습니다. 그 결과, 우리는 사람들이 바로 '이것'을 놓치고 있다는 것을 발견했습니다!" 여기에서 '이것'이란, 연비 측면에서 엔진의 효율 개선(대부분의 자동차업체들이 이것에 초점을 맞춘다)이 '차체의 공기역학'에 비하면 덜 중요하다는 점이었다. 그래서 개발팀은 자동차 차체를 가볍고 바람에 미끄러지듯 나아가도록 만드는 데 온 힘을 기울였다.

샬로츠빌에 있는 커트너의 고향에서 차로 1시간 거리에 있는 버지니아 주 린치버그의 임대 시설 안(팀원들은 디트로이트, 솔트레이크시티, 시카고, 독일, 이탈리아 등에서 원격으로 작업에 참여했다)에서 꼬박 3년의 시간을 보낸 커트너의 새로운 회사 에디슨2$_{Edison2}$는 마침내 원대한 비전을 달성해 냈다. 개발팀은 엄지손가락으로 약 3.6킬로그램의 압력을 가해도 움직일 만큼 엄청나게 가볍고 공기역학적인 자동차를 개발했다(에디슨2의 엔지니어가 X-프라이즈 경연 때 효율성 테스트를 이런 방법으로 해보였다). 근본적으로 새로운 디자인의 효과를 사람들에게 입증해 보이기 위해 그들은 스마트$_{Smart}$(메르세데스 벤츠가 만드는 경차_옮긴이)에서 엔진을 떼어 에디슨2 자동차에 장착하여 연비가 1리터당 17.4킬로미터에서 37.8킬로미터로 즉각 증가하는 모습을 시연했다. 특유한 '미끈한 차체' 덕분에 에디슨2 자동차는 충돌에도 강한 특성을 보였다. 다이아몬드 모양의 자동차는 충격을 흡수하기보다는 충격의 방향을 바꿔놓아 충돌로 파괴될 가능성을 현저히 줄였다.

전 세계에서 111개팀이 2008년 X-프라이즈 경연에 참가 신청을 했다. 2010년 9월, 커트너의 자동차는 총 상금 1000만 달러 중 절반을 획득했고 나머지 500만 달러는 차점자 두 팀에게 돌아갔다. 상금을 받은 세 팀 중에 기존의 자동차업체는 하나도 없었다. 일과시간 후에 취미 삼아 자동차를 만지작거리던 커트너란 남자가 전 세계에서 몰려온 자동차 엔지니어링 전문가들을 가볍게 물리친 셈이었다.

커트너의 혁신이 벤처 정신으로 실현될 수 있을지는 사실 불투명한 상태다(혁신적 돌파구가 사업을 통해 비범한 가치 창조로 이어질지 아직은 알 수 없다는 뜻_옮긴이). 하지만 커트너의 의도는 혁신 자체에 있다. 그는 대형 자동차업체들에게 에디슨2의 노하우와 트랙 기록을 제시함으로써 지적 자산을 라이센스했다. 그는 자신의 벤처기업에 개인 자금 800만 달러를 투자했다. 커트너의 말에 따르면, 이 회사의 현재 자동차 모델들은 X-프라이즈를 수상한 자동차를 박물관의 전시물처럼 보이도록 만든다고 한다. 그중 한 가지 모델은 10킬로와트 배터리를 사용하는 전기 자동차인데(비교를 위해 언급한다면, 닛산의 리프Leaf는 24킬로와트 배터리를 쓴다), 화석 연료를 쓰는 자동차로 따지면 연비가 1리터당 104킬로미터에 달할 정도로 높은 효율을 자랑한다.

에디슨2의 기술은 자동차의 에너지원을 따지지 않는 쪽으로 진화하고 있다. 커트너가 반복하여 말하듯이, 돌파구는 자동차 '차체'에 있지 엔진에 있지 않다. 중량, 저항, 효율 간의 관계를 면밀히 살펴본 개발팀은 효율의 핵심은 궁극적으로 가벼운 중량과 낮은 공기역학적 저항에 있다는 사실을 깨달았다. 배터리는 무게가 꽤 나가기 때문에 효율에 부정적인 영향을 미친다. 자동차가 아주 가볍다면 가속하는 데에 매우 적은 에너지를 사용할 수 있다. 다시 말해, 무게와 강성이 핵심이라는 뜻이다. 앞으로 에디슨2는 하이브리드, 디젤, 태양광, 천연가스 등 여러 종류의 자동차에 손댈지 모른다. 커트너는 고속 크루징, 스톱-앤-고Stop-and-Go(정지하면 시동이 꺼지고 액셀러레이터를 밟으면 시동이 다시 걸리는 기능_옮긴이) 등의 기능들이 장점이 되는 자동차가 있고 그렇지 않은 자동차가 있다는 것을 간파했다. '완벽한 자동차'라 해도 한 가지의 프로토타입만 있으면 모든 종류의 운전 니즈를 만족시킬 수 없을 테니까 말이다.

커트너에게는 앞으로 가야 할 길이 멀다. 돈을 실제로 지불할 고객에게 자기네 자동차를 구입하도록 설득해야 하기 때문이다. 그에게 자동차 엔지니어링에 대해 전문성이 없다는 사실은 단점이라기보다 장점으로 작용하지만, 고객이 자동차에 대해 가지고 있는 기존의 생각과 회의주의는 앞으로 넘어야 할 커다란 장애물이다. 그는 자신이 개발한 것이 엄청난 잠재력을 보유하고 있음을 투자자, 고객, 사업 파트너들에게 설득해야 할 것이다. 그는 전망한다. "우리가 애플과 같은 회사가 될지, 아니면 역사의 '각주'로 남을 것인지 두고 보면 알겠죠."

샤와 커트너와 같은 창업가들은 자신감과 비전을 가지고 다른 사람들에게 자기를 믿도록, 자기가 보는 방식으로 세계를 바라보도록 설득하는 능력을 지녔다. 비록 처음에는 말이 안 되는 것처럼 보여도 말이다. 법률, 엔지니어링, 과학, 재무 등에 관한 개인의 전문성은 필수적인 요소가 아니다. 로버트 웨스만은 아이슬란드의 작은 복제약 제조업체에서 글로벌 리더로서 시장을 선도할 수 있다는 잠재력을 발견했다. 부분적이지만, 그가 완전히 다른 산업의 출신이라는 점이 그에게는 힘이 되었다. 샤는 변호사도 아니고 소프트웨어 엔지니어도 아니었지만 '아웃

소싱 업계의 마이크로소프트'를 구축하고자 했다(요즘에 샤는 '아웃소싱 업계의 애플'이란 말로 바꿔 쓴다). 커트너는 엔지니어가 아니어서 혼자 힘으로 X-프라이즈의 우승자가 될 수는 없었다. 그러나 그는 자동차의 기본을 다시 생각하도록 개발팀을 독려했다. 자신이 선택한 분야에 대해 전문성이 부족하다는 점이 오히려 참신한 통찰을 떠올리도록 도움을 주었고, 그런 통찰은 불가능한 것을 성취할 수 있다는 사실을 알고 나서도 오랫동안 오염되지 않았다.

나는 '모르는 게 약이 된다'고 생각하지는 않지만, 창업가는 전문가든 아니든 새로운 기회를 인식하거나 창조하려면 전적으로 참신한 눈으로 시장이나 자산(사람, 물건, 지식 등_옮긴이)을 바라봐야 한다. 전문성은 사업의 시작 단계에서 필수적인 요소가 아니다. 물론 웨스만은 현재 누구 못지않게 복제약에 대해 잘 알고 있다. 산업에 관한 심도 있는 지식은 사업을 시작하는 이유가 되기도 하고 그 결과로 얻어지기도 한다. 다시 말해, 산업 지식은 그 산업 내에서 사업을 시작하는 계기를 만들어주기도 하지만, 사업 수행의 부산물로 습득되기도 한다는 뜻이다. 샤는 이렇게 말한다. "언젠가 저도 최소한 명예 법학 박사학위 정도는 받을 수 있지 않겠어요?"

3장

그들은 '젊어야' 하는가?

젊어지려면 오랜 시간이 걸린다.

―파블로 피카소Pablo Picasso

G20 정상회의는 'G20 청년 창업가 연합'이라고 불리는 산하 회의체를 두고 있는데, 이 회의체의 운영 목적은 매년 G20 정상회의보다 먼저 소집되어 G20 가입국에서 활동하는 청년 창업가들의 역할을 강조하는 것이다.[1] '청년 창업가정신 위원회Youth Entrepreneurship Council'라 불리는 미국의 단체는 청년 실업과 불완전고용을 극복하기 위해 젊은이들의 창업가정신을 고취시킨다는 미션을 가지고 활동하고 있다. 이 위원회는 정부에게 '청년 창업가정신 진흥법' 제정을 촉구하고 있다.[2] 중동과 라틴아메리카 등 미국 외의 지역에서도 청년 창업가정신 프로그램은 매우 흔하게 진행 중이다. '청년Youth'과 '창업가정신Entrepreneurship'을 구글에서 검색하면 1800만 개의 자료가 나오는 반면, '노년old-age'과 '창업가정신'을 검색하면 300만 개밖에 나오지 않는다. 아마도 청년을 정의

하는 나이가 빠르게 올라가기 때문에 이런 차이가 발생하는 것 같다. 몇몇 국가에서는 공식적으로 35세 이하를 청년이라고 정의하지만, 현재 'G20 청년 창업가정신 연합'은 40세 이하를 청년이라고 보고 있다.

나는 많은 창업가 그룹들과 여러 차례 토론을 벌였지만, 아직도 '잘나가고 선택받은' 청년들과 창업가정신을 연결시키는 것이 잘 이해가 되지 않는다. 나는 '나이 들었다', '연세가 많다', '어르신', '노인'이란 말을 청년이 아닌 사람들에게 사용해서는 안 된다고 생각한다. 청년이 아닌 사람들 중에서 최고의 창업가들을 무수히 발견할 수 있기 때문이다. 그렇지만 정부가 '청년' 창업가정신과 '그렇지 않은 자의' 창업가정신을 정책적으로 구분할 만큼 '창업에 어울리는 것은 청년'이라는 고정관념이 강력하게 형성되어 있다. 이 책에 나오는 창업가들 중 상당수는 나이가 젊다고 말할 수는 없는 사람들이다. 가비 머론은 자신의 첫 번째 벤처기업 기븐 이미징을 설립할 당시 44세였다. 칼 비스타니는 42세 때 SABIS의 CEO를 맡았다. 마이클 디민Michael Dimin은 56세였다. 제이 로저스는 창업 당시 35세였는데, 일반적인 MBA 졸업생보다 훨씬 나이가 많았기에 청년이라고 보긴 어려웠다. 나훔 샤프만Nahum Sharfman은 44세, 로랑 아다모위츠Laurent Adamowicz는 55세, 모 이브라힘Mo Ibrahim은 42세, 올리버 커트너는 45세, 비노드 카푸르는 50대에 벤처를 시작했다.

'나이가 지긋한' 창업가들 중 아츠마사 도치사코Atsumasa Tochisako는 아주

흥미로운 사람이다. 2004년에 '세계 경제 환경 개선과 은행의 역할'을 논의하는 컨퍼런스에서 도치사코는 빈곤국의 수십억 인구를 대상으로 '금융 포용Financial Inclusion'이란 개념을 적용한 대규모 사업 계획을 펼쳐 보였다. 오랜 시간 실천적인 방법 없는 수사적인 말만 늘어놓던 도치사코는 드디어 종이 한 장을 넘기더니 'MFIC마이크로파이낸스 인터내셔널 코퍼레이션 (Microfinance International Corporation)'라 불리는, 자신의 벤처기업에서 추진하는 비즈니스 모델을 마침내 설명하기 시작했다.³ 이 모습은 20대 풋내기에 불과한 실리콘밸리의 스타트업 기업가가 청바지에 운동화를 신고 나와서 (이를테면) '소셜 미디어 아이앱iApp을 계획 중이다'라고 발표하는 장면과는 사뭇 달라 보였다. 정장을 잘 차려입은 워싱턴 DC 출신인 52세의 도치사코는 MFIC를 시작하기 위해 1년 전에 30년을 근속해온 도쿄-미츠비시 은행을 퇴직한 전직 고위 임원이었다. 그의 사업 계획이 발표자료의 뒷부분에 등장하긴 했지만, 결코 순간적인 충동으로 만들어진 것은 아니라는 걸 알 수 있었다. 이 계획은 그가 은행에서 수십 년간 축적했던 경험의 산물이었고, 충분히 금융 서비스의 혜택을 제공할 수 있는 능력이 있음에도 불구하고 전통적인 은행들이 오랫동안 무시해온 인구 계층에 대한 분석 결과이기도 했다. 도치사코는 자신의 계획이 수십억 달러 규모의 새로운 잠재시장을 열 것이라고 확신했다.

   도치사코는 누가 창업을 할 수 있고 누가 창업을 할 수 없는지에 관한 우리의 통속적인(그리고 부정확하고 편견이 심한) 고정관념과는 어울리지 않는 사람이다. 그는 보수적인 은행의 고위 임원이었고, 일본인인 데다가, 나이도 50세가 넘었으니 말이다.⁴

그러나 도치사코는 전 세계에서 이뤄지는 현금 송금액 중 수천 억 달러를 처리하는, 독점적인 소프트웨어 플랫폼을 구축해놓았다. 그렇기 때문에 그가 사업의 규모를 확대할 수 있다면 수억 명의 삶을 더 나은 방향으로 변화시킬 수 있다. 이미 그는 금융 분야의 가장 보수적인 기업들 중 몇 군데로부터 4300만 달러 이상의 투자금을 확보했다. 그 기업들은 MFIC가 성공할 것임을 장담하고 있다.

도치사코는 대개의 금융기관들이 그다지 가치를 느끼지 못하는 미국의 인구 계층에게 금융 서비스를 제공한다는, 성공 가능성이 꽤 높은 사업 기회를 발견했다. 그 인구 계층은 은행 계좌나 신용카드는 고사하고 신용 기록조차 없는, 매년 본국으로 수십억 달러(600억 달러라는 추정도 있다)를 송금하는 히스패닉계였다. 수십 년간 국제 자금 이체 업무를 능숙하게 수행한 경험 덕에, 도치사코는 이 '무시당하고 거부당하는 고객 계층'에게서 누구도 손댄 적 없는 잠재적 가치가 존재한다고 확신했다.

이주민들이 개발도상국가로 송금하는 금액은 놀라울 정도로 세계 경제에서 큰 부분을 차지하고 있다. 그 금액은 보수적으로 잡아도 매년 약 3000억 달러에 이르는데, 어림잡아 스위스, 싱가포르, 칠레 등 각 국가의 경제 규모와 비슷하다. 사실 멕시코와 같은 몇몇 국가에서 송금액이 GDP에서 차지하는 비율은 20퍼센트에서 30퍼센트에 달한다. 그러나 송금하는 사람과 송금을 받는 사람들 대부분은 은행 계좌를 가지고 있지 못한 것이 현실이다. 돈이 저축예금 계좌로 유입되는 경우가 매우 적어서 해당 국가의 자산을 형성하지 못하는 것이다. 웨스턴 유니언Western Union과 같은 송금 중개업체를 통해 하나의 주머니에서 다음 주머니로 그저 옮겨갈 뿐이다. 그 과정에서 웨스턴 유니언에게 높은 수수료를 지불하면서 말이다.

도치사코는 송금 프로세스상의 모든 사람들, 즉 송금하는 사람, 송금 의뢰를 받아 돈을 대신 전달하는 중개업체, 송금 플랫폼을 운영하는 사람, 최종적으로 돈을 수령하는 사람 등을 위한 가치 있는 서비스가 반드시 제공되어야 한다고 생각했다. 그저 종이 위에 스케치 상태로 남아 있던 도치사코의 계획은 2006년이 되자 전통적인 채널을 통하지 않는 금융 서비스업체의 형태로 실현되기 시작했다. 2012년에 그의 벤처기업 MFIC는 70명의 종업원으로 수십 개국 간의 송금 서비스를 제공함으로써 연매출 1000만 달러를 달성했고, 현재 모바일 기기로도 송금 서비스를 운영 중이다.

도치사코의 젊었을 적 꿈은 항공기 조종사였고 은행업은 그의 꿈과는 상당히 거리가 멀었다. 가난한 일본인 부모 밑에서 자란 그는 교토에 있는 명문대학인 도시샤 대학교를 다닐 정도로 열심히 공부했고, 대학 졸업 후에는 곧바로 조종 훈련학교에 들어가 조종사 자격증을 따기 위한 준비에 여념이 없었다.

그러나 불행히도 타이밍이 좋지 않았다. 대학교를 졸업하던 해인 1976년에 일본 경제는 급전직하로 추락했고 그 후 3년간 일본 항공사들은 어느 곳도 신규 채용을 실시하지 않았다. 상심한 도치사코는 자신에게 첫 번째로 좋은 일자리를 제의한 도쿄 은행에 취직했다. 그곳은 그가 오랫동안 꿈꿔온 곳이 결코 아니었지만 뾰족한 수가 없었다. 도쿄 은행은 일본에서 가장 존경받는 금융기관이었지만 상당히 보수적인 곳이기도 했다. 그는 처음부터 업무에 두각을 나타내어 은행에서 떠오르는 스타로 대접받았지만, 조종사의 꿈을 버리지 못했다. 그는 MBA를 보내주겠다는 은행 측의 계속적인 제의를 매번 거절했다. MBA를 다녀오면 오랫동안 은행에 의무적으로 근무해야 했기 때문이었다.

그의 고집이 너무 세서 괘씸했는지, 은행은 '스페인어 인턴'이라는 이름으로 도치사코를 멕시코에 파견하는 조치를 내렸다. 스페인어를 전혀 못하는 젊은 아내와 함께 멕시코에 도착한 그는 상사로부터 멀리 떨어진 도시에서 지방 대학교를 다니면서 스페인어를 배우라는 말을 들었다. 당시에는 깨닫지 못했지만, 그 도시에 살던 경험은 가난에 대한 그의 시각을 급진적으로 만들었다. 이는 수십 년 후 그가 벤처기업을 창업하는 계기가 되었다.

스페인어 실력이 향상되면서 도치사코는 어느 노점상과 친하게 지내게 되었다. 하루는 그가 저녁을 같이 먹자며 젊은 도치사코를 흙바닥에 겨우 지붕을 올린 자기 집으로 초대했다. 노점상과 그의 아내, 그리고 세 명의 아들들로부터 따뜻한 환대를 받은 도치사코는 소박한 식사를 함께하며 그들과 즐거운 대화를 나눴다. 막내아들인 호세는 도치사코에게 조만간 또 놀러올 수 있는지 물었다. 알고 보니 호세는 이제 막 친구가 된 자신과 더 진한 우정을 쌓기 위해 다시 와달라는 것이 아니었다. "당신이 놀러오면 또 고기를 먹을 수 있으니까요." 호세는 설명했다. 어리둥절한 도치사코는 이렇게 물었다. "오늘밤에 우리가 고기를 먹었었니?" 호세는 스프 위에 떠 있는 작고 종이처럼 얇은 조각을 가리켰다. 도치사코의 눈에는 그것이 고기로 보이지도 않았지만, 그것은 몇 개월 동안 호세가 먹은 유일한 고기 조각이었다.

호세와의 일화는 그 후 20년간 도치사코의 머릿속에서 이리저리 굴러다니게 될 사업 구상을 촉발시켰다. 노점상과 그의 가족은 근면하고 예의 바르고 정직하고 믿음직한 사람들이었다. 그러나 그들은 반대편 세계에 있는 사람들(서구 선진사회의 사람들_옮긴이)이 매일 이용하는, 어떠한 금융 서비스에도 접근하지 못했다. '은행의 역할은 사회와 경제의 구석구석에 산소를 공급하는 것이어야 한다'라고 도치사코는 생각했다. 그러나 정말로 열심히 일한다 해도 삶을 개선하는 데 도움이 되는 어떠한 자원에도 접근할 수 없는 것이 멕시코 등 여러 나라 주민들의 현실이었다.

도치사코는 호세뿐만 아니라 세계의 수많은 아이들과의 약속을 지키기 위해 조종사가 되겠다는 오래된 꿈을 깨끗이 포기했다. 그는 회상한다. "그날 밤, 저는 비록 하급 은행원에 불과했지만 금융의 모든 것을 배워서 전문가가 되겠다고 다짐했습니다. 언젠가 역량을 갖추게 되면 새로운 개념의 은행을 창립해서 좋은 사람들에게 좋은 기회를 선사하는, 그런 일을 할 수 있을 거라고 생각했죠."

몇 년 후, 멕시코 파견 기간을 마친 도치사코는 에콰도르와 페루로 순환 배치되었다. "가능한 한 빨리 금융 전문가로 성장하기 위해 저는 배울 기회만 생기면 무엇이든 자원해서 충분한 경험을 쌓으려고 노력했습니다." 그는 여러 역할을 맡았다. 대표적으로 38세의 나이에 에콰도르 대통령의 금융 고문으로 활동하는 등 도쿄 은행에서 승진의 사다리를 차곡차곡 밟아 올라갔다.

페루에 있을 때 도치사코는 그 노점상으로부터 한 장의 엽서를 받았다. 호세가 고열에 시달리다가 사망했다는 소식이었다. 도치사코는 깊은 슬픔에 빠졌다. 도치사코는 애써 웃음 지으며 이렇게 회상한다. "그 엽서 덕택에 저는 호세와의 약속을 다시 다짐했습니다."

그러나 도쿄 은행은 도치사코에 대한 계획을 따로 가지고 있었다. 그는 매년 라틴아메리카 지역의 여러 지사로 발령받았는데, 다른 사람이라면 그런 식의 인사 발령이 이어질수록 은행에 대한 충성심과 의욕을 잃어버릴 만했지만 그는 오히려 이를 기회로 삼았다. "제가 거주했던 라틴아메리카 국가들은 하나같이 매우 혼란스러워서 폭동, 총기 난사, 시위가 끊이지 않았죠." 그는 자신을 둘러싼 공동체의 모든 세부 정보를 습득했고 돈(혹은 돈에 접근하지 못하는 상황)이 어떻게 경제와 사회를 형성해나가는지 관찰할 수 있었다.

1986년, 개발도상국이 아닌 그의 첫 번째 부임지는 도쿄 은행의 애틀랜타 지점이었다. 아이러니하게도 도치사코는 워낙 라틴아메리카에서 오래 일했던 터라 미국에서 가장 위험한 도시 2위에 오른 애틀랜타에서 마치 고향에 돌아온 듯한 느낌을 받았다. 그는 매우 큰 집단인 이민자들이 전통적인 은행 서비스를 이용하지 않는다는 사실을 발견했다. 이민자들은 안정적인 블루칼라 직업을 가졌지만, 본국에 있는 가족들에게 돈을 보내려면 비싼 수수료를 물고 송금 서비스를 이용하는 것 말고는 선택의 여지가 없었다.

2년 후 도치사코는 도쿄로 복귀하여 은행의 부실 부문을 되살리고, 제조업체와 상사를 거느린 거대 재벌기업들의 문제를 수습하라는 특별 임무를 받았다. 항상 정부의 지시를 고분고분 따르던 은행은 재벌기업들을 구제하라는 정부의 요구를 무시하지 못했던 것이다. 은행은 이렇게 수만 명 직원들의 운명을 좌지우지하는 복잡한 문제를 도치사코 혼자 해결하라고 지시했다. 각각의 임무를 완료할 때마다 도치사코는 은행장에게 은행을 그만두고 새로운 벤처를 시작하겠다고 밝혔지만, 그때마다 은행장은 사직하기 전에 하나만 더 중요한 임무를 수행해달라며 한사코 그를 붙잡았다.

도치사코는 더 이상 젊은 나이가 아니었지만, 예전(중남미에 근무할 때)에 인식했던 문제를 해결하겠다는 열정은 더욱 불타오르기만 했다. 그의 가장 큰 경쟁력은 중대한 문제를 정의하고, 복잡한 제도와 관계망 속에서 해결의 실마리를 찾아내며, 문제의 근본원인을 규명하고, 실력 있는 사람들과 신뢰를 형성하는 것과 같은 종합적인 능력을 갖췄다는 데에 있었다. 또한 국제 은행 업무를 하나부터 열까지 모두 배웠다는 것도 그의 경쟁력이었다.

2000년 1월 도치사코가 마지막으로 사직하겠다는 의사를 밝히러 은행장을 찾아갔을 때, 그는 은행장이 자신을 위해 또 다른 임무를 서랍에서 꺼내들 거라고 반쯤 예상했다. 다행히 은행장이 건넨 임무는 그의 목표와 아주 가까웠다. 바로 워싱턴 DC 사무소에서 미국 총괄 대표의 임무를 수행하는 것이었다. 그곳에서 그는 자신의 아이디어를 실현하면서 그동안 잃어버렸던 시간을 따라잡을 수 있었다. 48세 때 도치사코는 조지 워싱턴 대학교의 파트타임 MBA 과정에 최고령자로 등록했다. "저는 졸업을 최대한 빨리하기 위해서 수강 가능한 모든 과목을 신청했습니다. 저에게 남은 시간이 얼마 없었기 때문이었죠." 그는 도쿄 은행에서 요구하는 모든 업무를 게을리하지 않으면서도 15개월 만에 MBA 과정을 졸업했다.

미국의 수도에서 미국 총괄 대표 역할을 수행했기에 도치사코는 신흥 국가의 경제 발전에 관한 국제회의에 자주 참석했다. 회의에서 다루는 주제는 일반적으로 이민자 문제, 마이크로파이낸스, 국제 자금 이체(국제 송금)였다. 이민자 문제나 마이크로파이낸스와 관련해서는 실무적인 논의가 매우 활발하게 벌어졌지만, 국제 송금에 관한 토론은 아무런 진전이 없었다. 웨스턴 유니언 같은 기존의 금융 서비스 기업들은 국제 송금 시장을 장악하면서 거래당 20퍼센트라는 높은 수수료를 물리고 있었다. 그런데도 세계인들의 복지를 위해 송금 수수료를 낮추도록 규제하거나 장려책을 제시해야 한다는 의견은 아무런 반향을 일으키지 못했다. 도치사코는 이렇게 떠올린다. "워싱턴 DC에 있는 정부기관들과 은행들은 국제 송금 관행을 어떻게 개선해야 할지 몰라 갈팡질팡했습니다."

도치사코가 느끼기에 정부기관들과 은행들은 핵심을 놓치고 있었다. 세계에서 가장 잘사는 나라인 미국은 멀리 떨어진 국가의 가난한 자들을 돕기 위해 수많은 프로그램들을 운영하고 있었지만, 정작 자국 인구의 20퍼센트 이상을 차지하는 사람들, 즉 이민자들에게는 정당한 권리를 제공하지 않았던 것이다. 더군다나 국제 송금은 이민자들이 원하는 여러 금융 서비스 중 하나일 뿐이었다. 공급과 수요 사이에 엄청난 불일치가 존재하고 있었다.

사실 도치사코에게 기회로 여겨졌던 대상, 즉 미국 은행들에게는 하찮게 보였던 대상은 신용 등급이 낮지만 저렴한 가격의 금융 서비스를 필요로 하는 저소득 계층이었다. 문제는 수요가 없다는 것이 아니라, 수익성이 없다는 것이었다. 은행들은 인도나 브라질과 같은 곳에서는 마이크로파이낸스를 사업화할 가치가 있다고 인정했지만, 이상하게도 마이크로파이낸스를 미국 내에서 진행하겠다는 생각에는 이르지 못했다.

은행 계좌를 가진 극소수의 히스패닉 이민자들도 은행 통신망을 이용해 소액을 본국에 송금하려면 시간과 비용 차원에서 큰 불편을 겪을 수밖에 없었다. 송금자가 은행 통신망을 통해 200달러를 보내면 은행은 통신망 이용 수수료로 25달러를 물렸고, 송금이 되려면 3일이란 시간이 소요됐다. 게다가 송금을 받는 사람은 은행에 계좌를 개설할 것을 요구받았고, 계좌를 만들고 나면 환전 수수료를 지불해야 돈을 받을 수 있었다. 결과적으로 은행 계좌가 있건 없건, 송금자들은 흔하게 존재하는 송금 서비스업체(웨스턴 유니언 같은)를 이용할 수밖에 없었고 그 업체들에게 과도한 수수료를 내야만 했다.

도치사코는 '수표 현금화Check-Cashing'가 잠재력이 큰 관련 서비스라고 생각했다. 히스패닉 이민자들에 의해 얼마나 많이 수표 현금화가 이루어지는지 정확한 정보를 얻어내기는 어려웠지만, 인종을 구분하지 않는다면 1년에 550억 달러 치의 수표 1억 8000만 장이 미국의 수표 현금화 업체들에 의해 현금화되었고, 그에 따른 수수료는 15억 달러에 달했다. 수표 현금화의 대부분은 길거리의 영세 업체들이 담당했다. 수표 현금화 서비스는 결국 '페이데이 렌딩Payday Lending(급여일에 대출금을 갚는 조건으로 빌리는 고금리 단기 소액 대출을 말함)'과 밀접한 관련이 있었다. 페이데이 렌딩은 연이율이 무려 300퍼센트를 넘었다.

도치사코는 금융 서비스 소외 계층을 위해 새로운 금융 모델을 세심하게 만들기 시작했다. 올리버 커트너나 칼 비스타니와 마찬가지로 기존의 산업을 해체하고 완전히 새롭게 개념화했던 것이다. 그는 이렇게 말한다. "저는 성공확률이 50퍼센트보다 적을 거라는 점을 잘 압니다. 아무도 이전에 이런 사업을 성취해내지 못했으니까요. 하지만 이 일을 완수하는 데에 저의 모든 전문성과 노하우를 쏟아부었고 앞으로도 그럴 겁니다."

친구들과 공동 창업자들로부터 지원받은 돈에 본인의 저축액을 더해 43만 달러를 모은 도치사코는 2003년에 MFIC를 창업했다. 회의적인 목소리가 여기저기에서 들렸다. 특히 그의 동료들은 큰 우려를 표했다. 도쿄 은행이 마련해준 송별회 자리에서 그의 멘토는 "나는 100만 명의 은행가들 중 아무도 자네가 무엇을 하려고 하는지 결코 알지 못할 거라고 장담하네. 자네가 우리와 함께 있는다면 우리는 자네에게 더욱 밝은 미래와 높은 소득을 약속할 수 있어. 왜 모든 것을 버리려 하는 건가? 왜 외국에 살면서 사회의 밑바닥 사람들을 위해 사업을 하려는 거지?"라고 그를 다그쳤다. 하지만 도치사코는 라틴아메리카에서 습득한 자신의 오랜 은행업 경험과 유창한 스페인어 실력으로 새로운 벤처를 성공적으로 론칭하기 위한 만반의 준비를 갖췄다고 믿었다.

그의 아이디어는 자금 이체 소프트웨어 플랫폼을 사용하는 것에 있었다. 이 플랫폼은 신뢰할 만한 친구가 소유주로 있는, 은행 관련 소프트웨어 전문의 어느 에콰도르 기업에 의해 개발된 것으로서 여러 라틴 아메리카 은행들이 이미 사용 중이었다. 이 플랫폼을 통해 간단하고 신속한 온라인 송금 서비스를 최소한의 비용으로 제공하여 미국에 적을 둔 고객들의 부담을 덜어주면, 그들은 MFIC의 충성스러운 고객이 되어 추가적인 서비스를 구매할 것이었다. 고객들은 수수료 인하라는 혜택을 얻을 것이고, MFIC는 수표 현금화, 보험, 마이크로론 등 수익성 높은 서비스들을 묶음으로 제공함으로써 이익을 올릴 수 있었다. 또한 이러한 모든 서비스들은 동일한 기반의 플랫폼을 사용하기 때문에, MFIC는 수수료를 낮추면서도 이익을 낼 수 있었다. 한 번 송금하는 수수료로 10달러를 책정했는데, 웨스턴 유니언은 동일한 송금에 대해 이보다 네 배 혹은 다섯 배 높은 수수료를 부과했다. 도치사코와 직원들은 고객들이 서비스를 받을 때마다 자신들이 은행으로부터 환대를 받고 존중을 받는다는 느낌, 감사해한다는 느낌을 갖도록 각별히 노력했다. 도치사코는 일부러 차별성을 강조하기 위해 웨스턴 유니언의 회색 빌딩에 인접한 건물을 노란색과 주황색으로 칠하고 MFIC의 첫 번째 워싱턴 지사를 개설하기도 했다.

그러나 앞으로 이어지는 장에서 살펴보겠지만, 비범한 가치를 창조하는 잠재력을 지닌 창업가정신은 거의 항상 시장의 관성과 저항에 직면한다. MFIC 역시 예외는 아니었다. "첫 고객을 얻는 것이 특별히 어려웠지요. 히스패닉 이민자들에게 일본인이 설립한 신규기업을 신뢰하도록 만들려면 우리는 어떻게 해야 했을까요?" 지역 신문에 광고를 게재하여 고객을 끌어모으려는 MFIC의 첫 번째 시도는 완전히 실패로 끝났다. 그래서 도치사코와 직원들은 워싱턴 DC의 거리로 나가 얼마나 낮은 수수료로 엘살바도르에 송금할 수 있는지를 강조하는 전단지를 배포했다. 그 지역에 엘살바도르에서 온 이민자들이 상당히 많았기 때문이었다. 처음에는 기꺼이 저렴한 송금 서비스를 이용하려는 개인 고객들이 소수였지만, 그들의 친구와 친척들에게 입소문을 타고 알려지면서 서서히 매출이 성장했다. 2006년 말, MFIC는 5만 명의 고객을 확보했는데, 전형적으로 그 고객들은 '적지만 안정적인 소득'을 버는 남성 이민자들이었고, 금융에 문외한이었으며, 거대하고 인간미 없는 은행 지점을 상대하는 것을 매우 불편해했다.

MFIC는 다른 주에 있는 군소 송금 서비스업체 몇 곳을 인수했고, 다국적 은행들 및 무선통신 업체들과 계약을 맺어 수수료를 받고 MFIC의 플랫폼을 이용하게 하는 등 괄목한 만한 성장을 이루었다. 2006년에 100만 달러 이하였던 매출은 2011년에 1000만 달러에 근접했다. 도치사코는 회사의 성장이 이제 시작일 뿐이라고 생각한다. 거래량이 거의 기하급수적으로 늘고 있기 때문이다.

MFIC의 자본금 중에서 벤처 캐피탈리스트들로부터 조달한 금액은 하나도 없다. 일반적으로 벤처 캐피탈리스트들은 새로운 벤처기업을 일종의 일탈로 보는 경향이 있다. MFIC에 대한 그들의 의심은 파도처럼 밀려들었다. 도치사코는 "뉴욕의 투자자들은 거대한 수요의 존재에 대해 아무것도 몰랐답니다. 그들은 현실을 알지 못했거나, 아니면 현실을 직시하려고 하지 않았던 거죠." 도치사코는 부유한 라틴아메리카 투자자들은 기회를 좀 더 명확하게 볼 수 있을 거라고 기대했지만, 그들 또한 그를 지원하는 것을 꺼렸다. "그들은 '나는 이미 정상에 올랐소. 왜 내가 당신에게 투자해서 다른 사람들을 도와야 한단 말이오?'라고 말하더군요." 몇몇 투자자들은 투자 계약서에 서명까지 했지만 최종 단계에서 약속을 어기고 도치사코에게 등을 돌렸다. 어쩔 수 없이 그는 MFIC의 미래를 걸고 자신의 사업 계획을 일본 투자자들에게 납득시켜야 했다. 일본 투자자들은 도치사코와 그의 비전, 그의 평판, 도쿄 은행에서 수십 년간 연마한 그의 능력에 신뢰를 표했다.

대부분의 창업가들이 그렇듯, 그가 걸어온 경로도 가끔은 순탄치 않았다. 그 후의 이야기는 이렇다. 내가 개인적으로 놀랐던 것은 미래 전략에 관한 이사회와의 근본적인 의견 차이 때문에 2012년에 도치사코가 MFIC를 사임했다는 소식이었다. 그러나 그는 자신이 당초에 설정한 비전을 결코 단념하지 않았다. 2012년 말, 그는 MFIC에 있을 때 시작한 아이디어를 계속하기 위해 2000만 달러의 자금을 조달하겠다는 비전을 가지고서 미국 중서부에 기반을 둔, 어느 가족이 소유한 모 은행에서 일하고 있다. 또한 그는 2003년에 MFIC와 함께 설립한 소기업인 마이크로마노스MicroManos를 확장하려고 초기 단계의 작업을 진행 중이다. 당초 이 회사는 직업을 얻으려는 이민자들을 지원하는 데에 초점을 맞췄지만, 이제 50대 후반의 나이가 된 도치사코는 이민자들의 금융 니즈를 많은 부분 충족시키기 위해 지점망을 통한 금융 서비스라는 한계를 벗어나 휴대폰과 인터넷을 활용한 새로운 형태의 대출 프로그램을 론칭하여 좀 더 웹 기반의, 좀 더 기술 기반의 서비스로 나아가려고 계획 중이다.

도치사코의 사례가 보여주듯이, 관습적인 지혜를 타파하는 조직을 구축하는 프로세스는 매우 혼란스럽고 지리하다. 엄청난 보상이라는 잠재력을 지닌 벤처기업을 설립하는 데에 리스크는 피할 수 없는 부분이다. 그런 리스크가 도치사코를 오랫동안 지체시켰을지 모르지만, 그는 여전히 수십 년 전 멕시코에서 한 약속을 지키는 일에 열중하고 있다.

―――

비유하자면, 창업가정신은 '기회 균등 고용주(성별, 인종, 종교 등을 차별하지 않는 고용주를 뜻함_옮긴이)'다. 창업가정신이 젊은이들의 영역이라는 통념에 예외적인 사례가 되는 사람이 도치사코뿐만은 아니다. 이 책에서 소개되는 우리의 주인공들을 살펴봐도 그렇다. 커넬 할렌드 샌더스 Colonel Harland Sanders는 KFC를 시작할 때 60대였고, 레이 크록 Ray Kroc은 맥도날드 프랜차이즈를 구축하기 시작할 때 50대였다. 아리아나 허핑턴 Arianna Huffington은 성공적인 인터넷 신문 《허핑턴 포스트 The Huffington Post》를 창간할 때 55세였다.

'젊은 창업가'라는 강력한 고정관념은 여전히 끈질기게 남아 있다. 아마도 그 이유는 빌 게이츠, 스티브 잡스, 마이클 델 Michael Dell, 마크 주커버그 Mark Zuckerburg가 젊은 나이에 엄청난 성공을 거뒀기 때문일 것이다. 그러나 아이돌에 가까운 이들 젊은 창업가들 중 대부분은 기업의 성장기 시절에 '어른들의 감독'에 많은 부분을 의지했다. 자신들을 도와 함께 스타트업이라는 험난한 파도를 헤쳐 나갈 경험 많고 노련한 사람들을 고용했던 것이다. 젊은이들이 창업가정신을 가장 잘 발휘할 수 있다고 믿는 고정관념은 아마도 텔레비전과 영화의 영향 때문이 아닌가 싶다. 사람들은 나이가 들수록 '세계가 돌아가야 하는 방식'보다 '세계가 돌아가는 방식'에 천착한다고 믿는 모양이다(나이 들수록 혁신보다 관행에 집착하게 된다는 뜻_옮긴이).

그러나 그런 고정관념이 옳다는 증거는 어디에도 없다. 2008년에 비벡 와드화Vivek Wadhwa는 50세 이상의 창업자 수가 25세 미만의 창업자 수보다 2배나 많다는 사실을 발견했다.[5] 창업자의 평균 나이는 남자의 경우 40세, 여자의 경우 41세였다. 사실, 와드화의 연구는 가장 활발하게 창업을 시작하는 세대가 55세에서 64세에 해당하는 베이비부머 세대로 옮겨갔음을 여실히 보여준다. 그는 이런 트렌드가 앞으로 몇 년간 계속될 것이라고 전망했다. 카우프만 재단The Kauffman Foundation이 최근 발표한 보고서에 따르면, 창업자들 중 55세에서 64세의 연령대가 차지하는 비율이 1996년에는 15퍼센트에 미치지 못했으나 차츰 증가하여 2010년에는 거의 23퍼센트에 달한다고 한다.[6] 그러나 이러한 연구들은 설립된 기업의 수를 기준으로 조사할 뿐 창업한 회사들이 얼마나 많은 가치를 창조했는지에는 별로 관심을 두지 않기 때문에, 정확한 연구 결과로 볼 수 없다(창업 기업들 상당수가 자영업자들의 영세사업체이기 때문이다). 그러나 최근 《심리학과 노화Psychology and Aging》란 저널에 발표된 연구에서 오레곤 대학교의 연구자들은 50세 때 경쟁력이 최고조에 달하여 경쟁에 자신의 지식, 스킬, 금전적 보상 등을 기꺼이 내건다는 결과를 내놓았다.[7] 프랑스와 이스라엘의 연구자들은 최근 545명의 관리자들을 대상으로 설문조사를 해 조직에서 활력과 동기가 최고조에 이르는 때가 57세라는 사실을 발표했다.[8] 또한 스웨덴에서 200개 이상의 스타트업 기업을 대상으로 한 연구에서는 창업자들이 10년에서 15년 정도의 산업 경험을 가질수록(즉 그리 젊지 않을수록) 기업의 성장과 긍정적인 상관관계를 갖는 것으로 나타났다.[9]

아무리 생각해도 나는 창업가정신을 발휘하기 위한 최적의 연령을 예상할 수 없거니와, 어떤 분야나 어떤 종류의 창업가정신이 창업가의 연령에 의해 크게 영향 받는지 확신하지 못하겠다. 그림 3-1은 상대적으로 나이가 젊을 때 잃을 만한 것이 가장 적다는 점(즉 리스크에 노출된 것이 가장 적다는 점)을 보여준다. 젊을 때는 모기지 대출도 없고, 대학 등록금을 내줘야 하는 아이들도 없고, 부양할 가족도 없고, 안정적인 생활

그림 3-1 연령과 창업 능력과의 관계

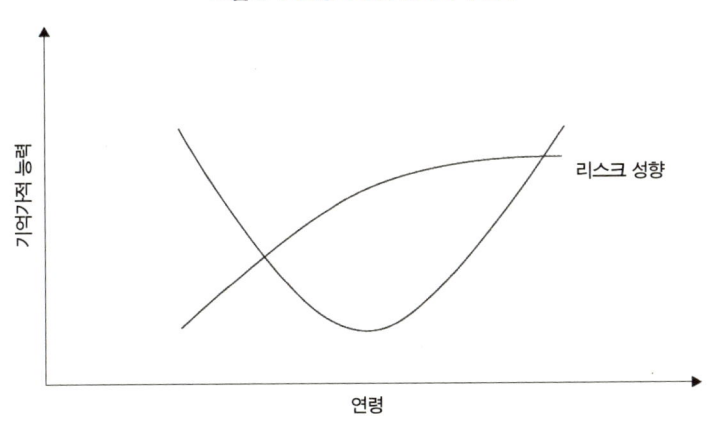

모기지 대출, 아이들, 경력, 라이프 스타일, 관성, 평판, 사회적 행동반경

을 유지하고 싶다는 욕구도 적다. 그러나 젊을 때는 실력이 일천할 수밖에 없다. 조직을 구축하는 노하우와 경험, 직원들에게 동기를 불어넣는 리더십 경험, 사업에 필요한 인맥, 사업적 신뢰, 산업에 관한 지식, 의사결정 능력, 고객의 생각과 행동을 이해하는 능력 등이 모두 부족하다. 2005년에 《월 스트리트 저널》에 실린 기사에 따르면, 노화와 관련된 수십 개의 연구 결과를 종합해보니 고령일수록 인지능력이 저하되는 것이 사실이지만 고령자들일수록 의사결정을 할 때에 감정의 영향을 받는 정도가 덜하고 정보를 더 효과적으로 활용한다고 한다.[10]

그렇다면 리스크가 큰 벤처기업을 시작하기에 적절한 연령대는 중년(40~50대)이 아닐까 생각할지 모르겠다. 그러나 중년은 리스크에 대한 개인의 내성이 가장 낮을 때다. 아이들은 대학에 들어가고, 은퇴 후에 쓸 자금을 마련해야 하며, 경력은 정점에 이르렀기에 사업을 하다가 잃을 수 있는 것들이 아주 많다. 그래서 중년보다 나이가 많아야 무거운 책임들을 덜어낼 수 있고 리스크에 대한 내성 또한 커질 수 있다.

그렇기에 나는 사업을 시작하기에 이상적인 연령은 70세여야 하지 않을까 하고 생각한다. 실리콘밸리의 《머큐리 뉴스Mercury News》는 창업가들과 그들의 후원자들 사이에 횡행하는 '연령차별'에 관한 기사를 냈다. 그 기사에서 세쿼이아Sequoia의 전설적인 벤처 캐피탈리스트 마이크 모리츠Mike Moritz는 "20대 청년들이 창업한 기업…… 그들에게는 가족과 아이들처럼 주의를 흐트러트리고 사업을 방해하는 요소가 없다(그래서 젊은 창업가가 성공 가능성이 크다는 의미_옮긴이)"는 의견을 너무나 당당하게 피력했다.[11] 연속적으로 기업을 창업해 성공시킨 샌디 커트지그Sandy

Kurtzig는 60대의 나이에 이르러 새로운 벤처기업을 론칭하고 투자자를 모으고 직원들을 채용하면서도 자신의 나이를 남들에게 밝히기를 꺼려 한다. "저는 제 나이를 광고하고 싶지 않아요"라고 둘러대며 말이다.[12] 아마 나이가 노출되면 남들이 자기 기업을 덜 혁신적이고 덜 전문적이라고 여길까 두려운 마음 때문이었을 것이다.

누가 창업할 능력이 있는가, 언제 창업을 선택해야 하는가, 혹은 그 창업가가 무엇을 달성할 수 있는가에 대한 대답을 미리 정해두는 것은 보통 사람들이 가치 없다고 생각하는 것으로부터 비범한 가치를 창조하고 획득하는 사람이 바로 창업가라는 개념을 거스르는 행위다. '참신한 기술로 강력한 제품을 개발한 혁신적인 젊은이'라는 상이 바로 우리가 창업가들에 대해 가지고 있는 고정관념이다. 그러나 전 세계에서 활동하는 창업가들 중 상당수는 혁신가가 아니고 기술 전문가도 아니다. 그리고 많은 창업가들은 20대와 30대 시절을 보내고 난 후에 사업을 시작했다. 혁신, 젊음, 그리고 전문성이 예비 창업가가 갖춰야 할 필수 자산일까? 그럴 수도 있고, 아닐 수도 있다.

누가 창업가가 될 수 있고 없느냐, 그리고 어느 곳에서 창업가가 탄생할 수 있느냐에 관한 일반적인 법칙을 경험적으로 규정하기는 매우 어렵다. 설령 규정했다 하더라도 자기모순에 빠질 것이다. 정의상 창업가 정신은 '예외성'과 관련이 있기 때문이다. 그렇기 때문에 창업가의 전형적인 모습이란 존재하지 않는다. 확실히 창업을 시작할 때 나이가 젊을 필요가 없다. 어떤 분야의 전문가일 필요도 없고 혁신가일 필요도 없다. 그런 생각들은 환상에 불과하다.

하버드, 밥슨, 레이캬비크, 테크니언, 콜롬비아 등 나의 MBA 제자들과 수십 개국의 수많은 사람들이 증언하건대, '비범한 가치를 창조하고 획득하려는 야망, 노력, 열망', 즉 창업가정신은 간절히 원한다면 누구나 충분히 이뤄낼 수 있는 것이다. 그렇게 하려면, 정상적이지 않은 길로 기꺼이 가야만 한다. 대부분의 사람들이 보지 못하는 곳에서 가치를 발견해야 하고, 성공할 때까지 미친 듯이 그것에 몰두해야 한다. 다음 장에서 이 이야기를 해보자.

제2부

그들의 공통점은 '역발상'

> 모든 사람들이 좋은 아이디어라고 말하면, 다른 길로 가라.
> —제이 로저스, 로컬 모터스의 CEO

오늘날 가장 성공적인 기업들 중 상당수가 특별히 경제에 불길한 기운이 감돌 때나 시장이 가장 좋지 않을 때 설립되었다(마이크로소프트는 곧잘 인용되는 사례다). 《포춘》 선정 500대 기업들 중 절반, 그리고 고속 성장 기업으로 《잉크Inc.》가 뽑은 기업들 중 절반이 그런 상황에서 창업됐다는 추정이 있다.[1] 언뜻 보기에 이러한 사실은 이상하게 느껴진다. 왜냐하면 창업가가 가지고 있음직한 가장 중요한 스킬 중 하나가 새로운 사업 분야에 진입하거나 새로운 벤처기업을 시작하기 전에 시장의 매력도를 정확하게 평가하는 능력이라고 여기기 때문이다. '시장이 매력적일수록 창업하기가 좋다'라고 말이다. 타당하지 않은가? 그러나 이런 생각은 전문가의 말을 경청하지 않고 몇 번이고 되풀이해서 매력적이지 않은 산업을 매력적이지 않은 시기에 매력적인 기회로 바꿔놓는 창업가에게는 해당되지 않는다. 창업가들은 역경 속에서 번창한다. 추측하건대 그들은 그 메모('시장이 매력적일수록 창업하기가 좋다'_옮긴이)를 본 적이 없었을 것이다.

창업가정신이 불황기 때 빛을 발하는 이유에 관해 몇 가지 일리 있는 해석들이 있다. 하나는 기존의 경쟁자들이 '덜 붐비는' 시장으로 떠나가기 때문이라는 것이다. 다른 하나는 기존 경쟁자들이 떠났기 때문에 신규 진입자들이 인력, 기업, 부동산 등의 자산들을 싼 가격으로 취할 수 있다는 점이다. 세 번째는 늘어나는 실업으로 인해 많은 사람들이 자신만의 사업으로 독립하는 수밖에는 선택의 여지가 없다는 것이다. 그리고 네 번째는 불경기 때 창업하면 가장 치열한 벤처기업들만이 인내력과 검약 정신을 배양하여 미래의 경기 침체에 대비하기 위한 '예방 주사'를 맞을 수 있고 경쟁력 있는 가치를 고객에게 제안함으로써 성공을 거둘 수 있다는 것이다.

방금 언급한 이유들은 나름대로 타당하지만, 좋아하건 그렇지 않건 간에 창업가정신은 역경 속에서 자라나고 역경과 창업가정신은 서로 떼려야 뗄 수 없는 관계를 지니고 있다. 그 이유는 바로 창업가정신이 발현되는 과정이 아무도 보지 못한 곳에서 가치를 발견하는 것이고 "No!"라고 말하는 사람들의 관점을 지속적으로 거부하는 것이기 때문이다. 이 말은 창업가들이 항상 시류에 단호히 저항하고, 유행을 거스르며, 사람들 대부분이 할 만한 가치가 없다고 여기는 것들을 수행하려 한다는 뜻이다.

이 말은 또한 '승자'에게 투자하여 먹고사는 사람들(즉 전문 투자자들_옮긴이) 조차 '패자'에게 돈을 거는 오류를 자주 범하고, '승자'가 될 벤처기업을 발견하고서도 터무니없고 미친 것 같다는 생각에 큰돈을 딸 수 있는 기회를 잃어버린다는 것을 시사한다.

세계에서 가장 오래되고 가장 성공적인 벤처 캐피탈 회사들 중 하나인 'BVP베스머 벤처 파트너스(Bessemer Venture Partners)'는 스테이플스Staples, 스카이프Skype, 셀텔Celtel 등 세계에서 가장 큰 '승자' 기업에 투자했고, 파트너들은 자신들의 투자 성공을 자랑스럽게 이야기한다. 그러나 사무적이고 냉정한 벤처 캐피탈리스트들이 할 만한 유머답지 않게 BVP는 스스로를 비꼬듯이 '반反 포트폴리오'를 대중에게 공개한다. 이 포트폴리오는 걷잡을 수 없는 속도로 성공한 기업들이 과거에는 너무나 터무니없어 보여서 투자가 곤란하다고 파트너들이 판단했다는 사실을 있는 그대로 드러낸다.[2]

"BVP의 오래된 역사는 우리가 정말로 많은 기회를 완전히 놓쳤다는 사실을 여실히 보여준다."[3]

구글이 바로 거대한 기회를 놓친 대표적인 사례다. 한 사업가는 구글의 창업자인 세르게이 브린과 래리 페이지에게 창업 후 첫 1년 동안 자신의 차고를 빌려주었다. 1999년과 2000년에 그 친구는 자기 집에 놀러온 BVP의 파트너에게 '검색엔진을 개발하는 정말로 똑똑한 스탠포드 대학생 두 명'을 소개하려고 했다. 학생이라고? 새로운 검색엔진? 그 파트너는 친구에게 물었다. "자네의 차고를 거치지 않고 내가 이 집에서 나가려면 어떻게 해야 하나?" BVP의 '반 포트폴리오'에 정말로 커다란 방점을 찍는 순간이 아닐 수 없었다. 또 다른 실수는 이베이eBay였다. "우표, 동전, 만화책이라고? 농담하는 거지? 생각할 필요도 없군. 불합격!" BVP는 인텔Intel, 애플, 페덱스FedEx, 페이팔PayPal도 놓쳤다. 페덱스의 창업자 프레드 스미스Fred Smith는 BVP에 여러 번 찾아갔지만 매번 문전박대를 당했다.

말도 안 되는 여러 기업들 중에서 진정으로 시장의 판도를 바꿀 기업을 가려내는 일을 수십 년간 수행한, 고도로 훈련받은 전문가들조차 이렇게 '버스를 놓치는 실수'를 자주 범한다는 사실을 당신은 진지하게 생각해야 한다. 어처구니없어 보이는 것들 중에서 가치 있는 것을 구별해내기가 엄청나게 어렵다는 점은 창업가정신이라는 커다란 수수께끼 중 하나다(이 책의 맨 마지막 장에서 이 점을 집중적으로 이야기할 것이다).

BVP의 '반 포트폴리오'가 정직하게 드러내듯, 기회가 클수록 그 안에는 사람들의 의심을 불러일으킬 만한 요소들이 많다. 친구들이 사업 아이디어가 절대로 시장에 먹히지 않을 거라고 확신을 가지고 조언하더라도, 해당 분야의 최고 전문가와 권위자로부터 부정적인 피드백이 쏟아질지라도 창업가는 어떻게든 비범한 가치를 추구하고 창조하고 획득해낸다. 결국 그러한 '아웃라이어'들만이 가장 성공적인 창업가가 될 수 있는 잠재력을 가지고 있다. 투자 기관들의 시스템적인 선발 방법으로는 아웃라이어들을 사전에 가려내기가 어려운 법이다. 창업가정신을 시스템으로 미리 감지해내기란 불가능하다. 바로 창업가정신이 가지고 있는 '역발상적인 특성' 때문이다. 다시 말해,

명색이 창업가라면 다른 사람들이 지나쳐버리는 것을 자기가 발견했다고 '맹신'할 수밖에 없다.

이것이 바로 제이 로저스가 로컬 모터스를 론칭할 때의 마음가짐이었다(덧붙인다면, BVP의 전직 파트너 역시 이 기업에 퇴짜를 놓았다).

4장

최고의 창업가는 미치광이 같다

위대한 재주꾼들은 광증과 너무나 가까이 붙어 있다,
얇은 칸막이가 그들 사이의 경계를 나누고 있을 뿐이다.
—존 드라이든John Dryden, 「압살롬과 아히도벨」에서

2008년 12월, 세계에서 가장 큰 자동차 제조업체인 도요타의 임원들은 1938년 이래 최초의 적자, 그것도 20억 달러에 이르는 손실을 발표하는 자리에서 고개를 떨구었다.[1] 같은 시기에 태평양 건너에 있는 세계 2위의 자동차업체이자 '주식회사 미국'의 상징인 제너럴 모터스GM는 대통령의 승인하에 연방 정부로부터 긴급 구호 자금을 지원받았다. GM의 파산이 임박했다는 소문이 널리 퍼졌는데, 이 예상은 그 후 몇 개월 후에 현실로 나타날 터였다.

이때가 세계 자동차 업계 역사상 가장 최악의 시기였다. 또한 이때는 제이 로저스가 개인 투자자들에게 자신의 새로운 자동차 회사에 투자해달라고 설득하던 시기이기도 했다. 그렇다고 해서 그가 만들고자 한 자동차가 환경친화적인 전기 자동차나 하이브리드 자동차는 아니었다.

바로 휘발유로 움직이는 세단이었다.

　세계의 자동차 산업이 무릎을 꿇은 바로 그때, 자동차 회사를 설립하겠다는 계획은 시기를 잘못 만난 선택이었을까? '시기를 잘못 만났다'라는 표현은 지나치게 완곡한 표현이라고 생각할 것이다. 그렇다면 '무모하다'는 표현은 어떤가?

　로저스는 '크라우드 소싱crowd sourcing' 방식으로 자동차를 디자인하고 고객들을 공장으로 오게 하여 직접 자신만의 차를 완성하도록 한다는 아이디어에 기반하여 로컬 모터스를 창업했다. 그는 누구나 '말도 안 돼!'라고 생각하는 것을 수행하는 일에 흥미를 느끼는 사람이었다. 그가 스스로 옳은 길을 가고 있다며 어느 정도 자신하던 까닭은 아무도 그것이 가능하다고 생각하지 않았기 때문이었다.

　이것이 내가 학생들에게 반복적으로 강조하는 점이다. 창업가의 일은 다른 사람들이 무시하거나 저평가하거나 질타하기도 하는 기회를 재빨리 알아채서 실현시키는 것이다. 가장 분명해지는 시기 중 하나가 자동차 산업의 사례처럼 '산업 경기가 추락하는 때'다.

　"만약 모든 사람이 그게 좋은 아이디어임을 알고 있다면, 누군가가 이미 그것을 시도했을 것이다." "출발선에 섰을 때는 박수 받을 것을 기대하지 마라." 로저스는 2007년에 벤처기업 설립을 준비하기 위해 내가 하버드 경영대학원에 개설했던 과목을 수강한 적이 있다. 당시 로저스의 마음에는 이런 교훈이 절실하게 와 닿았다.

　이 책의 주인공들이 되풀이하여 증명하듯, 창업하려는 사람이 열광하던 기회는 처음부터 좋은 호응을 받는 경우가 거의 없다. 이것이 바로 창업가들이 역발상적으로 기회를 인식하고 체계화해나가는 과정에서 나타나는 일반적인 특징이다.

겨우 4년 만에 로컬 모터스는 고객들에게 시장에 대한 로저스의 견해가 옳았음을 납득시켰다. 140명의 고객들이 자신들에게 꼭 맞게 제작될 랠리 파이터Rally Fighter를 1대당 7만 5000달러에 주문했다. 피닉스에 위치한 로컬 모터스의 초소형 공장에서는 한 달에 5대 꼴로 자동차가 출고 중이고, 셀 수 없이 많은 특별 프로젝트가 특별한 자동차를 제작하기 위해 진행 중이다. 또한 로컬 모터스는 자사의 기술을 대형 자동차 제조업체에 라이센스하고 있다. 그리고 총 60대의 랠리 파이터가 이미 출고되었다(로저스의 표현에 따르면 '야생으로 풀려났다'). 그러는 가운데, 로저스는 개인 투자자들로부터 1200만 달러의 투자금을 모았다. 물론 자금조달 과정이 쉽지만은 않았다. 경험 많은 투자자들 상당수가 로저스의 외고집을 불신하며 고개를 저었기 때문이다. 그러나 로컬 모터스가 2012년 12월에 1500만 달러의 매출을 올렸다는 사실은 투자자들의 의심이 틀렸을지도 모른다는 것을 단적으로 보여준다.

───

제이 로저스는 남들이 보기에 '쉬워 보이는 길'에는 절대로 관심이 없었다. 그는 프린스턴 대학교를 졸업한 후에 아버지를 도와 중국에서 생의학 검사 사업체를 운영했고(실패로 끝났다) 금융 분야에서 잠깐 일하기도 했다. 스탠포드 경영대학원으로 입학 허가를 받은 그는 미국 해병대 장교로 복무할 수 있도록 자신의 입학을 미뤄줄 것을 요청했다. 하지만 스탠포드가 그의 요청을 거절하는 바람에 그는 해병대에 입대하여 5년의 복무기간 대부분을 이라크, 아프가니스탄 등 중동의 여러 지역에서 보냈다.

군 복무 경험은 그에게 매우 강렬한 인상을 남겼다. "저는 지정학적 갈등의 뿌리가 결국 '석유'라는 사실을 알게 됐습니다." 석유는 자동차가 어떻게 쓰이고 어떻게 제조되는지에 많은 영향을 미친다. 로저스는 오랫동안 자동차 산업에 관심이 있었다. 그의 할아버지는 1940년대에 인도의 모터사이클 회사에 투자하여 경영까지 했었다(로저스에 따르면 투자한 모든 돈을 한 푼도 남김없이 날려버렸다고 한다). 그래서 로저스 가족들은 기회에 대한 자신들의 견해를 엄밀하게 검증하는 일에 남들보다 익숙했고, 어물쩍하다가는 그 기회가 쉽게 날아가버린다는 사실을 잘 알고 있었다.

군 복무를 마치고 2005년에 하버드 경영대학원에 입학한 로저스는 자동차가 제작되는 '혁명적인 방식'에 관해 아이디어를 창안해냈다. 자동차가 디자인되는 방식은 그의 관심사가 아니었다. 사업의 기본기를 습득하고 학생들 간에 좋은 인맥을 쌓으려고 경영대학원에 입학한 여러 동급생들과는 달리, 로저스는 경영대학원을 자신만의 개인적인 '창업가정신 훈련소'로 삼으며 시간을 관리해나갔다. 그가 수강한 모든 과목들, 여름방학 동안 자동차 전문 컨설팅 회사에서의 인턴 경험, 현장 연구 프로젝트들은 모두 자신의 자동차 사업을 준비하기 위한 일환이었다. 그는 이렇게 말한다. "경영대학원은 본인이 활용하기 나름이지요.

저는 졸업 후에 성공적인 사업을 운영하는 방향으로 제 자신을 몰고 가고 싶었답니다."

경영대학원 2년 차 때 로저스와 자동차업체에서 일한 경험이 있는 어느 동급생은 자동차를 제조하는 방식을 재창조한다는 주제로 하버드 경영대학원이 설치한 '사회적 기업 진흥 기금'으로부터 2만 5000달러의 연구 자금을 지원받았다. 로저스와 파트너(동급생)는 규모의 경제와 산업공학적 방법을 통해 대규모 공장과 조립 라인을 더 효율적으로 만들기보다는, 어떤 디자인이든 소규모 생산 설비에서 소량 생산(몇 천 대 수준)을 해도 충분한 이익을 창출할 수 있도록 생산의 전 과정을 '작은 묶음의 셀'로 쪼개기를 원했다. 뿐만 아니라 그들은 지역의 소형 공장들을 세계적인 디자이너들과 고객들이 함께하는 커뮤니티로 만들어서 고객이 자기 자동차에 특별한 애착심을 갖기를 원했고, 자기가 운전하고 관리할 자동차를 만드는 데 고객이 직접 참여하기를 바랐다.

로저스와 파트너는 테슬라Tesla처럼 기술 지향적인 스타트업 기업은 물론이고 대형 자동차업체인 포드Ford를 방문하여 그들 직원들로부터 현재의 상황과 고충에 대하여 가능한 한 많은 것들을 들었다. 로저스는 이렇게 회상한다. "그들은 아무도 자신들의 고객이 누구인지 정확히 알지 못했습니다." 한 가지 언급할 만한 예외적인 곳은 매사추세츠 주 웨어햄에 있는 팩토리 파이브Factory Five라는, 고객들 스스로 조립할 수 있도록 키트 형태로 자동차를 판매하는 벤처기업이었다. 팩토리 파이브는 온라인 토론방을 통해 적극적으로 아이디어를 수집할 수 있는 고객 커뮤니티를 운영 중이었다. 토론이 한창일 때는 700명에서 1000명에 이르는 사람들이 토론에 참여할 정도였다. 이러한 고객들의 참여 열기는 대형 자동차 회사들이 자기 고객으로부터 기대할 수 있는 수준을 훨씬 상회했고, 팩토리 파이브의 참신한 비즈니스 모델을 먹여 살리는 원천이었다. 커뮤니티는 어떤 자동차를 도로 위에 내놓아야 하는지에 관한 회사의 의사결정에 매우 중요한 참고 사항과 시사점을 제공했다. 성공적으로 사용자 커뮤니티를 구축한 팩토리 파이브의 사례는 로저스와 파트너의 눈을 뜨게 만들었다. 졸업이 다가오자, 두 창업자는 이제껏 준비한 사업 계획을 수정하여 사용자와 고객의 참여를 자기 회사의 핵심 요소로 삼았다.

그러나 아이디어를 현실화시킬 시기가 차츰 다가오자, 여러 가지 의심들이 로저스를 괴롭히기 시작했다. '우리가 정말 새롭고 가치 있는 것을 이뤄낼 수 있을까? 우리를 기다리는 불확실성과 희생에도 불구하고 우리 둘 다 똑같이 그 일에 헌신할 수 있을까? 우리의 사업 계획을 수많은 문서들 중 하나로 격하시키는 게(즉 포기하는 게) 현명하진 않을까? 2년 차 MBA 학생들이 내놓을 법한 흥미로운 아이디어로 치부해버리는 게 옳지 않을까? 결국 우리는 생긴 지 1세기나 된 산업에 도전하는 하룻강아지 같은 학생이지 않을까? 우리는 순진한 건가, 대담한 건가, 아니면 예지력이 뛰어난 건가? 왜 비싼 등록금을 내고 취득한 학위가 아무 소용이 없는 분야로 가야 하는 걸까?'

로저스는 말한다. "해병대 장교였던 저는 전투에 투입되기 전에 최대한 집중해야 한다고 배웠습니다. 특히 분명치 않은 위험에 대해서는 말입니다." 그래서 그와 파트너는 21일 동안 스스로를 탐구하고 배우자와 대화를 나누면서 사업에 헌신할 준비가 되어 있는지 서로 확인한 후에 그 '일방통행로'를 함께 내달릴지 결정하자고 합의했다.

로저스에게는 힘겨웠던 시간이었다. 그는 컨설팅 회사와 벤처 캐피탈 회사로부터 6개나 되는 입사 제의를 이미 받아놓은 상태였다. 안정적인 수입원을 가지면 동급생들로부터 선망의 대상이 될 뿐만 아니라 경영대학원을 다니기 위해 은행에서 빌린 대출금을 갚을 수 있을 터였다. "저에게는 그 빌어먹을 돈이 없었지요." 그에게는 아내뿐만 아니라 자식이 둘이나 있었으니 두말할 나위가 없었다. 일반적인 MBA 학생들에 비해 나이가 많은 35살의 로저스는 창업의 리스크를 감수하지 말라는 쪽으로 모든 화살표의 끝이 향해 있다는 것을 잘 알고 있었다. 그러나 자기만큼 헌신적이고 능력 있는 파트너(동급생)와 함께라면 그런 화살표들을 모두 무시할 수 있다고 생각했다.

그는 고민하고 또 고민했다.

약속한 21일이 지나고 아침 9시, 그의 파트너는 눈물이 그렁그렁한 상태로 로저스 집의 문을 두드렸다. 파트너는 "난 이 일을 하지 않기로 했어. 그저 종이 쪼가리에 적힌, 힘들고 위험한 아이디어일 뿐이야." 그는 지난밤에 한숨도 못 자고 아내와 이 문제를 상의했다고 덧붙였다. 로저스는 회상한다. "저는 투자금과 파트너 없이도 사업을 론칭할 수 있을지 판단해야 했습니다." 그는 조언을 구할 수 있는 모든 사람들에게 이렇게 물었다. "이 일은 정말 멍청한 짓인가요?"

"모든 사람들은 예외 없이 저 보고 제정신이 아니라고 말하더군요. 아무도 이 일이 멋진 아이디어라고 말하지 않았죠. 제 아내도 마찬가지였습니다"라고 로저스는 말한다.

그러나 그런 경고성 조언을 들으니 로저스의 마음속에서는 더욱 그 일을 하고 싶다는 오기가 발동했다. 내 자랑을 하려는 것은 아니지만, 로저스는 내가 학생들에게 해줬던 말이 마음속 깊은 곳에서 들려왔다고 말한 적이 있다. 그 말은 "모든 사람들이 좋은 아이디어라고 말한다면, 다른 길로 달려가라"라는 문구였다. 그러나 이 말이 맞다고 해서 '모든 사람들이 나쁜 아이디어라고 말한다면, 그것은 정말로 좋은 것이 틀림없다'고 생각해서는 곤란하다. 파티에 참석한 모든 사람들이 당신에게 술을 너무 많이 마셨다고 말한다면, 반박하지 말고 조용히 자동차 열쇠를 넘겨줘야 하는 것처럼 말이다.

많은 창업가들은 로저스가 당시에 겪었던 고통스러운 딜레마를 경험한다. 사실 창업가들 중 가장 재능 있는 사람들, 즉 투자자들과 고객들로부터 창업가가 돼주기를 요청받는 자들에게는 창업이라는 위험한 길을 가기에는 너무나 매력적인 대안들을 제시받는 경우가 종종 있다. 본인의 재능을 원하는 수요가 많아서 헤드헌터의 전화가 끊이지 않는 그들은 미래에 임원의 자리에 올라 높은 연봉을 받을 수도 있다. 그들은 세계적으로 유명한 투자은행과 컨설팅 회사로부터 구애를 받는 최고의 MBA 졸업생이거나, 학자금 대출을 해결하고 가족을 충분히 부양할 수 있을 정도로 두둑한 보상을 제의받는, 경험 많고 혁신적 사고를 지닌 엔지니어, 과학자, 컨설턴트들이다. 물론 무엇이 올바른 결정인지 그들이 미리 알 수 있는 방법은 없다. 창업을 하겠다는 선택은 개인적인 것이라서 이성적으로 판단하기가 곤란하기 때문이다.

로저스는 컨설팅 회사와 벤처 캐피탈 회사에 전화를 걸어 그들의 입사 제의를 거절하겠다고 말했다. 거절을 당한 고용주들은 좀스럽게 대꾸했다. 특히 벤처 캐피탈리스트가 그랬다. "그들은 저에게 웃기는 사람이라고 말하더군요. 그런 소리는 안 해도 되는데 말이에요."

로저스는 창업으로 크게 성공한 사람들이 경험하곤 하는 것들, 즉 환대받기는커녕 면전에서 문전박대를 당하고 때로는 가까운 친구와 멘토로부터 무시당하는 일을 반복적으로 경험할 터였다. 하지만 그렇게 쾅 닫힌 문을 보며 '아, 내 아이디어가 쓸데없다'라고 생각해서는 안 된다. 사실 쾅 닫혀버린 문은 창업가에게 새로운 문을 발견하도록, 그리고 그 문 뒤에서 새로운 기회를 발견하도록 자극하는 계기가 될 수도 있다.

로저스는 가치를 발견하고 새로운 가치를 창조할 수 있는 자신의 능력을 믿었기에 수많은 사람들의 의심과 회유를 무시할 수 있었다. 관행에 젖은 기존 자동차업체들을 따끔하게 혼내주고 새로운 방식으로 자동차를 제작하겠다는 계획, 그래서 자동차를 단순히 판매하기보다는 사람들에게 자동차를 직접 만든다는 자부심을 느끼도록 하겠다는(그렇게 하여 자동차와 사랑에 빠지게 만들겠다는), 매력적이면서도 '남들이 보기에 말도 안 되는 계획'이 바로 그가 꿈꾸던 새로운 가치였다. 로저스는 자동차 소유주들에게 대형 자동차 회사들이 주지 못하는 경험을 선사하기 위해 자신의 경험과 스킬을 총동원하여 모든 자원을 끌어모을 수 있다고 확신했다.

파트너가 결별을 선언하던 날 밤, 로저스는 자신의 결정을 축하하기 위해 와인 한 잔을 마셨다. 아침이 되면 해방감을 느낄 것 같았다. 하지만 다음 날 아침에도 괴로운 마음은 가시지 않았다. "저는 세상에서 가장 우스운 선택을 하고 말았죠." 그에게는 저축한 돈도 없었고 파트너도 없었고 취직자리도 없었으니 말이다.

다행히도 로저스는 자신을 구제할 생명 줄 하나를 찾을 수 있었다. 뉴욕에 있는 어느 투자자가 로저스의 리더십과 아이디어에 신뢰감을 보이면서 100만 달러를 투자하겠다는 뜻을 전해왔던 것이다. 로저스는 안도의 한숨을 내쉬었지만, 투자자의 요구사항이 너무나 컸기에 곧 실망하고 말았다. 투자자는 자신의 지분으로 90퍼센트를 요구하면서 앞으로 피땀 흘리며 일할 로저스의 노력에는 별로 보상하지 않으려 했다. 또한 그 투자자는 향후에 재능 있는 사람들을 합류시키려면 스톡옵션을 마련해야 한다고 했다. 로저스는 끓어오르는 감정을 자제하며 거절 의사를 밝혔다. 그는 회상한다. "전 그날 밤 한숨도 못 잤습니다. 다 때려치우고 싶었죠."

로저스의 괴로운 모습을 지켜본 그의 아내는 마침내 로저스와 로컬모터스를 열렬히 지지하기로 결심했다. 그녀는 명랑한 목소리로 이렇게 소리쳤다. "자, 누가 됐든 간에 돈 좀 빌려보자고요!"

로저스는 팩토리 파이브의 창립자인 마크 스미스를 찾아갔다. 이제는 일반적으로 많이 쓰이는 용어인 '엔젤Angel(초기 단계의 벤처기업에 투자하는 사람으로서 주로 조언자와 지원자의 역할을 담당한다)' 역할을 스미스에게 부탁하기 위해서였다. 스미스는 자신의 설비 부근에 사무실과 공장 용도의 공간을 제공하고 경영 전반에 관한 조언뿐만 아니라 디자인과 엔지니어링 부문을 지원하기로 약속했다. 그리고 몇 주 후 100만 달러의 투자금이 입금되었다.

비로소 자신을 든든하게 후원하는 투자자를 확보한 로저스는 경영대학원을 다니며 세심하게 작성했던 사업 계획을 토대로 로컬 모터스의 비전을 정교화하기 시작했다. 로저스는 '대형 자동차업체들은 기업 운영에 지나치게 많은 시간을 소요하고 있다. 그들에겐 관리해야 할 기술자들이 많고, 공장에 묶여 있는 고정비와 고정자본도 상당하다'라고 생각했다. 그런 비즈니스 모델로는 에너지 효율을 높이라는 고객의 요구에 대응하기가 사실상 매우 버거울 것이라는 사실을 그는 간파했다. 그는 '자동차 자체'를 환경친화적으로 제작하기보다는 환경친화적으로 '자동차를 제작하는 방식'에 초점을 맞추었다. 그래서 그는 먼 곳에 있는 딜러에게 자동차를 탁송해야 하는 문제, 비효율적으로 자동차 재고를 관리하는 바람에 대리점 주차장을 쓸데없이 차지하는 문제 등 기존의 광범위하고 집중화된 대량 생산 과정에서 낭비될 수밖에 없는 자원을 줄이기로 했다. 로저스는 로컬 모터스가 고객들을 자동차 제작에 직접 참여시키면 그런 문제들을 해결할 수 있을 뿐만 아니라 자동차를 매개로 그들에게 '감정적 연결'이라는 뜻밖의 즐거움을 선사할 수 있다고 믿었다.

팩토리 파이브가 공들여 운영하던 커뮤니티에 깊은 인상을 받은 로저스는 로컬 모터스만의 커뮤니티를 구축하기로 결심했다. 그는 몇몇 지역에 주문 생산 방식의 '초소형 공장'들을 두고 자동차 제작 방식과 디자인에 누구나 참여할 수 있는, 세계적인 디지털 커뮤니티를 구축한다는 계획을 수립했다.

또한 앞서 언급했듯, 로컬 모터스는 날이 갈수록 거세지는 하나의 트렌드를 사업 안으로 끌어들이기로 했다. "두-잇-유어셀프Do-it-Yourself, DIY의 세상이 이미 다가왔습니다"라고 로저스는 말한다. 그는 상상했다. '사람들이 주말마다 집에서 자기만의 복잡한 프로젝트나 취미 생활에 열을 올리는 트렌드를 보아하니, 자신만의 드림카를 디자인하는 일에도 관심을 가질 것이 분명해. 사람들이 인근에 있는 작은 공장을 방문하여 직접 자기 자동차를 제작할 수 있도록 한다면 어떨까?'

비록 로컬 모터스가 처음에는 지방에서 작게 출발했지만, 로저스는 초소형 공장들을 전국에 확대 설치하여 나중에는 곳곳에 퍼져 있는 커뮤니티 기반의 초소형 공장들을 세계적인 네트워크로 묶겠다는 야심찬 계획을 수립했다. 그러면 고객들이 자기가 사는 곳에서 그리 멀지 않은 초소형 공장에서 직접 자신의 자동차를 제작할 수 있으리라 생각했다. 대량 생산 라인 대신 소량 생산 방식을 택하면 연방 정부의 기준을 충족하는 자동차를 생산할 수 있었기 때문이었다. 주문 생산 방식으로 소량의 자동차를 제작하면, 높은 비용과 오랜 기다림을 감수해야 하는 충돌 테스트 과정을 피할 수 있었다. 결과적으로, 로컬 모터스는 시장에 더 빨리 더 저렴하게 진입할 수 있었고 그만큼 자금 압박도 훨씬 덜 받았다.

가상의 자동차 디자인 커뮤니티를 구축하기 위해 로저스는 패서디나에 있는 '아트센터 디자인 대학Art Center of Design College'과 제휴를 맺었다. 2008년의 자동차 경기불황으로 인해 최고의 창의력을 지닌 이 대학 졸업생들은 대부분 일자리를 구하지 못했다. 로저스는 그들을 만나 로컬 모터스 웹사이트에 자신의 포트폴리오를 업로드하고 열렬 자동차 애호가들과 함께 커뮤니티 활동에 적극 참여해달라고 부탁했다. 그러나 로컬 모터스가 업로드 대가로 처음에 고작 500달러를 제시하는 바람에 디자이너들의 반응은 싸늘했다. 그러자 로저스는 냉랭한 디자이너들을 커뮤니티로 끌어들일 목적으로 미시건 주 미들랜드에 있는 노스우드 대학교에서 자동차 마케팅 전략을 전공한 졸업생 한 명을 채용하여 웹사이트 설계를 일임했다.

메시지가 분명하게 전달되었는지 심사숙고하던 디자이너들은 하나 둘 커뮤니티에 참여했고, 1년 만에 로컬 모터스는 적극적으로 활동하는 1400명의 디자이너를 확보할 수 있었다. 2008년 4월, 첫 번째로 실시된 디자인 콘테스트에 22점의 시안이 제출되었는데, 그중 7점은 명성이 자자한 디자이너들의 작품이었다. 2000달러의 상금은 서른 살의 호주 출신 운송 장비 디자이너에게 돌아갔는데, 그의 작품은 팬테라PanTerra라고 명명한 오프로드 자동차 디자인이었다. 그 후 몇 개월 동안 로컬 모터스는 세 번의 콘테스트를 더 개최했고 많은 디자이너들이 상금을 타기 위해 참여했다.

2008년 여름에 로저스는 상금을 인상했고, '어떤 디자인을 로컬 모터스가 실제로 채택하느냐'를 투표로 결정하는, 여전히 사람들이 열정적으로 참여하는 커뮤니티를 개설했다. 이 커뮤니티 회원들은 자신의 아이디어와 의견을 빠르게 확산시킬 뿐만 아니라 온라인 토론에도 매우 적극적이었다. 로저스는 로컬 모터스가 처음으로 출시할 자동차에 일부러 무관심한 척하기로 마음을 단단히 먹었다. 왜냐하면 사람들이 대체로 동의하는 무난한 선택이 가장 위험한 선택이라고 생각했기 때문이었다. 그는 로컬 모터스의 첫 자동차가 충격적이고, 대담하고, 디트로이트의 자동차업체들이 절대로 상상하지 못하는(몇몇 사람들은 싫어할지도 모를), 그런 자동차이기를 바랐다. '만약 우리의 첫 자동차를 굉장히 싫어하는 사람이 없다면, 그것을 좋아할 사람도 없을 것이다'라고 로저스는 생각했다. 로컬 모터스의 첫 자동차는 자녀가 있는 중산층을 타깃으로 한 다기능의 도시 근교형 SUV가 되어서는 곤란했다. 그 자동차는 고속으로 사막지대의 오프로드를 질주하면서도 고열을 견딜 수 있어야 했다. 불을 끄기 위한 소화기를 내장해야 했고 매끈한 차체 스타일은 기본이어야 했다. 로저스와 직원들은 경제성뿐만 아니라, 설비의 생산 능력에 관한 여러 가지 고려사항과 연방 정부의 안전 기준에 대한 준수 여부 등을 최종적으로 점검했다.

회원들의 투표로 뽑힌 승자의 이름은 '랠리 파이터'로 결정됐다. 이 자동차는 100여 개국 2900명의 커뮤니티 회원들의 제안을 기반으로 전투 비행기를 모티브로 디자인되었고 슈퍼 히어로 만화에 나올 법한 모양을 가지고 있었다. 그 차를 좋아하든 싫어하든 그냥 모른 척하고 지나가기는 어려운 디자인이었다. 몇몇 사람들은 랠리 파이터를 최악의 디자인이라고 비난했다. "우리는 바로 그런 논란을 원했죠"라고 로저스는 당시를 떠올린다. 아트센터 졸업생이기도 한 우승자는 1만 달러를 상금으로 받았다.

로컬 모터스는 고객이 사전에 '금-토-일요일'을 묶어 두 번은 로컬 모터스의 공장에서 시간을 보낸다는 약속을 해야만 자동차를 판매했다. 그래서인지 랠리 파이터는 2000대 가량만 판매됐다(각 자동차엔 숫자가 매겨져 있다). 로컬 모터스는 "당신만의 자동차를 만들면, 자동차를 잘 이해할 수 있을 겁니다"라고 고객들에게 이야기했다. "그리고 자동차를 잘 이해한다면, 당신이 제작에 참여한 자동차를 더 수월하게(그리고 더 안전하게) 운전할 수 있을 겁니다. 그러면 당신의 자동차가 무척 자랑스러울 겁니다."

이제 로저스가 해야 할 일은 5만 9000달러라는 거액(이 가격은 로컬 모터스에게 짭짤한 이익을 남겨줄 만했다)을 내라고 사람들을 설득하는 것뿐이었다. 불황이 계속되는 가운데 자동차업체들이 가격을 대폭 인하했기 때문에 이처럼 높은 가격 정책은 말이 안 되는 것처럼 보였다.[2] 그러나 로저스는 시장의 불황으로 인해 오히려 자동차 구매자들 상당수가 무엇을 원하는지 깨달았다. 그리고 그 깨달음을 통해 자신의 사업 아이디어를 실제적인 가치 창출로 이어지게 만들었다. 고객들이 감동할 만한 여러 가지 참신한 특징들을 인상적인 방식으로 전달하고 많은 자동차 마니아 커뮤니티들로부터 호의적인 반응을 이끌어낸 결과, 로컬 모터스의 비전은 비로소 현실화되었다. 랠리 파이터의 디자인과 '당신만의 자동차를 직접 만들라'는 개념은 고객들에게 매력적으로 느껴지기 시작했고, 2009년 봄이 되자 물방울 떨어지듯 드물던 주문이 어느새 물줄기를 이룰 정도까지 증가했다.

자동차 마니아 커뮤니티들은 로컬 모터스의 색다른 접근 방식에 열렬한 반응을 나타냈다. 어느 리뷰어는 랠리 파이터를 '어느 모로 보나 독특하다'고 평하면서 '이 기계가 실제로 도로를 운행할 수 있다는 법적 승인을 받아냈다는 것과 50개 주의 배기가스 규제를 만족시켰다는 것보다 이 자동차를 제작하는 방식이 훨씬 놀랍다'라고 덧붙였다.3 랠리 파이터는 비교 차종들에 비해 연료 효율성이 훨씬 높았다. 1리터에 8.5킬로미터를 달릴 수 있었는데, 이는 1리터에 고작 2.1~2.6킬로미터밖에 못 가는 군용 스타일의 자동차보다 뛰어난 효율성이었다.

게다가 로컬 모터스는 이러한 독특한 생산 방식을 구현하면서 새로운 능력을 확보할 수 있었는데, 그것은 경쟁자들보다 훨씬 더 빨리 고성능 자동차를 디자인하고, 생산하고, 탁송하는 능력이었다. 이 능력은 세간의 이목을 끌었던 여러 가지 성과로 이어졌다. 하나의 예로, 로컬 모터스는 4개월 안에 전투 지원용 차량의 프로토타입을 디자인해달라는 미국 국방부의 계약을 따냈다. 전례가 없는 초단기 과제였지만, 로컬 모터스는 기일보다 먼저 디자인 시안을 납품함으로써 버락 오바마 대통령을 흡족하게 했다. 오바마 대통령은 '미국 제조업의 미래'라는 주제로 텔레비전 연설을 하던 중 로컬 모터스를 언급하기도 했다.

이것(로컬 모터스의 신속한 개발 능력을 가리킴_옮긴이)이 정부가 국민이 낸 세금을 사용하는 방식을 변화시킬 수 있습니다. […] 군사 장비 하나를 개발하는 데 10년이나 걸리는 상황을 바꿀 수 있죠. […] 만약 그동안 생산 속도를 높일 수 있었다면, 납세자들이 낸 수십억 달러의 돈을 절약할 수 있었을 겁니다. 또한 전장에 장비들을 더 빨리 배치함으로써 인명을 더 신속하게 살릴 수 있었을 테고, 민간 부문에도 더 짧은 시간 내에 노하우가 이전되어 우리가 전 세계를 대상으로 판매하는 제품과 서비스를 더욱 개선할 수 있었을 겁니다. 그렇기 때문에, 이것은 미국 기업들에게 좋고, 미국의 일자리 확대에 좋고, 납세자들에게 좋은 겁니다. 우리 병사들의 안위는 물론이고 아프가니스탄과 같은 곳의 주민들을 구할 수도 있고 말이죠.[4]

로저스는 말한다. "GM, 포드, 크라이슬러는 오바마 대통령이 원하는 바를 충족시키지 못했죠. 로컬 모터스가 유일하게 그를 만족시켰습니다."

어떻게 해서 로저스는 이런 놀라운 성과를 거뒀을까? 부분적이지만 제품 생산 방식에 관한 자신만의 '눈(다른 사람들에게는 없는 눈)'을 밑바닥까지 내려앉은 산업에서 기회를 발견하는 눈과 결합시켰기 때문이다. 멍청하게 보이는 아이디어를 시장의 엄밀한 검증을 통과할 수 있는 아이디어로 전환시킨 로저스의 비범한 '리더십'과 '경험' 역시 '성공 방정식'의 일부를 차지했다. 아이디어의 참신함과 고객 참여형의 디자인 및 생산 방식을 통해 로저스는 온갖 장애물들을 헤치며 항해하고 있다. 투자자, 직원, 고객이 서로 협력하도록 이끌면서 말이다.

하지만 이제 솔직한 말을 해보자. 지금까지 언급한 바와 같이, 로컬 모터스가 고객이 원하는 자동차를 생산하며 판매를 증진시킬 거라는 긍정적인 예상이 우세한 편이지만, 사실 로저스는 비범한 가치를 아직 형성해내지는 못했다. 개인적으로 나는 로컬 모터스의 미래를 낙관적으로 보고 있지만, 로저스 자신은 성공이라는 왕관을 쓰기에 아직 부족하다는 점과, 시장으로부터 좋은 평가를 받으려면 앞으로 가야 할 길이 멀다는 점을 잘 알고 있다.[5] 매월 그와 직원들은 좀 더 많은 고객들과 좀 더 많은 투자를 끌어들이기 위해 고군분투하고 있다. 그의 귓속에는 여전히 회의론자들의 의심스런 목소리가 들려온다. 그들이 모두 틀렸음을 증명해야 비로소 로저스는 기뻐할 것이다.

지구 반대편에 제이 로저스와 같은 사람이 있었으니, 바로 SABIS의 CEO인 칼 비스타니다. 그 역시 수많은 회의론자들과 싸우고 있었다. 제이 로저스가 고객에게 참신한 경험을 선사하기 위해 전통적인 자동차 생산 방식을 버림으로써 독특한 비즈니스 모델을 창조한 반면, 비스타니는 로저스와는 반대 방향으로 나아갔다. 그는 공교육 프로세스를 자동차 조립 라인과 매우 유사하게 만드는 방식으로 '교실'이라는 전통적인 교육 모델에 도전하고 있다.[6] 도요타의 효율과 품질은 비스타니가 모방하고자 하는 벤치마킹 대상이었다. 로저스를 비판하는 사람들과 달리, 비스타니를 비판하는 자들은 투자자가 될 법한 사람들이 아니다(참고로 그의 회사는 개인회사다). 비판자들은 지역 공동체에 터를 잡고 있는

회의론자들로서, 학교 운영위원회와 주요 신문의 지면에서 벌어지는 공개 토론회에 참석하여 어떻게 아이들을 교육시켜야 하는지 자신의 의견을 강력히 피력하는 지역사회의 리더들을 포함하고 있다.7 로컬 모터스는 최근에 와서야 기존의 자동차 생산 방식을 해체한 반면, SABIS는 몇 세대에 걸쳐 자기들의 역발상적인 교육 모델을 증명하느라 온갖 노력을 기울였다. 그 노력의 결과로 이제 SABIS는 비스타니의 리더십하에 세계 시장으로 진출했고 15배나 되는 성장을 일구어냈다.

제이 로저스와 마찬가지로, 칼 비스타니와 그의 전임자들은 사회 발전에 기여하기 위해 교육이라는 성숙시장을 역발상적인 시각으로 바라보았다. SABIS는 교육의 전체 프로세스가 모니터링되고 평가되도록 만들고, 효율적이고 수익성까지 있는 교육이 이루어지도록 시스템화하고 있다. 비스타니는 전 세계의 공립학교와 사립학교에 혁명적인 영향을 끼치려는 비전을 가지고 있다. SABIS는 이미 뉴욕의 브룩클린, 매사추세츠 주의 스프링필드, 미시건 주의 플린트, 뉴올리언스와 같이 까다롭기로 악명 높은 도심 지역의 차터 스쿨charter school(공적자금을 받아 교사, 부모, 단체 등이 설립한 학교로, 공립학교와 유사하지만 독자적으로 운영된다_옮긴이)을 관리·운영 중이다. SABIS는 2020년까지 500만 명의 학생들을 직접 관리하겠다는 야심찬 목표를 설정해두었다.

의심할 여지없이, SABIS 교육 시스템의 철학과 방법론은 많은 사람들로부터 격렬한 반감을 불러일으킨다. 내 제자들도 마찬가지였다. 비판자들의 눈에는 SABIS가 옳지 않은 논리를 가지고 공공정책 수립에 있어 가장 중요한(그리고 의견을 양극화시키는) 질문 중 하나인 '어떻게 우리 아이들에게 최고의 교육을 제공할 것인가?'에 대답하려는 것처럼 보인다.

다행히도 시장은 호의적인 반응을 보이고 있다. 현재 SABIS는 15개국에서 74개의 학교를 운영하고 있고, 3150명의 교사와 1500명의 직원이 일하는 중이다. 또한 6만 2000명의 학생들이 6개의 언어로 쓰인 1600종의 교과서를 가지고 공부하고 있다. SABIS의 교육 방식과 자주 비교되는 정책은 미국의 'KIPP(The Knowledge Is Power Program의 약자로서, 우리말로 '아는 것이 힘이다' 프로그램_옮긴이) 아카데미'로서, 교육의 혜택을 받지 못한 학생들의 성적을 끌어올리는 훌륭한 프로그램이라는 찬사를 얻고 있다. SABIS는 비록 미국에서는 KIPP보다 덜 알려져 있고 학교 수는 훨씬 적지만(KIPP은 125개 학교), 훨씬 많은 학생들(KIPP은 약 3만 9000명)을 관리하고 있다.[8] KIPP은 원래 비영리적인 목적으로 설립되었기에 자발적인 기부금을 통해 운영 중이지만, SABIS는 완전히 자력으로 조직을 운영하면서도 상당한 이익을 창출하고 있다. 개인 소유의 회사가 재무 수치를 밝히는 일은 거의 없지만, 스프링필드에 있는 차터 스쿨들을 통해 SABIS가 창출하는 매출은 1860만 달러이고 순이익은 140만 달러에 이른다고 알려진 바가 있다.[9] 이와 달리, 미국의 학교 1개당 매출액은 300~500만 달러에 불과하다. SABIS의 학교들은 모든 재무지표에서 상위에 랭크될 뿐만 아니라, 표준시험 점수와 대학 진학률도 상위권에 포진되어 있다. 뿐만 아니라, 학생들과 교직원들의 열의도 매우 높은 수준이다.[10]

SABIS는 교육의 혜택을 받지 못하는 학생들에게 특별히 신경을 쓰고 있다. SABIS가 관리하는 미국 내 학교들은 성적이 아니라 배우고자

하는 자발성을 보고 학생을 선발한다. KIPP 관리하에 있는 학생들과 마찬가지로, SABIS 학생들 대다수는 저소득의 소수 인종 출신으로 무료 혹은 할인된 가격으로 급식을 제공받는다.

SABIS의 성공요인은 학생을 가르치는 교사들의 뛰어난 능력이라기보다 수십 년 동안 갈고닦은 'SABIS 시스템'과 그 운영 방식에 있다. "우리는 높은 학습 기준을 달성하고 있습니다. 최고의 교사를 채용할 수 있든 없든 상관없이 말이에요"라고 비스타니는 설명한다. 그는 SABIS 시스템을 잘 돌아가는 도요타의 공장과 비교할 수 있다고 말한다. "자동차 소비자들은 생산 라인을 빠져나오는 모든 자동차가 정해진 품질 기준을 만족하기를 바랍니다. 근무조를 관리하는 감독자가 유능하든 그렇지 않든 상관없이 말이죠. […] 그렇다면 왜 사람들은 훌륭한 교사의 유무에 학생들의 미래를 걸어야 하나요? 그것이 바로 우리가 '학습 시스템'을 구축한 이유입니다. 교사는 그 시스템 내에서 활동하는 일종의 배우가 되어 학생들이 최고의 잠재력에 이르도록 동기를 부여하고 참여시키는 역할을 맡습니다. 도요타와 마찬가지로, 우리의 시스템은 사람이 아니라 프로세스가 중심입니다."

교사가 학생의 학습에 큰 영향을 끼치는 방식으로 교육을 받아왔고 자신의 아이들 역시 그런 시스템으로 교육받기를 바라는 사람들은 비스타니의 주장이 매우 불편하게 느껴질 것이다. 비스타니가 개별 교사들이 시스템보다 중요하지 않고 시스템보다 중요해서도 안 된다고 말하니까 말이다.

내가 처음 SABIS를 알게 되고 나서 깜짝 놀랐던 이유는 본사가 위치한 곳이 실리콘밸리나 뉴욕도 아니고 로스앤젤레스나 방갈로도 아니었기 때문이다. SABIS는 레바논의 아드마$_{Adma}$라 불리는, 베이루트 북부의 작은 마을에 본사를 두고 있다.

마치 '현대판 페니키아 상인들'처럼 레바논에 적을 둔 SABIS는 미국뿐만 아니라 중동과 유럽 지역을 커버하는 교육 관리 회사로 성장했다. 이 회사는 이익 창출을 중요한 목표로 삼는다. 그저 '이익을 내면 나쁠 건 없겠지'라는 수준의 목표가 아니다. 나를 만나 이야기를 나눌 때 비스타니는 세계적인 교육 위기를 해결하는 것이 커다란 사업 기회임을 설득하기 위해 마이크로소프트의 본사를 방문할 계획이라고 말했다. "현재 중국은 1년에 약 60만 명의 엔지니어들을 배출하고 있습니다. 인도는 약 40만 명이고요. 한데 미국은 고작 7만 명입니다. 국가의 경쟁력은 얼마나 학생들을 잘 교육할 수 있느냐에 달렸습니다. 미국이 항상 해왔던, 소수의 엘리트 양성만으로는 절대 안 됩니다." 비스타니는 일갈한다.

SABIS의 뿌리는 19세기로 거슬러 올라간다. 젊은 레바논 목사 타니오스 사드$_{Tanios Saad}$가 가난한 레바논 여성들을 대상으로 구호활동을 하던 어느 선교사를 설득하여 여학교 설립에 참여시킨 것이 SABIS의 시초다. 베이루트 인근의 초에이파트$_{Choueifat}$에 설립된 그 학교는 매우 성공적으로 운영되었는데, 여학생들의 학업 성적은 남학생들의 성적을 뛰어넘는 수준이어서 많은 부모들이 설립자에게 남학생도 입학할 수 있게 해달라고 요구할 정도였다. 영국을 여행하며 깊은 감명을 받은 사드는 영국의 교육 시스템을 자신의 학교에 적용했다. 이 때문에 학교의 성과와 평판이 날이 갈수록 높아졌고 중동 지역 도처에 있는 부모들이 세계적인 수준으로 수학, 과학, 영어(수업은 영어로 이루어졌다)를 교육시키기 위해 아이들을 보내기에 이르렀다.

초에이파트 학교는 1954년까지 사드 가문의 후손들이 소유하고 있었다. 그해에 찰스 사드Charles Saad는 젊은 물리학자 랄프 비스타니Ralph Bistany를 학교로 초청했다. 비스타니는 당초 며칠 동안 머물면서 교수법뿐만 아니라 학교의 재무운영을 체계화하는 방법에 대해 사드를 도울 생각이었다. 하지만 비스타니는 떠나지 않았고 사드의 사업 파트너가 되었다. SABIS 교육 시스템의 기초를 다진 사람은 바로 랄프 비스타니였다. 1996년에는 랄프의 아들인 칼 비스타니가 CEO에 취임했다.

돌이켜보면 SABIS의 비즈니스 모델은 교육을 통해 사회를 개선하고자 하는 열망과, 충분한 자금을 지원받는 타 교육기관들(예를 들어, 종교 조직, 영국 대사관, 미국 국무부 등으로부터 지원받는 레바논 학교들)과의 경쟁에서 이기겠다는 의지가 합쳐진 결과물이었다.

2009년에 나는 카이로에서 77세의 랄프 비스타니를 만났는데, 그는 자신의 철학을 이렇게 요약했다.

교육은 교사의 머릿속과 교과서 속의 지식을 아이들의 머릿속으로 전달하는 것입니다. 가장 낮은 비용으로 가장 짧은 시간 내에 가장 효과적인 방식으로 말이에요. 교육을 사업으로 바라보면 책임감과 품질을 보장할 수 있고 지속적인 개선을 약속할 수 있습니다. 지식을 학생들의 머릿속으로 이동시키려면 학생들의 머릿속에 무엇이 들어 있고 무엇이 없는지를 알아야 합니다. 그래서 저는 1954년에 처음으로 많은 시간을 들여서 아이들이 아는 것과 알지 못하는 것을 파악했답니다. 아이들이 기본적인 지식을 습득하지 못하면 그보다 어려운 지식을 아이들에게 가르쳐봤자 소용없는 일이니까요. 그런 접근 방식 덕택에 시스템적이고 체계적인 커리큘럼이 만들어졌습니다. 우리는 항상 입학 전에 아이들의 이해 수준을 점검한 후에 커리큘럼을 조정한답니다.

SABIS는 교육이 할 수 있는 것과 할 수 없는 것에 대해 널리 퍼져 있는 4가지 믿음(비스타니에 따르면, '미신'이라고 말할 수 있는)에 도전장을 던지고 있다. 취학 아동을 둔 사람들은 이 사례를 토론할 때마다 SABIS의 시스템에 적개심을 드러내곤 한다. SABIS의 시스템에 대해 감탄하는 사람과 불신하는 사람의 수는 아마도 거의 비슷할 것 같다.

첫 번째 미신은 '작은 교실에서 개인화된 교육을 제공하는 것이 최고'라는 생각이다. 칼 비스타니는 이렇게 말한다. "개인화된 지도가 좋다는 것은 잘못된 생각입니다. 학생들이 20명밖에 안 되는 작은 교실에서도 교사는 개별 학생 1명에게 2분밖에 시간을 쓸 수 없습니다. 맞춤식으로 교육해서 각 학생이 배워야 할 구체적인 개념을 정확하게 전달하고 싶다면, 그 유일한 방법은 연습시키고 점검할 수 있도록 아이들을 작은 그룹으로 나누는 것입니다." 비스타니는 학습의 핵심요소는 개인적인 지도가 아니라 매우 구체적인 각각의 개념을 습득시키는 것이고, 학생들이 그 개념을 연습할 수 있게 하는 것이며, 각 학생이 그 개념을 진짜로 습득했는지 실제적인 증거를 가지고 점검하는 것이라고 말한다. 교실을 작게 운영한다고 해서 교사들이 큰 교실에 있을 때보다 이러한 핵심요소를 더 충실하게 수행한다고 보지 않는다고 그는 주장한다.

두 번째 미신은 '교육이 이익을 추구하지 말아야 질 좋은 교육이 가능하다'는 생각이다. 아마도 교육자가 이익 추구의 동기를 가지면 교육의 원칙과 절차를 무시하고 교육의 질을 저하시킬 거라고 여기기 때문인 것 같다. 비스타니는 이의를 제기한다. "교육자와 행정가는 자신을 지속적으로 계발하고 자신의 '상품'을 개선해야 합니다. 그렇게 하려면 반드시 돈이 필요합니다. 마이크로소프트와 애플이 비영리 조직이었으면 어떻게 되었을까요? 그랬으면 지금 그 기업들로부터 창의성, 품질, 경쟁력을 찾아볼 수 없을 겁니다. 이익을 추구하는 교육기관이 더 좋은 상품을 만들 수 있고 연구 개발에 더 많이 투자할 수 있습니다."

세 번째 미신은 '정부가 학교에 많은 돈을 투자할수록 좋다는 것', 다시 말해서 '전체 예산에서 교육 예산이 차지하는 비율이 높을수록 더 나은 교육 정책이 수립될 수 있다'는 것이다. 그러나 비스타니는 적을수록 낫다는 입장이다. "우리는 얼마나 많은 책을 읽고 있는지 조사하여 아이들의 읽기 능력이 얼마나 개발되고 있는지 측정하고 있습니다. 얼마나 많은 책을 구입해서 도서관에 비치해놓았는지는 우리의 관심사가 아니죠."

마지막 미신은 '암기를 중요한 학습 전략으로 보지 않고 폄하한다'는 것이다. 비스타니에 의하면 암기 공부법은 그렇게 단순하게 치부할 문제가 아니다. "이해 없이 암기하는 것은, 그래요, 아주 나쁜 습관이죠. 하지만 암기는 아이들이 자신의 지식 기반과 이해력을 키우는 데 매우 필수적입니다."

SABIS 교육 방법론의 핵심은 학습해야 할 모든 개념들을 수많은 '학습 요점'들로 정교하게 분해하는 것에 있다. 예를 들어 교사가 '이 학생은 가분수의 의미를 정의할 수 있다'라는 식으로 알 수 있어야 아이들이 각각의 학습 요점들을 얼마나 이해하고 있는지 정확하게 평가할 수 있기 때문이다. 비스타니는 절대 다수의 학생들이 학교에서 의욕 상실, 지루함, 중퇴, 나쁜 성적, 징계 등 부정적인 일을 겪는 까닭은 기본적인 개념을 습득하지 못했는데도 그보다 상급의 개념을 학생들에게 가르치기 때문이라고 설명한다. SABIS 교사는 각각의 학습 요점을 마무리할 때마다 학생들이 이해하는지 못하는지를 항상 정확하게 파악해야 한다. SABIS는 자신들이 관리하는 모든 학교에 동일한 소프트웨어를 배포함으로써 학습 요점을 정교한 수준으로 잘게 나누어 지속적으로 평가하는 일을 '단호하리만큼' 강조하고 있다. 그래서 교사들에게는 SABIS가 다양한 배경과 소질을 지닌 수천 명의 학생들을 오랜 세월 교육하면서 갈고닦은 체계적인 커리큘럼을 조금이라도 변형할 권한이 없다. 비스타니는 SABIS의 관리 시스템을 통해 언제든지 레바논의 사무실에서 전화를 걸어 뉴올리언스의 학교 책임자에게 '캐서린, 2학년 학생들에게 무슨 일이 생긴 건가요? 낙제점을 받은 아이들이 많군요. 지난주에 낙제점을 받은 아이가 이번에도 낙제점을 받았네요. 어떻게 조치할 생각입니까?'라고 물을 수 있다.[11]

SABIS 시스템이 교사들과 학생들의 창의력을 저하시킬 거라는 비판의 목소리가 있음에도 불구하고, 비스타니는 교사를 SABIS가 써준 대본대로 연기하는 배우로 바라본다는 점을 감추지 않는다. "연기하고 싶은 대로 배우가 대본을 쓰면 안 되겠죠? 우리는 본인이 가르치고 싶은 대로 교안을 작성하는 교사를 원하지 않습니다." 사람들의 우려처럼, 교사들에게 '좋은 연기'를 하도록 만들면 창의력 발휘가 불가능하지 않을까? 비스타니는 SABIS의 교사들이 영화배우나 오페라 가수, 피아니스트처럼 타인이 만든 대본을 따라하면서도 교실에서 창의력을 마음껏 발휘할 수 있다고 주장한다.

랄프 비스타니는 아무도 세계의 승자가 되기 위한 '발사대'로 여기지 않는 곳에 살고 있었지만, 일찍이 그는 레바논 너머에 있는 중동 지역 전체를 SABIS의 시장으로 삼았다. 여기에는 두 가지 이유가 있었다. 하나는 SABIS의 지속가능성이 한때 위기를 맞이했기 때문이었다. 1975년에 발발한 레바논 내전을 피해 학교를 떠나 아랍에미리트의 샤르자Sharjar로 피신하면서 SABIS의 본질적인 취약성이 그의 마음속에 깊이 각인되었다.[12] 다각화는 이러한 취약성을 해소하기 위한 방편이었다. 샤르자에서도 초에이파트처럼 자신의 학교가 성공할 수 있다고 판단한 랄프 비스타니는 곧장 아랍에미리트에 몇 군데의 학교를 설립했다.

또 하나의 이유는 랄프 비스타니가 SABIS의 미션을 '위치와 지역에 상관없이 지속적으로 공교육의 전체 과정을 혁신하는 것'으로 설정했다는 것이다. 랄프 비스타니와 레일라 사드Leila Saad(사드 가문의 후손_옮긴이)는 레바논과 아랍에미리트를 일종의 시범 지역으로 삼아 학교 운영의 종합적인 콘셉트와 방법론을 테스트했다. SABIS가 해외로 진출하게 된 이유는 SABIS의 교육 모델이 어디서든 적용될 수 있는 보편화된 시스템이라는 점을 세계적인 규모로 증명하여 리더의 위치를 점하겠다는 전략 때문이었다. 비스타니의 비전은 비공개 기업투자의 선구자라고 불리는 로널드 코헨 경Sir Ronald Cohen의 견해와 일맥상통했다. "사업은 비전의 크기만큼 성장한다."13

원대한 비전을 지니고 있었지만 그것을 달성하기 위한 구체적인 계획과 금전적 자원이 없었기 때문에 랄프 비스타니는 초에이파트 학교의 평판과 성공을 익히 알고 있던 어느 레바논 친구의 제안을 받아들였다. 영국인 여자와 결혼한 그 친구는 비스타니에게 영국에서 학교 지을 곳을 찾아보면 어떻겠냐고 제안했다. 그렇게 하면 중동 지역이 아닌 곳에 SABIS가 최초로 설립하는 학교가 될 터였다.

이 책에서 계속 접하게 될 대부분의 벤처기업들처럼, SABIS도 갑작스레 세계적인 성공을 거둔 회사는 아니다. 랄프 비스타니와 레일라 사드(레일라 사드는 지금도 SABIS 이사회 의장으로 일하고 있다)는 영국이라는 새로운 지역으로 확장하면서 수많은 어려움을 경험했다. 그중 한 가지 어려움은 중동의 엘리트에게 평판이 좋았던 학교였기에 해당 지역의 주민들보다는 국외에 거주하는 레바논인들에게 인기가 높아서 학교가 마치 '부유한 피난민'들의 거주지처럼 보였다는 것이었다. SABIS가 온천도시 배스Bath에 아름답고 고풍스러운 빅토리아 양식으로 학교를 지었음에도 불구하고 영국 교육 시스템이라는 믿음직한 브랜드를 선호하던 영국인들은 SABIS의 학교를 기피했다. 결국 바스의 학교는 성공을 거두지 못하고 2001년에 폐교됐다(곧 다시 개교할 예정이다).

하지만 역경을 통해 얻은 교훈, 즉 지역 주민들이 아이들을 교육시켜달라고 맡기기에 외국기업(더욱 나쁜 것은 중동에서 온 회사라는 점)에 대한 반감이 아주 크다는 사실도 랄프 비스타니의 결심을 꺾지는 못했다. 1985년에 SABIS는 유럽을 넘어 미국이라는 신세계로 시각을 확장했다. 비록 세계에서 가장 큰 단일 교육 시장이었지만, 범죄와 마약에 찌든 교실과 높은 중퇴율은 사실상 미국의 모든 도시에서 매일 언론에 보도될 정도로 심각한 수준이었다. SABIS는 문제가 가장 심각했던 뉴욕과 로스앤젤레스의 도심 지역으로 진출하기보다는 미국 중서부의 중심인 미네소타 주에 교두보를 마련했다. 랄프 비스타니는 미네소타 주가 전국에서 가장 훌륭한 중등 교육 시스템을 보유한 곳으로 선정됐다는 《포춘》 기사를 읽고 나서 이렇게 직관에 어긋나는 결정을 내렸다. 만약 SABIS가 미네소타 주에서 최고의 성과를 나타내는 지역 학교들과 당당히 경쟁할 수 있다면, SABIS는 그 어떤 시장에서도 성공할 수 있을 거라고 그는 생각했다. 그리하여 SABIS는 미네소타 주 내의 가장 훌륭한 학교를 뛰어넘겠다는 미션을 가지고 향후 찬사를 받게 될 사립학교를 에덴 프레리Eden Prairie라는 도시에 설립했다.

1990년대에 랄프의 아들 칼 비스타니는 42세의 나이로 SABIS의 CEO가 되었다. 이 젊은 비스타니는 IT 분야에서 경영과 기술을 경험했고 SABIS에서 교사로 일한 경력도 있었다. 그는 전 세계의 공교육 혁명에 기여하기 위해 SABIS를 '수익성 있는 엔진'으로 변모시키려는 원대한 야망을 품었다.

비스타니가 처음으로 한 일은 당시에 새로 재정된 차터 스쿨 관련법을 통해 SABIS를 주류 공교육 시스템으로 편입시키는 것이었다. 1991년에 미네소타 주에서 사업을 시작한 이래, 차터 스쿨의 도입은 지역에서 늘

논란의 대상이었고 차터 스쿨이 촉발시킨 격렬한 논쟁은 종종 신문의 첫 머리를 장식하기도 했다. 차터 스쿨은 재무적 요건 등 여러 성과에 대해 엄격한 통제를 받으며 수많은 규제와 정책의 틀 안에 갇혀 있는(예를 들어 노조 가입 조건, 커리큘럼 충족 요건, 교사의 책임감 부족 등) 공립학교 시스템을 풀어줌으로써 교육의 질을 근본적으로 개선할 수 있는 대안으로 여겨졌다. 문제가 정치적인 싸움과 공동체의 분란으로 얼룩지긴 했지만, 많은 창업가들은 이익을 보장하는 사업 기회가 차터 스쿨에 있다고 믿었다. 차터 스쿨 제도의 도입으로 영리를 추구하는 교육 관리 조직들과 비영리 교육 관리 조직들이 동시에 출현했다. 그중 몇몇 곳은 나스닥에 상장되기도 했다.

차터 방식으로 운영되는 미국 학교들은 지역 학군으로부터 자금을 지원받는다. 그리고 지역 학군은 주 정부 혹은 연방 정부를 통해 학생 1명당 5000달러에서 1만 달러의 자금을 할당받는다. 비스타니가 보기에 SABIS가 유치원생부터 12학년까지 대략 600명에서 700명의 학생들을 확보하면 충분히 손익분기점을 돌파할 수 있었다. 이 말은 중간 규모의 학교로도 수익성을 달성할 수 있을 것 같았다는 뜻이다.

1995년, SABIS는 매사추세츠 주 스프링필드의 학교 시스템에 등록하여 자신들의 첫 번째 차터 스쿨을 개교했다. 매사추세츠 주에서 차터 스쿨 제도를 도입한 첫 해에 모두 13개의 차터 스쿨들이 개교했는데, 이 학교는 그중 하나가 되었다.[14] SABIS에 있어 이 학교는 하나의 시험대였다. 스프링필드 도심의 학교들은 가장 학업 성과가 낮았기 때문이었다. 하지만 그 학교는 개교 후 5년 동안 학교를 중퇴하는 학생이 거의 없었고, 학생들의 시험 성적은 개교할 때부터 학군에서 최고였으며, 1회 졸업생들은 100퍼센트 대학 진학이라는 최초의 기록을 남겼다. 그 후에도 이 완벽한 기록은 모든 SABIS 졸업생들에 의해 계속 유지되고 있다.

최근에 이 학교는 《뉴스위크Newsweek》와 《유에스 뉴스 앤 월드 리포트U.S. News & World Report》로부터 미국에서 가장 뛰어난 공립학교 중 하나로 선정되기도 했다. 2011년 MCAS(매사추세츠 주의 주관하에 실시하는 연간 성취도 평가)에서 스프링필드의 SABIS 학생들은 비교 학군의 학교보다 뛰어난 성적을 나타냈다. SABIS 학생들은 2011년 영어 MCAS 테스트에서도 '뛰어남' 또는 '능숙함'이란 평가를 주변 학군의 학생들보다 30퍼센트나 더 많이 받았다. 수학에서는 31퍼센트나 월등한 수준이었다. 2011년에 이 학교 졸업생들이 900만 달러가 넘는 장학금을 받았다고 비스타니는 말한다. "학생들 중 상당수는 가족 구성원들 중에서 처음으로 고등학교를 졸업한 아이들이었어요. 우리가 그 아이들에게 세상으로 나아갈 수 있는 새롭고 넓은 기회를 선사했던 겁니다."

이러한 성과들만 보면 SABIS가 별 어려움 없이 미국에서의 사업을 성공시켰다고 결론 내릴지 모르지만, 사실 몇 차례의 좌절이 그들에게 있었다. SABIS는 1999년에 시카고에서 차터 스쿨의 자격을 상실했다. 이 사건은 소송으로 비화되었는데, 알고 보니 시카고 시 당국의 과실 때문에 촉발된 것이었다. 소송에 진 시카고 시 당국은 SABIS가 정확한 시기에 예산에 맞게 성공적으로 개교했다는 것과 SABIS의 교육 방식이 건전하다는 것을 공개적으로 인정하라는 판결을 받았다. 그러나 다른 도시에 있는 SABIS 반대론자들은 《뉴욕 타임즈New York Times》 기사 등을 통해 시카고와의 계약 상실을 꼬투리 잡아 같은 해에 퀸즈Queens에 학교를 세우겠다고 계획한 SABIS를 맹공격했다.[15]

"교육은 매우 도전적인 사업입니다." 칼 비스타니는 말한다. "돈이나 인력을 투입한다고 해서 해결되는 사업이 아니죠. 돈이나 인력이 해결책이라면, 이 둘(돈과 인력)이 충분한 독일, 미국, 영국의 정부는 공교육 수준을 끌어올리는 데 벌써 성공했을 겁니다. 하지만 교육 문제는 여전히 어려운 사회적 골칫거리죠." 비스타니는 완전히 새로운 접근 방식이 필요하다고 확신한다.

사업의 관점에서 SABIS의 미래는 어떨까? 이 회사는 인도나 브라질 등 세계 도처에서 날아온 제안서에 응답하느라 분주하다. "이익을 추구하는 벤처가 되려면, 제대로 하지 못할 경우엔 무일푼이 될 수도 있다는 걸 각오해야 합니다." 비스타니는 말을 잇는다. "학습이 진정으로 이루어지는지, 그리고 교육의 가치를 더해가고 있는지 보장하라는 요구가 우리에게 끊임없이 들어오고 있어요. 우리는 학생들이 얼마나 많은 정보를 매순간 학습하는지를 지나칠 정도로 신경 씁니다. 우리가 더 효율적으로 더 낮은 가격으로 그것을 가능케 할 수 있을까요? 장려하는 방법도 필요하지만, 무일푼이 될지 모른다는 두려움도 있어야 해요. 그런 두려움이 없다면, 지속적으로 스스로를 발전시킬 동기를 찾을 수 없을 겁니다."

물론 비스타니는 지식 전달의 효과적인 방법에 대해 일반인들이 가지고 있는 믿음의 벽을 깨뜨리려고 부단히 도전할 작정이다.

로컬 모터스는 강한 존재감을 드러내고 있지만 여전히 시장에서 증명이 안 된, 세 살 먹은 '초짜기업'이다. 그리고 SABIS는 100년이나 된 가족기업으로서 누구나 인정할 만한 업적을 거두고 있다. 로컬 모터스는 서비스업체 같은 전략을 구사하는 제조업체이고, SABIS는 제조업체 같은 전략을 추구하는 서비스업체다. 로컬 모터스는 제이 로저스가 학교를 졸업하고 처음 설립한 벤처기업이고, SABIS는 칼 비스타니가 성인이 되어 아버지로부터 넘겨받은 가족기업이다.

현재 로컬 모터스는 이웃에 있는 친근한 공장이 되어 자동차 생산을 혁신하기를 희망하면서 점점 미국 남서부 지역으로 파고들고 있다. 중동에서 멀리 떨어진 학교들을 관리하는 SABIS는 교육을 혁신하기를 희망하면서 점점 세계로 나아가고 있다. 두 창업가는 시간적으로, 지리적으로, 문화적으로 떨어져 있고, 연령, 산업, 기술, 교육적 배경, 언어 등이 모두 다르다.

그러나 다른 사람들은 쓸데없고, 불가능하고, 멍청하다며 무시하는 상황에서 가치를 볼 줄 안다는 것, 고객과 사회를 위해(그리고 창업가 자신을 위해) 비범한 가치를 창조하는 기회를 실현해냈다는 것이 두 창업가의 공통적인 특징이라는 점은 우리에게 깊은 인상을 준다. 그들은 공통적으로 역발상적인 마인드를 가지고 있다. 그렇기 때문에 다른 사람들은 아무것도 보지 못한 곳에서 기회를 창조할 수 있는 것이다. 창업에 성공한다는 것은 고정관념을 흔들어 놓는다는 것이다. 실제로 많은 창업가들이 우리가 듣도 보도 못했던 제품을 출시하거나 오랫동안 이어진 문제를 해결한다.

5장
최고의 벤처기업은 불가능해 보인다

창업에 성공한 사람들은 대개 사람들이 자신의 아이디어를 우습게 생각하더라도 무시할 줄 안다. 역사는 아이디어에 대한 창업가의 확고한 자신감을 인정해주지 않은, '유명한' 거절 사례들로 가득하다. 앞에서 언급했던 베스머 벤처 파트너스의 '반 포트폴리오'가 대표적인 예다. 노벨 의학상 수상자인 알버트 센트죄르지 엘베르트Szent-Györgyi Albert의 표현을 빌리면, '창업가정신은 모든 사람들이 발견한 것을 발견하고, 또한 아무도 발견하지 못한 것을 발견하는 것'이다.[1]

아무도 보지 못하거나, 쓸데없고 불가능하고 멍청해 보인다고 무시하는 아이디어로부터 가치를 창출하는 사람에게 이는 매우 중요하다. 누가 뉴욕에서 애틀랜타를 거쳐 뉴어크로 소포를 보내는 일에서 가치를 발견했을 것 같은가(뉴어크는 뉴욕에서 차로 20분 거리에 있지만, 애틀랜타는 뉴욕에서 차로 13시간이나 가야 한다_옮긴이)? 페덱스의 창업자 프레드 스미스가 바로 그 주인공이다. 그러나 스미스와 같이 유명한 사람 말고도 관습과 관성을 '성공적으로 거역한' 사람들의 예는 아주 많다. 성공할 사람들은 어떤 문제가 너무 어려워서 해결할 수 없거나 너무 복잡해서 어디에서부터 시작해야 할지 모른다는 이유로, 또는 기회가 너무 요원해서 가치 있는 무언가로 전환시키지 못하겠다는 이유로 쉽게 포기하지 않는다.

지렁이 똥에는 어떤 가치가 있을까? 늦은 밤에 사춘기 아이들이 낄낄거리는 이야깃거리로 들리겠지만, 톰 샤키Tom Szaky는 프린스턴 대학교 1학년 시절 붉은 지렁이의 배설물에서 비료를 생산한다는 참신한 방법을 찾아냈다. 그는 작은 지렁이 수백만 마리에게 학교 식당에서 구한 음식물 쓰레기를 먹이로 준 다음, 초등학생들이 주워온 플라스틱 병 안에 액화시킨 쓰레기를 담았다. '테라사이클Terracycle'은 급성장하는 '녹색 기술' 기업으로서, 수많은 양의 다양한 폐기물들을 1500개가 넘는 제품으로 탈바꿈시켜 월마트Walmart부터 홀푸드Whole Foods에 이르는 주요 유통업체를 통해 판매하고 있다. 20개국에 지사를 두고 있는 테라사이클은 자신들이 만든 비료를 홈데포The Home Depot와 기타 소매업체들로 유통시키고 있다.

창업가들은 다른 사람들이 쓸데없고 불가능하고 멍청해 보인다고 간주하는 상황으로부터 가치를 발견하고 창조한다. 이것이 창업가의 일이다. 물론 창업가를 포함하여 그 누구도 어떤 새로운 제품이나 서비스가 가치 있는 것으로 판명될지, 혹은 '성공할 듯 보였지만 실패로 돌아간 아이디어'라는 이름표가 붙은 거대한 고철더미로 떠밀릴지 확실하게 알 수는 없다. 현실 세계로 던져져 진정으로 가치 있는지 평가받기 전에는 아무도 확언할 수 없다. 지나고 나야만 가치가 전혀 없어 보이던 아이디어가 진짜로 가치 있는 것이었다고 판단할 수 있다.

이것은 창업가정신이 지니고 있는 또 하나의 커다란 수수께끼다. 사건이 벌어진 후에야 그 가치가 존재한다는 것을 깨달을 뿐이다. 이 수수께끼는 이 책의 마지막 장에서 자세히 다뤄질 것이다. 창업가의 아이디어는 실제적인 아이디어로 변환되기 전까지는 정말로 쓸데없고 불가능하고 멍청해 보일지 모른다. 사실 상당수가 그렇다. 페덱스의 스미스처럼 말이다. "돌이켜보면, 이런 시스템을 구축하려고 노력하는 게 말도 안 되는 일이었습니다. 선행 투자금이 엄청나게 필요했고 수많은 정부 규제들을 바꿔야 했으니까요. 하지만 전 그때는 몰랐어요."[2] 만약 스미스가 포기하고 말았더라면 오늘날의 물류는 어떻게 됐을까?

물론 지난 후에 보면 시장에서 먹히는 아이디어가 무엇인지 명확해진다. 뒤늦게 "난 그걸 생각해낼 수 있었다고!"라고 말하면서 말이다. 하지만 아무도 그런 생각을 하지 못했다. 설령 생각한 적이 있다 해도 실행으로 옮기지는 않았다. 아무도 보지 못한 가치를 발견하는 것, 그런 인식을 실행으로 옮기는 것, 그리고 그것을 고객과 창업가 자신에게 유용한 가치로 변환시키는 것이 바로 창업가정신이다. 또한 종종 예상치 못할 정도로 엄청난 금전적 이득(어떤 경우에는 사회적 공익)을 기대하고 일을 추진하기도 하는 창업가는 쓸데없는 아이디어들을 가치 있는 서비스나 제품으로 변환시키는 데 각고의 노력을 기울인다. 그러므로 창업가정신은 가치의 인식에 관한 것이고(많은 경우, 가치 인식은 가장 쉬운 부분이다) 또한 가치의 창조와 획득에 관한 것이다. 그러나 이 책의 마지막 장에서도 살펴보겠지만, 창업가정신에 관한 많은 이야기들은 기회의 인식에 초점을 맞출 뿐 기회의 실현은 간과하는 경향이 있다.

'쓸데없는' 아이디어

이 세상에서 관리를 잘못해서 햇볕에 부패된, 토바고Tobago 섬의 어부들이 잡아온 물고기보다 더 쓸데없는 것들은 찾아보기 어렵다. 게다가 그 물고기들은 매일 공급이 넘쳐나서 지역 시장에서 팔리는 가격이 그야말로 헐값이다. 그러나 한 벤처기업은 그 물고기들을 24시간 동안 얼리지 않고서도 맨해튼과 시카고의 최고급 레스토랑 테이블 위에 '놀랍도록 신선한 생선' 요리로 올릴 수 있는 방법을 찾아냈다. 물고기가 바다에서 테이블까지 오는 과정에 참여하는 모든 사람들이 더 많은 돈을 벌도록 하면서 말이다.

그런 방법을 발견한 이래 10년 동안 '씨 투 테이블Sea to Table'은 수백 척의 어선들이 조업하며 오고가는 토바고 섬, 알래스카의 알류샨 열도Aleutian Islands, 멕시코 만, 메인 만 등에 있는 16개 항구와 협력하고 있다. 이 회사는 시장을 빠르게 확대하여 매년 60퍼센트의 매출 성장률을 기록했고 현재 1000만 달러의 연 매출과 높은 이익률을 자랑하고 있다.

션 디민Sean Dimin이 13살이던 1996년에 그의 가족은 7명의 항공 마일리지를 다 모아야 할 정도로 멀리 떨어진 트리니다드Trinidad 섬으로 휴가를 떠났다. 트리니다드 섬은 베네수엘라의 대서양 쪽 해안에서 몇 킬로미터밖에 떨어지지 않은 곳이다. 이 미국인 가족은 다시 비행기를 타고 관광객에게 덜 알려진 토바고 섬으로 날아가서, 4륜구동 자동차 스즈키 사무라이에 짐을 싣고 대서양 쪽으로 돌출된 가로 40킬로미터, 세로 8킬로미터인 섬의 동쪽 해안을 가로질러 달렸다. 이 섬은 마이애미에서 남동쪽으로 2500킬로미터, 아프리카의 케이프 베르데 군도Cape Verde Islands에서 정확히 서쪽으로 4000킬로미터 떨어진 곳에 위치해 있다.

그곳에서 디민과 그의 가족은 몇몇 어부들의 가이드를 받아 매일 이곳저곳을 둘러보며 재미있는 시간을 보냈다. 원래부터 낚시를 좋아했던 가족이라서, 작은 엔진이 달린 지붕 없는 소형 대나무배를 타고 해안에서 30~50킬로미터 떨어진 바다로 나가는 것은 그들이 꿈꾸던 모험이었다. 여러 척의 보트에서 낚싯대를 손에 쥔 현지 어부들이 먼 바다로 나가는 광경은 아주 볼만했다. 디민네 가족은 그곳에 인상적인 형태의 물고기들이 엄청나게 많다는 사실을 알게 됐다. "조류는 아프리카를 지나 남극으로 흘러가고, 다시 남아메리카의 해안으로 되돌아 올라오죠. 우리가 바로 그곳에서 물고기를 잡았던 겁니다"라고 디민은 회상한다. "그곳의 어촌 부락은 생기가 넘치던 곳이었죠."

디민네 가족은 구성원을 바꿔가며 매일 서로 다른 어부들의 보트를 타고 바다로 나갔다. 디민은 이렇게 기억한다. "우리는 매일 배 한가득 물고기를 싣고 돌아왔습니다. 낚싯줄을 끌어올리는 손이 바쁠 정도로 정말 물고기가 많았죠."

디민네 가족이 '쥐 같은 얼굴'이라고 별명을 붙인 어부와 그의 동료들은 매번 엄청난 양의 물고기를 항구로 싣고 왔지만, 한 가지 문제로 골머리를 앓았다. 어부들이 물고기를 배에 가득 싣고서 점심 무렵에 섬으로 돌아오면, 현지 시장은 신선한 물고기들로 넘쳐났고 가격은 1분이 지나기가 무섭게 하락해버렸다. 그래서 '쥐 같은 얼굴'은 물고기를 픽업트럭에 싣고 섬의 반대쪽으로 가야 했다. 물고기가 상해버리고 가격이 더 곤두박질치기 전에 가능한 한 빨리 그곳 시장에 도착하길 바라면서 말이다.

싱싱했던 물고기들이 썩어서 잔뜩 쌓여 있는 모습을 본 션의 아버지 마이클은 마음이 편치 않았다. 그는 물고기를 잡아 올리자마자 즉시 '놀랍도록 신선한 생선'이라는 프리미엄 가격을 받고 세계의 최고급 레스토랑으로 직접 배송하면 해산물 유통 사업에서 마술과도 같은 '작은 혁명'을 일으킬 수 있다고 생각했다. 찢어지게 가난한 어부의 낚싯줄에서 미국 최고 부자들의 접시까지 도착하는 데 걸리는 시간을 24시간 이내로 줄인다면 어부, 요리사, 손님, 그리고 마이클 디민의 마음속에서 자라나던 신생 벤처기업 모두에게 좋은 '윈-윈-윈-윈 게임'일 터였다. 어족 자원 보호에 기여한다는 것과, 예전보다 물고기를 적게 잡아도 어부들이 충분히 풍족하게 살 수 있게 도우려는 의지도 마이클의 사업 비전에 중요한 틀을 이루었다.

마이클 디민은 가족 휴가 이후 4년 동안 아이디어를 구체화시켰다. 그는 뉴저지 주에 있는 모 플라스틱 회사의 이사직을 그만두면서 영화「졸업The Graduate」에 나오는 로빈슨 씨의 유명한 조언, '플라스틱'을 '신선한 생선'이라는 말로 바꿔버렸다(영화에서 주인공 벤자민이 어떤 일을 하면 좋겠냐고 묻자 로빈슨 씨는 플라스틱 분야의 일을 해보라고 조언했다_옮긴이). 그는 토바고에 아파트를 임대하고 자주색 픽업트럭을 구입하여 일을 시작했다.

보통 카리브 해에서 잡히는 신선한 생선들은 부두에서 매입된 즉시 냉동된 후에 빙 돌아오는 항로를 따라 마이애미처럼 멀리 떨어진 항구까지 며칠 내에(때때로 몇 주 내에) 운송된다. 레스토랑으로 이동될 때까지 계속 냉동된 상태를 유지해야 하고 유통 과정에서 여러 중간상인들이 자신들의 마진을 떼어가기 때문에 생선 가격은 자연스레 상승한다. 이와 달리, 디민은 자신만의 공급망을 구축하여 모든 중간상인들을 배제하기로 했다. 성공한다면 어부들에게 더 많은 돈을 지불할 수 있고, 레스토랑들에게 '놀랍도록 신선한 생선'을 공급하며 프리미엄을 부과할 수 있어 상당한 이익을 창출할 수 있었다. 하지만 그러려면 물고기가 작은 보트에서 저녁 식사 테이블까지 24시간 안에 당도해야 했다.

마이클 디민은 돈을 더 벌 수 있는 이런 기회를 현지 어부들이 덥석 붙잡을 거라고 예상했지만, 절대 거짓말이 아니라고 그들을 설득하는 일은 알고 보니 매우 힘겨운 일이었다. 디민의 새로운 회사 '토바고 와

일드Tobago Wild'에서 생선 가격을 현지 시세보다 10~20퍼센트 높게 쳐서 돈을 지불하겠다고 제의했지만 토바고 어부들은 미끼를 물지 않았다. 여러 세대를 거쳐오며 다져진 생존본능 때문이었는지 그들은 마이클 디민의 제안을 속임수라고 의심했다. "의심이란 말은 절제된 표현일 겁니다." 션 디민은 이렇게 당시를 떠올린다. 그들이 가진 판매 채널을 보호하려는 것("내가 당신에게 물고기를 팔면, 나는 일반인들에게 팔 수 없을 거요. 만약 당신이 망하면 어떻게 되는 거요?"), 자신들의 가치를 이해하지 못하는 것("왜 내가 물고기를 냉장해야 하는 거요? 그렇게 하지 않아도 괜찮은데 말이요."), 돈을 못 받을 거라고 걱정하는 것, 그리고 외국인들과 거래하는 어부들을 사람들이 손가락질할까 봐 두려워하는 것 등등이 어부들이 반대하는 이유였다.

"섬의 동쪽 끝에 있는 어부들로부터 좀 더 안정적으로 생선을 공급받기 위해 그들과 회의를 하던 때가 생각납니다." 션 디민은 떠올린다. "제가 논리적으로 유창하게 주장했을 때, 뭐 그때는 대학 졸업 후 1년 밖에 안 됐을 때지요. 아이언이라는 이름을 가진 한 어부가 시장 가격의 두 배로 자기가 가진 모든 물고기를 팔겠다고 말하더군요. 제가 이유를 묻자, 부유한 백인 청년은 자기 물고기를 비싸게 사야 하기 때문이라고 하더군요. 저는 '당신이 너무 못생겼기 때문에 시장 가격의 절반을 쳐주겠다'고 농담으로 받아쳤죠. 그 후 그와 저는 친해졌답니다."

디민네 가족이 물고기의 유통 방식을 바꿔야 한다며 현지 어부들을 설득하기까지 2년의 시간이 족히 걸렸다. 자신들이 제안한 거래가 정당하다는 것을 어부들이 받아들이지 않았기 때문이었다. 그리고 '토바고 와일드'가 요청한 사항, 즉 물고기를 잡자마자 내장을 제거하고 얼음 안에 저장한 다음 어획량을 문자 메시지로 보내달라는 부탁은 어부들의 눈에는 돈이 될 만큼 가치 있어 보이지 않았다. 어부들은 이해하지 못했다. '물고기를 잡아 올려서 바로 뱃머리에 던져두면 왜 안 되는 거지? 우리 아버지가 했던, 우리 아버지의 아버지가 했던 방식대로 말이야.'

마이클 디민은 자주색 픽업트럭을 타고 섬을 돌아다니면서 사람들에게 갖가지 종류의 '미끼'를 던졌다. 그는 보트 구입자금을 대출받도록 도와주고, 낚시용품을 사주고, 질 좋은 낚시 바늘을 제공하고,《내셔널 피셔맨National Fisherman》이라는 잡지를 수십 권 뿌리기도 했다. 션은 "제 형은 어부들에게 주려고 뉴욕에서 운동화를 여러 켤레 사들고 오기도 했죠"라고 회상한다. 어부들은 엉성하고 위험하기까지 한 조업 조건에 매우 익숙했다. 몇몇 어부는 무전기 없이 바다로 나갈 정도였다. 형편이 나은 어부들만 휴대폰을 가지고 있었다. 어떤 어부들은 위험에 빠졌을 경우 구조 헬리콥터가 하늘에서 자기네 배를 발견할 수 있도록 배의 측면이나 갑판에 커다랗게 X자를 그려놓기도 했다. "우리는 1년에 한 대씩 GPS를 어부들에게 상으로 주었답니다"라고 션은 말한다. 디민네 가족은 120명의 현지 어부들에게 냉장고를 보급했고 각 마을에 제빙기를 설치해주기도 했다. 이렇게 인내심을 가지고 꾸준히 어부들을 설득한 결과, 비로소 어부들은 디민네 가족에게 협조하기 시작했다.

뉴욕의 최고급 레스토랑들에게 사업 아이디어를 설득하는 일은 비교적 쉬웠다. 요리사들은 '엄청나게 신선한 생선'을 안정적으로 공급받기를 열렬하게 희망했다. 디민네 가족은 레스토랑들에게 합리적인 수준의 프리미엄 가격을 부과할 수 있었고, 레스토랑들은 환경 문제에 관한 사회적인 의식이 높은 고객들에게 자신들이 어족 자원 보호에 기여하고 있다는 점, 즉 '지속가능성'에 기여하고 있다는 점을 홍보할 수 있었다. 또한 요리사들은 호기심을 느끼는 고객들에게 물고기에 관한 이야기를 말해줄 수 있었다. 누가 언제 어디에서 어떻게 그 생선을 잡았는지 말이다. 이러한 모습은 전통적인 수산 업계가 생선을 최고급 레스토랑에 공급하는 방식과는 정반대라 할 수 있다. 중개상이 레스토랑의 요리사가 어떤 생선을 원하는지 파악해서 그 생선을 공급할 수 있는 도매상을 여기저기에서 찾는 전통적인 방식과는 상당히 달랐던 것이다.

섬 전체로 유통망을 확장하고 그에 맞춰 가공 처리, 포장, 선적의 과정을 깔끔하게 진행하는 일은 여전히 어려운 부분이었다. 마이클 디민은 얼음팩이 담긴 특별한 상자에 생선을 신속하게 포장하기 위해 각 마을에서 매일 밤마다 얼음을 만들어내는 방법과, 회사 소유의 가공처리 공장을 건립하고 운영하는 방법을 찾아내야만 했다. 그러려면 돈이 필요했고, 그 돈은 온전히 디민네 가족이 부담해야 했다. "우리는 가공처리 공장을 소유하고 싶지 않았답니다"라고 션은 말한다. "하지만 사업을 진행하려면 어쩔 수가 없었죠."

토바고 와일드는 매일 각 어선의 어획량을 파악하여 컴퓨터에 기록한 다음 그 즉시 요리사들에게 알렸다. 다음 날 아침까지 요리사들의 주문이 이뤄지면, 나뉘어 포장된 생선들은 특별 전세기에 실려서 토바고에서 트리니다드를 거쳐 뉴욕까지 운반됐다. 뉴욕에 생선이 도착하면 곧바로 토바고 와일드의 냉동 트럭들이 각 레스토랑으로 생선을 배달했다.

'엄청나게 신선한 생선'이라는 약속을 지키기가 항상 쉽지만은 않았다. 날씨 때문에 비행기가 뜨지 못하고, 트럭이 고장 나고, 전기가 나가 버리는 일이 종종 발생했기 때문이었다. 디민네 가족은 자기 자본만으로 사업을 운영했기 때문에 모든 것이 제대로 돌아가게 만드느라 기진맥진한 상태였다. 션이 대학교를 졸업하고 가공처리 공장을 경영하기 위해 토바고로 오자 그제야 그의 아버지는 처음으로 휴일을 즐길 수 있었다. 곧이어 션은 '바다에서 식탁까지' 전 과정의 운영을 모두 맡았다. "우리는 해가 뜨기 전부터 일을 시작해서 야간 근무조가 올 때까지 일했답니다. 그리고 다시 새벽 5시에 나가 업무를 교대했죠." 션과 그들은 1주일에 하루도 쉬지 않았다.

결국 디민네 가족은 생선 가공처리 공장을 현지 경영진에게 넘기고 대신 그들의 고객이 되기로 결정했다. 그렇게 할 정도로 섬에서 충분한 신뢰 관계를 형성했기 때문이었다. 가공처리 부문을 매각한 디민네 가족은 토바고 외에 지역에서 생선을 공급받을 곳이 없는지 탐색했다. 그들은 알래스카나 멕시코 만의 루이지애나에서 메인 만에 이르는 미국의 모든 해안 지역에서 물고기를 공급받겠다는 아이디어를 추진해 나갔다.

2009년에 회사는 자신들의 사업 범위가 확대되고 있음을 사람들에게 알리려는 듯 회사명을 '씨투테이블'로 변경했다. 그 무렵, 아버지와 함께 사업을 경영하던 션은 회사의 비즈니스 모델을 다각화하고, 기존의 긴 공급 사슬 supply chain 외에 '매우 짧은 공급 사슬'을 추가하기 위한 기회를 엿보기 시작했다. 그것은 현지 어부들이 잡은 현지의 생선을 씨투테이블이 현지 요리사들에게 공급한다는 아이디어였다. "사람들은 자기와 가까운 바다에서 잡힌 해산물을 먹고 싶어하죠"라고 션은 말한다. "이런 공급 사슬은 현지 산업을 지원할 수 있고 유통비용을 줄일 수 있기 때문에 이제는 일반화된 트렌드입니다. 만약 제가 뉴욕의 레스토랑에서 주문을 한다면, 로드 아일랜드Rhode Island에서 잡은 넙치와 몽톡Montauk에서 잡은 참치를 선택할 거예요." 그래서 씨투테이블은 페덱스에 지불하는 항공 운송 비용을 줄이기 위해 지상 운송 부문을 키우고 있다.

2012년에 씨투테이블은 미국과 토바고의 모든 해안선에 있는 여러 항구들과 협력 관계를 구축했다. 각 항구에서 최소 한 척에서 스무 척에 이르는 어선들이 씨투테이블과 협력 중이며, 맨해튼, 시카고, 보스턴, 로스앤젤레스 등에서 가장 유명한 레스토랑을 비롯한 600개의 레스토랑들이 씨투테이블과 제휴를 맺고 있다. 디민네 가족은 다양한 정부기관 및 비정부기관들과도 가까이 지내며 지속가능한 어업을 지원 중이다. 이 회사는 의심스러운 해역에서 물고기를 잡거나, 조업 위치, 조업 방법, 어선의 수 등을 분명하게 밝히지 않고 부적절하게 어장을 관리하는 상업적인 대형 선단과의 협력은 피한다. 씨투테이블은 지속가능성 기준에 따라 물고기들을 잡아 올리고 유통시키기 위해 노력한다.

션 디민의 말처럼, 전통적인 수산업은 고비용 구조 속에 갇혀 있다. 반면 씨투테이블은 수산업의 모든 요소를 다시 정립함으로써 유연성을 극대화했다. "그들(전통적인 방식으로 수산업을 영위하는 사람들_옮긴이)이 고

비용 구조라는 위험을 알고 있는지 저는 모르겠어요. 하지만 우리는 그걸 간파했습니다. 우리는 수산업이 어디로 갈지 알 수 있답니다. 아주 운이 좋은 거죠."

그는 매우 자랑스럽게 생각한다. "어부가 '아하!' 하며 깨닫는 순간이 저는 참 좋아요. 어부가 '사업이 정말 잘될 것 같네요. 우리에게 계속 주문서를 보내주세요'라고 말하는 순간을 말이에요." 디민은 다시 말을 이었다. "이제 우리는 이렇게 말하는 어부들의 전화를 받습니다. '제가 잡은 생선을 그 아무개 요리사가 얼마나 좋아합니까?' 정말 놀라운 일이죠."

'불가능한' 아이디어

의사가 당신에게 내시경으로 소화기관 내부를 정기적으로 검사받아야 한다고 말하는 장면을 상상해보라. 아마 그런 말을 들으면 대부분은 마음이 초조하고 불편해져서 몸을 가만히 두지 못하고 꼼지락거릴 것이 분명하다(그게 상상에 불과하더라도 말이다).

이제 다른 장면을 상상해보자. 의사가 몸 안에 삽입하는 내시경 대신 초소형 카메라와 전송기를 하나로 합쳐 만든 작은 캡슐을 당신에게 삼키라고 준다면 어떨 것 같은가? 캡슐에 달린 전파 전송기는 장의 연동 운동에 의해 위장에서 창자로 이동하면서 허리에 찬 휴대용 데이터 기록기로 동영상을 전송한다. 마취제 투여는 전혀 없다. 검사를 끝낸 당신은 그냥 진료실 밖으로 걸어 나가 정상적으로 생활하면 된다.

목으로 삼킬 수 있는 캡슐을 누가 선택하지 않겠는가? 1년에 25만 명의 사람들이 이 캡슐을 선택 중이고 그 수는 매년 증가 추세에 있다.

이 기술은 가비 머론이 캡슐의 가능성을 상상하던 때로부터 불과 10년 전만 해도 공상과학영화(예를 들어, 컬트 클래식의 반열에 오른 「바디 캡슐Fantastic Voyage」이란 영화)에나 등장할 법한 이야기였다. 비록 '캡슐형 내시경'은 일반 내시경을 아직까지는 완전히 대체하지 못하지만, 소장(작은 창자) 내부를 촬영하는 매우 힘든 과정을 대신하고 있고, 대장(큰 창자)용 제품은 미국 식품의약국FDA의 승인을 목전에 두고 있다.3

'기븐 이미징'의 창립자이자 CEO인 머론이 2000년에 '필캠'이라 불리는 최초의 캡슐형 내시경을 사람들에게 선보였을 때, 이 제품은 의학 기술의 미래를 변화시킬 '믿기 힘들 정도로 놀라운 기술'이라는 평가를 받았다. 기븐 이미징은 「오프라 윈프리 쇼Oprah Winfrey Show」, 「더 투데이 쇼The Today Show」, 「CBS 이브닝 뉴스Evening News」, 심지어 CNBC에서 로버트 리플리Robert Ripley가 진행하는 「믿거나 말거나Believe It or Not」 등 여러 매체에서 '절대 믿을 수 없을 겁니다!'라는 찬사를 받았다. CNBC의 「매드 머니Mad Money」 진행자 짐 크레이머Jim Cramer는 기븐 이미징이 "헬스케어 산업에서 혁명을 일으킬 수 있다"라고 말했다.

그러나 머론과 발명가 가비 이단을 제외한 모든 사람들은 성공적으로 캡슐형 내시경을 생산하는 것이 불가능하다고 봤고, 게다가 3년 내에 세계 주요 시장에 출시하는 데 필요한 모든 과정(규제 당국의 승인을 받는 것도 포함하여)을 완료하는 것은 더 불가능하다고 생각했다. 개별적인 것들을 살펴봐도 실행 불가능하게만 느껴지는, 너무나 많은 일들이 동시에 이뤄져야만 했으니까 말이다. 화학, 전자공학, 재료공학, 커뮤니케이션과 관련된 기술과 수십 가지의 특허가 개발되고 통합되고 소형화되어야 했고, 대량 생산이 가능해야 했다. 의료 업계가 캡슐형 내시경을 받아들이려면, 의료 산업의 리더들이 수십 차례에 걸쳐 임상 실험을 해줄 필요도 있었다. FDA가 삼켜도 안전하다는 승인을 해야 했고, 특별한 생산 프로세스도 개발되어야 했다.

하지만 머론과 이단은 모든 것을 '신기록' 수준으로 달성했고, 일본 시장의 리더인 올림푸스, 후지논Fujinon, 펜탁스Pentax 등 대장 내시경 시장의 90퍼센트를 차지하며 업계를 호령하던 대형 경쟁자들을 제칠 수 있었다. 이 세 경쟁자들은 소장 촬영을 위한 기능성 캡슐형 내시경의 타당성을 깨닫고 나서야 연구개발비를 확대한다는 결정을 뒤늦게 내렸다. 비록 필캠이 소장 검사를 위한 내시경 의술을 혁신할 수 있는 잠재력이 있다 하더라도, 전 세계에 있는 수천 명의 위장병 전문의들에게 장비 사용법, 진단을 실시하고 해석하는 소프트웨어 사용법을 배우도록 설득할 필요가 있었다. 이 모든 일들은 달 탐사 로켓을 발사하는 일과 다를 바 없었다. 과학자도 아니고 엔지니어도 아닌 사람이 추진할 성질의 일은 아니었다.

머론은 비록 관련 분야의 학위는 없었지만, 준비가 철저히 되어 있는 사람이었다. 이스라엘 육군의 고급 행정직으로 첫 경력을 시작했기 때문이다. 그는 수천 명의 사람들이 참여하고 예산이 수억 달러나 되며 민간 공급업체들과 복잡한 계약을 협상해야 하는, 육군 차원의 산업 개발 프로젝트를 여러 차례 관리했다. 그는 육군에서 복무하는 동안 MBA 학위를 취득했고, 제대 후에는 몇 년 동안 이스라엘과 미국의 여러 기술 기업에서 임원으로 활동했다. 그는 독립적으로 비디오 이미징 기술을 개발한 내시경 카메라 스타트업 기업인 애플리텍Applitec을 공동 창업했고 그곳에서 CEO 자리까지 올랐다.

그곳에서 머론은 캡슐형 내시경의 개념을 만든 발명가 가비 이단을 만났다. 나중에 기븐 이미징의 최고 과학자가 된 이단이 애플리텍에 있는 머론을 찾아왔던 것이다. 이단은 원격 조종 미사일 개발에 경험이 많은 군 소속의 과학자였다. 이단은 이웃에 살던 내과 의사가 내시경 문제로 골머리를 앓던 모습을 보고 원격 조종 미사일과 비슷한 기술을 쓰면, 인간의 장내에서 추적 가능하고 조종 가능한 캡슐형 내시경을 만들 수 있겠다고 착안했다. 이단의 말을 듣자마자 곧바로 소화기관과 관련된 질병 문제를 조사해본 머론은 전 세계 수많은 사람들이 그 문제 때문에 병원을 찾는다는 사실을 깨달았다. 미국만 해도 매년 3000만 명이 소화기관 문제로 고통받고 있었고 1200억 달러라는 막대한 사회적 비용이 지출되고 있었다.

소화기관에서 발생하는 몇몇 질병들은 초기에 발견되어야 쉽게 치료가 가능했다. 필캠이 나오기 전까지는 소장 내의 병리 현상을 진단하는 데에 의사들의 의료 행위는 매우 제한될 수밖에 없었다. 가늘고 길이가 7미터에 달하는 기관인 소장이 복부 안에 여러 번 겹쳐져 있기 때문이다. 의사들은 힘을 들여 다양한 형태의 내시경이 환자의 소장을 통과하도록 해야 했는데, 그렇게 하려면 부풀린 풍선으로 장을 개방시켜서 내시경이 부드러운 장벽에 구멍을 뚫지 못하도록 애를 써야 했다. 방사성 물질을 사용한 X선 촬영을 내시경 대신 사용하면 좋겠지만, 진단 결과가 부정확했고 자주 사용하면 인체에 해롭다는 치명적인 단점이 있었다.

이렇듯 기존의 진단 방법들은 장벽에 상처를 입힐 위험, 환자가 느끼는 심각한 불쾌감, X선 과다 노출, 마취제 투여, 여러 환자들에게 동일한 내시경을 사용하여 전염이 일어날 가능성 등 수많은 결점들을 가지고 있었다. 구강 쪽이든 항문 쪽이든 최고급 내시경조차 소장 전체 길이의 3분의 1의 위치까지만 다다를 수 있었다. 게다가 장비 가격과 진단비는 매우 비쌌다. 이런 제약조건들 때문에 의사들은 장내 출혈과 같은 증상이 소장에서 발생한다는 뚜렷한 증거가 나와야만 처방을 내릴 수 있었다. 때문에 너무 늦게 처방을 내리는 경우가 자주 발생했다. 소장암 발병의 80퍼센트는 사망으로 이어지는데, 암 진단을 받을 때는 이미 말기인 경우가 잦았다.

이단의 아이디어는 초소형 카메라, 배터리, 전등, 라디오 송신기를 캡슐 하나에 모두 넣음으로써 남녀노소 누구나 쉽게 삼킬 수 있도록 하자는 것이었다. 삼키고 나면 중력에 의해 캡슐이 식도와 위장에 이를 것이고, 그다음은 장의 자연적인 연동 작용으로 소장과 대장을 통과할 수 있는데, 이런 과정을 거치며 촬영한 이미지를 환자가 허리에 찬 데이터 기록 장치로 고스란히 전송될 수 있다. 환자의 복부에 붙인 외부 센서(심전도를 측정할 때 쓰는 것과 비슷한 센서)는 증상이 관찰될 경우 각 이미지가 촬영된 위치를 정확하게 송출함으로써 향후의 치료를 용이하게 해준다. 환자는 진정제를 투여받지 않으니 자유롭게 움직일 수 있고, 몇 시간 내에 기븐 이미징의 시스템은 소장 내부의 전체 이미지를 만들어낼 수 있다 (이쯤에서 뭘 궁금해하는지 알 것 같다. 필캠은 다른 환자에게 재사용되지 않는다. 필캠은 환자의 정상적인 장 운동에 의해 화장실 변기에 떨어지면 그만이다).

데이터가 기록된 후 위장병 전문의는 컴퓨터 워크스테이션 상에서 이미지를 살펴본다. 문제가 감지되면 그 의사는 문제가 어디에서 발생하는지 정확하게 파악하여 치료와 추가적인 진단을 준비할 수 있다.

이단이 머론에게 처음 캡슐형 내시경의 개념을 제시했을 때, 그것은 그저 아이디어에 불과했다. 사실 그 개념은 기븐 이미징이 나중에 개발한 필캠의 모습과는 사뭇 달랐다. 당시에는 그저 이단이 '이런 것이 가능하지 않을까?'라고 상상해본 개념에 불과했다. 처음에 머론은 "너무 좋게 들려서 진짜로 그럴 것 같지 않군요"라고 의심했다고 한다.

하지만 머론은 캡슐형 내시경이 개발될 수 있다면 커다란 잠재력을 지닌 새로운 산업을 창출할 수 있고 진단의 새로운 장을 열 수 있다고 생각했다. 애플리텍의 이사회가 다른 사업에 집중하자면서 이단의 아이디어를 기각하자, 머론은 애플리텍을 그만두고 단독으로 캡슐형 내시경 개발을 추진하기로 했다. 그는 사업 계획을 수립하는 대가로 적절한 보수와 작은 사무 공간을 제공해달라고 이단의 특허를 소유한 모 기술 인큐베이터(이스라엘의 선구적인 기술 투자그룹과 이스라엘의 국방 연구개발 기관인 라파엘RAFAEL이 설립한 곳)를 설득했다. 몇 개월 동안 시장조사를 해본 머론은 캡슐형 내시경 개발을 어렵게 만드는 기술적 난제들을 충분히 극복할 수 있다는 자신감을 가지게 됐다. 그는 그 후 3년 동안 캡슐형 내시경을 시장에 출시하기 위해 매진했다. 육군에서 탄탄한 경험을 쌓은 머론은 캡슐형 내시경 개발의 복잡성을 충분히 관리할 수 있다고 스스로 생각했다.

머론은 앞서가는 내시경 제조업체들(올림푸스, 후지논, 펜탁스)이 풍부한 자원을 바탕으로 맹렬하게 공격해올 것임을 예상했다. 머론의 스타트업 기업이 의료 시장의 소장 내시경 부문으로 진입하면, 내시경 제조업체들은 자기들 핵심 사업인 결장 내시경 부문이 위험해진다고 판단할 것이 분명했다. 그래서 머론은 작은 기업으로 시작해 소수의 병원에서 캡슐형 내시경 시제품을 테스트하면서 천천히 사업을 성장시키는 것은 사치라고 생각했다. 그는 경쟁자가 될 법한 기업들을 멀찌감치 떨어뜨리고 앞서나가려면 무명의 스타트업 기업에서 제대로 된 '세계화 전략'을 가진 기업으로 즉각 도약해야 한다고 판단했다. 그러려면 전문가팀이 구성돼야 했고(머론은 존경받는 사람들로 자문위원회를 설립하고 초기에 20명의 정규직원을 채용했다), 초기에만 1600만 달러 이상의 돈이 필요했다. 그리고 회사가 주식시장에 상장되고 성장을 이어가려면 인력과 자금은 그보다 훨씬 많이 필요할 터였다.

"바로 확보해야 할 것들이 너무 많았죠." 그는 회상한다. "우리가 통합해야 할 최첨단 기술들이 너무나 많고 다양했습니다." 그는 개발 프로젝트를 함께 진행할 전문가팀들을 규합했다. 모든 팀의 리더들은 담당 분야의 복잡한 기술을 개발할 수 있다는 자신감을 나타냈다. 머론은 떠올린다. "저는 혼자서 이 모든 걸 만들었다고 생각하지 않습니다. 혼자 모든 부분에 관여했다면 과연 유용한 제품을 발명할 수 있었을까요?" 엉성하지만 제품 콘셉트를 제대로 구현한 프로토타입을 돼지를 대상으로 하여 여러 번 실험해본 전문가팀들은 소장 내부가 잘 촬영된다는 것을 알 수 있었고, 그때부터 필캠 개발의 경주는 본격적으로 시작됐다.

목표로 설정한 세 개의 주요 시장, 즉 미국, 일본, 유럽에 '삼킬 수 있는 내시경 제품'을 출시하려면, 각 국가의 규제 및 승인 기준에 제품 사양을 엄격하게 맞춰야 했다. 각 시장은 규제기관이 서로 다르다. 미국은 FDA, 유럽은 CE_{Conformité Européenne}, 일본은 후생노동성인데, 각 기관의 승인을 얻으려면 서로 다른 조건들을 만족시켜야 했다.

기븐 이미징의 이사회 멤버들은 유럽에 먼저 제품을 출시하기를 원했다. 유럽은 규제기관의 승인을 얻기에 가장 쉬운 곳이고 가장 비용이 적게 드는 곳이었기 때문에 시장이 필캠에 어떻게 반응하는지 살펴보면서 방향을 수정해야 한다고 이사회는 생각했다. 하지만 머론은 안전하게 보이는 전략이 결과적으로 위험한 전략이 될 거라고 믿었다. 그는 속도를 줄여 단일 시장에만 진입하면 경쟁자들에게 추격할 시간을 주기 때문에 회사가 다른 시장에서 얻을 수 있는 기회를 잃을 거라고 주장했다. 결국 머론은 이사회를 납득시켰고, 여러 지역의 자회사에서 시장 침투 전략을 동시에 전개할 CEO들을 고용했다.

세 개의 주요 시장에 동시에 진출하고자 했던 머론의 계획은 각 규제기관의 승인 시기가 일치하지 않는 바람에 어긋나고 말았다. FDA의 승인은 예상보다 딱 1년이 더 소요됐기에 기븐 이미징은 유럽에 먼저 제품을 출시할 수밖에 없었다. 하지만 불행 중 다행인지 이 덕분에 머론은 회사 성장에 절실한 투자금을 조달할 수 있었다. 독립적인 세 군데 시장에 동시에 진입하려는 기븐 이미징의 계획이 야심차 보였는지, 투자자들은 2500만 달러의 증자에 동참했다. 리스크가 가장 큰 시장, 일본에서 머론은 여러 파트너들의 도움을 받았는데, 파트너들은 머론에게 필요했던 자금을 제공했고 규제기관으로부터 승인을 얻어내는 데 조력했다.

2000년, 세계 금융 시장은 급속히 냉각되었다. 그러나 기븐 이미징은 2001년에 FDA로부터 승인을 받자마자 곧바로 나스닥에 상장을 진행했다. 9.11 테러 후의 폭락장에서 말이다. 회사는 세 군데 주요 시장에서 발 빠른 행보를 보였는데, 예를 들어 일본에서는 보건 당국의 승인을 얻자마자 단 8개월 만에 3자간 합작 투자의 형태로 파트너십을 구축하여 필캠의 마케팅을 대대적으로 진행했다.

리스크가 가장 큰 세 군데 시장에 동시에 진입하겠다는 머론의 전략은 회사가 의료 장비 시장의 리더로 날아오르도록 속도와 양력(揚力)과 고도를 제공했다. 만약 그가 세 시장에서 동시에 승인을 얻으려고 하지 않았더라면, 미국과 일본에서의 승인 지연 때문에 사업 전체가 치명상을 입었을지 모를 일이다. 다행히 유럽의 승인을 먼저 받을 수 있었기 때문에 투자자들은 기븐 이미징이 추진하는 사업이 무엇인지 알아차릴 수 있었다. 그 덕에 머론은 회사를 계속 성장시킬 수 있었고 경쟁사들의 추격을 피할 수 있었다.

설립된 지 10년 만에 기븐 이미징은 2억 달러의 연매출을 올리는 중이고, 매년 25만 개의 필캠을 판매하고 있으며, 77퍼센트라는 높은 매출총이익률을 달성하고 있다. 필캠은 출시된 이래 모든 연령대의 환자들을 대상으로 한 '소장 진단 장비' 분야의 표준이 되어 전 세계로 팔려 나가고 있다. 또한 캡슐형 내시경은 세계적인 의료 학술대회의 의제로 선정될 정도로 공인된 치료 분야가 되었다.

그때는 몰랐으나 지나고 나서 보니 "그것은 달 탐사 로켓을 발사하는 일과 같았다"라고 머론은 말한다. 하지만 그는 다른 사람이 아닌 본인이었기에 가능한 일이었다고 믿는다. "저는 10년 동안 실전 경험을 쌓은 후에 그 자리에 섰습니다. 제가 시장 안에 있었기 때문에 시장을 잘 이해할 수 있었죠. 그리고 제가 직접 경쟁자를 상대했기 때문에 그들이 어떻게 나올지 간파할 수 있었답니다. 저는 각 분야의 엔지니어들을 역시나 직접 상대했기 때문에 그들에 대해서도 잘 알고 있었죠. 저는 매일 어디로 가고 싶은지 무엇을 달성하고 싶은지를 분명하게 상기하고 미리미리 계획을 수립했답니다." 앞으로 당신에게 소장을 진단받을 일이 생긴다면, 의사는 당신에게 내시경 대신 작은 알약 하나를 건넬 것이다. 그때 당신은 다른 사람들이 불가능하다고 여겼던 것을 감히 시도했던 가비 머론과 기븐 이미징에게 큰 고마움을 느낄 것이다.

'멍청한' 아이디어

윌 딘Will Dean은 하버드 경영대학원의 교수가 자신의 아이디어를 보고 바보 같다고 말했던 일화를 이야기하며 이렇게 덧붙인다. "사람들에게 제 직업을 이야기해주면, 그들 중 99퍼센트는 제가 MBA 출신이라면 하지 말아야 할 일을 하며 인생의 황금기를 낭비한다고 결론 내립니다."

머론이 '소장 내 이미지 촬영' 분야의 혁명으로 사람들의 고통을 줄이려고 한 반면, 딘은 '터프 머더Tough Mudder'라는 극한의 스포츠 이벤트를 통해 오히려 사람들을 고생시키는 전혀 다른 종류의 사업을 수행하고 있다. 딘과 공동 창업자인 가이 리빙스톤Guy Livingston은 돈을 내면서까지 아드레날린을 발산하려는 목적으로 기꺼이 공포와 고통을 즐기는 사람들을 위해 회사를 창업했다.

딘은 터프 머더를 '지구에서 가장 어려운 이벤트'라고 표현한다. 15~20킬로미터짜리 장애물 코스로 이루어진 터프 머더 이벤트에 참가한 사람들은 걸쭉한 진흙 밭을 달리고 기어가다가 미끄러지곤 한다. 코스를 완주하려면 불길 속을 뛰어들어야 하고 얼음처럼 차가운 웅덩이에 몸을 던져야 하며 철사줄에 흐르는 1만 볼트의 전기충격을 견뎌야 한다(최근까지는 고압의 호스에서 나오는 물줄기를 이겨내야 했다. 하지만 이 코스는 매우 안전하다. 비록 최근에 한 참가자가 미래의 참가자들에게 '당신들은 미쳐버리고 말 것이다'라는 과격한 글을 자기 블로그에 올리긴 했지만). 경기 코스들은 리빙스톤이 실제로 경험했던, 영국 특수 부대에서 실시하는 몇 가지 훈련 코스를 포함하고 있다.

터프 머더 게임에서 사용하는 모든 장애물의 이름은 각각의 가학적인 특징을 본떠 붙였다. 몇 가지를 예로 들어보면 이렇다. '진흙과의 키스(배를 깔고 땅에서 20센티미터 높이의 철조망 아래를 기어가면서 흙을 먹어라)' '건초 더미와 하나 되기(가끔 그 안에 쇠스랑들이 들어 있다는 소문이 도는, 엄청나게 큰 건초더미 위로 몸을 던져라)' '몸을 흔들고 굽기(소방관이 뿌리는 물로 몸을 씻은 다음 모래밭을 기어라)' '불 위를 걷는 자(120센티미터 높이의 불꽃을 뛰어넘어 물웅덩이로 풍덩 빠져라)'가 있다. 이 밖에 '북극의 관장제', '전기충격 치료', '공 수축기' 등이 있는데, 어떤 장애물인지 굳이 설명하지 않을 테니 독자 스스로 유추해보기 바란다. 이런 게임 이름들은 너무나 유치하게 들린다. 어린애들 장난 같고, 어떻게 보면 바보 같다. '자쿠지Jacuzzi'란 회사는 이것이 별로 재미가 없었던 모양이다. 자쿠지는 '북극의 관장제'가 '체르노빌 자쿠지'라고 불리는 것을 두고 터프 머더를 고소하겠다고 으름장을 놓기도 했으니 말이다.

코스 설계상 참가자들이 아무런 도움 없이 코스를 완주하는 것은 불가능하다. 승자도 없고, 공식적인 기록도 없으며, 자기 자신을 제외하고는 경쟁을 유도하는 장치도 없다. 코스에서 낙오되지 않으면 그게 승리다. 한 참가자는 이런 글을 블로그에 올렸다. "어떤 장애물이 가장 하이라이트였는지 목록을 뽑기가 아주 어렵다. 우리가 극복했던 많은 장애물들이 각각 고유의 가학적인 매력을 지니고 있었기 때문이다. 널빤지 위를 걷다가 차가운 물속으로 빠지는 장애물부터 '인간 사슬'의 방법을 써야 통과할 수 있는 진흙투성이 산을 기어오르는 장애물까지, 각 장애물은 추격자의 공격을 따돌려야 하는 우리 '머더Mudder(터프 머더 이벤트에 참가하는 사람들을 부르는 말_옮긴이)'들에게 아드레날린을 한 잔씩 선사했다. 내가 개인적으로 좋아하는 것은 진흙탕 속에서 몸을 휘젓는 동안 머리 위에서 흔들거리던, 실제로 전기가 흐르는 철선이었다. 생각해보면 참으로 수수께끼 같은 장애물이었다. 한 가지 주의사항을 말해준다면, 젖은 겨울 모자를 쓰고 전기가 흐르는 철선 아래를 지나가지 말기 바란다. 내가 해봐서 아는데, 그랬다가는 잽을 던지는 매니 파퀴아오Manny Pacquiao(필리핀 출신의 권투선수이자 정치인_옮긴이)로부터 레프트 훅을 크게 한 방 얻어맞은 느낌이 들 테니까 말이다."

대다수의 사람들은 말도 안 되는 무모한 아이디어라고 생각했지만, 딘과 리빙스톤은 자신들의 아이디어를 날로 번창하는 사업으로 용케 바꾸어놓았다. '굴욕적인 고통'이라는 특권을 얻기 위해 2011년에 대략 14만 명의 사람들이 각각 150달러의 돈을 터프 머더에게 선불로 지불했다. 2011년만 해도 터프 머더 이벤트를 통해 2000만 달러가 넘는 거액이 흘러들어왔다. 세전이익률은 무려 20퍼센트에 달했다.[4]

딘은 영국 특수부대에서 대테러 활동을 5년 동안 수행한 후에 경영대학원에 입학했다. 야외 운동경기를 너무나 좋아했던 그는 두 명의 동급생들과 함께 터프 머더라는 사업 계획을 수립하여 학교에서 매년 실시되는 사업 계획 경연 대회에 출품했다. 심사위원들은 그들의 계획을 우습게 보았다. "그들은 만장일치로 좋은 아이디어가 아니라고 결론을 내리더군요." 그는 회상한다. "우리의 사업이 너무나 틈새사업이라 확장하기가 어렵고, 고객에게 어떤 가치를 주는지 모호하다는 이유로 말입니다."

까놓고 말해, 심사위원들은 딘의 사업 계획을 "정말로 형편없다"고 평가했다.

딘의 팀원들(동급생들)조차 그 아이디어를 그다지 진지하게 받아들이

지 않았다. "그 아이디어가 터프 머더를 창업하자는 행동으로 이어질 만큼 그들의 마음을 움직이지 못했던 거죠"라고 그는 말한다. 팀원들에게는 그저 학점을 쉽게 딸 수 있는 재미난 방법에 불과했다.

졸업할 시기가 다가오고 어느 때보다 창업에 대한 딘의 관심이 더욱 높아지자, 동료들은 그에게 미안함을 느꼈다. 그에게 줄을 선 구인기업은 한 곳도 없었고 그를 재무적으로 후원할 외부인도 없었기 때문이었다. 그는 말한다. "그들은 저에게 계속 이렇게 말하더군요. '투자자들을 좀 만나서 설득해보면 어때? 네 아이디어가 좋다는 걸 입증하려면 말이야'라고 말이죠. 그들의 조언은 이런 말과 다를 바 없었습니다. '네 여자친구는 정말 멋져. 하지만 네 친구에게 그녀를 만나본 다음 의견을 말해달라고 해봐.' 그 친구가 어떻게 생각하든 무슨 상관입니까? 그녀가 멋지다면 말이죠!"

그렇다면 터프 머더의 어떤 점이 그토록 멋진 걸까? "우리는 인내력을 테스트하는 이벤트를 창조하려고 노력합니다. 하지만 인내력 테스트는 순수하고 재미있는 방식으로 이뤄져야 하죠"라고 딘은 말한다. "마라톤의 가장 큰 문제는 심각하리만큼 지루하다는 것입니다."

많은 사람들은 마라톤과 철인 3종 경기를 사업의 관점으로 생각조차 하지 않았다. 그저 자선단체의 행사쯤으로 여겼을 뿐이다. 딘이 간파했듯이, 마라톤은 지루하고, 유명한 철인 3종 경기조차 과정이 너무나 뻔하다. 그리고 둘 다 '외로운' 스포츠다. "사람들의 마음속에 인내력이란 단어는 지루하다는 말과 동의어죠." 하지만 딘도 알고 있었듯이 사실 두 스포츠 경기는 매우 수익성이 높았다. 예를 들어, 뉴욕 마라톤을 조직하고 운영하는 '뉴욕 로드 러너스New York Road Runners'의 수입은 대회 참가비와 후원금을 합해 약 3억 5000만 달러로 추산된다.[5]

딘은 전 세계적으로 체력 단련에 관심을 갖는 사람들이 증가하는 추세와 더불어 몇 가지 문화 트렌드들이 하나로 수렴되는 현상이 터프 머더가 시장을 석권하는 데 큰 도움이 될 것이라고 내다봤다. 소셜 미디어의 등장과, 특이한 경험에 대해 기꺼이 돈을 지불하려는 소비자의 증가가 특별히 딘이 주목했던 트렌드였다. 딘이 언급했듯이, 흥미로운 경험에 참여한다는 것은 20~30대 젊은 세대들에게는 일종의 '지위'를 나타내는 새로운 상징이나 다름없게 됐다. "33살 미만의 젊은이들에게 주말에 뭘 했냐고 물어보면, 그들은 신나고 환상적인 경험을 했다고 말하거나, 그냥 조용히 지냈다고 대답할 겁니다"라고 딘은 말한다. "주말을 조용히 보냈다는 말은 '요즘 따분하다'는 뜻이에요."

사람들은 돈을 내고 번지점프나 행글라이딩과 같은 극단적인 경험을 즐긴다. 게다가 사람들은 그런 경험들을 페이스북의 친구들에게 알린다. 겉으로는 겸손한 척 이야기하지만(그는 이런 걸 '겸손한 자랑'이라고 부른다) 알고 보면 친구들에게 '본인이 좋아 보이도록' 하기 위해서다. "기억은 새로운 사치품이죠"라고 딘은 말한다.

딘은 자신이 아무도 생각하지 못한 방법으로 흩어져 있는 점들을 서로 연결시킬 수 있다고 믿었다. "사람들이 통계치를 내놓기 전에 트렌드를 알아차릴 수 있어야 합니다." 그래서 2009년 말에 딘은 스포츠 도전에 대한 열정이 자신과 비슷한, 기업 변호사 업무에 지루해하던 고등학교 동창생 리빙스톤과 함께 개인 저축액 2만 달러를 가지고 터프 머더를 설립했다.

아이디어는 단순했다. 이벤트가 바보스럽고 정상이 아닐수록 더 좋았다. 그들은 페이스북 같은 소셜 미디어를 사용하여 이벤트를 여는 데 드는 비용을 낮게 유지할 수 있었고, 특별한 허가와 경찰의 통제를 받아야 하는 대도시 지역 대신 조금은 색다른 시골의 저렴한 장소를 선정했다. 참가자들은 돈을 미리 내야 참가할 수 있었기에 딘과 리빙스톤은 그렇게 미리 모인 돈을 이벤트 운영에 필요한 착수금으로 사용할 수 있었다.

딘은 시험 삼아 터프 머더 이벤트를 2010년 5월 펜실베이니아에서 열기로 일정을 잡았다. 그와 리빙스톤은 참가비 70달러를 내는 참가자들이 500명만 되면 좋겠다고 생각했지만, 뚜껑을 열어보니 무려 5000명이 참가 신청을 했다.

참가자를 모집하는 일은 그리 힘들지 않았다. 적은 인력을 가지고 특이한 사업을 운영하기 위한 실행계획 수립이 그들에게는 아주 도전적인 일이었다. "사람들은 우리를 골드만삭스Goldman Sachs 같은 직업을 얻지 못하고 그저 어울려 다니는 두 명의 멍청한 초등학생쯤으로 생각했답니다." 그들은 가장 기초적인 사무실 운영 규칙도 어려워했다. "우체국 직원이 우리에게 전화를 하더니 '당신들이 보낸 소포를 배달할 수 없어요. 라벨이 잘못 붙어 있네요'라고 말할 정도였습니다. 신용 기록이 없어서 아무도 사무실을 빌려주지 않으려 했죠. 우리는 영국 국적이라는 이유로 전화를 설치하는 데에 무려 1000달러를 보증금으로 내야 했어요. '휴대폰을 개통하고 싶은데요?'라고 물어도 '안 됩니다'라고 하고, '은행 계좌를 개설하고 싶은데요?'라고 물어도 '안 됩니다. 우리 내규에 따라 불가능합니다'라는 식이었어요."

그들이 이벤트를 끝낸 참가자들의 몸을 따뜻하게 해주려고 어느 회사로부터 4000개의 전열 시트를 주문한 적이 있었는데, 그 회사가 보낸 상자에는 '미스터 터프 머더'라는 라벨이 붙어 있었다. 택배원은 신분증을 보여줄 것을 딘에게 요구했다. 딘은 자기가 터프 머더라고 불리는 회사의 CEO이지 '미스터 머더'가 아니라고 설명했다. 택배원은 자기네 상사의 승인을 받아야 한다며 산 아래로 두 시간을 돌아내려갔다고 한다.

하지만 딘은 이러한 장애요소들을 좋게 생각하기로 했다. "그런 것들을 처리해야 할 '빌어먹을 골칫거리'가 아니라, 오히려 기회로 보기 시작해야 합니다. 왜냐하면 그것들은 우리의 경쟁자들을 포기하게 만드는 원인이 될 테니까요."

여러 장소를 옮겨 다니며 '정신 나간' 이벤트들을 개최하는 상황을 마냥 긍정적으로 생각하기란 쉽지 않았다. 딘과 리빙스톤은 참가자들이 재미있게 지낼 만하고 '매우 엉망진창인' 대형 이벤트를 열도록 허락할 시골 지역의 휴양지를 찾아야만 했다. 딘과 리빙스톤은 터프 머더를 완전히 처음 들어본 사람들(대부분은 큰 매력을 느끼지 못했다)에게 여러 번 되풀이하여 자신들을(자신들의 '멍청한' 아이디어를) 납득시켜야 했다. 어느 스키 리조트의 관리자는 욕설이 가득한 이메일을 이렇게 보내왔다. "당신네 아이디어는 멍청하고, 멍청하고, 또 멍청하다. 골치 아픈 악몽과 같다."

각 이벤트 장소마다 특유의 요구사항이 있었다. 버몬트 주의 마운트 스노우Mount Snow에서 터프 머더는 숲 속에 있는 희귀식물을 보호하기 위해 안전요원을 배치해야 했다. 어떤 장소에서는 제대로 된 진창을 만들기 위해 새 흙을 반입해야 했는데 이에 반드시 승인을 얻어야 했다.

조지아 주에서 이벤트가 열리기 직전, 터프 머더가 이벤트 종료 시점에 수천 명의 참가자들에게 맥주를 제공할 거라는 계획이 알려지자 현지의 성직자들은 격분했다. "우리는 장소 사용 허가를 이미 받았고, 이벤트 준비도 완료된 상태였죠. 하지만 그 사람들은 '터프 머더는 악마다' '우리는 당신네 메트로섹슈얼들이 여기에 있는 걸 원치 않는다' 뭐 이런 팻말을 들고 시위를 하더군요." 딘이 추정하는 것처럼 그 이벤트는 현지의 호텔, 식당, 주유소 등 지역 경제에 적어도 400만 달러의 효과를 가져다줄 것이 분명했다. 터프 머더는 지역 당국에 이벤트가 평화롭게 진행될 것이고 지역 경제에도 보탬이 될 거라고 말했지만 끝내 설득할 수 없었다(딘은 20킬로미터 달리기를 끝내고 나면 지치기 때문에 누구도 취할 목적으로 맥주를 마시지 않는다고 꼬집는다). 터프 머더는 어쩔 수 없이 성직자들의 요구를 수긍하고 최초로 '맥주 없는' 이벤트를 열었다.

캘리포니아에서는 이벤트가 열리기 전날 밤에 곰들이 코스를 따라 설치해둔 몇몇 응급 치료소에 침입하여 1만 4000개나 되는 바나나를 몽땅 먹어치우는 사고가 발생했다. 플로리다에서는 운영요원들이 참가자들이 수영할 연못 바깥으로 악어를 쫓아내야만 했다(딘의 말에 따르면, 악어를 쫓아내는 가장 빠른 방법은 새끼 악어를 잡는 것이라고 한다. 새끼가 꽥 소리를 지르면 모든 악어들이 새끼를 구하려고 따라온다고 한다. 단언컨대, 나는 해보고 싶지 않다).

2010년 말까지 터프 머더는 캘리포니아에서 두 번째 이벤트를 열었고, 뉴저지 주의 자동차 경기장에서 1만 명의 참가자들과 함께 세 번째 이벤트를 개최했다. 2011년 말이 되자 회사는 과장이 지나쳤던 딘의 당초 사업 계획을 훌쩍 뛰어넘는 성과를 거뒀다. 경영대학원 시절에 만들었던 사업 계획은 2011년까지 네 번의 이벤트를 개최하여 5000명을 참가시키겠다고 되어 있었지만, 실제로 터프 머더는 14번의 이벤트를 열어서 약 14만 명의 참가자들을 모았다. 사업 계획상 2년 차 때는 매출이 50만 달러일 거라고 예상했지만, 실제 매출은 그보다 40배나 많았다. 딘은 말한다. "제 약혼자는 사업 초기 5년 동안은 자기가 먹여 살려야 하는 건 아닌가 생각했답니다. 경영대학원을 다니느라 빌린 학자금 대출뿐만 아니라 그녀의 법학대학원 대출금도 갚아야 했으니까요." 2011년에 평균 참가자수는 거의 2만 명에 달했고, 몇몇 이벤트들은 개최되기 몇 개월 전에 이미 매진되기도 했다. 2012년, 터프 머더는 미국뿐만 아니라 영국, 호주, 캐나다 등에서 35번의 이벤트를 개최하여 7000만 달러의 매출을 올릴 것으로 예상하고 있다. 고작 100명의 운영 인력으로 말이다.

터프 머더는 진지한 스포츠 이벤트의 몇 가지 규칙들을 깨뜨리고 있다. 터프 머더 이벤트 참가자들은 사전에 '징징거리지' 않겠다는 맹세를 반드시 해야 한다. 또한 어떤 이벤트든지 항상 굉장히 이상한 복장들을 볼 수 있다. 유튜브를 검색해보면 엘비스 프레슬리 차림을 한 사람부터, 예수를 흉내 낸 사람, 보랏Borat(영화 「보랏」에서 카자흐스탄 리포터 역을 맡은 주인공 이름_옮긴이)처럼 초록색 슬링 차림인 사람(구글에서 'Borat Sling'이란 단어로 이미지 검색을 해보면 어떤 옷인지 바로 알 것이다_옮긴이), 록 밴드 키스Kiss의 진 사이먼스Gene Simmons를 흉내 낸 사람 등을 볼 수 있다. '베스

트 드레서: 가장 엉덩이가 공격적인', '워스트 드레서: 가장 엉덩이가 바보 같은', '가장 옷감을 덜 쓴 드레서: 가장 엉덩이가 훤히 드러난' 등 이벤트에서 내건 공식적인 상을 수상하려고 말이다. 이벤트 시작 전에 흥을 돋우기 위해 참가자들은 마치 전쟁 구호를 외치는 부족처럼 소리를 지른다. 사람들은 불가피하게 작은 찰과상과 타박상을 입지만 골인 지점을 통과하고 나서는 그 상처들을 명예로운 훈장으로 여긴다. 참가자들은 터프 머더의 문신을 현장에서 새길 수 있다. 어느 블로거는 이렇게 말했다. "동지애는 이 게임의 다른 이름이다. 게임에 참가해도 다른 사람을 도울 마음이 생기지 않는다면, 아마도 당신의 내면은 죽은 게 틀림없다." 참가자들은 골인 지점을 통과하자마자 맥주 테이블로 덮칠 듯 돌진하고, 파티는 게임이 끝나도 밤새도록 계속된다.

터프 머더의 성공 때문인지 유사 이벤트들이 난립하고 있지만(5~8킬로미터를 달리는 '머드 런(진흙 달리기)' 류의 이벤트 수가 눈에 띄게 증가했다), 터프 머더야말로 가장 거칠고 가장 비정상적인 도전으로 사람들에게 인식되고 있다. 그래서인지 도스 에퀴스Dos Equis의 맥주, 언더 아머Under Armour, 디그리Degree의 냄새 제거제, 빅Bic의 면도기 등 기업체의 후원도 끊이지 않는다. 터프 머더는 특별히 대학생들 사이에서 유명하다(나는 터프 머더 이벤트가 플로리다의 악명 높고 흥청망청하는 봄 방학을 대체하는 건전한 대안이라고 생각한다). 그리고 터프 머더의 웹사이트에는 '머더 네이션Mudder Nation'이라 불리는 커뮤니티가 활발히 활동 중이다.

딘 자신도 브랜드 정체성의 일부가 되기 시작했다. "2주 전에 누군가가 지하철에서 저를 알아보더군요"라고 그는 말한다. 아마도 터프 머더에 대한 가장 달콤한 복수는 딘이 말하듯, 사람들이 더 이상 그의 아이디어가 특이하다고 생각하지 않는 것일 터이다. 딘의 교수가 터프 머더라는 아이디어가 쓸데없고 불가능하고 멍청하다고 생각했지만, 이제는 아무도 비웃지 않는다. "이제 와서 사람들을 말하죠. '난 그렇게 될 줄 알고 있었어'라고."

제3부

역경이
빛을 발하는 순간

창업가정신이 그렇게 좋은 것이라면 왜 그토록 어려운 것일까? 아무도 보지 않는 곳에서 가치를 발견하는 것은 일반적으로 창업가정신이라는 여정을 나서기 위한 첫걸음이다. 대부분 창업을 준비하는 이들의 비전과 계획은 사람들이 기꺼이 돈을 지불하고 구매할 제품이나 서비스로 전환되지 못한 채, 열매를 맺지도 못하고 사라져버린다. 월마트 창업자 샘 월튼Sam Walton은 한때 이렇게 말한 적이 있다. "만약 모든 사람들이 하나의 방식으로 무언가를 하고 있다면, 그것은 좋은 기회다. 정반대 방향으로 가면 틈새를 발견할 수 있을 테니까 말이다." 쓸데없는 것에서 가치를 발견하는 것, 불가능한 것을 '가능하게 만들 기회'로 보는 것, 멍청하게 보이는 것을 선택해 '똑똑한 것'으로 바꾸는 것, 이것이 바로 창업가정신의 역발상적인 특성이다.

하지만 비현실적인 아이디어라고 해서 모두 좋은 아이디어라고 볼 수는 없다. 마찬가지로 모든 사람들의 반대에도 불구하고 열정적으로 밀고 나가는 아이디어라고 해서 모두 좋은 아이디어는 아니다. 모든 사람들이 어리석다고 간주하는 일련의 행동에 비이성적으로 몰입한다고 해서 그것 자체를 창업가정신이라고 부를 수는 없다. 물론 창업을 하려는 과정에서 똑똑한 아이디어를 무모하다고 보는 주변 사람들(즉 투자자, 고객, 파트너 등)의 부정적인 시선은 자연스러운 반응이다. 그가 어리석은지, 아니면 주변 사람들이 어리석은지는 두고 봐야 알 일이다. 하지만 매우 열정적이고 자기헌신적인 창업가들 중 상당수가 무모해 보이는 아이디어를 똑똑한 아이디어로 전환시키는 데 실패한다.

이런 현상은 바꿔 생각하면 긍정적인 것이다. 곤란을 무릅쓰고 창업의 시련에서 살아남기 위해 모든 도전을 극복하는 과정은 '그 사업이 진정으로 할 만한 가치가 있는가' 그리고 '그 사업이 시장에서 살아남기에 충분히 강한가'를 테스트하는 '자연선택'의 역할(비록 완벽하지는 않지만)을 하기 때문이다. 벤처

투자에서 엄청난 성공과 완전한 실패를 동시에 경험한 바 있는 베테랑 벤처 캐피탈리스트 토드 다그레스Todd Dagres는 2011년 6월 밥슨 칼리지에서 개최된 '엑스코노미Xconomy 창업가정신 회의'에서 이렇게 언급했다. "새로운 '모험'을 시작하는 것은 반드시 어려워야만 한다." '역경'은 창업가를 강하게 만들고, 창업가정신의 필수요건인 '패기'가 없는 자들을 시장에서 제거해낸다.

지금부터 이어질 세 개의 장에서는 창업가가 경험하는 역경을 세 가지 요소로 분해하여 설명할 것이다. (1)역발상적인 아이디어로부터 비범한 아이디어를 창조하고 획득하는 과정에 포함된 '내재적' 어려움, (2)불완전한 환경 때문에 대부분의 창업가들이 직면하는 '외재적' 곤경, (3)심각한 사회적 문제들이 잔뜩 쌓인 곳에서 발생하는 '우발적인' 어려움이 바로 역경의 세 가지 요소다. 역경은 창업가정신의 필수불가결한 부분이다. 역경은 누구에게나 힘든 것이다. 곧 살펴보겠지만 역경의 세 가지 요소를 구별하면 어떤 '모험'이든 간에 장기적인 성공을 이끌 수 있는 중요한 시사점을 얻을 수 있을 것이다.

6장
왜 모든 창업가들은 역경에 직면하는가?

"이것은 지랄 맞게 힘들다."
−호르헤 로드리게스Jorge L. Rodriguez, PACIV의 CEO이자 창립자

창업가정신이 창업가, 투자자, 고객, 사회 등 모두에게 그토록 좋은 것이라면, 왜 항상 그렇게 고된 것일까?

내가 지금껏 만난 모든 창업가들은 자신의 벤처기업을 '이륙'시키고 규모 있게 성장시키는 과정에서 여러 가지 극심한 어려움을 경험했다. 제이 로저스는 의심 많은 투자자들을 수차례 만나야 했고 불확실성을 즐길 줄 모르는 파트너(자신의 동급생)와 한때 사업을 도모했다. 칼 비스타니는 지금도 SABIS의 철학과 방법을 경멸하는 사람들과 대립하고 있다. 시네멕스의 창업자들은 투자를 받지 못하여 벤처기업이 폐업 직전까지 이르렀고, 갑작스러운 환율 위기와 노동조합의 공격적인 저항에 직면했다. 액타비스의 로버트 웨스만의 경우, 회사의 미래가 풍전등화의 위기에 처했다(앞에서 언급하지 않았는데, 그 당시 불가리아에서 난폭한 노

동자 무리가 그를 가로막기도 했었다). 아츠마사 도치사코는 등을 돌리는 투자자들 때문에 MFIC를 거의 뺏길 뻔했다. 여러 창업가들이 성공적으로 일구어낸 벤처기업들 각각이 오로지 승승장구가 이어져 만들어진 결과물인지, 아니면 좌절의 눈물을 이겨내고 얻어낸 성과인지(아니면 둘 다인지) 알 수는 없다. 하지만 이 책에 나오는 벤처기업들은 앞으로도 곤경을 직면할 것이고 어쩌면 역경을 견디지 못하고 실패할지도 모른다. 이 점은 의심할 여지가 없다.

어떻게 그들은 동유럽을 석권했을까?

샌디 체스코가 슬로베니아에 스튜디오 모더나를 설립하고 성장시킨 과정은 지금껏 내가 만난 여느 창업가들의 과정보다 결코 쉽지만은 않았다. 체스코는 1992년에 가늘고 긴 플라스틱 스트립을 가지고 사업을 시작하여 중부 및 동유럽 전체에 걸쳐 막강한 세력을 자랑하는 유통회사로 성장시켰다.[1] 그는 플라스틱 스트립을 보자마자 남들이 보기에 아주 기이하게 여겨지는 두 개의 아이디어를 떠올렸다. 그는 하부 요통을 완화하기 위해 등에 묶을 수 있는 유연한 플라스틱 스트립을 팔기로 했다. 파트너인 브라니미르 브르클야크Branimir Brkljac가 가지고온 그 기구를 보고 시장에서 성공을 거둘 것 같다고 생각한 사람은 체스코밖에 없었다.

또 하나의 기이한 계획은 파트너와 함께 플라스틱 스트립 '코스모디스크Kosmodisk'를 슬로베니아의 TV를 통해 팔아보자는 것이었다. "미국에서 수십 년 동안 채칼을 그런 식으로 팔아왔잖아요. 지금은 무려 수십억 달러 규모의 시장이 되었죠. 우리도 같은 방식으로 팔면 어떨까 싶었습니다"라고 말하며 체스코는 웃는다. "우리가 해결해야 할 단 하나의 문제는 슬로베니아 사람들이 TV에 나오는 자를 범죄자와 다름없는, 엉터리 제품을 파는 세일즈맨쯤으로 여긴다는 것이었죠"라고 그는 회상한다.

당시 슬로베니아인들은 미국인들과는 달리 TV 심야방송에 나온 제품을 앞다투어 구매하려고 하지 않았다. 수준 낮은 심야 TV 광고를 보고 물건을 구입하면 순진해서 잘 속아 넘어가고 쓸데없이 돈을 낭비한다는 사람이라고 여기는 분위기가 강했기 때문이었다.

그 후 20년이 흐른 지금, 아무도 더 이상 그렇게 생각하지 않는다. 현재 체스코는 중부 및 동유럽, 러시아, 터키 등 21개국을 대상으로 코스모디스크를 비롯해 최고급 매트리스부터 접는 자전거에 이르는 수십 개의 제품을 판매하여 10억 달러의 매출을 올리고 있다. 스튜디오 모더나는 자신들이 거래하는 시장에서 모두 1위를 차지하는 TV 쇼핑 업체가 되었고, 전자상거래와 매장 유통 분야에서 주도적인 위상을 점유했다.

체스코의 부모는 일상적인 허드렛일이라 해도 새롭고 더 나은 방식을 발견하라고 그를 가르쳤다. 이런 가르침 때문이었는지 그는 직접 고민해 내놓은 '향상된 방식'에 태클을 거는 선생들과 종종 문제를 일으켰다. 전통적인 사업 관행에 대해 쉴 새 없이 질문을 던지는 그의 버릇은 수년 후 서방 국가의 벤처 캐피탈리스트와 개인 투자자들을 설득하는 데에 별로 도움이 되지 않았다. 그들은 서방의 거대 기업들을 뛰어넘는 유통 사업을 만들겠다고 장담하는 슬로베니아 벤처기업을 지원하기를 꺼렸다. 체스코가 그 비즈니스 모델로 반짝 성공은 할 수도 있겠지만 결코 지속가능하지 않다는 이유로 투자 요청을 거절했던 것이다.

2008년 금융 붕괴로 잘나가는 경쟁자들이 대부분 죽을 쑤는 동안 스튜디오 모더나는 1년에 30퍼센트 이상 성장했다.[2] 이런 성장은 인수합병 없이 오로지 기존 시장과 기존 판매 채널에서 판매를 증진시킨 결과였다. 창업한 지 20년 후인 2011년 중반에 처음으로 모 전문 투자 컨소시엄이 스튜디오 모더나에 투자를 했다. 그리고 곧바로 대형 사모투자 기관 중 하나인 '제네럴 애틀랜틱General Atlantic'이 1년 주가 상승분보다 몇 배나 많은 돈을 치르고 회사의 지분을 일부 취득했다.

초창기에 슬로베니아 소비자들은 아무도 TV에 나오는 광고를 신뢰하지 않았다. 체스코가 만든, 유혹적인 '해설식 광고(광고처럼 보이지 않게 어떤 주제의 정보를 상세하게 제공하는 방식의 광고_옮긴이)'가 고객들로 하여금 전화기를 들어 제품에 대해 문의하도록 유도하긴 했지만, 여전히 소비자들은 자기 눈에 직접 보이지 않고 손에 만져지지도 않는 물건을 위해 돈을 쓰려고 하지 않았다. 전화만으로 신용카드를 사용하게 만드는 일은 도저히 불가능했다.

이러한 소비자들의 저항을 극복하기 위해 스튜디오 모더나는 오프라인 매장을 세워서 고객들이 들어와 구경하고 직접 작동해본 후에 현금으로 결제하는 방식을 채택했다. 이런 대응은 오프라인 매장이라는 판매 채널을 기피하는, 서방 국가의 'DRTV직접 반응 TV, Direct-Response TV(TV

광고와 함께 전화번호를 내보내 소비자로 하여금 제품을 즉시 구매하도록 유도하는 방식_옮긴이)' 기반의 기업들과는 완전히 다른 방향으로 나아간 것이다. "우리에게 자체 매장을 설립하겠다는 명시적인 전략이나 의도는 없었어요. 하지만 매장을 설립한 덕에 자연스럽게 마케팅 문제를 해결할 수 있었답니다"라고 체스코는 떠올린다. 자체 매장은 TV 광고비를 지출하기 전에 신제품에 대한 고객의 피드백을 얻는 효과적인 시험대였다. 하지만 여러 은행들과 투자자들이 투자를 주저하는 바람에 체스코는 20년 동안 모든 것을 자력으로 해나가야 했다.

"우리가 창업할 때 신뢰할 만한 콜센터는 한 군데도 없었고, 믿을 만한 배송업체와 아웃소싱 서비스업체도 없었죠. 그래서 모든 것을 내부에서 수행하기로 결정했습니다. 하지만 배송은 전문업체에게 맡기기로 했는데, 우리는 그들의 업무 수행을 정확하게 감시하기 위해서 매우 엄격한 훈련 프로그램과 시스템을 개발했습니다." 이것 역시 미국과 유럽 시장에서 지배적인 위치를 점한 서구 DRTV 기업의 방식과는 정반대의 행보였다.

체스코는 이렇게 설명한다. "우리는 문 앞에서 신발의 흙을 털고, 조심스럽게 제품을 집 안으로 옮기고, 질문에 공손하게 답하라고 택배원들을 훈련시켜야 했습니다. 예전에는 비가 오는데도 물건을 바깥에 놔두고 가는 경우가 비일비재했죠. 종종 물건이 엉뚱한 주소로 배송되기도 했고요."

체스코는 모든 것을 반대로 했다. 집중화된 의사결정 체계와 아웃소싱 공급망을 보유하며 시장을 주도하던 서구 TV쇼핑 기업들의 방식과는 달라야 한다고 그는 생각했다. "그런 의사결정 체계와 공급망이 바로 동유럽에 진입했다가 실패한 결정적 이유였죠. 우리는 국가별 지사장들에게 권한을 최대한 위임했습니다. 지사장들은 미국인 임원들에게 설립과 운영 관리를 맡겼고요. 우리는 모든 국가에서 현지의 인력을 활용하도록 장려한답니다."

또한 체스코는 벤처기업들을 어렵게 만드는 장애물 중 하나인, 모든 중부 및 동유럽 국가들의 낙후된 사회기반시설을 오히려 좋은 기회로 삼았다. 스튜디오 모더나는 배송부터 공급망 관리에 이르는 인프라를 아예 자체적으로 구축하여 고객들에게 일관된 서비스를 제공함으로써 시장의 우려와 의심을 누그러뜨렸다. 우수한 서비스를 보장하고 제공하기까지 여러 해가 걸렸지만, 스튜디오 모더나는 결국 시장의 신뢰와 충성스러운 고객을 확보할 수 있었다.

체스코가 사업 확장을 염두에 두었던, 과거 소련의 지배를 받았던 국가들에서도 마찬가지였다. 이들 국민들은 모든 일에 있어 시스템을 믿지 않으려는 습성이 있었다. "구소련 지배 국가와 러시아에서는 시스템을 신뢰하면 잘 속아 넘어가는 사람이라는 취급을 받죠"라고 체스코는 말한다. 바로 이런 점 때문에 사업하는 사람들에게 이곳은 마치 황량한 서부의 개척시대 같았다.

사업하기가 대단히 힘겨웠고, 그렇기에 더욱 사람들로부터 신뢰할 만하다는 평판을 구축하는 것이 훨씬 중요했다. "시스템은 완벽한 '불신' 위에 구축되어 있었죠. 만약 정부가 'A를 하라'고 말하면, 사람들은 본능적으로 'B'를 하려고 했으니까요. 우리는 밑도 끝도 없이 냉소적이던 소비자들로부터 신뢰를 얻음으로써 스튜디오 모더나의 위상을 구축해 갔습니다." 체스코는 서구 기업이 제시하는 서비스 수준을 자신들이 달성해야 할 기준이 아니라 능가해야 할 출발점으로 삼아야 한다고 생각했다. 스튜디오 모더나는 기준을 설정했지만, 기준을 달성하는 데에 급급하지 않았다.

시장에서 이렇게 독보적인 성과를 나타내면 아마도 투자자들이 줄을 설 것이라고 당신은 생각할 것이다. 하지만 그렇지도 않았다. 체스코는 사업의 성장을 유지하기 위해 1년에 30~40퍼센트나 하는, 소위 '회색시장(희귀한 상품을 비싸게 판매하는 시장. 암시장과 보통시장의 중간 정도라고 보면 됨_옮긴이)'의 고금리 대출금을 줄이느라 애썼다. 몇 년 동안 그는 직원들 봉급보다 더 많은 돈을 이자를 내는 데 써야 했으니 말이다. 이런 상황은 모든 창업가들이 일반적으로 경험하는 '자연선택 과정'의 일종으로, 스튜디오 모더나로 하여금 내부에서 조달한 현금을 통해 성장하는 방법을 찾도록 독려했다.

체스코는 창업가라면 어디서든지 경험하는 '기본적인 역경'을 감수해야 했지만, 그보다 더 심한 역경들도 돌파해야 했다. 그는 발칸 반도에서 발발한 여러 번의 전쟁과, 정부의 붕괴와, 2008년 세계 경제 불황의 위기 속에서 살아남아야 했다. 체스코는 이렇게 말한다. "끊임없이 조정하고 적응하는 수밖에 없었죠. 우리는 우리가 하는 모든 분야에서 벼랑 끝에 서 있었답니다. 모든 것을 이뤄야 했지만, 공짜로 이룰 수 있는 것은 아무것도 없었습니다."

스튜디오 모더나의 연매출이 1억 달러에 근접해갈 때도 체스코는 여전히 그가 창조한 가치를 믿지 않는 시장의 인식들과 싸워야 했다. 그는 여러 사모투자 그룹을 만나 투자를 요청했지만, 매번 그 자리에서 거절당했다. 투자자들이 가능하다고 생각하는 것과 체스코가 실제로 만들어 낸 것 사이의 보이지 않는 간극은 여전히 너무나 컸기에 투자자들은 그 너머를 보지 못했다. "동유럽에서 활동하는 슬로베니아 기업인 우리 회사의 성과를 아무도 지속가능한 기초 위에서 계속 달성할 수 있다고 믿지 않았습니다. 우리의 경험은 그들의 상상력 너머에 있었으니까요." 신흥 시장의 기회에 대해 세계적으로 관심이 집중되고 여러 투자자들이 비전통적인 시장으로 흘러들기 시작할 때까지 몇 년의 시간이 더 소요됐지만, 결국 체스코는 투자자들이 자신의 확장 계획을 후원하도록 설득해냈다.

체스코의 비관습적인 전략은 결실을 맺은 것처럼 보인다. 그동안 이 회사의 비전은 자사의 브랜드만을 취급하는 판매자로부터 고객의 니즈를 규명하고 만족시키는 '플랫폼'으로 진화했다. 즉 회사의 품질 기준과 고객의 니즈를 동시에 만족시키는 것이면 무엇이든 판매하겠다는 방향으로 비전이 진화한 것이다.

스튜디오 모더나는 이제 21개국에 지사를 두고 6000명이 넘는 종업원을 보유하고 있으며, 회사의 통합 플랫폼은 홈쇼핑, DRTV, 국가별 웹사이트, 우편 카탈로그 판매, 직영 소매점들, 콜센터, 수천 개의 소매 및 도매망을 통한 '직접 소비자 판매Direct-to-Consumer Sales'에 효과적으로 활용 중이다. 그리고 체스코는 서유럽과 북미 시장으로 첫 진출을 꾀하고 있다. "우리는 이탈리아에서 제조한 매트리스를 이탈리아 고객들에게 실제로 팔고 있답니다."

지나고 나서 보면, 스튜디오 모더나는 '적합한 때'에 '적합한 장소'에서 시작한 '적합한 벤처기업'인 것처럼 보인다. 물론 실제로는 그렇지 않았다. 비록 체스코가 수많은 시간을 투자해야 했고 여러 번의 실험이 필요했지만, 그는 처음부터 자기가 매력적인 제품을 확보했음을 깨달았고 모든 사람들이 그저 가늘고 긴 플라스틱 조각이라고 무시했던 코스모디스크에 확실한 기회가 숨어 있음을 알아차렸다. 체스코는 스스로 감지한 기회를 현실로 이루어냈다. 정말로 형편없는 사업 아이디어였다고 쉽사리 판명될 수도 있었을 기회를 지금도 '잘나가는' 벤처기업으로 전환시켜놓은 것이다.

이러한 성공에는 모든 역경을 이겨낸 체스코의 힘이 컸다. 또한 파트너의 고집 덕에 체스코는 많은 사람들이 업신여겼던 마케팅 접근 방식을 실험할 수 있었다. "저는 그런 장애물, 그런 저항이 우리에게 강점이 될 수 있는지, 그리고 돈 마를 일 없는 대형 경쟁자들에게는 장벽이 될 수 있는지 알고 싶었습니다. 만약 우리가 놀랍도록 훌륭한 서비스를 제공하면서 TV를 이용해 코스모디스크의 믿음직한 이미지를 창조할 수 있다면, 우리는 경쟁자를 누르고 정상에 올라설 수 있다고 생각했죠. 그 비결은 정보, 제품의 신뢰성, 그리고 서유럽에서는 존재하지 않았던 '믿음직한 제품 반품 정책'에 있었습니다."

저항을 극복해가는 과정에서 체스코는 사람들의 의심과 선입견에 대응해야 했다. 처음에는 고객들이, 그 다음에는 은행, 투자자, 파트너, 규제기관, 언론기관들이 의심의 눈초리로 스튜디오 모더나를 바라보았다. 고객들은 하부 요통을 완화시켜주는 작은 플라스틱 기구를 사려고 굳이 줄까지 서야 하는지 의심했다. TV 방송국들은 프라임 시간대에 스튜디오 모더나의 제품을 팔았다가 무슨 봉변을 당할지 몰라 주저했다. 투자자들은 전쟁으로 파괴된 보스니아-헤르체고비나와 코소보에 인접한 기업에 투자한다는 사람들의 숙덕거림을 듣고 싶어 하지 않았다. 새로운 것, 특히나 대충 보기에 매력적이지 않은 제품이나 서비스가 겪곤 하는 자연스러운 역경은 스튜디오 모더나에게는 오히려 기회였다.

호르헤 로드리게스(11장에서 이 사람의 이야기를 자세히 다룰 것이다)는 푸에르토리코에 기반을 둔 세계적인 벤처기업 PACIV의 창립자다. "이것은 지랄 맞게 힘들다. 처음에는 정말 역겹다"라는 그의 직설적인 발언은 거의 모든 창업가들의 경험을 대변한다. 역경은 역발상적인 아이디어로부터 비범한 가치를 창조하는 동안 다가온다. 역경은 인프라가 부족하고 정치 기반이 약한 신흥 지역에서만 특별히 발생하는 것은 아니다. 역경은 우리가 창업가정신이라고 부르는 'DNA' 안에 숨어 있고, 그러한 도전을 이겨내는 것은 창업가의 패기를 증명하는 것이다. 체스코의 경우, 스튜디오 모더나가 높은 성과를 내며 도약하기 전까지 비즈니스 모델을 반복하며 완벽해지도록 조정하느라 오랜 시간이 필요했다. 만약 그런 아이디어에서 가치를 창조하고 획득하기가 쉬웠다면, 모든 사람이 그것을 했을 것이다.

창업가에게 역경이 필요한 이유

지난 30년 동안 나는 수백 명의 창업가들이 어려움에도 불구하고 창업가정신에 도전하며 수많은 곤경을 헤쳐나가는 모습을 직접 듣고 관찰해왔다. 그들의 이야기를 들으며 나는 성공으로 가는 길 위에서 수없이 많은 역경을 경험하는 것이 창업가정신을 추구하는 과정 속에 내재되어 있음을 깨달았다. 이런 사실은 속담에 나오는 '부엌의 열기'를 떠올리게 한다. '부엌의 열기를 견딜 수 없으면, 밖으로 나가라'('절이 싫으면 중이 떠나라'는 우리 속담과 같은 뜻_옮긴이)'

이러한 본질적인 역경은 어찌 보면 당연한 것이다. 창업가가 추구하는 기회가 시장(고객, 투자자, 장래의 직원, 친구, 배우자, 교수 등)이 보지 못하는 곳에서 가치를 발견해내는 창업가의 역발상적인 인식에 기초하기 때문이다. 그래서 창업가의 새로운 제품, 서비스, 비즈니스 모델은 활짝 웃으며 샴페인을 터트리고 축사를 낭독하는 환영식에 초대받기는커녕 사람들의 무관심, 당혹스러움, 불신, 그리고 심지어 경멸의 눈초리를 더 자주 경험한다. 기존의 기업이나 고객들로부터 종종 소송을 당하기까지 한다.

그래서 의심으로 가득한 환경으로부터 충분한 자원을 확보하기 위한 단계는 거의 언제나 고통스러운 싸움이라고 말해도 놀라울 것이 없다. 일류 기업에서 높은 연봉을 받는 사람을 핵심 임원으로 고용하는 것, 낙타가 바늘을 통과하는 것보다 어렵다는 벤처 캐피탈 투자를 확보하는 것, 첫 매출을 올리기 위해 자금이 풍부하고 경험 많은 경쟁자들과 싸우는 것은 기존의 시장 참여자들보다 신규 진입자, 즉 창업가에게 항상 더 어려울 수밖에 없다.

창업가가 무언가를 선택한다는 것은 기꺼이 한계를 초월함으로써 자신의 선택으로 인한 리스크를 감수하고 험난한 시련 속에서도 살아남겠다는 의지를 뜻한다. 만약 당신이 창업가로서 무언가를 선택한다면, 그런 한계 속에 상당 기간을 머무르게 되리라는 점을 반드시 알아야 한다. 무언가 갑자기 무너져 내리는 상황에서 간신히 가장자리에 서 있다가도 떨어지고, 사람들이 제품이나 서비스를 수용하는 것을 너무 복잡하고 어렵게 만들어버리는 리스크 정도는 각오해야 한다.

"비평가들은 우리가 망할 거라고 세 번이나 예상했습니다." '밋업Meet Up'의 창업자이자 CEO인 스콧 하이퍼만Scott Heiferman은 이렇게 말한다. 밋업은 관심사가 비슷한 사람들끼리 만날 수 있도록 자리를 주선하는 온라인 플랫폼이다. 밋업의 현 회원수는 1100만 명에 이르고, 한 달에 10만 5000개의 그룹에게 34만 번의 모임을 주선하고 있다.³ "만약 어떤 회사 사람들이 자기 회사는 절대로 망하지 않을 거라고 예상한다면, 그 회사는 리스크를 감수하지 않으려 한다는 뜻입니다."⁴ 물론 모두가 회사가 망할 거라고 예상하고 있다면 성공을 위해 필요한 자원들을 끌어모으기가 훨씬 어려워지므로 결코 즐겁지만은 않을 것이다.

신생 벤처기업은 탄탄해지기 전까지 뛰어넘어야 할 도랑의 폭이 넓다. 여기서 도랑이란, 아이디어의 가치에 대한 창업가 본인의 인식과 그 가치를 인정하려는 시장의 수용도 간의 격차를 뜻한다. 뉴욕 시에서 자신의 벤처기업을 도약시킨 하이퍼만의 경험이 보여주듯, 가장 발전된 시장에서도 그런 역경은 면제되지 않는다. 이것이 바로 창업가가 살아가는 환경의 특징이다(신흥 시장에서도 나름의 역경이 분명 존재하는데, 이에 관해서는 다음 장에서 논의할 것이다).

'젯블루Jetblue'는 상상을 초월하는 저항 직후에 얼마나 놀라운 성공이 뒤따를 수 있는지를 보여주는 대단히 미국적인 사례다. 알다시피 젯블루의 창립자인 데이비드 닐레만David Neeleman은 항공사 경영자로서 누구나 인정하는 업적을 이룬 사람이지만, 자유시장적인 자본주의의 전범으로서 고도로 발달된 자본시장이 존재하는 미국에서도 그의 사업은 결코 식은 죽 먹기가 아니었다.

"만약 다른 항공사와의 차별화에 실패했다면, 우리는 실패했을 겁니다"라고 닐레만은 말한다. 그러나 경쟁자, 규제기관, 정치가, 장래의 핵심 임원, 항공기 제조업체들은 모두 닐레만이 항공업의 판도를 변화시키겠다(남들이 예전에 시도했지만 실패한)는 비전을 가지고 새로 설립한 항공사를 나서서 방해하거나 '잘되겠어?'라면서 고개를 가로저었다. 다음은 젯블루라는 스타트업 기업에 대해 바바라 피터슨Barbara Peterson이 쓴 흥미로운 연대기에서 몇 가지를 발췌한 것들이다.[5]

공항 관리 당국에서 몇몇 공무원들이 (취항식에) 참가했다. 그들은 마지못해 축사를 준비한 듯 보였다. 한 관리자는 이렇게 발언을 시작했다.

"1년 전에 저는 당신들의 아이디어가 결코 현실화될 수 없을 거라고 생각했습니다."

보통 항공기 11대의 자리가 배정되는 JFK 공항에 75대의 자리를 요구하다니! 경쟁자들이 그런 요구에 어떻게 반응할지 뻔히 보였다. 그들은 경멸하고 멸시할 것이 분명했다.

에어버스Airbus 사람들은 의심을 감추지 않았다. 그들은 어느 스타트업 기업(젯블루를 말함_옮긴이)이 아주 불리한 입장에 있다는 말을 예전에도 들었고 지금도 역시나 듣는다. "(닐레만의 말) 보잉Boeing과 에어버스에게 우리가 진짜 비즈니스를 할 거라고 설득하는 게 나의 주된 일이었다."

1997년에 밸류젯ValueJet이 추락하여 승객 110명이 사망했던 사고 이래로 워싱턴 정가에 형성된 '안전 중시 분위기'를 극복하느라 항공업 시장에 새로 진출하기가 훨씬 더 어려워졌다. 그 추락사고 때문에 항공업에 진입하려면 과거보다 많은 비용을 들여야 하는 등 장벽이 높아져버렸다. 무려 100개의 정부 단체가 이 독특한 도전자(젯블루를 의미함_옮긴이)의 진입을 감시했다.

젯블루에 대한 의심은 끝날 줄을 몰랐다. 많은 사람들이 이 항공사의 생존 가능성을 공개적으로 낮게 평가했다. 닐레만은 "그들은 무턱대고 우리를 비웃었죠. 그들이 보기에 우리는 곧 죽을 운명이었던 모양입니다."

라고 말했다.

매우 뛰어난 사람이나 엘리트들 그리고 여러 차례 인정받은 업계의 승자들조차 척 보기에 그들의 아이디어가 쓸데없고 불가능하고 멍청해 보인다는 이유만으로 시장의 저항을 경험한다.

창업가정신이라는 '부엌'은 위험하고 뜨겁다. 그리고 모든 사람들이 그런 부엌에서 일할 운명을 타고난 것도 아니다. 그래서인지 새로운 무언가를 '요리'하려고 하면 항상 폄하하는 사람들을 만나게 된다. 그들은 요리하다가 불에 델 것을 두려워한다. 역경이 창업가정신에 내재되어 있다고 보는 이런 관점은 창업가와 정책 입안자 모두에게 중요하고 실용적인 시사점을 던져준다. 미래를 대비하려는 정책 입안자들을 만난다면 그들에게 요즘의 창업가들이 겪는 '죽음의 계곡'에 관하여 물어보라. 당연히 그 정책 입안자가 모하비 사막의 가장 치명적인 계곡에 대해 말할 리 없다. 그들은 신생 벤처기업들이 아이디어를 고객에게 선보이는 데 필요한 충분한 자금을 확보하지 못하는 것이 바로 '죽음의 계곡'이라고 알려줄 것이다. 그리고 그 계곡에서 '사망'할 확률이 얼마나 높은지 당신에게 이야기할 것이다. 일반적으로 창업가들은 자신의 저축액과 가족의 지원, 혹은 (운이 좋으면) 몇몇 엔젤 투자자들을 통해 초기 자금을 확보하겠다는 것, 소박하게 사무실을 마련하고 직원들 몇 명을 채용하

겠다는 것, 아이디어의 현실성을 증명하겠다는 것 등을 사업 계획 속에 담아둔다. 그러나 아이디어가 실제적인 매출로 연결되는 '생존확률'은 너무나 낮아서 대부분의 벤처기업들은 돈과 희망을 모두 날려버린 채 고사하고 만다.

나 역시 그런 일들을 수없이 많이 목격했고 그때마다 마음이 아팠다. 스타트업 기업의 세계에는 위대한 기업이 될 뻔한 회사들이 그 '죽음의 계곡'을 벗어나지 못해 망하고 말았다는 전설들이 수도 없이 전해진다. 아이디어를 실현하면서 불타는 듯한 사막을 가로질러 가려면 시장에서 자금을 충분히 확보해야 하는데, 그렇지 못한 경우가 비일비재하다. 만약 '벤처로서 자격이 충분한 기업들'이 좀 더 많은 자금에 접근할 수 있었다면, 그 회사들은 위대한 기업이 될 수 있었을지 모른다. 세계에서 가장 창업가정신이 왕성하고 세계에서 두 번째 혹은 세 번째로 벤처 캐피탈 업체들이 많이 모여 있는 보스턴에서는 '매스 챌린지Mass Challenge'라고 불리는 스타트업 경연대회가 열린다. 그 대회에서 가장 높은 평가를 받은 기업들조차 초기 투자금을 확보하는 일이 자신들의 가장 도전 과제라고 말했다.

그러나 사우디아라비아에서 실리콘밸리까지 전 세계에 걸쳐 완전히 다른 환경 속에 있는 창업가들이 거의 동일한 어려움을 호소한다는 사실은 우연의 일치라고 말하기엔 너무나 이상하지 않은가? 소소한 차이는 있겠지만, 그들은 모두 초기 자금을 확보하려고 고군분투하고, 인재 영입에 곤란을 겪으며, 스타트업 기업을 상대하지 않으려는 고객의 저항에 직면하고, 숨이 턱턱 막히는 정부의 관료주의와 싸워야 하는 공통적인 문제를 경험한다. 그렇다. 미국에서도 그렇고, 매사추세츠에서도 그렇다. 그 기업들이 첨단기술 분야의 스타트업 기업인지 아닌지는 상관이 없다. 또한 베이루트에 있든지 브라질에 있든지 아니면 바레인에 있든지 모두 마찬가지다. 새로운 벤처기업을 시작하는 일은 어디에서든 항상 어렵다.

정부의 정책 입안자들은 최근 몇 년 동안 '죽음의 계곡'에 자금이라는 '물'을 대는 '공공 저수지'를 설립하는 사업에 희망을 걸고 있다. 이 죽음의 계곡이 곧 경제학자들이 말하는 '시장의 실패'라는 가정하에 말이다. 그러나 '시장의 실패'는 자유시장이 효율적이지 못할 때, 즉 판매자가 적합하다고 생각하는 가격과 구매자가 감당할 수 있는 가격이 잠재적으로 일치함에도 불구하고 구매자와 판매자가 어떤 이유 때문인지 상품과 서비스를 서로 교환하지 않을 때를 말한다. 그래서 '시장의 실패'라는 말은 시장의 '교환 경제'를 수정하려면 정부가 개입해야 한다는 논리로 사용되곤 한다.

하지만 가격이 너무 높거나 제품이 충분히 매력적이지 않거나 혹은 소비자가 원하는 제품이 아니라서 판매자가 팔 수 없는 상황은 '시장의 실패'가 절대 아니다. 초기 투자 자금을 구하기가 어렵다는 사실이 과연 '시장의 실패'를 나타내는 신호일까? 그런 어려움은 비범한 가치를 창조하고 획득하는 과정에서 꼭 필요한 요소이지 않을까? 이른바 '죽음의 계곡'은 창업가정신을 위해 기능상 불가피하고 유익하기까지 한 것은 아닐까?

역경은 창업가를 강하게 만들고 창업가로서의 용기가 없는 사람을 제거해낸다. 또한 역경은 창업가가 새롭고, 직관에 반하고, 역발상적인 무언가를 시도하고 있다는 신호이기도 하다. 벤처로서 자격이 있든 없든 벤처기업들은 역경이라는 본질적인 스트레스를 느낄 수밖에 없다.

모든 창업가들은 아이디어를 시장에 선보이는 과정에서 여러 가지 도전(그리고 그로 인한 실패의 리스크)에 직면할 것이다. 누구나 창업할 수 있다고 해서 누구나 꼭 창업해야 한다는 뜻은 아니다. 창업 시점에는 모든 벤처기업의 생존 확률이 동일하다. 햇병아리 회사를 지원하기 위한 자원은 희소하고 한계가 있다. 금전적인 지원을 받기는 대단히 어렵다. 초창기에 함께 회사를 일구고 함께 비전을 만드는 데 일조할 적합한 직원을 찾는 일 또한 어렵다. 비즈니스 세계의 관점에서, 사업 계획서의 형태로 아이디어를 시장에 내놓는 것은 부적합한 기업을 '솎아내는' 과정이어야 한다. 만약 좀 더 나은 벤처기업이 자신들의 아이디어를 현실화하기 위해 필요한 자원을 끌어들인다면, 장기적으로 결코 생존하지 못할 것 같은 '저급한' 벤처기업들이 쓸데없이 많은 자원을 낭비하지 못하도록 사전에 막을 수 있다.

그러므로 사람들이 매도하려는 의미로 말하는 '죽음의 계곡'은 사실 효과적으로 최고만을 선택하는 메커니즘이라고 봐야 옳다. 역발상적인 새로운 아이디어를 통해 생존하고 번창하기가 본질적으로 어렵다는, 바로 그 이유 때문이다. 일반적인 사람들과 다른 눈으로 세상을 관찰하면서도 자신이 옳다는 것을 시장(자금시장, 제품시장, 노동시장 등)에서 증명할 줄 아는 것, 이것이 바로 창업가의 특성이다.

창업가가 처음으로 맞닥뜨린 넓은 도랑을 성공적으로 뛰어넘었다고 해도 그들의 앞에는 여전히 갖가지 도전으로 가득한 험난한 여정이 겹겹이 쌓여 있을 것이다. 역경은 창업가정신과 불가분의 관계로 언제나 동반한다. 다음에 이어지는 두 개의 장에서 살펴보겠지만, 역경은 여러 가지 형태로 창업의 문을 노크한다.

7장
역경을 제대로 마주하는 방법

비범한 가치를 창조하고 획득하기를 열망하는 모든 창업가들은 새로운 제품이나 아이디어를 세상에 내보이는 동안 수많은 역경과 마주칠 것이다. 이것은 그들에게 일상적인 일이다. 상황에 따라서는 창업가가 아이디어를 구현하는 과정 속에서 그런 역경들이 외부 환경의 결핍으로 인해 악화되기도 한다. 다시 말해, '부엌 내부도 덥지만 바깥도 때때로 덥다.' 역경의 원천이 무엇인지 파악하고 혼동하지 않는 것은 창업가와 정책 입안자에게 아주 중요하다. 왜냐하면 그런 역경의 원천들은, 이 장 말미에서 설명하겠지만, 행동과 정책 결정에 서로 다른 시사점을 주기 때문이다.

창업가정신을 둘러싼 외부 환경은 다음과 같이 6개의 영역으로 구별될 수 있다. (1)공공정책과 리더십 (2)자금 확보의 가능성과 자금시장의 상황 (3)인적 자원과 공교육 (4)고객과 창업가 친화적인 시장 (5)사회적 규범과 성공 스토리들 (6)창업가정신에 대한 지원 조직들이 바로 외부 환경들이다.[1] 나는 이러한 외부 환경들을 '창업가정신 생태계'라고 이름을 붙였다. 상당수의 창업가정신 생태계는 이상적인 상태와 거리가 멀다. 나는 서로 다른 조건을 가진 수십 개의 창업가정신 생태계들을 각각 연구한 적이 있는데, 그것들 모두 국가별로, 지역별로, 도시별로 완전히 다르고 복잡할 뿐만 아니라, 가끔은 여러 도시를 한데 묶은 구역별로도 이질적인 양상을 가진다. 독일의 여러 주州를 대상으로 한 어떤 연구 결과는 창업가정신 생태계 간의 차이가 매우 크고, 심지어 인접한 주끼리도 서로 다르다는 사실을 여실히 보여준다.[2]

창업가정신 생태계가 현재 어떤 상태인지 잘 파악하는 것은 좋은 지도를 가지고 있는 것과 마찬가지다. 최소한 외부 환경의 어떤 측면을 대응하고 있는지 창업가가 깨닫도록 해주고 강점과 약점을 규명할 수 있도록 도와준다. 애석하게도, 대부분의 외부 환경들은 적어도 하나 이상의 영역에서 심각하리만큼 결핍을 나타내고 있다.

별로 놀랄 일도 없겠지만, 파키스탄의 창업가정신 생태계는 위에서 말한 여섯 개 영역 모두에서 결핍을 드러내고 있다. 그럼에도 칼리드 아완 Khalid Awan은 파키스탄을 본거지로 한 물류 운송 기업인 TCS를 성장시켰다. 1991년에 그가 회사를 설립한 이래로 셀 수 없을 정도로 많은 '죽

을 고비'를 경험하도록 만든 곳, 바로 파키스탄에서 말이다. 하지만 그가 보기에 그런 환경은 충분히 예상됐던 바였다. 아완은 회상한다. "전 절대 불안하지 않았어요. 실패는 저의 선택지가 아니었습니다. 마치 서커스 공연자가 높은 줄 위에 서 있을 때 절대 밑을 내려다보지 않는 것처럼 말이에요. '밑을 본다'는 것은 제 선택지가 아니었습니다. 전 항상 위를 바라봤거든요." 아완은 파키스탄의 비즈니스 문화는 실패를 너그러이 용서하는 문화가 아니라고 말한다. 지금도 그렇고, 당시에도 역시 그랬다.

아완은 중년의 나이에 혼자만의 힘으로 당시 파키스탄에서 흔치 않았던 서비스를 가지고 사업 기회로 만들겠다고 다짐했다. 신흥 시장처럼 다국적기업들이 눈독을 들이는 시장에서는 흔히 그러하듯, 파키스탄의 정책 역시 외국 업체로부터 자국의 산업을 보호하려는 방향이었다. 그래서 TCS는 특별한 제한조건하에 겨우 설립될 수 있었다(TCS는 다국적 특송업체인 DHL과 합작 설립되었기에 제한조건의 적용을 받을 수밖에 없었다_옮긴이). TCS가 론칭되기 전까지 파키스탄 정부는 페덱스, TNT, UPS, DHL 같은 외국계 특송업체의 독립적인 영업권을 금했고, 자국인들이 지분의 대부분을 차지하는 경우에만 영업권을 인정했다.

아완은 사업 기회를 살리기 위해 세계의 다른 편에 있는 창업가들은 감히 상상조차 할 수 없는 장애물들을 뚫고 항해를 시작해야 했다. 일반적으로 조직의 관리자들은 직원들의 정시 출근 여부를 염려하지만, 아완은 범죄조직들이 활개를 치는 지역에서 운전수들이 안전하게 차를 운행할 수 있는지를 걱정해야 했다. 보통의 창업가들은 사업에 부과되는 세금을 어떻게 줄일지 궁리하는 데 반해, 아완은 TCS의 사업이 불법이라고 통보한 정부의 충동적인 결정을 무마시켜야만 했다. 일반적인 사업체들은 새로 진입한 경쟁자들을 우려하는 데 반해, 아완은 자신의 스타트업 기업을 폐업시키려고 하는 파키스탄 국영 우체국의 방해 전술에 대항해야 했다.

설립된 지 30년이 지난 지금, TCS는 파키스탄에서 2000개가 넘는 지점을 보유 중이고, 5개 대륙을 커버하고 있으며, 특히 중동과 북미 지역에서 높은 존재감을 보이고 있다. 아완은 최근에 "제 사업은 멈춘 적이 없었습니다. 정치적, 경제적, 사회적으로 온갖 역경을 겪으면서도 크게 성장했죠. 우리는 지역을 확장하고 유관사업으로 사업을 다각화했고요, 혁신적인 신제품을 개발하기도 했습니다"라고 나에게 말했다. TCS는 숱한 장애물에도 불구하고 성장했지만, 오히려 부분적으로는 그런 장애물 덕분에 성장하기도 했다. 상상 가능한 모든 도전(그리고 상상 불가능한 도전)에 대한 해결책을 찾아야 했던 그는 그런 역경 덕분에 회복력이 강한 기업을 구축할 수 있었던 것이다. TCS에서는 현재 7만 5000명의 종업원들이 매년 9000만 개의 화물을 처리 중이며, 2011년 기준으로 7000만 달러의 매출을 창출하는 회사가 됐다.

아완은 친형이 국제적인 특송업체 DHL과 합작회사를 설립하자는 제안을 받은 것을 계기로 창업을 시작했다. 1982년 당시 칼리드 아완은 항공기 엔지니어로 근무 중이었다. 하지만 그는 빠르게 발전하던 항공기술 때문에 항공기 엔지니어가 설 자리가 곧 사라질 거라는 점을 일찍이 간파했다. 대안을 찾고자 했던 아완은 마침 그의 형이 예전 동료로부터 DHL이 카라치에서 현지 파트너를 물색 중이라는 소식을 들었다.

파키스탄 정부로부터 DHL 지사의 설립을 허가받는 일은 시작부터 매우 복잡했다. 파키스탄 국영 우체국은 전국에 걸쳐 택배 서비스를 독점하고 있었기에 어떤 업체와도 경쟁하고 싶어 하지 않았다. DHL은 '합작회사를 설립하되 지분율이 50퍼센트를 넘을 수가 없고 파키스탄 내부로 들어오거나 파키스탄 외부로 나가는 화물만 취급해야 한다(국내 화물은 취급해서는 안 된다)'는 조건으로 정부로부터 겨우 허가를 받을 수 있었다.

아완과 그의 형은 파키스탄 내부에서의 택배사업을 수행하지 못하면 매우 불리한 위치에 처하게 된다는 점을 사업을 시작할 때부터 분명히 인지하고 있었다. 당시 정부는 파키스탄 국영 우체국의 국내 독점을 보호하는 데 역점을 두었다. 1898년에 제정된 법은 우체국이 아닌 주체가 편지를 배달하는 것을 불법으로 규정했다. '편지'라는 게 사실 정의가 모호했기에 아완과 그의 형은 그런 모호함을 강조하면서 국내 택배 서비스에 대한 시장의 니즈가 강력하다고 정부 측에 주장했다. 다행히 정부는 그 주장에 동의했고, 형제에게 택배사업을 승인했다. 단, '비즈니스와 관련된 서류'에 한해서였는데, 향후 몇 년간 이러한 제한은 '편지라고 볼 수 있는 것이 무엇인가'에 관한 해석을 변경하기 어렵게 만드는 원인이 되었다.

당시 파키스탄에는 '개인 은행(프라이빗 뱅크)'이 사실상 존재하지 않았다. 모든 은행 지점들은 중앙에 있는 파키스탄 은행 위원회의 통제를 받고 있었다. 아완이 회상하기를, 미국에서 교육을 받고 진보적인 의식을 가진 당시의 재무장관은 6500개에 이르는 파키스탄 은행들의 서비스 수준을 높이고 싶어 했다. 그때는 어떤 은행에서든 수표를 결제하려면 시간이 2~3주나 걸리는 게 보통이어서 창업가들은 현금흐름 문제 때문에 자주 곤경에 처하곤 했다. 재무장관은 소요시간을 2~3일로 당기기를 바랐는데, 그러려면 관련 서류를 전국으로 배달하는 택배 서비스가 필요했다. 그는 그런 서비스 수행을 위해 입찰에 참여할 업체를 찾고 있었다.

1985년에 은행 위원회는 갑작스레 민간 업체에게 은행 간 수표 유통 업무를 총괄 운영하도록 한다는, 처음으로 파격적인 결단을 내렸다. 하지만 민간 업체들에게 결코 혜택이라고 볼 수 없는 조건이 하나 있었다. 정부는 수표 묶음 하나를 배달하는 데에 고작 8루피(당시 물가로 1달러보다 적은)만을 지불하겠다고 선을 그었다. TCS를 포함한 몇몇 업체들은 서비스 수행에 드는 원가를 추정한 후에 제안서를 재무장관에게 제출해야 했다. TCS의 사업 규모는 아직 작았고 전국망도 거의 갖추지 못한 상태였다. 그러나 칼리드 아완은 페덱스 창립자인 프레드 스미스가 개척한 '허브 앤 스포크Hub-and-Spoke' 전략을 모방하면 충분히 서비스를 수행할 수 있다고 생각했다. 아완은 그런 시스템이 파키스탄에서도 잘 작동되리라 판단했다.

국내 택배만 취급한다는 특별 조건하에 설립됐던 TCS는 1주일에 걸쳐 어떻게 하면 이익을 창출하기에 충분하도록 비용을 낮출 수 있을지 고민해서 입찰 제안서를 제출했다. 아완은 모든 은행 지점들을 직접적으로 연결하는 방식 대신, 주요 도시들을 먼저 연결한 다음 그 도시를 중심으로 범위를 확산하겠다는 전략을 제안서에 담았다(이것이 바로 '허브 앤 스포크' 전략_옮긴이). 이 전략은 은행 위원회의 입장에서도 매우 유리한 방식이었다. 알고 보니, TCS만이 유일한 입찰 참여업체였다.

정부의 계약을 따내자마자 아완은 사업 수행에 필요한 자원(자동차, 사무소, 인력 등)이 얼마나 필요할지를 조사했다. 그는 임시방편으로 회사가 운영 중인 기존 사무소들을 이용하면 사무소 확보 문제는 얼추 해결할 수 있다고 판단했다. 그러나 택배 차량 구입 자금을 마련하기 위한 뾰족한 수가 없었다. 그는 자금을 조달하기 위해 곧 서비스를 제공할 은행 몇 곳을 찾아가 대출을 요청했지만, 담보물이 없다는 이유로 모두 거절당했다(TCS는 모든 자산을 DHL의 소유로 한다는 조건으로 설립됐기 때문이다). 외국계 은행들 역시 아완에게 관심을 보이지 않았다. 큰 좌절감을 느끼고 있던 아완은 예전에 TCS의 자동차를 수리해주던 남자가 "사업상 차량이 필요하다면 언제든지 나를 만나러 오라"고 했다는 말을 비서를 통해 들었다.

아완은 그에게 전화를 걸어 50~60대의 차량이 바로 필요하다고 말했다. 그는 두 명의 사람을 대동하고 아완의 사무실을 방문할 테니 그 문제를 자세히 논의하자고 제안했다. 그들이 사무실에 나타났을 때, 아완은 머리가 혼란스러웠다. "그들의 인상은 아주 거칠었어요." 그 정비사(아완의 전화를 받은 사람_옮긴이)는 아완에게 차량을 100대까지 바로 제공할 수도 있다고 말했다. 아완은 오합지졸 같은 그들을 의심스러운 눈으로 쳐다봤다. '과연 이렇게 큰 사업을 함께할 만큼 그들을 믿어도 좋을까?' 고민하던 아완은 한 대형 고객으로부터 갑작스레 걸려온 국제전화를 받기 위해 자리를 비웠다. 15분 후에 돌아오니 손님들은 가려고 자리에서 일어나던 참이었다. 그들은 아완에게 "우리는 우리가 원하던 것을 이미 봤습니다. 다음 주에 차량 60대를 당신에게 보내기로 결정했습니다"라고 말했다.

아완은 자기도 모르게 파키스탄의 지하 경제와 첫 번째 거래를 체결했다. 대부분의 신흥 시장처럼 파키스탄에서도 합법적 경제의 경계 바깥에서 움직이는 지하 경제의 규모가 아주 거대했다. 신흥 시장에서는 지하 경제가 창업의 성공(혹은 실패)에 매우 중요한 '공급망'의 일부가 되기도 한다.

그 손님들이 그날 보기를 원했던 것은 햇병아리 같은 아완의 국내 사업이 실제로 존재하는지의 여부였다. 이는 지하 경제 나름의 '자산 실사' 방법이다. "그들은 저와 제 직원들을 만났고, 제가 사무실을 가지고 있다는 사실을 눈으로 확인했고, 제가 무언가 일을 하면서 전화로 중요한 사람과 이야기하는 것을 들었죠. 그것으로 그들의 자산 실사는 완료된 것이었죠." 차량과 운전수 확보를 위한 그들과의 거래는 문서 없이 구두로 이루어졌다. 아완이 그들에게 사용 대금을 지불하겠다고 구두로 약속하자 곧바로 차량과 운전수가 확보되었다. 이로써 TCS는 전국적으로 자신들의 사업망을 확대할 수 있었다.

이렇게 사업의 '비공식적' 측면(지하 경제와 손을 잡은 것을 의미함_옮긴이)의 일은 술술 풀렸지만, 불행히도 '공식적인' 측면에서는 TCS가 성공하면 성공할수록 우체국이 가하는 위협이 더욱 거세졌다. "그들은 우체국의 매출을 보호하려고 언론을 통해 아무도 우리에게 일감을 주지 말아야 한다고 주장했습니다. 우리 사업이 불법이라고 떠들어대면서 말이에요"라고 아완은 말한다. 설상가상으로 우체국은 TCS의 고객들에게 검찰에 고소하겠다고 위협하기까지 했다. 비록 고소까지 이뤄지지 않았지만, 그들의 위협은 고객들을 주저하게 만들 정도로 강력했다.

아완은 사업이 커지면 커질수록 우체국의 조직적인 방해가 더욱 위협적으로 변할지 모른다는 걱정을 끊을 수 없었다. 결국 일이 터지고 말았다. 파키스탄의 집권당이 무너지고 임시정부가 들어섰다. 1988년 어느 날 밤 9시에 아완은 정부의 내각 위원회에 소속된 친구로부터 전화 한 통을 받았다. 그 친구는 "내일부터 이틀 동안 내각 회의가 개최될 거야. 그런데 논의 주제 중 하나가 TCS에게 내줬던 허가를 취소하자는 것이야"라고 아완에게 알려줬다.

아완은 이슬라마바드(파키스탄의 수도_옮긴이)로 가는 첫 비행기를 급히 예약했다. 아무런 계획이 없었지만, 자신의 처지를 호소하려면 가능한 한 많은 사람들을 만나는 수밖에 없었다. 그는 TCS의 인프라(전국을 커버하는)가 매우 큰 어려움에 봉착했다는 사실을 반 페이지 분량의 글로 쓴 다음, 자신의 말을 들어줄 사람들에게 나눠주기 위해 여러 장을 복사했다.

비행기표 예약을 너무 늦게 했기 때문에 그는 퍼스트 클래스를 타야 했다. 사람이 바글바글한 그 도시에서 구체적으로 누구를 만나야 하고 어떻게 해야 짧은 시간 안에 그들을 설득할 수 있을지를 고민하며 착잡한 마음으로 자리에 앉는 순간, 그는 TCS에게 처음으로 수표 배송 업무를 허가해준 재무장관이 바로 앞자리에 앉아 있음을 발견했다.

비행기가 활주로를 달리기 시작하자 재무장관은 곧바로 잠들었다. 아완은 자신이 처한 딜레마를 공손하게 설명할 수 있는 순간을 기다리며 비행 내내 장관을 매의 눈으로 관찰했다. 그러나 장관은 한 번도 깨지 않았고, 비행기가 착륙한 후에야 잠에서 깼다.

"비행기가 아직 움직이고 있었지만 저는 안전벨트를 풀었죠"라고 그는 회상한다. 승무원의 경고에도 불구하고 그는 장관에게 다가가 이렇게 말했다. "장관님은 저를 모르시겠지만, 저는 장관님이 내일 내각 회의에 참석하신다는 걸 압니다. 여기 이 쪽지를 좀 읽어주세요." 장관은 기분 나쁜 듯 이렇게 답했다. "회의라고? 금시초문인데, 난 그냥 뉴욕으로 가려고 한다네. 하지만 뭐라고 썼는지 한번 봄세."

자리로 돌아온 아완은 자기가 도움이 되는 행동을 한 것인지에 대한 확신이 들지 않았다. 비행기 문이 열릴 때 그는 장관이 쪽지를 읽고 있는 모습을 보았다. 장관은 아완에게 다가오더니 "자네가 (과거에) 무슨 일을 했는지 기억이 나질 않네. 하지만 자네가 뭘 했든지 그 일을 잘 해 냈다는 것은 기억하지. 내가 도와주겠네"라고 말하고는 자리를 떴다.

그날 아완은 천신만고 끝에 다섯 명의 장관들을 만날 수 있었고, 직접 쓴 쪽지를 만나는 사람마다 나눠주었다. 그러고 나서 그에게는 기다리는 것밖에는 할 수 있는 일이 없었다.

다음 날, 내각회의에 참석했던 그의 친구는 회의가 끝나자마자 아완이 원하던 대로 결정되었다는 소식을 전해왔다. 따분했던 그 회의에서 TCS 관련 건은 일곱 번째 의제였다. TCS 관련 건이 상정되는 순간, 테이블을 가로질러 4~5명의 목소리가 일제히 터져 나왔다. "안 됩니다! 그래서는 절대 안 된다고요!" 다행히 TCS는 생존할 수 있었다.

그때부터 칼리드와 그의 형 사디크Sadiq는 성공적으로 회사를 경영하며 1500명의 직원과 수천 명의 고객을 둔 회사로 성장시켰다. 그러나 1991년에 형제는 파트너십을 분리해야겠다는 결론에 이른다. 파키스탄의 법규상, 사디크의 아들은 법적으로 아버지(사디크)의 자산을 상속받게 되어 있었다. 하지만 사디크의 아들은 가족들과 떨어져서 아부다비Abu Dhabi에 살고 있었고 사업에는 일절 관여하지 않았다. 칼리드가 보기에 그 아들에게 회사의 절반에 대한 운명을 맡기는 것은 옳지 않았다. 그래서 1991년에 두 형제는 사디크가 DHL합작회사를 맡고 동생인 칼리드가 TCS를 책임지기로 합의했다. 당시에는 DHL합작회사가 수익성이 훨씬 좋았지만, 칼리드는 TCS를 크게 성장시킬 시간이 충분하다고 생각했다.

하룻밤 만에 칼리드가 TCS의 100퍼센트 소유주가 되긴 했지만, 그의 손에는 유형자산이라고는 아무것도 없는, 허울뿐인 대차대조표가 들려 있었다. 은행 예금은 거의 없었고, 사무소와 차량은 모두 대여한 것이었고, 직원들은 사실상 언제든지 회사를 그만둘 위험이 있었다. 우려했던 대로 1년도 안 되어 그와 비슷한 일이 발생했다. 아완은 직원들 몇 명이 몰래 TCS 고객들을 빼내어 그만둘 계획을 세우고 있다는 낌새를 알아챘다. 그 직원들은 칼리드가 DHL합작회사를 형과 함께 경영하느라 신경을 많이 쓰지 못하는 동안 자신들이 TCS의 성장에 크게 기여했다고 생각했고, 회사를 나가서 TCS의 경쟁자가 되면 충분히 승산이 있다고 믿었다. 아완은 긴급 직원회의를 소집했다. 그는 직원들에게 말했다. "저는 직원들 몇 명이 회사를 떠나 우리와 경쟁하려 한다는 소문을 들었습니다. 그런 계획이 사실인지 저에게 당당히 말해줄 사람 없나요?" 한 남자가 고요한 침묵을 깨더니 앞으로 나섰다. "사장님은 우리의 노력을 당연하게 여깁니다."

아완은 모의에 가담했던 마케팅 책임자, 행정 책임자, 라호르 및 이슬라마바드 사무소 책임자를 한 사람씩 앞으로 나오게 한 후에 어떤 일을 벌였는지 물었다. 그들은 라이벌 회사인 UPS와 접촉하여 UPS의 파키스탄 측 파트너가 되고 싶다고 제안했고, UPS는 그들을 지원하기로 했다고 말했다. 또한 UPS가 그들에게 핵심 고객을 빼내오기를 원했다고 말했다.

아완은 그들을 그 자리에서 해고하여 건물 밖으로 쫓아냈다. 아완과 고위 관리자들은 즉시 핵심 고객들을 방문하여 어떤 일이 벌어졌는지를 설명하고 TCS가 계속해서 원활한 서비스를 제공하겠다고 말하며 그들을 안심시켰다.

아완의 재빠른 대응에도 불구하고 TCS는 그 후 몇 주 동안 고객 이탈과 직원들의 추가적인 퇴사 때문에 곤욕을 치렀다. 하지만 보이는 것이 전부는 아니었다. 알고 보니 이탈한 고객들은 실제로 UPS의 서비스를 받지 못했던 것이다. 어느 날 아침, 그의 아내가 만면에 미소를 지으며 그에게 신문을 건넸다. 1면에는 UPS가 낸 공지문이 커다랗게 실려 있었다. "파키스탄 내에서 UPS란 이름을 쓰는 것은 불법입니다. 불법으로 회사명을 사칭한 자들에게 모든 표기를 제거하는 데 7일의 시간을 드립니다. 만약 이행치 않을 경우 법적 절차를 진행하겠습니다"는 내용이었다. 그로부터 7일 후에 그 신출내기 반란자들은 자취를 감추었고 TCS는 고객 기반을 되찾아올 수 있었다.

아이러니하게도 최근 몇 년 동안 TCS에 불어닥친 가장 파괴적인 도전이라 말할 수 있는 9.11 테러의 후폭풍은 오히려 다각화와 성장의 촉진제가 되었다. 9.11 테러로 인해 세계적인 이목이 파키스탄에 집중되었고, 파키스탄에서 들어오고 나가는 자금의 이동에 대한 정밀 조사가 크게 강화되었다. 수십 년 동안 수백만 명의 파키스탄 블루칼라 노동자와 저임금 서비스 노동자들이 해외에서 일자리를 얻어 집에 있는 가족들에게 엄청난 액수의 현금을 송금하고 있었다. 정부는 현금의 모든 이동을 면밀히 감시하기 시작했고, 그 결과 파키스탄 내로 얼마나 많은 돈이 흘러들어오는지 처음으로 명확해졌다.

파키스탄 전역에 불어닥친 변화의 바람은 다시 한 번 아완에게 가치를 창조할 수 있는 기회를 선사했다. 정부는 아주 적은 금액이라도 자금의 이동을 추적할 수 있기를 원했다. 은행들은 엄청난 양의 소액 송금 건을 처리하기 위한 준비를 갖추지 못했지만, TCS라면 충분히 할 수 있었다. TCS는 이미 소액 송금 건을 처리할 수 있는 인프라를 갖추고 있었고 이미 파키스탄 전역에 현금을 송금하고 있었다. 그래서 파키스탄 중앙은행이 2007년에 '은행을 통하지 않는 은행 업무에 관한 지침'이라 불리는 규정을 최종적으로 발표했을 때, TCS는 이미 모든 준비가 완료된 상태였다. 그때부터 회사의 '송금 사업'은 꾸준히 성장했고, 아완은 보험, 예금 상품, 사업자를 위한 소액 대출 등에서 새로운 기회를 모색 중이다(이런 서비스는 MFIC가 제공하는 것과 조금 유사하다).

TCS의 미래는 유망해 보인다. 아완은 이제 두바이를 주된 본거지로 삼아 중동 전역에 더 큰 사업을 운영하기 위한 구조를 구축 중이다. 몇 년 전에 한 사모투자 펀드는 TCS의 가치를 1억 2500만 달러라고 평가했다. 용기가 없다면 어쩔 수 없겠지만, 가장 적대적인 환경에서도 온갖 위험과 함정을 극복하고 창업에 성공할 수 있다는 것을 TCS가 단적으로 보여주고 있다.

통계적으로 보면, 창업가가 비범한 가치를 창조하고 획득하는 데 성공할 확률은 아주 적다. 성공을 어떻게 정의하고 어떻게 측정하느냐에 따라 다르겠지만, 경험적으로 볼 때 성공확률은 10분의 1에서 2분의 1 사이다. 이는 창업가들 대부분이 기업을 운영하는 동안 어떤 형태로든 실패를 경험할 거라는 뜻이고, 성공하는 소수의 창업가들도 대부분 아슬아슬하게 살아남을 거라는 의미다. 둘 중 어느 쪽이든, 거의 모든 벤처기업가들은 특정 시점에 아주 힘든 일을 경험할 것이다. 불행히도 창업가가 그 함정을 빠져나올 수 있을지 그렇지 못할지 미리 예측하기란 아주 어렵다. 경제 위기의 상황에서도 그런 예측은 쉽지 않다.

 시간과 에너지를 쏟아부으며 노력한 결과가 허망하게 사라지는 상황을 상상해보라. 결코 즐겁지 않을 것이다. 나는 1999년에 벤처기업을 설립한 경험이 있다. 회사는 자기자본으로 1000만 달러 이상을 확보했는데, 통신과 인터넷 시장에서 '닷컴 붕괴'가 한창 일어나던 2001년 3월에 문을 닫아야 했다. 물론 나는 다른 회사 몇 곳을 창업하여 번창시킨 적도 있지만, 성공했을 때조차도 처음 5년 동안은 몇 번이고 거의 회사 문을 닫을 뻔한 위기에 처해야 했다.

내 제자 중 두 명은 하버드 경영대학원이 주관하는 권위 있는 비즈니스 모델 경연대회에서 우승한 적이 있는데, 그 후 1년 만에 다음과 같은 편지를 보내왔다.

성원해주신 분들께

　1년 넘도록 애썼지만, 우리는 폐업하기로 결정했습니다. 매우 어려운 결정이었지만 우리는 이 결정이 옳다고 생각합니다. 제3자로부터 자금을 끌어다 쓰기 전에 이런 결정을 하게 되어 오히려 기쁩니다. 분명히 가장 힘든 결정 중 하나였지만, 더 늦기 전에 일찍 회사 문을 닫을 수 있어서 다행입니다. 많은 스타트업 기업들이 어느 순간 사업이 독자적으로 생존하지 못할 거라는 현실을 깨닫는데, 그때는 이미 너무나 많은 돈이 투자된 상태이고 너무나 많은 사람들이 연관돼 있는 상태라서 이러지도 저러지도 못하더군요. 우리는 그렇게 되기 전에 모든 것을 정리할 수 있었습니다. '빨리 실패하는 것'과 경험으로부터 가능한 한 많이 학습하는 것이 비록 최선은 아니겠지만, 창업을 시작한 사람이 취할 수 있는 차선의 일일 겁니다.

역경과 창업가정신은 항상 동반한다. 그러나 역경은 여러 가지 원인으로 발생하기 때문에 창업가가 역경의 근원이 어디인지, 그리고 그 역경이 내재적인지 외재적인지를 정확하게 이해하는 것은 매우 중요하다. 겉으로 드러나는 현상은 비슷해 보여도 말이다. 이러한 고통, 좌절감,

역경은 뭔가 큰 것을 따내려면 반드시 걸어야 하는 판돈과 같은 것일까(내재적인 역경_옮긴이)? 아니면 엉뚱한 시기에 엉뚱한 위치에 있었기 때문에 당하는 일일까(외재적인 역경_옮긴이)?

만약 전자라면(즉 내재적인 요인 때문이라면), 활동무대를 바꾸는 것은 큰 도움이 되지 못한다. 제이 로저스가 보스턴(그가 처음 사업을 시도한 곳)이나 디트로이트 혹은 산호세로 본거지를 이동했더라면, 짐작컨대 로컬모터스에 전혀 도움이 되지 못했을 것이다.

만약 후자라면(즉 외재적인 요인 때문이라면) 환경이 좀 더 우호적인 곳, 예를 들어 우수인재를 채용하기 쉽거나, 엔젤 투자자를 찾기가 용이하거나, 마음이 열린 고객들과 관계 맺기가 쉬운 곳으로 옮기면 고통스러운 역경(그렇다고 해서 역경이 항상 고통을 동반하는 것은 아니지만)을 완화할 수 있다. 창업가의 '활동무대'는 커다란 차별성을 창출할 수 있다. 자석처럼 수많은 창업가들을 끌어들이는 것 같은 실리콘밸리가 대표적인 예인데, 많은 창업가들이 그 환경이 벤처기업을 창업하고 성장시키는 데 필요한 자원이 풍부하다고 믿기 때문이다. 당연히 실리콘밸리에서 나고 자란 토박이가 창업가로 성장할 자질이 더 풍부하기 때문은 아니다.

그리고 만일 창업가가 칼리드 아완처럼 자국에서 역경을 참고 견디기로 결심한다면, 그 창업가는 샌디 체스코처럼 모든 상황을 다 알면서도 인내하며 견딜 것이고 역경을 장점으로 전환시키고자 노력할 것이다. 물론 이런 과정이 고통스럽지 않기를 기대한다면 곤란하다.

창업가정신 생태계는 창업가들에게 매우 중요하지만, 견디기 힘든 측면도 분명히 있다. 그래서 창업가들은 '진짜 세상'의 충격을 완화시키는

'자신들만의 생태계'를 조성하여 어느 정도 효과를 보고 있다. 이게 무슨 말일까?

세계은행The World Bank은 여러 조사를 진행하지만 그중에서도 '비즈니스 환경 개선에 관한 설문조사Ease of Doing Business Survey'를 실시하는 것으로 유명하다. 세계은행은 수천 명의 현지 전문가들에게 현지 비즈니스 환경의 다양한 측면을 평가하게 하여 설문을 진행한 후 국가별로 순위를 매겨 발표한다. 1위 자리에 오르거나 순위가 상승하면 각 국가의 각료들은 대단한 성과라고 자축한다. 사실 몇몇 국가들은 순위를 올릴 목적으로 자국의 법규를 정비하고 때로는 전문가들의 평가에 영향을 미치기 위해 수백만 달러를 쓴다고 알려져 있다.

그러나 세계은행이 2011년에 발간한, 상대적으로 덜 알려진 내부 보고서에는 자주 인용되는 '권위 있는 순위의 타당성'을 오히려 부정하는 내용이 실려 있다. 세계은행은 사람들 몰래 창업가들과 기업체 임원들 대다수가 자국의 비즈니스 환경을 어떻게 보는지에 관한 설문을 병행하고 있었던 것이다.

전문가 설문과 창업가 설문을 비교해본 연구자들은 동일한 환경을 바라보는 두 개의 관점 사이에는 상관관계가 전혀 없다는 사실을 발견했다.[3] 예를 들어 전문가들은 영업권 취득을 매우 난해하고 힘든 과정이라고 평가한 반면, 창업가들(그리고 기업체 임원들)은 그 과정을 간단하고 단순한 과정이라고 여겼다.

두 그룹의 사람들이 동일한 환경을 그토록 다르게 인식하는 이유를 어떻게 설명할 수 있을까? 연구자들은 날씨를 은유적으로 사용하여 이렇게 설명한다. "외부 환경은 매우 '뜨겁지만', 창업들은 그런 '열'에 대응하기 위해 에어컨이 나오는 사무실을 소유하고, 에어컨을 갖춘 자동차를 타고 외부 미팅에 참석하며, 이른 아침이나 늦은 밤에만 밖으로 나가는 등 나름의 방식을 적용했다." 바꿔 말해, 그들은 합법적으로, 때로는 불법적으로 정부 관료를 상대하는 법을 알고 있고, 여러 종의 문서를 능숙하게 작성하면서도 정부 승인 취득에 있어 전문가적 실력을 갖춘 직원들을 보유하고 있으며, 컨설턴트나 전문 서비스 기업을 고용하여 복잡한 규제와 법규의 해석을 의뢰하는 등의 방법을 통해 '자신들만의 생태계'를 조성하고 있다.

창업가들은 외부의 역경을 마주할 때마다 자기 내부에서 결단력, 인내력, 유연한 문제 해결력 등이 생겨난다고 믿는다. 사실 많은 창업가들은 체스코와 아완처럼 외부의 역경을 극복하고 극히 불리한 환경 속에서 성공적으로 가치를 창조하는 능력이 바로 경쟁을 위한 전략이자 '잠재 경쟁자들을 막는 진입장벽'이라고 여긴다.

메리 가담스가 이끄는 레이싱더플래닛은 외부의 역경이 어떻게 강점으로 탈바꿈될 수 있는지를 보여주는 흥미로운 사례다.[4] 가담스는 사람들이 고비Gobi 사막을 가로질러 250킬로미터를 달리기 위해 기꺼이 돈을 지불할 거라는 아이디어를 가지고 2002년에 홍콩을 거점으로 사업을 시작했다. 겉으로 보기에 레이싱더플래닛은 터프 머더의 전신처럼 보이지만, 사업적인 관점에서 볼 때 근본적으로 둘 사이에는 공통점이 거의 없다. 레이싱더플래닛은 사막을 가로질러 수백 킬로미터를 달리는 수많은 사람들의 땀방울로부터 가치 있는 브랜드(노스페이스North Face

와 '철인 경기' 같은)를 창조하고 고급 어드벤처 스포츠 상품을 전문으로 하는 전자상거래 사이트(REI와 파타고니아Patagonia 같은)를 구축하기 위한 목적으로 탄생했다. 이 회사는 세계 사막 중에서 가장 거친 4개의 사막, 즉 고비 사막(더 고비 마치The Gobi March), 아타카마 사막(더 아타카마 크로싱The Atacama Crossing), 사하라 사막(더 사하라 레이스The Sahara Race), 남극대륙(더 라스트 데저트The Last Desert)에서 울트라 마라톤을 개최한다(남극대륙은 강수량이 매우 적기 때문에 사막으로 간주). 각각의 이벤트는 7일 이상 진행된다. 사막의 위치가 더 외지고 더 도전적이며 문화적으로 더 흥미로울수록, 참가자들에게는 매력적으로 느껴진다.

2012년까지 레이싱더플래닛은 5000명에 가까운 참가자들과 함께 수십 번의 이벤트를 개최했고, 2012년의 매출은 1000만 달러에 달한다는 소문이 있다. 2012년의 참가 신청자 수는 2011년에 비해 37퍼센트 이상 증가했다. 레이싱더플래닛의 온라인 매장은 매년 매출이 두 배씩 늘어나는 중이고, 회사는 스포츠 애호가들에게 '전용 동결 건조 식품'을 제공할 목적으로 익스페디션 푸즈Expedition Foods라는 자회사를 설립했다. 가담스는 자기네 브랜드 자산의 가치가 높아지는 중이라고 믿는다. 그녀의 추측에 따르면 철인 경기는 1년에 1억 5000만 달러를 벌어들이고 있고 새로운 경영진이 영입된 이래 이익이 계속 증가 중이라고 한다. 확인되지 않은 숫자지만, 레이싱더플래닛의 입장에서는 확실히 고무적인 현상이다!

그토록 외지고 거친 환경에서 대형 이벤트를 개최하기 때문에 운영의 복잡성은 이루 말할 수 없지만, 그런 복잡성은 사업에 오히려 유리하게 작용한다. 가담스는 관광객들은 절대 찾아올 법하지 않은 장소에서 숙박과 의료 서비스부터 인터넷 연결에 이르는 모든 것들을 선수들에게 제공해야 한다. 가담스와 직원들은 각 코스의 구간들을 세심하게 설계해야 하는데, 그래야 수백 명의 주자들이 위험하게 코스에서 벗어나거나 낙오되지 않고 수십 명의 자원봉사자들이 기다리고 있는 야영지로 매일 밤 올 수 있기 때문이다. 경주 코스가 때때로 사유지를 가로지르는 경우도 있다(언젠가 가담스는 한 농부로부터 밀 수확량의 일부를 매입한 다음, 선수들에게 야영장소를 제공하기 위해 경기 시작 전에 밀을 베어내기도 했다). 가담스는 참가자들이 언어의 장벽을 느끼지 못하도록 현지어 통역자를 제공해야 한다. 그녀는 또한 탈수증이나 사고가 발생할 경우를 대비해 의료진(한 명만 제외하고 모두 자원봉사자)이 함께한다는 점을 확실히 해야 한다. 레이싱더플래닛은 내셔널 지오그래픽 National Geographic이나 영국 국영방송 BBC에서 파견 나온 TV 제작진들의 활동을 잘 조정해야만 한다. 때때로 회사는 보호지를 통과해도 좋다는 허가를 받기 위해 현지의 지방정부(어떨 때는 부족의 대표)와 협상해야 한다.

가담스는 어떤 사업을 시작하든지 일반적으로 겪는 자금의 부족을 힘들어했다. 특히 투자자들이 별스러운 취미라고 말하며 그 자리에서 일축해버렸기 때문에 더욱 그러했다. 하지만 자금조달이라는 곤경은 사업의 모든 측면에서 진정한 경쟁 우위를 가져다주었다. 현 시점에서 그녀의 사업에 대항할 자는 아무도 없다. 이런 조건에서 레이싱더플래닛의 매출은 상승할 수밖에 없다. 산업 전문가들은 2011년 온라인 매출이 500만 달러 고지를 점령했을 거라는 추정치를 내놓는다. 이 회사는 유럽과 아시아에 있는 유통 센터의 지원을 받아 중국어로 된 온라인 매장 (이탈리아어, 프랑스어, 스페인어, 영어로 된 사이트를 추가할 예정)을 이제 막 오픈했다.

그러나 이벤트를 개최하는 사막의 환경처럼, 그 과정 속에서 나타날 장애물들이 무엇인지는 정확히 예측할 수 없다. 그녀는 인정한다. "모든 것들은 너무나 빨리 변하고 있습니다. 그저 뭔가를 시도해야 하고 무엇이 효과가 있는지 계속 발견해야 합니다. 자기만의 길을 개척해야 하죠." 경기 참석자들처럼, 그녀는 자신의 야망이 일종의 인내력이라고 믿는다. "제 목표는 레이싱더플래닛을 저보다 오래 지속되도록 굳건히 세우는 것입니다"라고 그녀는 설명한다. 적대적인 환경을 이용하는 것은 지속가능성의 필수적인 요소다. 레이싱더플래닛의 미션에 있어 필수적인 부분은 자신들의 사업을 돕는 환경에 보답하는 것이다. 레이싱더플래닛은 코스 주위에 있는 여러 공동체들을 위해 100만 달러 이상을 기부했다.

열악한 환경을 이겨내는 것 외에, 창업가는 역경이라는 문제의 해결이 더 큰 기회로 이어지도록 만드는 방법을 또한 배워야만 한다. 다음 장에서 이 주제를 가지고 논의해보자.

8장
발등에 떨어진 불을 끄는 방법

나는 지금까지 36개국에서 창업가정신과 관련된 일을 해왔다. 주로 정책 입안자들이나 민간 부문의 리더들에게 조언하거나, 창업가들을 컨설팅하거나, 사례를 집필하며 창업가정신을 가르치거나, 투자 상황들을 살펴보곤 했다. 지나치게 단순화시킨 면이 없진 않지만, 나는 다음과 같은 공식으로 창업가정신을 정의한다.

창업가정신 = 역경 + 인적 자산

물론 현실은 이 공식보다 훨씬 복잡하다. 그러나 이스라엘, 대만, 아이슬란드, 아일랜드와 같은 곳에서 꽃을 피우고 있는 창업가정신을 누구보다 집중적으로 분석한 결과, 나는 위와 같은 간단한 공식으로 창업가정신을 압축시킬 수 있다는 판단에 이르렀다. 자원이 거의 없는 곳에 똑똑하고 교육 수준이 높은 사람들을 데려다 놓고 어려운 문제를 해결하라고 해보라. 그러면 그들은 놀랍고도 가치 있는 여러 가지 해결책을 내놓을 것이다. 뉴질랜드에서는 이렇게 수완이 좋은 멋쟁이들을 '넘버 8 와이어 Number 8 Wire'라고 부른다. 이 말은 완제품이 거의 없던 시절에 정착민들이 목장에서 울타리를 치는 데 널리 쓰이던 철사를 가지고(마치 오늘날 여기저기에 많이 쓰이는 접착테이프처럼) 무슨 문제든지 뚝딱 해결했던, 뉴질랜드의 개척시대를 빗댄 것이다.

지금까지 나는 사람들이 문제를 놀라운 방법으로 해결하는 모습을 수차례 목격하곤 했다. 가장 크게 놀랐던 일 중 하나는 지인이 2006년에 뭄바이에서 개최된 제1회 '인도 혁신 대상'에 나를 초대하여 처음으로 인도를 방문하던 중에 겪었던 일이다.[1] 그곳에서 나는 우아하게 차려입은 은발의 비노드 카푸르가 자신이 개량한 쿠로일러 품종으로 '슈퍼 치킨'이란 상을 받는 모습을 지켜봤다.[2] 빈곤, 문맹, 사회적 갈등, 지정학적 긴장감, 테러, 부정부패 등 인도는 누가 봐도 다른 어느 곳보다 고통스러운 곳이다. 델리 부근의 구르가온Gurgaon 출신인 70대의 카푸르는 독특한 방식을 통해 인도를 괴롭히는 지독한 가난을 사업의 기회로 삼았다. 그가 세운 벤처기업은 양계로 극빈자들의 수입을 실질적으로 증가시킬 수 있다고 믿고 행했다.

유전공학적 기반 기술과 독창적인 비즈니스 모델을 가지고 10년 동안 노력한 결과, 카푸르의 벤처기업 '케그팜스'는 질병에 강하면서도 빨리 성장하는 닭 품종을 개발했다. 쿠로일러 수탉 한 마리로 두 배나 많은 고기를 얻을 수 있었고(결코 과장이 아니다), 암탉 한 마리는 일반 닭의 5배나 많은 알을 낳을 수 있었다. 비록 그 밖의 특성은 사업과 별로 관련이 없지만, 케그팜스가 개발한 쿠로일러는 내가 먹어본 닭고기와 달걀 중에서 가장 맛있을 뿐만 아니라 그 모습이 위풍당당하고, 깃털 색깔이 선명하며, 눈빛이 단호하면서도 보는 사람의 마음을 꿰뚫는 듯하다. 카푸르는 사업의 기회를 발견했다기보다 발명해냈다. 카푸르의 업적은 머론이 개발한 필캠처럼 믿어지지 않을 정도다.

카푸르는 12마리 정도만 있으면 주민들에게 좋은 수입원이 되고, 영양 보충에 도움이 되며, 인도의 농촌 지역에서도 잘 자랄 수 있도록 쿠로일러를 개발했다. 이 닭은 일반 닭보다 2배 정도 빨리 시장에 내다 팔수 있는 크기로 성장한다. 쿠로일러는 음식물 쓰레기, 곤충, 잡초, 땅 위로 나온 조개 등 아무거나 잘 먹기 때문에 환경친화적인 닭이기도 하다. 추가적인 사료가 필요 없어서 키우는 비용이 훨씬 저렴하다. 쿠로일러는 달걀 생산과 닭고기 생산에 모두 유리했는데, 이런 특성은 유전적인 강점이 달걀이면 달걀에만, 닭고기면 닭고기에만 특화되어 있는 보통의 양계 산업에서는 찾아보기 힘든 것이다.

크고 색깔이 선명한 쿠로일러는 케그팜스가 이루어낸 가장 뚜렷한 성과다. 그러나 내가 생각하기에 가장 의미 있는 혁신은 쿠로일러 자체가 아니라 비즈니스 모델에 있다. 특히 케그팜스의 부화장에서 알을 깨고 나온 지 하루밖에 안 된 병아리들을 주민들에게 신속하고 안전하게 전달하는 유통 시스템이 아주 인상적이다. 유통 시스템을 원활하게 가동하려면 특유의 끔찍한 문제들을 먼저 해결해야 했다. 첫째, 날씨가 더운 날이 많아 병아리가 쉽게 죽는다는 문제가 있었다. 둘째, 시골 주민들은 인구밀도가 높은 도심에서 멀리 떨어져 살고 있기 때문에 지리적으로 집중된 도시 지역보다 유통의 효율을 증가시키기가 불가능했다. 게다가 거친 도로를 달리고 때로는 오솔길을 걸어서 한참을 가야만 고객을 만날 수 있었다. 마지막으로, 고객들 대부분이 가난했기 때문에 고객 1명당 매출액이 아주 적었다. 그래서 초과되는 유통비용은 높은 제품가격으로 흡수할 수 없었고 대량 구매자들에 의해 벌충될 수도 없었다. 이보다 더 어려운 시장이 어디에 있겠는가?

'유전자 코드'와 '유통 코드'를 동시에 타개함으로써 케그팜스는 인도의 수백만 가정의 소득을 두 배로 증가시켰다. 또한 인도의 가장 가난한 지역들뿐만 아니라 방글라데시, 에티오피아, 우간다, 그리고 새로 설립된 빌 앤 멜린다 게이츠 재단Bill & Melinda Gates Foundation(빌 게이츠와 그의 부인이 함께 세운 자선재단_옮긴이)과 주요 계약들을 협의 중이다.[3] 또한 카푸르는 잠재력이 상당한 '사회적' 기회이자 '사업적' 기회라 할 수 있는, 농촌 주민들의 빈곤을 크게 경감시킬 방법을 고심 중에 있다. 비록 카푸르의 혁신이 인도에 미친 긍정적인 효과가 널리 칭송받긴 했지만(UN에 의해 인정받기도 했음), 그렇다고 해서 케그팜스가 자선단체나 비영리 조직은 아니다. 이 회사는 긴급한 사회적 문제를 해결하면서도 이윤을 추구하는 사업으로 성장하고 있다. 나는 이런 종류의 사업을 이미 다른 곳에서도 관찰했고, 몇 년 전부터는 '이윤을 추구하는 사회적 기업For-Profit Social Enterprise'이라는 뜻으로 'FOPSE('폽시'라고 발음)'라고 부르고 있다.[4]

내재적이든 외재적이든, 창업가가 뛰어넘어야 하고 사회가 제거해야 할 장애물들을 단순히 모아놓은 것이 역경은 아니다. 역경은 창업가정신을 움직이게 만드는 요소다. 다시 말해, 비범한 가치를 인식하고 창조하고 획득하도록 추진력을 공급하는 요소다. 역경은 그 자체로 전쟁, 질병, 물 부족, 공해, 지구온난화, 기근, 교육 접근성 문제 등 사회의 주요 문제들을 해결하도록 추동하는 가장 큰 기회의 원천이라 말할 수 있다. 역경은 창업가들로 하여금 언제나 중대한 사업적 돌파구를 찾아내도록 만든 '비옥한 땅'이다. 예를 들어, 마이크로파이낸스(소액 금융_옮긴이)는 그라민 은행Grameen Bank이라는 비영리기업을 설립한 무하마드 유누스Muhammad Yunus에게 노벨 평화상을 안겨준, 사회적 혁신 운동의 일환으로 시작됐다. 그러나 이윤을 추구하는 창업가들이 그런 비즈니스 모델에 달려들기 시작하자, 그라민 은행은 '초소형 기업체'라는 한정된 세그먼트를 대상으로 해왔던 마이크로파이낸스를 수억 명의 사람들이 이용할 수 있는 주류 상품으로 만들었다. 아츠마사 도치사코는 MFIC의 서비스를 수십억 달러 규모의 시장으로 성장시키고자 노력하면서도 은행의 고급 서비스를 피라미드의 밑바닥 계층에게 제공하기 위해 역시나 비슷한 규모의 혁신을 시도하고 있다.

직관에 반하는 해결책을 발견할 줄 아는 창업가들에게 극복하기 어려운 문제와 역경은 수많은 가치를 창조하고 획득하기 위한, 호된 시련의 장이 된다. 카푸르는 케그팜스를 설립할 때, 인도 인구의 상당 부분을 차지하는 가난한 농촌 주민들에게 수입원과 영양 공급원을 그 누구보다 최초로 제공하는 기업이 되겠다는 목표를 일생의 꿈으로 설정했다. 하지만 그러면서도 카푸르는 이익을 추구하기로 했다. 그 이익은 카푸르 자신을 위한 것이 아니라, 모든 중개인들과 최종 소비자들을 위한 것이었다.

비노드 카푸르는 1934년에 라호르에서 태어났다. 그의 아버지는 라호르가 파키스탄의 영토로 편입되기 전에 인도의 정부기관에서 활동하던 엔지니어였다. 파키스탄이 건국된 후, 그의 부모와 네 명의 아들들은 인도 북부에 위치한 심라Simla로 이주했는데, 카푸르는 그곳에서 고등학교와 대학교를 다녔다. 카푸르는 자신의 성장기를 이렇게 회상한다.

제 아버지는 문화와 종교적 가치뿐만 아니라 가족을 굉장히 중시하는 국수주의적인 사람이었습니다. 그는 인도인이라는 자부심과 함께 혼자 힘으로 위대한 것을 달성하겠다는 열망을 저에게 심어주었죠. 그것 때문에 아직 어렸던 저는 인도 사회에 만연한 소득 불평등의 문제를 심각하게 고민했습니다. 비록 모든 것들을 평등하게 만들 수 있다고 보지는 않았지만, 저는 가난한 사람들을 빈곤에서 구출하는 것이 사회가 나아가야 할 방향이라고 생각했죠. 대학에서 저는 공산주의에 영향을 받은 학생회의 대표로 선출되었는데, 아버지에게는 매우 충격적인 일이었나 봅니다. 아버지는 저의 정치 참여를 막기 위해 저를 영국의 어느 엔지니어링 대학으로 유학을 보냈습니다. 그러나 저는 영국 유학 생활 초기에도 공산주의 이데올로기에 계속 몰입해 있었죠. 제가 공산주의에 대해 커다란 환멸을 느낀 이유는 스탈린주의의 실상이 드러났기 때문이었습니다. 비록 제가 정치적 이데올로기로서 공산주의를 버리긴 했지만, 계층의 맨 밑바닥에 있는 사람들에 대한 저의 관심은 여전했습니다.

카푸르의 첫 번째 직업은 WIMCO웨스턴 인디언 매치 컴퍼니(Western Indian Match Company)였는데, 그곳에서 그는 서른 살의 나이로 대규모 공장의 책임자 자리에 올랐다. 그곳에서 그는 다양한 경영 혁신을 시도하고 고리타분한 노동 운동의 관행에 맞서면서 경험을 쌓았는데, 한 번은 협상 타결을 통해 노동자의 파업을 365시간 만에 해결함으로써 노동자들의 잃어버린 급여와 공장의 영업 손실을 회복할 수 있었다. 우트라 프라데시Uttra Pradesh 주 정부는 그 노사 협상을 승인하는 특별법까지 통과시켜 카푸르를 지지했다.

1963년, 카푸르는 양계 농장 설립을 꿈꾸기 시작했다. 양계는 인도 정부가 진흥 중이던 산업이었다. 4년 후, 그는 유복한 가문 출신 아내로부터 돈을 융통하여 케그팜스를 세웠고 WIMCO의 일자리를 유지하면서 부업으로 케그팜스를 운영했다. 1973년에 그는 인도 최초의 양계 농장을 설립하기 위해 WIMCO를 그만두었고, 미국에서 구입한 '유전 재료'를 사용키로 했다. 보호 무역을 고수하던 정부는 인도에서 소비되는 모든 닭은 인도에서 길러져야 함을 의무화했는데, 이런 정부의 조치는 케그팜스가 성장할 수 있도록 문을 열어주었다.

카푸르가 케그팜스 운영에 집중하려면 WIMCO라는 돈 잘 버는 직장을 포기해야 했고 이는 그에게 압박으로 다가왔다. "저는 아내와 세 아이들을 부양해야 했고 그간 익숙했던 생활수준을 유지해야 한다는 압박감 때문에 마음이 정말 무거웠습니다. 소득이 불확실해질 것이 뻔했기 때문이었죠."

인도가 갑작스레 보호 무역을 철회하고 외국기업에게 경제를 개방하던 1991년 당시, 케그팜스는 많은 인구가 채식주의자인 탓에 상대적으로 규모가 작은 인도의 양계 시장에서 선두 기업이었다. 처음으로 경쟁 시장으로 뛰어든 카푸르는 국제적인 기업과 합병하든지(그러면 자신의 정체성을 잃기야 하겠지만, 사실 그들과 직접 경쟁하는 것은 바보짓인 게 확실했다), 아니면 대형 기업들이 관심을 갖지 않을 만한 기회를 발견해야 한다는 점을 깨달았다. 카푸르는 환경적으로 물샐틈없이 잘 통제된 생산 시설을 보유 중이고 닭고기 재고에 굉장히 민감한, 기술 집약적인 거대 닭고기 생산업체들은 도심 지역에 관심을 가질 거라고 내다봤다. 도심 지역의 수요가 절대적인 수치로 보면 굉장하지만, 거대 기업들은 준농촌 지역이나 농촌 지역에 거주하는 인도 인구의 75퍼센트에게는 손을 미치지 않을 거라고 그는 생각했다.

인도의 1인당 닭고기 및 달걀 소비량은 절대적인 수치로 보나 다른 대체식품에 대한 상대적인 수치로 보나 몇 년 동안 상승 곡선을 그렸다. 이에는 몇 가지 이유가 있었는데, 첫 번째는 생산 효율이 증가하면서 달걀과 닭의 가격이 양고기, 소고기, 돼지고기에 비교해 거의 오르지 않았기 때문이었다. 둘째, 대량 생산 덕분에 대도시 시장에서 닭고기와 달걀이 풍족해졌고 채식주의의 퇴조로 대도시 지역을 중심으로 닭고기 소비를 권장했기 때문이었다.

그럼에도 불구하고, 인도의 농촌 지역에서는 닭고기 제품 생산이나 소비가 전혀 증가하지 않았다. 별다른 특장점이 없고 생산성이 떨어지는 닭 품종에 전적으로 의존하는 탓에 농촌 자체적으로 이루어지는 닭고기 및 달걀 생산은 침체를 벗어나지 못했다. 농촌에서 닭고기 가공제품의 소비는 여전히 낮았는데, 운송비용이 더해지니 도시보다 가격이 훨씬 높았기 때문이었다. 인도 인구의 70퍼센트 이상, 즉 거의 1억 5000만 가구에 달하는 농촌 지역은 기존의 가공 닭고기 생산망과 유통망으로는 효율적인 커버가 불가능했다. 그러나 다르게 생각하면, 농촌 지역은 잠재력이 그만큼 큰 소비 시장이었다.

카푸르는 전통적으로 뒤뜰에서 달걀과 고기를 얻기 위해 닭을 길러 온 3000만 가구(1억 5000만 명에서 2억 명)의 극빈층 주민들에게서 기회를 발견했다. 이 가난한 주민들은 너무나 외진 곳에 살고 있어서 물건을 구입하기 위해 도시로 나갈 수 없었다. 도시로 나갈 수 있다 해도 물건을 구입할 형편이 되지 못했다. 이 주민들은 거의 모두가 '빈곤선Poverty Line' 아래에 해당하는, 가구당 400달러(약 40만 원) 미만의 연소득에 의지하고 있었다. 역으로, 도시에 집중하는 대형 업체들은 접근로가 부실하거나 없고 냉장고도 없으며 돈도 없는 가난한 주민들에게 제품을 유통할 방법을 찾지 못했다. 물론 대형 업체들은 그들로부터 금전적 이득을 기대하지도 않았다.

생존을 위해 농촌 주민들은 자신들이 먹을 식량을 스스로 확보했고, 남은 것들을 지역 시장에 내다 팔았으며, 남자들은 현금을 벌기 위해 몇 주 혹은 몇 개월 동안 집을 떠나 육체노동(그마저도 기회가 별로 없었다)을 해야 했다. 대부분의 농촌 가구는 여자들이 살림을 꾸려갔고 집에서 먹을 용도로 뒤뜰에 가축 몇 마리를 길렀다. 가축은 대개 염소(젖과 고기)와 오리(고기와 알)였는데, 좀 더 부유한 가정은 소와 물소(우유와 노동력)를 기르곤 했다.

가난한 가정들은 고기와 알을 얻기 위해 닭을 길렀지만, 카푸르는 농촌에서 달걀을 섭취하는 양이 1년에 1인당 5개도 되지 않고 닭고기 섭취량도 몇 그램에 지나지 않는다고 짐작했다. 인도 전체의 1인당 평균 섭취량을 보면 달걀의 경우 1년에 35개 닭고기는 1.6킬로그램이었고, 이와 비교하면 상당히 적었다. 각 가정의 산출량(닭고기와 달걀)도 적었지만 그마저도 고기와 알을 내다 팔아 소득에 보태기 위해 주민들은 자신들의 영양 섭취를 희생했다.

인도의 2억 가구 중 대략 1억 7000~8000만 가구는 달걀과 닭고기를 구입할 수 있는 충분한 소득을 벌고 있었다. 그렇지 못한 나머지 2000~3000만 가구가 케그팜스의 목표 고객이었다. 이 중에는 종교적으로 채식이 의무가 아닌 이슬람교 신자들이 많았기 때문에 적어도 케그팜스는 닭을 판매하는 것에 대해 종교적 장벽을 경험하지 않아도 되었다. 오히려 이슬람교 신자들은 돈을 벌면서도 추가적인 단백질 공급원을 제공받을 수 있다는 기회를 환영했다.

10년 동안 실험 사육과 시장 조사에 공을 들인 결과, 카푸르는 인도의 농촌 마을에 적합한 닭을 최종적으로 개발했다. 쿠로일러라는 브랜드 이름은 케그팜스, 커리curry, 그리고 닭을 뜻하는 브로일러broiler를 조합하여 만든 것이다. 모든 세부사항을 꼼꼼히 체크하면서 육종된 쿠로일러의 깃

털은 다양한 색깔을 띠었는데, 그렇게 육종한 이유는 인도의 소비자들이 흰색 닭은 본질적으로 질이 낮다고 믿었기 때문이었다. 쿠로일러는 집에서 나온 음식물 쓰레기를 잘 먹었기에 주민들이 먹어야 할 곡물을 축내지 않아서 좋았다. 게다가 별다른 축산 기술이나 약품이 필요하지 않았고 비싼 우리를 지어줄 필요도 없었다. 여기저기에서 잡동사니를 모아 닭장을 만들어줘도 상관없었다. 쿠로일러는 덩치가 컸고, 공격적이었고, 사방이 뻥 뚫린 뒤뜰에서도 개나 매의 공격을 피할 수 있을 만큼 충분히 재빨랐다. 유전적으로 질병에 강한 것도 특징이었다.

쿠로일러는 전통적인 시골 닭보다 크기도 컸고 달걀도 더 많이 낳았다. 쿠로일러 암탉은 부화한 지 12개월 만에 2.5킬로그램에 이르렀고, 5~6개월이 되면 알을 낳기 시작했으며, 알을 낳을 수 있는 12~16개월의 기간 동안 150개에서 200개의 달걀을 낳았고(일반 암탉은 35개에서 40개 정도), 알을 많이 낳는 초기에는 한 달에 20개 이상의 알을 생산했다. 쿠로일러 수탉은 3개월에 최소 1킬로그램씩 성장하는데, 부화한 지 12개월이 되면 몸무게가 4킬로그램에 도달했다. 이 정도면 주인이 고기를 내다 팔 수 있는 충분한 크기였다.

이 완벽에 가까운 닭은 그 자체로 훌륭한 성과다. 그러나 이보다 더 흥미로운 카푸르의 업적은 그가 닭을 농촌 주민들에게 전달하기 위해 사용한 독특한 방법들이다. 전달 과정에 참여하는 모든 사람들이 각자의 역할에 따라 돈을 벌도록 하는 것이다. 케그팜스는 부화장만 소유하고 있지만 서로 독립적으로 움직이는 농촌 주민들과 긴밀하게 연결되어 있다. 첫 번째 연결 수단은 딜러인데, 그들은 부화한 지 하루가 된

병아리를 부화장에서 꺼내 자기들의 밴에 싣는다. 그런 다음, 딜러들은 1000마리 이상의 병아리를 유치할 수 있는 여러 사육장에 병아리들을 판매한다. 거기에서 병아리들은 거친 환경에 잘 살아남도록 여러 종류의 보충제를 투여받으며 21일 동안 사육된다. 그 병아리들은 무게가 300그램 가량 나가야만 주민들에게 전달할 수 있는데, 그때가 바로 병아리들이 뒤뜰에서 개나 매를 피할 수 있을 만큼 자란 상태기 때문이다.

병아리들이 300그램 정도로 자라면, 자전거를 타고 독립적으로 활동하는 행상인들이 사육장에서 시끄럽게 울어대는 병아리 100마리를 한 바구니에 담고서 주민들에게 팔러 다닌다. 그러면 주민들은 고기와 알을 얻기 위해 그 병아리를 키운다.

비유하자면, 쿠로일러는 각 가정의 '돼지 저금통'이라고 말할 수 있다. 병아리 한 마리당 0.6달러의 돈만 투자하면, 각 가정은 기르는 데 전혀 돈이 들지 않는 영양 많고 품질 좋은 음식을 확보할 수 있고 남는 것은 부유한 이웃이나 지역 시장에 내다팔 수도 있기 때문이다.

어떻게 케그팜스가 지속가능한 경쟁 우위를 유지하면서도 수익성이 더 좋은 사업으로 다양화할 수 있을지 곰곰이 구상하던 카푸르는 도시를 타깃으로 한 고품질의 '브랜드 달걀'을 구상했다. 나도 맛보기 전까지는 알지 못했지만, 사람들은 마당에 방사하여 키운 닭의 알(자연방사란_옮긴이)이 공장식 양계장에서 나온 달걀보다 훨씬 맛있다고 말한다(나도 그렇다). 또한 자연방사란은 껍질색이 선명하고 노른자가 밝은 노란색인데, 암탉이 뒤뜰에 있는 초목을 쪼아 먹기 때문이다. 그러나 인도에서 자연방사란은 농촌 마을에서 소량만 생산되었기에 시장에 내놓을 만한 양이 안 됐다. 게다가 거리는 너무 멀고 운송비용도 너무 비싸서 도시인들은 자연방사란을 먹고 싶어도 구입하기가 힘들었다. 때문에 대도시에서 유통되는 대부분의 달걀들은 공장식 양계장에서 생산된 백색란이었고 가격 외에는 브랜드별 차별성이 거의 없었다.

알다시피 소비자들은 보통 매장에서 구입하는 달걀에 대해 아는 것이 별로 없다. 달걀이 상했을 수 있고, 유통 과정에서 뜨거운 햇볕에 계속 노출되었을 수도 있고, 병에 걸리거나 항생제를 투여받은 닭에서 나온 것일 수도 있는데 말이다.

그래서 2002년에 카푸르는 도시인들이 추가적인 돈을 내고서라도 확실히 차별적인 달걀을 구입하리라 믿고서 '맛 좋은 달걀 개발'이라는 새로운 도전에 착수했다. 그가 생산한 새로운 달걀은 노른자가 밝은 노란색이었고 방부제나 항생제로부터 안전했으며 냉장된 상태에서 48시간 이내에 소매점에 도착했다. 또한 그는 달걀이 매장의 냉장 선반에 진열되는 기간이 3~4일이 넘지 않도록 한 번에 적은 양만 배송되도록 했다(많은 양을 한 번에 받으면 그만큼 선반 위에 놓은 지 오래된 달걀이 남아 있을 수밖에 없다_옮긴이). 그는 달걀 껍질색을 뚜렷한 갈색이 되도록 개발함으로써 케그팜스가 생산한 달걀임을 소비자들이 바로 알아볼 수 있게 했다. 마지막으로, 카푸르는 속이 들여다보이는 상자에 달걀을 포장해서 구매자들이 달걀의 상태를 쉽게 확인할 수 있도록 했다. 케그팜스는 이렇게 개발한 '케그KEGG'라는 달걀에 다른 달걀보다 2배나 높은 가격표를 붙였다.

케그팜스가 2년 동안 사우스 델리South Deli에 케그를 시험적으로 판매하면서 만족스러운 결과를 얻자, 카푸르는 매출을 더 끌어올릴 방법을 개발했다. "우리는 케그 6개들이 한 갑을 소비자들에게 30루피에 파는데요, 일반 달걀보다 가격이 2배나 높죠. 우리가 매장에 파는 가격은 25.75루피이고, 직접 생산 비용은 얼추 13루피 정도죠. 그래서 우리가 얻는 마진은 아주 좋은 편입니다. 게다가 우리는 신용거래를 하지 않죠. 우리는 케그팜스 로고가 붙어 있는 두 대의 삼륜차를 가지고 하루에 수천 갑의 달걀을 400개의 고급 매장에 납품합니다. 그리고 매일 기차를 이용해서 뭄바이로 달걀을 운송하고 있고요. 소비자들이 매일 매장으로 몰려들지만, 우리는 모든 수요를 다 충족시키지는 못합니다"라고 그는 말한다.

쿠로일러와 케그팜스의 성공은 다른 개발도상국들에게도 알려졌다. 2011년 7월, 애리조나 주립 대학교의 바이오디자인 연구소 내 '전염병 및 백신 개발 센터'의 연구원인 자그디브 샤르마 Jagdeev Sharma는 쿠로일러가 세계인의 건강 개선, 기근 퇴치, 생활수준 향상, 개발도상국에서의 여성 인권 향상 등에 중요한 역할을 담당했다고 결론을 내렸다.[5] 최근 미주리 주 세인트루이스에서 개최된 미국 수의학 협회의 학술대회에서 샤르마는 이렇게 말했다. "인도에서 처음 육종된 쿠로일러의 성공은 아프리카의 농촌 지역, 특히 우간다에서 동일한 효과를 기대하게 합니다. 우간다에서 시범적으로 쿠로일러를 키워봤는데, 자체 고유 품종보다 확실히 월등한 결과를 나타냈습니다."[6] 애리조나 주립 대학교와 우간다 정부는 현재 쿠로일러를 우간다의 소규모 농장에 도입하는 방법을 연구하기 위해 서로 협력 중이다.

에티오피아와 방글라데시에서도 비슷한 과제들이 시행 중이다. 지난

10년 동안 카푸르는 농촌 경제 발전에 기여한, 지속적이고 혁신적인 공로를 인정받아 여러 개의 상을 수상했다. 70대 후반의 나이에도 카푸르는 여전히 사업의 성장에 몰두하고 있다. 물론 매일매일의 운영은 전문 경영인에게 이양했지만 말이다.

  카푸르의 핵심 성공 요소는 너무나 광범위한 탓에 남들이 도전하기 불가능하다고 생각하는 문제에서 '어떻게, 어디에서 가치 창조의 기회를 발견하느냐'는 것이었다. 그가 경험할 수밖에 없었던 역경은 결국 그에게는 기회의 원천이 되었다. 그러나 가난이라는 사회적 문제를 인식했던 것과 양계 전문성이 해결책의 핵심이라고 믿었던 것은 그에게 그저 출발점일 뿐이었다. 카푸르는 말한다. "어찌 됐든 사업은 사업입니다. 가난한 사람들에게 도움이 되는 것뿐만 아니라 이익도 염두에 두어야 하죠."

카푸르는 역경으로부터 비범한 기회를 창조한 여러 창업가들 중 하나다. 우리는 매주 피라미드 밑바닥의 저소득 계층을 대상으로 세계적인 성과를 달성하고 이례적인 가치를 창출하고 있는 벤처기업들의 흥미로운 이야기를 접한다. 1998년에 아프리카의 이동통신 회사인 셀텔Celtel을 설립한 모 이브라힘보다 더욱 세계적인 규모로 성과를 달성한 창업가는 아마 없을 것이다. 셀텔이야말로 피라미드 밑바닥 계층에서 선구적인 성공을 거둔 대표적인 기업이다. 이브라힘은 아프리카에 만연한 낙후된 인프라와 통신 네트워크로부터 잠재력을 발견했다. 대담한 투자

자들조차 '아프리카 공포증'을 느끼는 데 말이다. 7년 만에 셀텔의 매출액은 0에서 5억 달러까지 급상승했고, 매각될 당시의 가치는 30억 달러 이상이었다.

브리티시 텔레콤의 고참 엔지니어였던 수단 태생의 이브라힘은 자신이 곧 '뜰 거라고 본 시장'을 왜 모든 거대 텔레콤 회사들이 그리도 무시하는지 이해할 수 없었다. 거대 기업들은 대부분의 사람들이 한 번도 전화기를 사용하거나 소유한 적이 없는 사하라 사막 이남의 아프리카 지역으로 진입하는 것 자체를 기피했다. 진입해봤자 리스크가 커서 손해만 보고 망하고 말 거라고 생각했기 때문이었다.

"저는 줄곧 이 산업에서 일했습니다. 충족되지 않은 수요는 엄청난데 그 수요를 상대할 서비스는 존재하지 않았습니다. 유럽에서처럼 유선전화와 경쟁할 필요가 없기 때문에 휴대폰이 아프리카에서 엄청난 성공을 거두리라는 것은 누구나 생각해낼 수 있었는데 말이에요"라고 그는 회상한다. 하지만 다른 사람들은 이브라힘이 기회를 찾아낸 곳에서 장애물만을 보려 했다.

이브라힘은 베리존Verizon, 벨 사우스Bell South, 보다폰Vodafone 등과 같은 일류 통신업체를 대상으로 컨설턴트로 일한 적이 있었다. "전 그들에게 '왜 아프리카에 진출하지 않는 거죠? 다른 지역에서 허가를 받으려면 수백만 달러의 돈을 지불해야 하지만, 아프리카에서는 공짜인데 말입니다'라고 물었습니다." 이브라힘은 경쟁이 치열하고 진입비용이 높은 성숙 시장에 투자하는 걸 선호하는 이유가 무엇인지 물으며 계속해서 자신의 고객들을 압박했다.

하루는 미국의 모 텔레콤 회사에 다니는 고위 임원이 이브라힘을 망연자실하게 만들었다. "나는 당신이 여기에 있는 우리보다 똑똑하다고 생각했어요. 당신은 내가 이사회에 출석해서 '저는 사업을 추진하고 싶습니다. 이디 아민Idi Amin(우간다의 세 번째 대통령이자 독재자_옮긴이)이란 미친 작자가 통치하는 나라에서 말입니다'라고 말하길 바라는 겁니까?" 이브라힘은 임원의 말을 맞받아쳤다. "아프리카는 국가 이름이 아닙니다. 그리고 이디 아민은 15년 전에 우간다를 떠났고요!"

이브라힘은 아무도 손대지 않은 시장을 발견했다. 전통적인 텔레콤 기업들이 부정부패, 전쟁, 기근으로 몸살을 앓는 땅이라고 치부해버리는 바로 그 시장에서 기회를 발견했던 것이다. 그는 말한다. "정말로 커다란 도전이었습니다. 사람들은 하나같이 아프리카는 경제가 마비된 곳이라고 말하더군요. 제 생각에 선진 기업들이 아프리카에 진입하길 주저하는 이유는 아프리카에는 '나의 점심을 훔치며' 아무에게나 위협을 가하는 미친 사람들로 가득하고 독재자들의 부패에 찌든 위험천만한 곳이라는 이미지를 떠올리기 때문이죠. 아주 피상적으로 말이에요."

이브라힘은 단념하지 않았다. "어떤 사업이든 간에 목적은 돈을 버는 것입니다. 그렇지 않으면 사업이 아니죠. 하지만 저는 사업에 열정과 도전이라는 요소도 필요하다고 생각합니다." 이브라힘은 사실상 모든 영역에서 엄청난 노력을 요구하는, 역경을 기회로 현실화하는 작업에 착수했다. 암스테르담에 본사를 설립하고 자신의 컨설팅 회사를 매각한 돈으로 초기 투자금을 마련한 이브라힘은 증자와 라이센스 입찰 작업을 동시에 진행했다. 입찰을 따내자마자 셀텔은 네덜란드 본사에서 비행기로 8시간을 날아가고 또 지프를 타고 며칠을 달려가야 했다. 그 지역에 휴대폰 시스템을 설계하고 구축하고 운영하기 위한 기초 작업을 해야 했기 때문이었다. 이 벤처기업은 전통적으로 부족이 소유한 땅의 사용권을 얻는 일, 갈등을 벌이는 이웃 아프리카 국가들을 아울러 휴대폰 통화 범위를 넓히는 일, 아프리카 내의 전쟁을 고려하는 일, 투자자들에게 종족 간 집단 학살이 벌어져도 사업은 망하지 않을 거라고 설득하는 일 등을 모두 스스로 개척해야 했다. 그동안 이브라힘은 셀텔이 충분한 잠재력을 가지고 있다고 은행들을 설득해야 했다. 그래야만 인프라 구축 자금을 확보할 수 있었기 때문이었다.

셀텔은 실행의 곤경(셀텔은 전쟁을 벌이는 부족들이 전쟁 중의 의사소통을 위해 휴대폰 기지국을 보호할 것임을 알게 됐다)과 소비자들의 구매력 문제(셀텔은 선불카드를 최초로 도입했다)를 잘 대처함으로써 성장의 발판을 구축했다. 2005년, 그간의 온갖 리스크와 고된 노력은 대가를 톡톡히 인정받았다. 셀텔은 요즘엔 자인$_{Zain}$이라 불리는 쿠웨이트 텔레콤 기업에게 34억 달러라는 가격으로 매각되었다. 셀텔은 지구에서 가장 가난한 대륙에서 가장 열악한 시장을 타깃으로 사업을 운영했음에도 불구하고 (혹은 운영했기 때문에) 성공할 수 있었다. 오늘날 5억 명 이상의 아프리카인들은 휴대폰을 소유하고 있는데, 부분적으로는 이브라힘과 그의 역발상적인 비전 덕택이다. 이브라힘과 그의 투자자들은 매우 큰 부를 거머쥐었다. 요즘 이브라힘은 자신의 시간을 쪼개 두 개의 신사업에 투자하고 있다. 하나는 아프리카에 투자하기 위한 벤처 캐피탈 기금이고, 다른 하나는 아프리카에서 투명하게 조직을 관리하는 우수기업을 발굴하여 상금으로 500만 달러를 수여하는 '모 이브라힘 재단Mo Ibrahim Foundation'이다.

역경 속에서 기회를 발견하는 것, 즉 남들은 해결하기에 너무 막막하다고 여기는 문제에서 기회를 찾아야 한다는 것은 엄청난 도전에 압도당하지 말하야 한다는 교훈을 창업가에게 준다. "생각과 현실 사이의 격차가 있는 곳에는 항상 커다란 사업 기회가 있습니다"라고 이브라힘은 말한다. 이브라힘뿐만 아니라 아프리카에게도 다행스러운 것은 그가 아무도 하려고 하지 않을 때 그 기회를 잡았다는 점이다. 사실 이브라힘의 성공 스토리는 이제 아프리카의 많은 예비 창업가들이 좇아야 할 무엇이 되었다. 이제 그 예비 창업가들은 자신들이 무엇을 해야 하는지를 알려주는, 선구자와 롤모델을 가지게 된 것이다.

다음 장에서 만날 이크발 콰디르Iqbal Quadir는 방글라데시의 무선통신에 대해 비슷한 깨달음을 경험했다. 앞으로 살펴보겠지만, 그의 이야기는 이브라힘의 이야기와 사뭇 다르다.

9장
내 몫을 제대로 챙기는 능력

한 침팬지가 바나나 나무를 발견했지만 손이 닿지 않았다. 그는 키가 큰 고릴라에게 부탁했지만, 고릴라는 침팬지에게 줄 생각은 하지 않고 혼자서 바나나를 모두 먹기 시작했다. 침팬지는 고릴라에게 바나나를 몇 개만 달라고 졸랐다. 이 대화를 엿들은 다른 고릴라가 나타나더니 바나나를 빼앗으려고 했다. 두 고릴라가 싸우기 시작하자, 바나나 한두 개가 바닥에 떨어졌고, 침팬지는 몇 개를 집어 들고 달아났다.

"이 이야기는 제 아들이 어렸을 때 꼭 자기 전에 들려달라고 조르던, 가장 좋아하던 이야기 중 하나였죠"라고 이크발 콰디르는 향수에 젖은 듯 회상했다. 그가 내게 이 이야기를 해줬을 때, 나는 1990년대 중반에 그라민폰Grameenphone을 설립했던 콰디르 본인의 경험과 아주 유사하다는 생각이 들었다. 자신만의 아이디어를 바탕으로 그라민폰을 설립한 이후, 콰디르는 몇 년 동안 자기가 제일 먼저 발견한 바나나를 따달라고 부탁했던 두 키 큰 '고릴라'로부터 자기 몫의 바나나를 되찾기 위해 부단히 노력해야 했다. 두 고릴라란 방글라데시에 본거지를 둔 그라민 은행과 노르웨이의 거대 무선통신 기업인 텔레노어Telenor였다. 그 둘은 원래부터 절대 친구가 될 수 없는 사이였고, 요즘에도 기회가 있을 때마다 공개적으로 서로를 비난하고 있다. 하지만 콰디르는 두 파트너들을 여전히 공손한 태도로 대하고 있다. 그 두 기업이 자신의 꿈을 실현시키는 데 많은 도움을 주었고 절대로 잊어서는 안 되는 긍정적 효과를 방글라데시 사회와 경제에 가져다주었기 때문이다.

설립된 지 15년이 지난 요즘에도 빠르게 성장 중인 그라민폰은 연매출이 10억 달러이고 시가 총액이 30억 달러에 달하기 때문에 이미 그들이 방글라데시 통신 시장의 고릴라가 되었다. 셀텔과 마찬가지로, 자신의 꿈을 현실로 이뤄낸 이 벤처기업은 이제 거대 조직이 되었고 방글라데시 역사상 가장 큰 기업공개IPO 사례를 기록하며 다카Dhaka 주식 거래소에서 왕관의 보석처럼 빛나고 있다. 이렇게 되기까지 콰디르는 사무실 겸용으로 중고차를 타고 다니면서 오랜 기간 고군분투했다. 요즘 콰디르는 MIT에 있는 '레가텀Legatum 창업가정신 개발 센터'의 설립 이사이자 교수로 활동 중이다. 몇 년 전에 그는 자신이 소유한 그라민폰의 지분을 3300만 달러에 매각했고 수익금의 절반 이상을 그의 재정적 후원자들에게 나눠주었다.

내 수업에서 이 사례를 가지고 토론을 벌이면 기업 매각의 타이밍과 매각 조건을 놓고 두 그룹으로 학생들의 의견이 갈린다. 대부분의 학생들은 콰디르의 결정을 지지하며 그가 자력으로 수많은 것들을 이루어냈다는 사실과, 그가 타인을 위해 수십 년 동안 고된 노동과 리스크를 감수하며 선행을 베풀었다는 사실에 감동을 받는다. 반면 상대적으로 소수의 학생들은 거대 파트너들의 입김이 워낙 거세서 결국 그가 본인의 지분뿐만 아니라 혼자 힘으로 구축한 가치에 비해 훨씬 적은 보상을 받았다며 분개를 금치 못한다. 나는 후자의 견해를 지지하지 않지만(창조해낸 가치를 언제 실질적인 돈으로 '획득'해야 하는지를 아는 것도 창업가에게 필요한 기술 중 하나이므로), 당신이 이 이야기의 말미에 이르면 사회적으로 경제적으로 콰디르가 기여한 것에 대해 그가 공정하게 보상받았는지 혹은 그렇지 않았는지를 스스로 판단할 수 있을 것이다.

읽어보면 알겠지만, 콰디르의 이야기에는 두 개의 '드라마'가 동시에 일어났다는 증거가 없다. 하나의 드라마는 성공적인 벤처기업을 설립하기 위해 사람들의 경멸과 의심을 이겨내며 '비범한 가치를 창조'하는 것이고, 다른 하나는 재정적 후원자들(그리고 자기 자신)에게 꿀맛 같은 '디저트'를 주기 위해 지리할 정도로 애쓰며 비범한 가치를 '획득'하는 것이다.

현재 보스턴에 있는 콰디르의 집 근처에는 MIT 교수인 앤트 보즈카야Ant Bozkaya가 살고 있다. 그는 하버드 경영대학원의 사례 연구에 등장하는 주인공 중 하나다.[1] 그라민폰이 최종적으로 론칭 준비를 끝내던 때, 보즈카야는 6500킬로미터 떨어진 터키에서 새로 실시된 전기 규제 완화 정책을 잘 이용하면 시장의 선도자가 될 수 있다는, 콰디르와 비슷한 통찰을 가지고 있었다. 보즈카야는 국내 및 해외의 거대 기업들(고릴라들)을 규합해 터키 최초의 'IPP독립적인 전력 생산자(Independent Power Producer)'를 조직하기 위해 자신의 모든 것을 걸었다(IPP 제도는 영리기업들에게 전력 생산 시설을 건립하도록 허가하여 잉여 전력을 공공시설에 되팔도록 하는 방법이다). 불행히도 보즈카야의 첫 번째 IPP는 수많은 '지각 참여자'들과 파트너들에게만 수백만 달러 이상의 이익을 벌도록 길을 열어주고 말았다. 그가 만들어낸 결과물은 강탈당했다. 보즈카야만 쏙 빼고 말이다. 물론 보즈카야도 나중에 성공의 대가를 받긴 했다. 그러나 보즈카야 사례에 대해 나의 학생들은 의견이 일치(콰디르의 사례와는 달리)한다. 보즈카야를 위협했던 고릴라들은 거의 모든 바나나를 가지고 갔지만, 실행에 옮겼다는 공로를 인정하여 바나나 한두 개쯤 떨어뜨려 놓고 갔다. 이는 보즈카야 자신도 동의하는 바다.

'형편없는' 아이디어

1993년에 뉴욕 투자 은행의 사무실에 앉아 있던 콰디르는 문득 절대 떨칠 수 없는 13살 시절의 한 일화를 떠올렸다. 방글라데시에서 병든 형제를 위해 약을 구하러 10킬로미터나 멀리 떨어진 마을로 달려야 했던 기억이었다. 아침 내내 걸어서 그 마을에 도착한 콰디르는 약사가 부재 중이라는 말을 들었다. 어쩔 수 없이 그는 빈손으로 오후 내내 걸어서 집으로 돌아가야 했다.

사실 당시에 이런 일은 방글라데시에서 드문 경우가 아니었다. 대부분의 마을에는 전화기가 없었고 대중교통을 이용하기가 어려웠다. 심지어 그로부터 20년이 지나 콰디르가 뉴욕의 월스트리트에서 편안한 삶을 살던 때에도 여전히 그의 모국은 1000명당 겨우 2대의 전화기만을 보유 중이었고 도시가 아닌 지역에서는 그마저도 없었다.

콰디르는 모국과 오랫동안 떨어져 살았지만, 1993년에 모국이 모바일 통신 산업이 미치지 않은 시장이라는 사실을 알게 됐다. 지금은 가난한 나라에서 무선통신 사업이 좋은 사업 기회라는 것이 당연해 보이지만, 1993년에는 무모한 일로 보였다. 당시 30대 중반이었던 콰디르는 아이디어의 실현 가능성을 살펴보기 위해 그해 10월에 방글라데시를 방문했다. "저는 통신이나 경제 발전에 대해 문외한이었습니다. 저는 와튼 경영대학원을 나오고 뉴욕의 투자은행에서 일했지만, 방글라데시에 대해서는 정말 아무것도 몰랐습니다. 떠나온 지 20년이나 됐으니까요."

콰디르는 현지 통신업체들이 그토록 넓은 방글라데시의 농촌 지역을 거들떠보지 않는다는 사실에는 별로 놀라지 않았다. 단지 그는 전체적인 통신 인프라가 얼마나 낙후되고 얼마나 고비용 구조인지 예상하지 못했을 뿐이었다. 기존의 아날로그 네트워크(유선전화망) 중 상당 부분은 일상적으로 고장을 일으켰고, 가입 신청을 해도 몇 년 동안 기다려야 했으며, 200달러에 불과한 1인당 국민소득으로는 500달러나 되는 전화 설치비와 600달러에 이르는 1년 이용료를 감당하기가 불가능했다.

콰디르는 실망한 채 뉴욕으로 돌아갔지만, 2개의 유용한 정보 덕분에 꿈을 버리지 않았다. 하나는 기존의 아날로그 네트워크가 곧 디지

털로 전환된다는 것이었고, 나머지는 무선통신 사업 승인 절차가 1994년 7월쯤에 시작된다는 것이었다. 기회가 왔다고 그는 생각했다.

콰디르는 뉴욕에서 혼자만의 힘으로 방글라데시 농촌의 번영을 이끌어내기가 버겁다는 사실을 잘 알고 있었다. 그래서 그는 그라민 은행의 설립자이자 경제학자인 무하마드 유누스에게 협조를 요청하기 위해 방글라데시로 다시 날아갔다. 그라민 은행은 선구적인 마이크로파이낸싱 기관으로서, 가난한 사람들이 자기 소유의 작은 사업체를 운영할 수 있도록 소액을 대출해주고 빈곤을 경감시키는 방법을 전파했다. 1993년 당시, 그라민 은행은 1100개의 지점을 통해 3만 4000개의 마을에 소액 대출 서비스를 제공 중이었다(유누스는 그라민 은행을 통한 업적을 인정받아 2006년에 노벨 평화상을 수상했다). 콰디르는 유누스를 끌어들이는 것이 무선통신 사업을 승인받기 위한 문을 여는 방법이라고 봤다. 또한 그라민 은행과 협력하면 빈곤 퇴치라는 사회적 어젠다 달성에 상승효과가 있으리라 생각했다. 여러 번의 시도 끝에 콰디르는 유누스를 만날 수 있었지만, 그는 처음부터 콰디르의 제안에 관심이 없었다.

그 후 몇 개월 동안 유누스의 관심을 끌기 위해 수차례 설득한 끝에 그의 고집을 천천히 누그러뜨릴 수 있었지만, 여전히 그는 은행의 자금을 투자하고 싶어 하지 않았다. 대신 유누스는 추천서를 써주었다. 그의 추천서는 무선통신 사업 승인을 받는 데에 어느 정도 도움을 주었지만, 프로젝트를 '이륙'시키기에는 충분하지 않았다. 그것만으로는 콰디르가 무선통신 벤처기업을 만들 수 없었다. 무선통신 보급을 통해 방글라데시 농촌에서 경제적인 '혁명'을 일으키려면, 자금조달과 네트워크 구축

및 운영을 함께할 '파트너 사'들이 서로 협력해야 했다.

1994년 봄, 콰디르는 뉴욕의 부유한 사회사업가 조슈아 메일맨Joshua Mailman을 만났다. 콰디르는 메일맨에게 2년 동안 경제적으로 농촌 지역 방글라데시인들의 삶을 개선하고 그들에게 경제적 자율권을 제공하는 일에 기꺼이 헌신하고 싶다고 했다. 메일맨은 콰디르와 50 대 50의 파트너십을 체결하고 콰디르의 생활비로 12만 5000달러를 투자하는 데 동의했다. 둘은 회사 이름을 고노폰Gonofone이라 지었는데, 벵골어로 '대중을 위한 전화'라는 뜻이다. 메일맨의 투자는 "저를 신뢰한다는 첫 번째 표시였기에 저는 그에게 제가 신뢰할 만한 사람이라는 것을 증명해야 했죠"라고 콰디르는 회상한다. "포기는 선택사항이 아니었습니다."

메일맨은 기본적으로 사회사업의 관점으로 고노폰을 바라봤지만, 콰디르는 영리적인 사업 기회로도 보았다. "많은 사람들은 그라민폰의 사회사업적 측면을 이야기합니다. 그러나 그들은 우리 사업의 핵심적인 측면이 영리 창출이라는 것을 정말 모릅니다."

콰디르는 월스트리트를 떠나 방글라데시의 아파트에 거처를 마련하여 파트너들을 규합하기 위한 계획을 수립했다. 그는 전국적인 지점망을 갖춘 그라민 은행이 유통 부문의 일을 훌륭하게 수행할 파트너라고 판단했다. 하지만 그는 여러 모로 돈이 많이 드는(수억 달러가 소요될 것으로 예상되는) 인프라를 구축하고 운영하기 위해 전문성과 자금이 풍부한 통신업체를 1순위로 확보해야 한다는 점을 잘 알고 있었다. 그래서 그는 미국에 문을 두드렸다. 하지만 아무도 응답하지 않았다. 사하라 이남 지역을 타깃으로 한 이브라힘의 셀텔과 마찬가지로, 통신업체의 눈에는 방글라데시에서 콰디르가 추진하는 사업 역시 돈만 날릴 것으로 보였기 때문이었다. 방글라데시는 세계에서 가장 가난한 나라 중 하나였기에 더욱 그랬다. 미국 통신업체들 중 어느 곳도 그의 사업에 관심을 두지 않았다. 한 회사는 "우리는 적십자가 아닙니다"라고 말하여 협조 요청을 일축했다. 미국의 사모투자자들도 관심이 없긴 마찬가지여서 방글라데시 같은 후진국에 투자하는 것을 바보 같은 짓이라고 여겼다.

콰디르는 북유럽 국가로 눈을 돌렸다. 그 국가들은 휴대폰이 세계에서 가장 많이 보급된 곳인 데다가 노키아Nokia와 에릭슨Ericsson이 있는 곳이었다. 몇몇 북유럽 통신업체들은 개발도상국 시장에 투자해본 경험이 있었기 때문에 정부 관료를 상대하고 낙후된 인프라를 극복하는 데에 익숙했다. 몇 번의 시도 끝에 콰디르는 스웨덴 국영 텔레콤 회사인 텔리아Telia가 사업 타당성 조사를 실시하도록 설득할 수 있었다.

텔리아의 지원은 공식적으로 그라민 은행을 합류하도록 만든 계기가 되었다. 그라민 은행의 이사 칼리드 샴스Khalid Shams는 나중에 회상하기를, "텔리아가 참여하기 전까지는 콰디르의 아이디어가 정말 끔찍해 보였습니다. 하지만 콰디르는 인내력이 대단했습니다. 그는 불도저 같은 사람이었습니다."² 마침내 그라민 은행은 콰디르와 한 배를 탔다.

세 회사, 즉 고노폰, 텔리아, 그라민 은행은 1994년 말에 무선통신 사업 승인을 따내기 위해 컨소시엄을 결성했고(컨소시엄 이름은 '그라민폰'_옮긴이) 고노폰은 10퍼센트의 지분을 약속받았다. 콰디르의 꿈이 곧바로 현실로 나타날 것처럼 보였다.

그러나 콰디르의 기쁨은 얼마 가지 않았다. 텔리아 임원들을 처음 만난 지 6개월 후인 1995년 2월, 콰디르는 스웨덴에 있는 텔리아 본사로부터 연락을 받았다. 텔리아가 프로젝트를 포기하기로 했다는 소식이었다. 실의에 빠진 콰디르는 텔리아의 이탈로 인해 그라민 은행마저 떠날 것을 우려했다. 그는 자신의 노력이 물거품이 되기 전에 즉각 대체할 만한 회사를 찾아야 했다.

콰디르는 텔레노어, 태국의 유콤Ucom, 일본의 마루베니Marubeni 등 다른 나라의 통신업체들과 접촉하면서 합류 가능한 파트너를 물색하기 시작했다. 불행히도 그 업체들은 흥미롭다는 반응을 보였지만 참여는 하지 않으려 했다. 게다가 그라민 은행은 말로만 투자하겠다고 했을 뿐 여태 자금을 실제로 투입하지 않은 상태였다. 그라민폰은 이륙은커녕 계속 활주로에 대기 상태로 있어야 했다.

콰디르는 자기 소유의 사무실이 없어서 그라민 은행의 한 귀퉁이에서 일하거나 종종 차 안에서 일하기도 했다. 콰디르의 생활은 최저 수준이었다. 그의 은행 잔고는 점점 0을 향해 치닫고 있었고, 그의 아내는 첫 아이를 낳기 직전이었다. "제 딸은 1995년 7월에 태어났는데, 그때 저는 최악이었습니다. 저는 미국에 모든 것을 버리고 방글라데시로 돌아왔지만, 그라민폰은 아무런 미동도 하지 않았니까요." 그는 방글라데시에 있는 자신의 아파트에 전화선을 설치하게 도와달라고 지인들에게 부탁조차 할 수 없었다. 그는 그렇게 1년이 넘도록 하염없이 기다렸다.

그라민 은행은 여전히 자금 투입을 꺼렸다. 그의 딸이 태어난 지 정확히 한 달 후에 결정적인 순간이 찾아왔다. 바로 방글라데시 체신부가 세 장의 무선통신 사업권을 제시하며 1995년 9월 30일까지 입찰 신청을 완료하라는 것이었다. 공지가 올라오자마자 콰디르는 노르웨이로 곧장 날아가 텔레노어에게 필사적으로 매달렸다.

문전 박대할 줄 알았던 텔레노어는 자기네 컨설팅 부문에 방글라데시 시장을 조사하라고 지시했고, 컨설턴트들은 농촌 마을을 대상으로 한 무선통신 서비스가 충분히 성공할 수 있다는 결론을 내렸다. 다행히도 입찰 마감일이 다가오자 정부는 11월 6일까지 마감일을 연장해주었고 콰디르는 타당성 조사를 완료하고 최종 입찰 신청서를 완성할 시간적 여유를 벌 수 있었다.

텔레노어와 그라민 은행은 모두 조사 결과가 매우 설득력 있다고 생각했다. 1995년 10월 8일, 텔레노어는 콰디르에게 공식적으로 무선통신 사업권 입찰에 참여하겠다고 알려왔다. 희소식을 접한 그라민 은행은 180도로 태도를 바꾸어 투자 실행을 약속하면서 합작회사의 대주주 자격을 요구했다. 그라민 은행의 요구는 세 회사가 각각 투자자, 네트워크 구축자, 운영자가 되어 컨소시엄을 이끌기로 텔레노어와 합의한 내용을 전적으로 위배하는 것이었다. 옥신각신하는 동안, 그라민 은행은 일본의 거대 상사인 마루베니를 컨소시엄에 합류시켰다. 이는 부분적으로 텔레노어의 영향력을 약화시키려는 그라민 은행의 속셈이었다.

콰디르가 긴 터널 끝에서 한 줄기 빛을 볼 수 있었던 바로 그때, 그라민폰의 소유권 분리는 결국 분열을 초래했다. 두 고릴라는 바나나를 차지하려고 이미 거칠게 몸싸움을 하고 있었고, 중간에 낀 덩치 작은 고노폰은 애처로운 처지가 되었다. 텔리아가 고노폰에게 10퍼센트의 지분을 약속했을 때 콰디르는 정당한 '땀의 대가'라고 생각했다. 하지만 거대한 고릴라 세 마리(그라민 은행, 텔레노어, 마루베니_옮긴이)가 뒤엉켜 싸움을 벌이자, 고노폰의 지분은 4.5퍼센트로 쪼그라들고 말았다. 그라민 은행은 51퍼센트의 지분을 자신들에게 넘기겠다는 텔레노어의 구두 약속을 받아내고 텔레노어에게 35퍼센트의 지분을 주기로 합의했다. 마루베니는 나머지 9.5퍼센트의 지분을 취득했다.

자금력을 확보하기 위해 그라민 은행을 참여시키려고 애를 썼던 것이 결국 고노폰과 콰디르를 제일 낮은 서열로 강등시켰다. 오랫동안의 희생이 기대했던 것의 반도 안 되는 결과로 나타났으니 환멸을 느낄 만도 했지만, 그는 마음을 다독였다. "저는 태어난 아기가 건강하고 독립적으로 자라는 모습을 멀리서나마 보고 싶다는 바람과, 그 아기를 제 무릎 위에 앉히고 계속 어르고 싶다는 본능 사이에서 균형을 잡으려고 애썼습니다"라고 그는 회상한다. 결과가 어떻든 간에, 방글라데시 전역에 무선통신이 가능하도록 하겠다는 그의 오랜 꿈은 마침내 실현을 목전에 두었다. 누가 몇 퍼센트의 지분을 가지느냐를 놓고 서로 팽팽하게 맞서던 협상이 입찰 신청 마감 몇 시간 전에 극적으로 타결됐던 것이다.

하지만 고노폰은 4.5퍼센트의 지분조차 계속 유지하기가 힘들었다. 파트너들 간의 합의서에는 1000만 달러를 선행 투자하고 향후에 4000만 달러를 분할 투자해서 통신 네트워크를 구축하고 서비스를 론칭하자는 내용이 포함되어 있었는데, 고노폰을 포함한 각 파트너들은 각자의 지분율에 따라 추가 투자금인 4000만 달러를 분담 투자해야 했다. 이 말은 고노폰이 180만 달러(4000만 달러의 4.5퍼센트)를 1~2년 내에 내놓을 수 없으면, 고노폰의 지분은 향후에 사라지게 될 거라는 뜻이었다.

11월 6일 아침, 입찰 신청서를 제출하려고 관청에 도착한 콰디르는 혼란스러운 광경을 목격했다. 노동조합 활동가들이 문을 막아서고 있었고, 열두 곳이 넘는 입찰 신청 업체들이 몰려들었던 것이다. 노조와의 대치를 피하기 위해 체신부 당국은 입찰 접수 장소를 비밀리에 다른 사무실로 변경했고, 콰디르와 텔레노어의 임원은 입찰 관련 문서를 서류 가방에 넣은 다음 체신부 장관에게 개인적으로 제출했다.

하지만 아직 끝난 게 아니었다. 1996년 6월, 정부를 상대로 거의 1년 가까이 그라민 은행이 로비를 벌였음에도 불구하고 새로 구성된 정부가 입찰의 무효를 선언하고 처음부터 다시 시작하려 한다는 걱정스러운 전망이 파다했다. 다시 한 번 콰디르는 패배를 인정해야 한다는 공포심에 휩싸였다. 그는 떠올린다. "거의 희망이 없었습니다. 저에게는 아내와 아이가 있었기 때문에 성과 없는 일을 그만둬야 한다고 생각했죠. 더 이상 지속할 수가 없었답니다."

다행히 유누스가 개인적으로 신임 총리를 잘 설득한 결과, 1996년 11월에 정부는 그라민폰 컨소시엄을 포함한 세 업체에게 무선통신 사업권을 인가했다. 당시에 이미 5000명의 가입자를 가진 무선통신 업체 한 곳이 있었기 때문에 무선통신 사업자는 하루아침에 네 곳으로 늘었고, 각 업체들은 방글라데시 전역에 서비스를 제공할 수 있는 허가를 취득했다. 그러나 그라민폰만이 농촌 지역을 서비스 범위로 한다는 특별한 계획을 가지고 있었다.

론칭하기

1개월 후, 유누스는 파트너들이 방글라데시의 독립기념일인 1997년 3월 26일에 서비스를 시작하겠다고 공개적으로 선언하자 놀라움을 감추지 못했다. 그날은 인가를 받은 지 고작 4개월밖에 안 되는 시점이었다. 콰디르와 파트너들은 개통일을 맞추기 위해 밤낮으로 열심히 일했다.

개통 직후 그라민폰은 실질적인 운영을 시작했다. 비록 서비스 범위가 넓지 않아서 상징적인 수준이긴 했지만, 그라민폰은 다카에 여섯 곳의 기지국을 설치하여 3000명의 도시 가입자와 28명의 '마을 전화 운영자Village Phone Operator'들을 대상으로 서비스를 개시했다. 마을 전화 운영자란, 가난한 이웃들이 공유해서 사용할 수 있도록 휴대폰을 여러 대 구입하여 임대해주는 여인들을 가리키는 말이다. 개통을 축하하기 위해 셰이크 하시나Sheikh Hasina 총리는 노르웨이 총리와 수도 외곽에 거주하는 마을 전화 운영자와 각각 시험 통화를 했다. 개통 첫날 파트너들의 예상을 훨씬 뛰어넘는 5000명의 가입 신청자들이 몰려와 그라민폰 사무실 바깥으로 길게 줄을 섰다. 콰디르는 자신의 비전이 사람들에게 인정받았다는 생각에 마음이 뿌듯했다.

론칭하자마자 그라민폰은 모든 수치에서 빠르게 상승곡선을 탔다. 2000년에 이 회사는 처음으로 300만 달러의 흑자를 이루었는데, 그 후 1년마다 2800만 달러, 4500만 달러, 6700만 달러로 흑자폭이 급증했고 이익률은 30퍼센트나 되었다. 2008년에 그라민폰은 상장되었고 주가는 높은 수준을 자랑했다. 아기처럼 아장아장 걸어다니던 콰디르의 회사는 이제 매출 10억 달러(2011년 기준)에 시장가치가 30억 달러에 달하는, 다 큰 어른이 되었다. 현재 그라민폰은 방글라데시 전역을 커버하고 있다. 가입자 수는 400만 명에 이르고 상당수의 마을 전화 운영자들을 통해 농촌 경제 활동에 기여하고 있다.

콰디르의 비전이 가치를 창조했다는 사실은 의심할 여지가 없다. 그의 벤처기업은 이윤 추구를 목적으로 한 기술 투자를 통해 빈곤국의 시민들에게 경제적 기회를 제공한, 대표적인 모델이라고 많은 사람들로부터 찬사를 받았다. 경제학자인 제프리 삭스Jeffrey Sachs에 따르면, "그라민폰은 세계에서 가장 가난한 곳에서 현대적인 통신기술을 어떻게 확장하여 사용할 수 있는지를 세계인들에게 선보였다."[3]

하지만 사업 초기인 1997년으로 돌아가보면, 그 '아기 기업'의 부모인 콰디르(그리고 고노폰에서 그의 재정적 후원자들)에게 모든 일들이 단순하지만은 않았다. 서비스 개시 후 다양한 역할(최고 전략가, 최고 재무 책임자, 이사회 멤버)을 맡았음에도 불구하고 고노폰이 더 큰 지분을 갖도록 만들려던 콰디르의 시도는 2001년이 되도록 매번 좌절되었다. 혼자의 힘으로 변화시키기엔 역부족이라는 사실을 절감한 콰디르는 건장한 청년으로 자라난 그라민폰을 그만두고 미국으로 돌아갔다. 그는 하버드에서 강의 활동을 하는 등 새로운 경력을 시작했다.

그러던 중, 의결권이 없는 이사회 참관인 신분에 불과했던 콰디르는 2002년에 틈새를 발견했다. 1998년의 금융 위기로 인해 아시아에서의 투자가 아수라장이 되자 일본의 무역회사 마루베니는 자신들이 보유한 9.5퍼센트의 지분을 매각하고 싶어 했다. 법적으로 그 지분을 텔레노어나 그라민 은행만이 매입할 수 있다는 제한이 없었기에 콰디르는 은밀하게 마루베니에게 접촉하여 지분 매입 거래를 성사시켰다. 하지만 마루베니는 몇 개월 내에 2200만 달러를 납입해달라는 조건을 내걸었고, 그렇게 해야만 고노폰의 지분은 14퍼센트로 상승할 수 있었다.[4]

그러나 고노폰에 2200만 달러를 투자해달라고 자본가들을 설득하는 일은 또 한 번의 지난한 과정인 것으로 드러났고, 콰디르의 인내력은 다시금 시험대에 올랐다. 2003년이 되었는데도 방글라데시는 여전히 리스크가 매우 큰 시장으로 분류되었고, 유명한 사모투자자들은 대부분 콰디르가 제안한 거래를 비웃기만 했다.

오직 한 군데의 사모 펀드가 고노폰의 지분 매입 거래를 받아들였는데, 바로 그 순간 콰디르가 투자자를 모을 때까지 참을성 있게 기다리던 마루베니는 자신들의 지분을 고노폰에 매각하고 싶다는 사실을 텔레노어와 그라민 은행에게 알리고 말았다.

순식간에 상황은 아수라장으로 변했다. 침팬지는 아무도 모르게 땅에 떨어진 바나나 몇 개를 막 주우려던 참이었다. 이제 두 고릴라인 텔레노어와 그라민 은행이 알아버렸으니 그들끼리의 싸움을 멈추고 살기등등한 눈으로 침팬지(고노폰)에게 달려들 것이 뻔했다. 텔레노어의 임원들은 즉시 보스턴으로 날아와 법적 조치를 시사했다. 멀리 다카에 떨어져 있던 그라민 은행 역시 들고 일어날 태세였고 거래를 막기 위해 모든 법적 수단을 사용하겠다며 위협을 가했다. 그 두 거대 파트너들은 각자 자기네들이 마루베니의 지분을 매입할 정당한 권리가 있다고 주장했다. 그 '권리'가 이미 법적으로 소멸됐고, 마루베니가 콰디르에게 지분 매입

의향을 묻기 전에 두 회사 모두 마루베니의 매입 요청을 거들떠보지 않았는데도 말이다.

법적으로 승리를 거두더라도 상처뿐인 영광이 될 거라고 우려한 콰디르는 모두가 동의하는 거래 결과를 이끌어내려고 투자은행에서 다진 자신의 모든 기량을 발휘하여 수개월 간 양측을 왔다갔다하며 협상을 계속했다. 마침내 여러 대안을 제시한 결과, 콰디르는 고노폰이 소유한 모든 지분과 마루베니의 지분 매입 옵션을 합하여 총 3300만 달러에 매각하기로 합의를 이끌어냈다. 이 거래로 텔레노어는 62퍼센트의 지분을 가지며 대주주가 되었고 그라민 은행의 지분율은 38퍼센트가 되었다. 그리고 콰디르와 고노폰의 재정적 후원자들은 2004년 말에 자신들이 받을 현금을 모두 챙기고 완전히 그라민폰에서 철수했다.

두 고릴라들은 바나나를 놓고 격돌하던 상황으로 다시 돌아가지 않았지만, 그렇다고 악감정이 수그러들지는 않았다. 무하마드 유누스가 공개적으로 외국기업인 텔레노어가 가난한 방글라데시인들의 생활과 소득을 통제하고 있다면서 질책하고 나섰기 때문이다. 텔레노어의 임원들은 수많은 사람들의 삶을 개선할 수 있는 힘은 바로 자신들의 자금력과 전문성에 있다고 유누스에게 맞받아쳤다.[5]

고노폰이 철수하던 2004년 당시의 그라민폰은 아직 상장되기 전이라서 정확한 시장가치를 추산하기가 어렵다. 하지만 내 학생들은 이론상 그

라민폰의 주식가치가 최소 5억 달러에서 10억 달러에 이를 거라고 추산한다. 이에 따르면, 마루베니의 지분을 포함한 고노폰의 지분 평가액은 보수적으로 생각해도 7000만 달러에 이르기 때문에 실제 매각 대금의 두 배가 넘는다. 고노폰 내에서 콰디르의 지분율은 50퍼센트보다 약간 작았다. 그럼에도 그는 3300만 달러에 고노폰을 매각했다.

콰디르는 정말로 실용주의자였을까? 아니면 고릴라들에게 너무나 빨리 굴복했던 것일까? (몇몇 학생들은 그렇다고 생각한다) 콰디르는 내 수업에 초청되어 이 문제에 관한 자신의 의견을 솔직하게 털어놓았다. 그는 상장 전인 벤처기업에서 고노폰이 가지는 이론상의 지분 가치, 그라민폰의 미래에 대한 불확실성, 힘들게 확보한 부를 비영리 재단과 창업가정신 개발 센터를 설립하는 데에 쓰고 싶다는 욕구를 참작하면, 3300만 달러에 지분을 매각한 것이 현명한 조치였다고 말한다.

어떤 사례를 접하든 본인의 의견을 주장할 수 있다. 또한 누구든지 자기만의 결론에 도달해야 한다. 그러나 개인적인 이득을 획득하는 것이 중요하지 않다고 말한다면 곤란하다. 개인적인 이득, 즉 비범한 가치를 획득하는 것은 창업가정신의 핵심요소 중 하나이기 때문이다.

결말이 다른 이야기

요즘 보즈카야는 MIT에서 창업가정신, 벤처 캐피탈, 사모투자와 관련된 사례를 가르치고 있지만, 그에게도 언급하기를 꺼리는 사례가 하나 있다. 바로 그가 소유했던 'TA 에너지'란 회사의 사례다.[6] 대학에서 활동하기 16년 전, 보즈카야는 전기산업에 관한 터키 정부의 규제 완화를 사업 기회로 보고 터키에서 유명한 모 가족기업의 안정적이고 보수도 높은 일자리를 박차고 나왔다. 보즈카야와 나는 하버드 교수인 빌 커Bill Kerr와 함께 하버드 경영대학원 사례 연구집에 그의 경험을 연대순으로 정리했다. 그러나 보즈카야는 "전 그걸 학생들에게 가르치고 싶지 않아요. 학생들은 절 비난할 테니까요"라고 말한다.

보즈카야는 비록 현재는 자금조달 분야의 권위자이긴 하지만 처음부터 창업가정신을 가르치는 교수가 되기로 마음먹었던 것은 아니었다. 터키에서 태어난 보즈카야는 버지니아 공과대학에서 산업 경영 학사 학위와 MBA 학위를 취득했고 곧바로 미국, 영국, 호주에 있는 여러 앤더슨 컨설팅Andersen Consulting 지사에서 일했다. 그 후 그는 터키로 돌아와 여러 회사를 거느리고 있는 지주 회사에 입사하여 모 사업부의 구조조정 업무를 맡게 됐다. 그곳에서 그는 승승장구하여 이사회 입성을 약속받기에 이르렀다.

전기산업에 대한 규제 완화와 민영화의 바람이 불던 1997년, 보즈카야의 마음속에는 새로운 사업의 싹이 자라나고 있었다. "저는 IPP(독립적인 전력 생산자)를 매력적인 사업이라고 본, 몇 안 되는 사람 중 하나였습니다. 사실 전기 생산이 혁신적인 사업이라 말할 수는 없었죠. 거의 100년 동안 어디서나 구할 수 있는 기술에 의존하고 있었으니까요." IPP라는 비즈니스 모델 자체는 다른 여러 국가에서 이미 일반적이었지만 터키에서는 새로운 모델이었기에, 보즈카야에게는 자신의 운영 스킬과 국내외에서의 자원조달 경험을 결합시킬 수 있는 기회였다. 그의 전략은 '작게 시작하여 크게 끝내는 것'이었다. 그는 세계적인 전력 개발업체들 중 한 곳과 파트너십을 맺어 터키에서 첫 번째 IPP를 설립해 운영하고자 했다. 처음에 성공적인 모습을 보여주면 보즈카야와 파트너는 줄줄이 여러 개의 IPP 회사를 설립할 수 있을 테고, 터키 주식 시장에 'IPP 그룹'을 상장시키면 큰돈도 벌 수 있을 터였다.

당시 터키 경제는 성장 중이었고 많은 다국적기업들이 터키로 몰려들었다. 그러나 터키에서 오랫동안 사업을 했던 다국적기업들조차 현지와 해외로부터 자원을 조달하는 것, 자력으로 정부의 관료주의를 극복하는 것, 정부를 설득하여 규제 장벽을 제거하는 것, IPP를 론칭하기 위해 실제적인 컨소시엄을 구성하는 것 등을 아주 어려워하고 있었다. 이때 보즈카야의 눈에는 터키인들이 더 많은 전기와 더 나은 서비스를 필요로 한다는 사실이 뚜렷하게 보였다. 전기 수요는 늘어나는 추세였다. "제가 전기 공급과 수요 사이에 다리를 놓기 위해 담당할 수 있는 역할은 기술이나 서비스를 창조하는 것이 아니었습니다. 그 대신 여러 기업들을 참여시켜 모두에게 좋은 기회가 되는 방향으로 관심사를 일치시키는 것이 제가 할 수 있는 역할이었죠." 보즈카야는 자신의 경영 능력과 민첩함, 그리고 인맥들을 통해 그런 일을 성사시킬 수 있으리라 생각했다.

IPP를 운영하며 이익을 내려면, 연료 공급, 토지 제공, 운영자금조달, 장비 공급, 공장 건설, IPP 운영, 생산된 전기 판매 등을 위해 6~7개의 파트너들과 컨소시엄을 구성해야 하고 그들과 일괄 계약을 체결할 필요가 있었다. 보즈카야는 '닭이 먼저냐, 달걀이 먼저냐'를 고민해야 했다. 만약 큰 업체를 설득하여 토지를 제공받고 IPP의 '장기 전속 고객'이 되겠다는 약속까지 받아낸다면, 그는 고가의 열병합 설비를 공급하는 세계적인 업체(세계에서 몇 안 되는)들을 곧바로 설득하여 컨소시엄에 참여하도록 만들 수 있었다. 그렇게 되면 그는 공장을 건설하고 운영할 파트너를 찾을 수 있을 테고, 공장이 완공되기 전까지 가스와 석유를 장기간 고정된 가격으로 공급받는 계약을 체결하는 데 집중할 수 있었다. 마지막으로, 이 모든 게 원활하게 이루어지면, 그는 전체 프로젝트를 위해 자금을 조달해줄 금융 파트너를 찾을 수 있을 터였다.

프로젝트를 성사시키기 위해 그는 재빨리 움직여야 했고 동시에 다양한 파트너들과 계약 조건을 협상하기 위해 모든 방법을 총동원해야 했다. 여러 파트너들 사이를 왔다 갔다 하면서 협상을 진행하려면 몇 개월은 족히 걸릴 듯했다.

임원직을 사퇴하기 전에 보즈카야는 자신의 아이디어를 고용주에게 먼저 제의해보았다. IPP 사업이 매력적인 신생 벤처기업이 될 수 있다고 설득하면서 말이다. 그러나 그 고용주는 제안을 거절했다. 보즈카야는 안정적인 일자리를 사직하고 IPP라는 새로운 시장으로 이동했다. 콰디르와 마찬가지로, 그 시기는 그의 인생에서 리스크를 감수하기가 가장 힘든 때였다. 당시 그는 가족을 이끄는 30대 중반의 젊은 가장이었고 거대 기업의 고위 임원이라는 고임금의 직업을 가지고 있었다. 보즈카야는 6개월 치 봉급에 해당하는 돈(8만 달러)을 자신이 최대로 투자 가능한 한계치로 설정했고, 그 돈이 떨어지면 말 그대로 '생명 유지 장치'

를 떼내고 사업을 포기하기로 결심했다.

보즈카야는 전기를 필요로 하는 고객들의 목록을 작성했다. 당시 터키는 여러 건의 대대적인 정전 사고 때문에 곤욕을 치르고 있었기에 보즈카야는 사람들에게 이렇게 홍보했다. "안정적이고 믿을 만한 전력 공급 서비스를 장기적으로 제공받고 싶다면, 우리에게 전력을 공급받으십시오. 요금은 지금 내는 것보다 싸지는 않지만, 정전 없는 안정적인 서비스를 약속합니다."

진지하게 관심을 표명한 고객들 중에는 코카콜라가 있었다. 터키에 주요 시설을 보유하고 있던 코카콜라는 전력 생산량의 30퍼센트를 구입하겠다고 약속했다. 더욱 놀라웠던 일은 보즈카야의 전 고용주가 예전에 제안을 거절해서 미안하다며, IPP의 주고객이 되어줄 뿐만 아니라 IPP 주식의 10퍼센트를 먼저 받고 나중에 40퍼센트까지 지분율을 늘릴 수 있다는 조건을 보즈카야가 수용하면 IPP에게 토지를 제공하겠다고 약속했다. 전 고용주와의 합의는 돌파구가 되었다. 강력하고 자금력이 풍부한 파트너의 참여를 계기로 컨소시엄을 구축하는 것에 타당성을 확보할 수 있었기 때문이다. 하지만 이는 불행히도 침팬지가 고릴라에게 바나나를 대신 따달라고 부탁한 꼴이 되고 말았다.

고객들로부터 약속을 얻어낸 그는 세계에서 가장 큰 터빈 제조업체 중 하나인 롤스로이스Rolls Royce를 방문하기 위해 런던으로 향하는 비행기에 올랐다. 터키에 터빈을 공급하고 설치해줄 것을 요청하기 위해서였다. 보즈카야는 롤스로이스가 당연히 수락해줄 거라고 믿어서는 안 된다는 점을 잘 알고 있었다. 터빈 공급업체는 세계에서 그 수가 얼마

안 되는 반면 수요는 엄청나게 많았기 때문에 롤스로이스는 자신들의 고객을 조심스럽게 골랐다.

다행스럽게도 보즈카야의 전략은 효과를 발휘해서 롤스로이스의 공급을 약속받을 수 있었다. 그는 다음 설득 대상으로 셸 오일Shell Oil과 접촉하여 터빈을 작동시키기 위한 연료를 공급해달라고 요청했다. 보즈카야는 이렇게 말한다. "저는 관련된 모든 업체들에게 가치를 주려고 노력했습니다. IPP는 롤스로이스로부터 수백만 달러짜리 제품을, 셸로부터는 연료를, 터키의 어느 업체로부터는 가스를 구매했죠. 저는 최종 소비자들에게도 가치를 제공했습니다. 그들에게 안정적으로 전력을 공급하기로 했으니까요. 저는 경험이 풍부한 세계적인 엔지니어링 기업을 합류시켰고 관리 경험이 많은 세계적인 운영 회사도 끌어 들였습니다." 간단히 말해 그는 본인만 빼고 모두를 위해서 '윈-윈-윈'의 상황을 조성했던 것이다. 하지만 그는 그런 사실을 깨닫지 못했다.

IPP에 참여할 핵심 기업들이 결정되자, 보즈카야는 국제적인 금융기관을 찾아가 금융 지원을 요청했다. 보즈카야는 IPP로부터 이자 수익을 벌어들일 수 있을 거라고 말하며 그들을 설득했다. 단 4개월 동안 이리 뛰고 저리 뛰면서 계약 협상을 정신없이 진행한 결과, 보즈카야는 모든 것들을 제대로 갖춘 최초의 IPP를 설립할 수 있게 됐다.

하지만 그건 보즈카야 혼자만의 생각이었다. 그는 핵심고객이자 토지 제공업체, 그리고 투자자가 된 그 가족기업(보즈카야가 임원으로 근무했던 터키 회사_옮긴이)의 회장과 만난 자리에서 실신할 정도로 크게 한 방 얻어맞고 말았다. 회장은 이렇게 말했다. "우리는 자네가 더 이상 여기에서 일하지 않기를 바란다네. 하지만 걱정은 말게. 우리는 후하니까 말이야. 자네가 노력해준 대가로 175만 달러를 줄 테니, 당장 여기를 떠나게. 아니면 우리가 나갈 거야."

일반에게 전력을 사고파는 'IPP 그룹'을 만들어보겠다는 보즈카야의 야심찬 비전은 한순간에 사라지고 말았다. 단 한 번의 만남으로 보즈카야는 기회를 창조한 헌신적인 창업가의 위치에서 그저 수수료를 받고 일하는 컨설턴트의 위치로 추락했다. 175만 달러는 물론 상당한 액수이긴 했지만, 그가 설립한 벤처기업의 가치에 비하면 새발의 피였다. "우리는 자네가 더 이상 필요 없네." 그 말이 바늘처럼 보즈카야의 가슴을 찔러댔다. 고릴라가 바나나를 흐뭇한 눈으로 바라보면서 이렇게 말한 것이나 다름없었다. "바나나 몇 개 던져줄 테니 고맙게 생각해라. 너는 침팬지지, 고릴라가 아냐. 그리고 이 나무는 이제부터 내 것이야."

충격과 분노에 휩싸인 보즈카야는 최후통첩을 묵살하고 그 회장에게 할 테면 해보라고 쏘아붙일까 잠시 생각했다. 그러나 그는 '기회를 인식하는 것', '가치를 창조하는 것', 그리고 '자기 몫의 가치를 획득하는 것' 간의 관계를 IPP를 시작할 때부터 잘못 알고 있었음을 깨달았다. 그는 이제 와 입을 연다. "계속하고 싶다는 열망이 있었지만, 기회와 권한이 사라지자 좌절감이 극도에 달했습니다. 제가 바로 IPP를 조직하기 위해 필요한 모든 참여기업들을 한데 모은 사람이었으니까요. 저에게는 '기회의 창'을 인식할 수 있는 능력과 모든 참여자들을 규합시키는 능력이 있었기 때문에 이해관계자들 모두에게 큰 이익이 돌아갈 수 있었습니다. 하지만 저는 그들이 '한 팀'이 된 후에는 그들에게 제공할 가치가 더 이상 남아 있지 않다는 것을 바보처럼 깨닫지 못했습니다. 제가 남아 있든 남아 있지 않든 그들에게는 상관이 없었습니다. 저는 그들에게 필요 없는 존재였던 것이죠." 단 몇 개월 만에 보즈카야가 제공한 독특한 부가가치는 정점에서 0으로 추락했다.

"모호했던 비즈니스 모델이 분명해지면, 각 참여업체들은 막강한 내부 역량, 금융 자원, 인적 자원을 보유하고 있기 때문에 그들만의 힘으로 모든 걸 실행할 수 있게 됩니다"라고 그는 말한다. 만약 그가 처음부터 앞으로의 상황이 어떻게 변할지 간파했더라면, 그는 시작할 때부터 창업가가 되려고 하기보다는 수수료(업계에서는 이를 '개발 수수료Development Fee'라고 부른다)를 받는 컨설턴트로서 행동했을 것이다.

콰디르와 마찬가지로 보즈카야는 이웃나라에 2개 이상의 IPP를 설립하고자 자신의 경험, 인맥, 신용을 총동원했지만 기대보다 훨씬 적은 대가를 받고 꿈을 포기해야 했다. 비록 175만 달러가 '사업 개발 수수료' 치고는 괜찮은 보수였지만, 창업가로서 응당 받아야 할 몫은 아니었다. 그는 묻는다. "제가 창업가의 역할을 수행했더라면 그보다 수백 배를 더 벌 수 있었을까요?" 그리고 이렇게 자답한다. "모르겠습니다."

콰디르와 보즈카야의 이야기는 많은 부분 서로 비슷하다. 두 남자는 다른 사람들이 무시하거나 거부하던 기회를 인식하는 눈을 가졌다. 그리고 그 기회를 가치 있는 성장 사업으로 발전시키기 위해 파트너들을 한

데 규합시키는 능력이 뛰어났다. 이러한 '중개 능력(하나의 사업을 위해 여러 파트너 기업들을 중개하고 규합하는 능력_옮긴이)'은 진정한 창업가정신에 해당하지 않는다는 이유로 많은 학자들과 정책 입안자들이 이를 간과하거나 묵살하곤 한다. 그러나 능력 있는 '중개자'들은 창업가정신 차원에서 첨단기술 기반의 스타트업 기업들보다 절대로 수준이 떨어지지 않는다. 어떤 면에서 볼 때 중개자들은 훨씬 더 창업가적이다. 그들은 기회를 인식하는 통찰력과 창의력이 뛰어날 뿐만 아니라, 특별한 자원 없이 여러 조각을 한데 모으는 능력, 즉 '무에서 유를 창조'하는 능력이 뛰어나기 때문이다. 이러한 유형의 창업가정신은 영화 제작과 부동산 개발 등의 분야에서는 상당히 일반적으로 발현된다.

창업가들에게 가장 근본적인 문제 중 하나는 '가치를 인식할 때', '가치를 창조하는 데 성공할 때', '가치로부터 개인적인 이익을 획득할 때'의 시기적 격차가 크다는 것이다(그림 9-1 참조). 보즈카야와 콰디르처럼 '중개 창업가Broker-Entrepreneur'에게 이러한 문제는 항상 골칫거리다. 고릴라들이 바나나를 가지고 돌아가려고 하면, 침팬지는 아무런 힘이 없을 수밖에 없다. 침팬지가 바나나(비범한 가치)를 발견해서 따려고 하지만, 고릴라들이 바나나에 손을 뻗어(가치 창조하기) 자기 것으로 만든(가치 획득하기) 다음, 뒤도 안 돌아보고 떠나버리기 때문이다.

창업가들의 고충 중 하나는 벤처기업을 통해 창조한 가치를 개인적인 이득으로 획득하려면 상당히 오래 기다려야 한다는 점이다. 그렇기 때문에 창업가는 자신의 기여가 '종료'된 후에는, 다시 말해서 자신의 부가가치가 소진되어 사실상 자신의 역할이 필요치 않게 된 후에는 그

동안 창조된 가치의 일부를 획득하려고 해야 한다. 대형 파트너들(혹은 나중에 참여한 투자자들)은 '디저트'를 몽땅 차지하려고 지금껏 애를 썼던 창업가를 내쫓으려 한다. 창업가가 나중에 합류한 파트너들에게 뒤통수를 얻어맞는 사례는 결코 드문 일이 아니다(스티브 잡스가 자신이 영입한 CEO에 의해 자신이 설립한 회사에서 쫓겨난 일을 떠올리면 쉽게 이해가 될 것이다_옮긴이). 그러나 그 파트너들은 자신들이 창업가를 부당하게 다룬다고 생각하지 않는다. 오히려 그들은 창업가에게 바나나 몇 개를 던져주면서 자기네들이 대단히 관대한 사람이라고 자부한다. 그뿐만이 아니다. 그들 대부분은 엄청난 가능성이 있다 해도 불확실한 미래의 이익을 위해 기꺼이 리스크를 감수하려는 창업가의 의도를 이해하지 못한다. 그래서 그들은 경제적인 측면에서 창업가가 기여한 업적을 크게 깎아내

그림 9-1 '창업가에 의한 가치 창조'와 '벤처기업의 가치 변화' 간의 관계

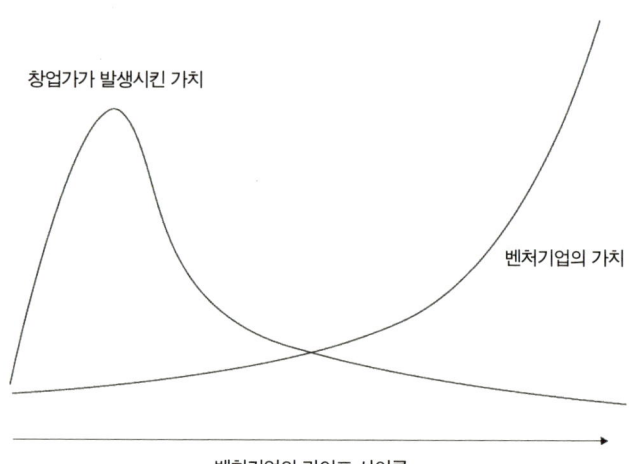

리려 한다. 이런 측면에서 볼 때, 대형 파트너들은 예외없이 '반-창업가적anti-entrepreneurial'이라고 말할 수 있다.

콰디르와 보즈카야는 모두 자신들의 아이디어가 실질적인 가치로 전환될 수 있음을 보여줬다. 이것은 창업가정신의 핵심요소 중 하나다. 그러나 콰디르와 보즈카야의 차이점은 자신을 위해 얼마나 많은 가치를 획득했느냐에 있다. 파트너들을 규합하는 과정에서 그들 각자가 자기 몫을 확보하려고 썼던 방법들을 살펴보면, 획득할 수도 있었을 지분을 창업가가 얼마나 빨리 빼앗길 수 있는지를 깨달을 수 있다. 가치를 획득하기 위한 첫 번째 단계는 사업 참여자들 사이에서 빠르게 변화하는 역학관계와, 상황에 따라 쓸 수 있는 묘책을 알아차리는 데 있다. 자기 돈을 확보하는 일은 절대로 쉽지 않다.

물론 저절로 이루어지지도 않는다. 자기 돈을 확보하는 것(혹은 비금전적인 가치를 획득하는 것)은 창업가정신의 일부로서 매우 중요하다. '돈 벌 줄 아는 능력'은 그 사람이 '얼마나 창업가적인지'를 평가하는 가장 널리 쓰이는 지표 중 하나다. 다른 사람은 알지 못하는 곳에서 잠재력을 발견하는 것과 그 가치를 실현하는 것(그 가치를 창조하는 것)은 창업가로서 필수적인 능력이다. 자신이 감수한 리스크에 상응하는 보상을 확보하는 것(가치를 획득하는 것)도 역시나 필수적이다. 창업가가 얼마나 많은 보상을 받는지에 따라 그가 얼마나 '창업가적'인지가 결정된다. 사람들은 크게 보상받을 권리를 잃어버린 창업가를 자신의 돈을 기부하거나 다른 이의 사업에 투자하는 사람보다 덜 창업가적이라고 생각한다.

'시장의 실패'로 어지러운 상황이라면, 몇몇 독자들은 이 말을 어떻게 이해해야 하는지 모를 것이다. 돈을 많이 번 사람들은 사람들이 탐욕스럽게 가치를 찾아 헤매는 시기에는 돈을 많이 번 것처럼 보이지 않는다. 이런 이유 때문에, 12장에서 이 주제를 더 상세히 다루고자 한다.

제4부

창업, 흐름을 거스르는 것

이 책은 창업가정신을 '역발상적인 프로세스'로 묘사하고 있다. 다시 말해, 보통 사람들이 쓸데없고 불가능하고(상상하기 어렵고) 멍청해 보인다는 이유로 묵살하거나 간과한 곳에서 '잠재력을 발견하고 비범한 가치를 독특한 방식으로 실현하고 수확하는 프로세스'가 바로 창업가정신이다. 창업가가 아닌 일반 사람들은 여러 가지 요소들이 어떤 순간에 특별한 별자리를 이루어 빛나더라도 그걸 알아차리지 못한다. 그러나 아무도 예상하지 못한 가치를 인식하고 실현시키고(즉 '생산하고') 수확하는 창업가의 능력 덕분에 잠재력으로만 존재하던 비범한 가치가 현실로 이루어질 수 있다.

그렇기 때문에 창업가정신은 언제나 우리를 놀라게 한다. 창업가정신은 항상 당황스럽고 예상하기가 어렵다. 물리학자 닐스 보어Niels Bohr가 말했고 뉴욕 양키스의 전설적인 포수 요기 베라Yogi Berra도 언급했던 농담이 이런 상황에 딱 어울린다. "예측은 어렵다. 특히 미래에 대한 것은 더 어렵다."[1] SABIS가 15개국으로 확장하여 74개의 학교와 6만 2000명의 학생을 보유할 것이라고 그 누가 예상할 수 있었을까? 또 액타비스가 단 8년 만에 세계 5위로 수직 상승하고 직원 수가 100배나 증가하면서 눈부시게 성장할지 그 누가 미리 알았겠는가? 스튜디오 모더나가 여러 채널을 통해 중부 및 동유럽에 위치한 12개 시장을 장악할지 그 누가 내다봤을까? 이크발 콰디르의 그라민폰이 가난한 농촌 가입자 수를 수백만 명이나 확보할 거라고 그 누가 전망할 수 있었을까? 제이 로저스가 3년 만에 크라우드 소싱 방식으로 수십 대의 자동차를 출시할 거라고 감히 예측했던 사람이 있었을까? 진흙 밭을 미끄러지며 달리는 참가자들이 윌 딘에게 첫 해에 2000만 달러의 매출을 선사하리라고 그 누가 전망할 수 있었을까? 이와 같은 사례들은 창업가정신의 역사만큼이나 길고, 창업가정신은 인류의 역사만큼이나 길다.

창업의 놀라운 성과를 목격한 사람들은 어떤 반응을 보일까? "나는 살면서 그런 생각을 해본 적이 절대 없어!" "그것은 불가능해!" "정말 놀랍지 않아?" "내가 해보고 싶었던 일이야." "그다음에 그 사람들은 무엇을 생각해낼까?", "그것으로 돈을 벌 수 있다고?" "변변찮은 것을 가지고 대단한 것을 이루어냈군."

행동과학자들은 사람들이 얼마나 자주 '사후 판단 편향Hindsight Bias'을 범하는지 이야기한다. 사후 판단 편향이란, 확률이 낮다고 예측했던 사건이 발생하고 나면 그 사건을 '확실했던 것'으로(확률이 거의 100퍼센트에 가까웠던 것으로_옮긴이) 생각했었다고 잘못 기억하는 오류를 말한다. "내가 그럴 줄 알았어"라고 말하면서 말이다. 사람들은 사후 판단 편향에 자주 빠지지만, 의심, 조롱, 경멸에도 불구하고 비범한 가치를 창조하고 그 증거를 제시한 사례들을 접하면 놀라움을 감추지 못한다. 우리는 여러 벤처기업들의 성공을 볼 때마다 놀라움을 경험한다. 그들의 성공이 이미 정해진 성공이었다 해도 말이다.

이 책에서 나는 벤처기업에 대한 사람들의 고정관념(소위 '실리콘밸리 고정관념')을 깨뜨리기 위해 가능한 한 넓은 캔버스에 창업가정신의 다양한 사례들을 그려보려고 했다. 우리가 지금껏 살펴본 창업가들은 겉으로 보기엔 평범한 사람들이다. 아츠마사 도치사코, 샌디 체스코, 윌 딘, 션 디민과 마이클 디민, 비노드 카푸르는 우리가 쉽게 '접근 가능한 창업가'들이다. 다시 말해, 비범한 업적을 달성한 평범한 사람이란 뜻이다. 그렇기 때문에 그들이 '그것'을 할 수 있었다면, 나라고 해서 '그것'을 못할 이유는 없는 것이다.

로버트 웨스만의 고등학교 동창생들은 그를 기껏해야 평범한 학생으로 여겼을 뿐 그에게 창업가로 성공할 가능성이 있다고 결코 생각하지 않았다. 나는 제자들에게 이렇게 묻는다. "웨스만이 그것을 할 수 있었는데, 자네라고 그것을 못할 이유가 없지 않은가?" 이는 소질이나 스킬을 묻는 질문이 아니라, '선택과 헌신' 그리고 '열망과 태도'를 묻는 질문이다. 이 질문의 답은 훌륭한 영감, 천재성, 기술력에서도 찾을 수 있지만, 기꺼이 미래의 땅으로 걸어 들어가 성공과 실수를 통해 배우고 유연한 인내력을 유지하려는 의지 속에서도 또한 찾을 수 있다.

하지만 평범한 창업가들의 업적들은 결코 평범한 것들이 아니다. 그들이 보여주는 창업가정신에 평균적인 것은 아무것도 없다. 창업가정신은 공통적인 경향에 관한 것이 아니다. 그것은 '극단'에 관한 것이다. 창업가정신은 그럴싸한 것을 추구하지 않는다. 그것은 가능성 있는 것을 추구한다. 이 책에서 나오는 창업가들의 공통분모는 바로 '비범한 가치를 역발상적으로 인식하고 창조하고 획득하는 능력'이다. 사람들(혹은 시장)이 예상할 수 있었던 것보다 더 많은 가치를 인식하고 구현하고 수확하는 능력이 그들의 공통점인 것이다.

다음 장에서 살펴보겠지만, 창업가정신의 '비범함'은 창업가와 정책 입안자들에게 시사하는 바가 크다. 이 책에서 제시한 창업가정신의 정의가 직관적으로는 매력적으로 느껴지겠지만, 그런 정의의 이면에는 '무엇이 창업가정신이고 무엇이 아닌지' '예비 창업가가 어떻게 자신의 역할을 인식해야 하는지' '사회의 발전을 위해 창업가정신이 필수적이라고 생각하는 리더들이 자신들의 비전을 어떻게 실현해야 하는지' 등과 같은 중요하지만 한편으로는 괴롭기도 한 질문들이 도사리고 있다.

10장
비범한 가치 인식하기

기회는 누가 따주기를 바라며 나무에 매달려 있는 과일이 아니다.

일반적으로 똑똑한 사람들은 자동차 산업이 붕괴되는 때에 자동차 회사를 설립하려고 하지 않는다.

비범한 가치를 인식하는 능력의 중심에는 다른 사람들이 쓸데없고 불가능하고(혹은 상상하기 어렵고) 멍청해 보이는 것이 잠재적으로는 '가치 있고 충분히 가능하며 똑똑한 것'이라고 여기는 창업가의 역발상적인 신념이 자리 잡고 있다.

세계의 많은 사람들이 자동차 산업이 무너지는 모습을 그저 바라보고 있을 때, 제이 로저스는 참신한 방식을 통해 자동차를 제작할 수 있다는 기회를 발견했다. 대다수의 상식적인 투자자들은 사실 그의 아이디어와 사업 타이밍이 '완전한 실패'라고 생각했다. 다행스럽게도 로저스는 자기 아이디어가 언뜻 보기에는 터무니없어 보여도 자신이 그것을 가치 있는 사업으로 탈바꿈시킬 수 있다는 점을 투자자, 직원, 파트너들에게 충분히 납득시킬 수 있었다.

똑똑한 사람들은 현금도 없고 신용도 없는 고객들을 상대로 금융 서비스 회사를 설립하지 않는다. 미국의 은행들은 금융 서비스를 이용하지 못하는 이민자들을 리스크가 큰 고객이라고 간주했지만, 아츠마사 도치사코는 그토록 매력 없던 시장 세그먼트를 충성심 높은 고객들로 채울 수 있는 잠재력을 발견했다. 그 잠재 고객들이 송금 서비스뿐만 아니라 '초超국가적인' 새로운 대출 상품을 이용하기 시작하면 그때까지 아무도 건드리지 않았던 수십억 달러의 시장이 열릴 것이라고 그는 생각했다.

대부분의 사람들이 지렁이의 배설물일 뿐이라고 업신여겼을 때, 톰 샤키는 거기에서 '대박' 비료 제품을 발견했다. 소비자들이 불신의 눈으로 바라봤던 슬로베니아에서 샌디 체스코는 제품과 서비스를 판매하기 위해 다채널의 플랫폼을 마음속에 품었다. 다른 사람들은 기껏해야 기부나 하려고 했던 곳에서 이크발 콰디르는 경제적인 자립력과 금전적 수입을 고객들에게 선사할 수 있다고 생각했다. 생선이 썩어나가는 데도 어부들이 협조하지 않으려 했던 곳에서 디민네 가족은 품질 좋은 해산물을 레스토랑에 공급하면 이익을 창출할 수 있겠다는 기회를 발견했다.

기회 착각

사람들은 고객의 니즈, 요구, 고충이 바로 '그곳에' 있다는 인식을 통해 '기회'를 찾으려 한다. 자동차 산업의 비효율성, 환경을 오염시키는 쓰레기, 새로운 형태의 오락이나 사치품 등을 보면서 문제나 잠재력을 발견한다. 그리고 그런 문제를 해결하고 그런 잠재력을 이끌어낼 수 있는 기회를 또한 감지한다. 그래서인지 사람들은 기회를 니즈, 고충, 요구가 거래되는 '장터'에 존재하는 무언가로, 하지만 아무도 효과적으로 응대하지 않은 무언가로 생각한다. 그리고 그 기회를 활용할 수만 있다면, 고객을 위해 가치의 창조를 구현할 수 있다고 생각한다.

하지만 기회를 보는 이러한 관점의 문제는 '객관적인 실체'가 없는 것을 객관화한다는 데에 있다. 나는 이런 오류를 '기회 착각'이라고 부른다. '누가 와서 따주기를 바라듯 나무 위에 달려 있는 열매'라는 잘못된 이미지를 떠올리게 만들기 때문이다. "기회를 발견하면 손을 뻗어 그것을 잡아야 한다" "기회가 스쳐지나가지 않도록 하라" "쇠가 달았을 때 두드려라" 등 기회 착각이 드러나는 말들이 아주 많다. 이런 말들은 마치 기회가 어떤 사물인 것처럼 표현하고 창업가의 일이 기회를 먼저 발견하는 것인 양 오해하게 만든다. "일찍 일어나는 새가 벌레를 잡아먹는다"라는 말도 역시나 그렇다.

두 사람이 완전히 동일한 상황과 동일한 사실을 바라보고 나서 그곳에 숨겨진 기회가 있는지에 관해 서로 다른 결론에 이르렀다고 가정해보자. 이를 설명하기 위한 아주 적절한 사례로 두 명의 구두 영업사원이야기가 있다. 한 영업사원은 아주 가난한 나라를 여행하고 돌아와서 이렇게 말한다. "그곳은 구두를 팔 만한 시장이 못 돼요. 사람들이 모두 맨발로 다니거든요." 반면 다른 영업사원은 동일한 나라를 다녀온 다음 이렇게 보고한다. "그 나라는 엄청나게 큰 구두 시장입니다. 사람들이 모두 맨발로 다니니까요."

'보는 사람의 관점'에 따라 기회로 볼 수 있고 기회가 아닌 것으로도 볼 수 있다. 그렇다면 왜 어떤 사람은 기회를 발견하는데 다른 사람들은 그 기회를 알아차리지 못하는 걸까?

창업가의 역량

그것은 창업가 자신이 어떤 방식으로 현상을 바라보느냐에 달렸다. 기회를 현실화하기 위한 역량, 자산, 정보를 '보는 사람'이 가지고 있지 않다면, 그 기회는 여전히 말도 안 되는 발상에 지나지 않을 것이다. 그러나 니즈를 인식하거나 해결책을 상상한다고 해서 그것을 기회라고 말할 수는 없다. 머론이 필캠을 개발하기 전, 위장병 전문의들은 소장의 병리적 이상을 더 안전하고 더 편리하게 촬영하는 방법이 필요하다는 점을 그 누구보다 완벽하게 인지하고 있었다. 소장을 타고 내려가며 사진을 전송하도록 구강을 통해 삼킬 수 있는 카메라를 상상하는 것(혹은 공상하거나 생각해내는 것) 역시 누구나 할 수 있는 일이었다. 그러나 현실에서 그런 카메라를 개발하고 생산하고 승인 받고 유통하는 것이 불가능하다고 판명되면 어찌 되는가? 해결책을 상상한다고 해서 니즈가 기회로 바뀌지는 않는다. 해리 클라이너Harry Kleiner는 공상과학 시나리오 작가로 유명하지만, 그가 「바디 캡슐」이란 영화를 만들었다고 해서 기회를 발견한 것이라 말할 수 없고 캡슐형 내시경 개발에 기여한 창업가라고 말할 수도 없다.

소장 촬영을 위한 캡슐형 내시경을 기회로 바꾸어놓은 것은 가비 머론이란 특별한 사람이 '인식된 가치'를 '창조된 가치'로 변환시키는 데 요구되는 각종 스킬과 정보, 여러 가지 자원(예를 들어, 전문가와 발명가)에 접근할 수 있는 능력 등을 독창적으로 조합할 수 있었기에 가능했다. 머론은 두 개의 전자광학 회사를 경영하면서 이미징 시스템 개발에 필요한 요소들을 이미 습득했다. 또한 제약회사에서 임원으로 일한 적이 있기 때문에 제약업계와 의료업계의 프로세스를 속속들이 파악할 수 있었다. 그는 군대에서 복잡한 대형 프로젝트를 이끌며 리더십 스킬을 연마할 수 있었다. 6개월 동안 많은 의사들과 오피니언 리더들을 만나 이야기를 나누고 시장을 연구한 결과, 머론은 누구에게도 뒤지지 않는 특별한 정보를 확보했다. 머론은 초기부터 투자자들의 '자금줄'을 확보할 수 있었다(비록 그 자금줄들이 가끔은 가장 큰 리스크가 되어 회사를 힘들게 했지만).

시장의 니즈, 고충, 요구 자체는 그것들을 다루려는 사람이 없다면 아직 기회라고 말할 수 없다. 기회는 '개인의 역량'과 '객관적인 외부 상황' 간의 상호작용이다. 둘 중 하나만 없어도 기회가 아니다.

기회 창출을 위해 필요한 역량에는 일반적으로 세 가지 종류가 있다. 바로 자산, 정보, 스킬이다.

자산

자산은 현금, 부동산, 지적자산 등 여러 가지 형태로 존재하는데, 그런 자산의 소유 여부가 기회 인식의 가능성을 좌우한다. 저평가된 부동산 매물이 나왔다 해도 내가 현금이 없거나 담보대출을 받을 수 없다면 그것은 나에게 기회가 아니다. 1998년에 내 친구인 로랑 아다모위츠는 수십 년 동안 파리인들의 사랑을 받던 고급 식품 기업 '포숑Fauchon'을 5500만 달러에 사들였다. 명품 브랜드와 식료품 회사에서 일했던 경험과, 투자은행가로서 자본에 쉽게 접근할 수 있는 능력 덕분에 그는 폭넓게 활용되지 않았던 포숑이란 브랜드에서 다른 사람들은 보지 못한 비범한 가치를 발견할 수 있었다. 포숑의 이전 소유주들은 그런 가치를 인식하지 못했는데, 그들은 자기네 브랜드를 인수하겠다며 끈질기게 달라붙는 아다모위츠를 알고 나서야 자신들이 포숑을 매각하길 원한다는 걸 알아차릴 정도였다. 아다모위츠가 포숑을 매입하려는 한 가지 이유는 소유주들이 포숑이 보유한 부동산을 가치 있는 자산으로 여길 뿐 포숑이란 브랜드는 평가절하했기 때문이었다. 아다모위츠는 자신의 지식과 경험을 활용하여 그들의 생각이 틀렸음을 증명해 보였다. 인수를 완료하던 날, 그는 여러 건물들을 매각하고 상류층 뉴욕 시민들과 프랑스 이민자들의 눈을 사로잡기 위해 56번가와 파크 애비뉴에 신규 매장을 오픈하는 등 즉각적으로 회사의 자산을 재배치했다. 또한 도쿄 시장을 활성화시키고, 신규 매출과 시장 모멘텀을 창출하기 위해 포숑의 수백 가지 제품들을 재조정하기 시작했다. 그 결과, 브랜드의 인지도가 급상승했고 회사는 빠르게 성장했다.

하버드 혁신 연구실Harvard Innovation Laboratory 입구를 장식하고 있고, 학생들이 세계 최고의 경영대학원 MBA 과정에 들어와 첫해 동안 귀에 못이 박히도록 듣는, 소위 '하버드 경영대학원식의 정의'는 이렇다. "창업가정신이란 현재 보유 중인 여러 가지 자원들 너머에 있는 기회를 추구하는 것이다." 이러한 창업가정신의 정의는 기회를 마치 손에 넣을 수 있는 '대상'인 것처럼 다룬다. 속담에 나오는 일찍 일어나는 새의 벌레처럼 말이다. 또한 이런 정의는 객관적인 기회를 인식하는 것이 자원을 확보하는 것보다 먼저라는 생각을 갖도록 만든다.

그러나 현실은 그렇게 단순하지 않다. 이 책에서 제시한 사례들은 관련 역량을 먼저 보유하는 것이 기회를 인식하는 데에 필수적임을 보여주고 있다. 다시 말해 시장의 니즈를 대응할 역량이 없다면 엄두도 못 낸다는 것이다. 비유하자면, 농구는 키가 2미터인 사람에게는 기회이지만 키가 1.5미터인 사람에게는 그렇지 못하다. 탁구대에서는 그 반대의 경우가 옳겠지만.

'내가 할 수 있는 것인가, 아닌가'에 대한 판단에 따라 어떤 도전은 받아들이고 어떤 도전은 무시할지가 결정된다. 극단적인 비유이지만 '하버드식 정의'는 내가 브룩클린 다리를 소유하지 않았는데도 당신에게 그 다리를 팔겠다고 제안하는 것이나 마찬가지다. 브룩클린 다리의 가치를 인식했다는 것만으로 다리를 당신에게 팔 수 있을까? 내가 브룩클린 다리를 이미 소유하고 있을 때(혹은 취득할 수 있는 법적 권리를 가지고 있을 때)야 비로소 소유권이 없었을 때는 상상조차 할 수 없었던 가치 창조와 가치 획득의 기회를 탐색할 수 있다. 자원을 현재 소유하면서 통제하고 있기에, 또는 그 자원을 확보하는 방법을 알기에 기회가 찾아오는 것이다. 시장의 니즈는 당신에게 그것을 대응할 수 있는 자원이 있어야만 (그리고 나중에 언급하겠지만, '대응하기를 원해야만') 기회가 된다.

정보

차익거래(어떤 곳에서 낮은 가격에 매입하여 다른 곳에서 높은 가격에 매각하는 것)를 위해 정보를 활용하는 것은 인류의 역사만큼이나 오래됐다. 기원 전 1000년 무렵, 페니키아 무역상들은 동방의 페르시아인들이 은과 은공예품에 열광한다는 사실을 알게 됐다.[1] 반면 이베리아 반도의 농부들(현재 스페인과 포르투갈 지역의 농부들)은 밭에 들불을 놓고 나서 녹아내린 은을 빼내버렸다. 이베리아인들은 은을 농사를 짓는 데 쓸데없고 성가신 것으로 여겼던 것이다. 페니키아인들은 이베리아에서 기회를 발견했다. 광석에서 은을 추출하는 방법뿐만 아니라 은을 가치 있게 여기는 곳이 어딘지도 알고 있었기 때문이었다. 역사학자들에 의하면, 은을 확보하기 위해 페니키아인들은 이베리아인들에게 거래를 제안했다. 그들은 광석에서 은을 추출하는 법을 가르쳐줄 테니 그 짜증스러운 '액체 은'을 모아오면, 그 대가로 신의 가호를 받는 자신들이 이베리아인들을 보호해주겠다고 말했다. 이베리아인들은 이 제안에 동의했고, 그 거래로 인해 이베리아 반도에 매장된 대부분의 은 광석은 고갈되고 말았다. 페니키아인들은 장인의 손을 거치게 하여 은의 가치를 크게 배가시켰고, 그때 만들어진 수많은 은 공예품들은 현재 세계 전역의 박물관들에 나뉘어 전시되고 있다.

그로부터 3000년 후, 자수성가한 고철 거래상이자 『부스러기 고철에서 시작하다Starting from Scrap』의 저자인 스티븐 그리어Stephen Greer는 부스러기 마그네슘을 원하는 사람들이 있다는 사실을 알게 되면서 스크랩 금속을 돈으로 전환하는 기회를 발견했다.[2] 그는 스크랩 금속을 제거하는 데 애를 먹는 공장들을 찾아내려고 중국 내륙지역을 샅샅이 뒤졌다. 한 곳에서는 스크랩 금속이 넘쳐나는 반면, 다른 곳에서는 스크랩 금속이 부족하다는 정보가 바로 기회를 만들어냈다. 만약에 내가 스크랩 마그네슘을 필요로 하는 사람들이 있다는 사실을 알게 되더라도 나에게는 마그네슘 공급에 관한 정보가 없었기 때문에 그리어가 목격했던 상황을 똑같이 보고서도 그게 기회인 줄 알아차리지 못했을 것이다. 공급과 수요의 정보를 통해 멀리 떨어져 있는 구매자와 판매자를 중개하는 것은 창업가정신의 가장 오래된 형태 중 하나다.

스킬

로버트 웨스만은 액타비스를 인수할 당시 특별한 자산도 특별한 정보도 가지고 있지 못했다. 그는 복제약 전문기업에 관해서도 아무것도 몰랐다. 그는 인맥도 없었고 자금도 없었다. 그러나 웨스만은 스킬을 가지고 있었다. 그는 팀을 구성하는 방법을 알고 있었다. 그는 열심히 일하는 방법과 직원들에게 자신들이 할 수 있다고 생각하는 것보다 더 많은 것을 성취하도록 동기를 불어넣는 방법을 역시 알고 있었다. 그는 자기에게 회사를 매각하여 액타비스라는 거대조직으로 합류하는 것을 주저하던 기업 소유주들에게 어떻게 말해야 하는지, 그리고 빠르게 시장으로 파고들려면 어떻게 해야 하는지를 알았다. 레이캬비크에서 망해가는 작은 복제약 제조업체가 소유권 분쟁에 휘말려 있음을 알게 됐을 때, 그에게는 성취할 수 있다는 자신감이 있었기에 그곳에서 기회를 발견했다. 내게는 그런 스킬이 없기 때문에 내가 같은 장소, 같은 시간에 웨스만의 입장이 된다 해도 그런 기회를 발견하지 못했을 것이다. 웨스만은 기업 인수를 통해 시너지를 창출하는 능력이 본인에게 있다고 확신했기에 매력적인 가격으로 여러 기업들을 인수할 수 있었다. 그에게는 쓸데없는 것을 가치 있는 것으로 전환시킬 수 있는 스킬이 있었다.

자산, 정보, 스킬 등을 보유한 창업가의 자신감은 두 가지 효과를 만들어낸다. 하나는 창업가로 하여금 시장이 인식하는 것보다 더 많은 가치(기회)를 인식하도록 유도한다는 것이다. 웨스만의 능력은 인수하고자 하는 기업에서 비범한 가치를 발견할 수 있도록 했다. 그는 인수 기업을 싸게 매입함으로써 가치를 높일 수 있었다. 나머지 하나의 효과는 자연스러운 저항(내재적인 역경)에도 불구하고 창업가가 더 많은 리스크를 감수하고 인내하도록 만든다는 점이다. 창업가는 자기가 '인식한' 가치를 '손에 잡히는' 가치로 전환할 수 있다고 믿기 때문이다.

창업가의 열망

시장의 니즈와 창업가의 역량 간의 상호작용은 사업 기회를 창출하는

데 있어 필수적이긴 하지만, 그런 상호작용만으로 기회가 창출되지는 않는다. 지금이 1999년이고, 당신이 '나' 다니엘 아이젠버그라고 가정하고 '삼킬 수 있는 비디오카메라'가 있다면 매우 유용하리라 상상해보라. 당신은 가비 머론과 안면이 있고, 당신은 머론이 그런 카메라를 개발하여 시장에 출시하는 데 필요한 모든 스킬, 정보, 자산을 가지고 있다고 믿는다. 그런데 머론이 그런 카메라를 개발하기를 원하지 않는다면, 기회가 존재한다고 볼 수 있을까? 나는 그렇게 생각하지 않는다. 머론이 설령 과거에 그런 열망을 가지고 있었다 해도 지금은 원하지 않는다면 당신에게 기회는 없는 것이다.

시인과 철학자들이 몇 대에 걸쳐 관찰했듯이, 열망은 복잡한 감정이다. 때때로 열망은 사업을 시작하기 전에 발생한다. 창업가들은 이런 식으로 말한다. "나는 의료 장비 업계에서 새로운 기업을 창업하기를 항상 원했다. 그래서 나는 연구하면서 경험을 쌓고 돈을 모을 것이고, 주위에서 파트너들을 물색할 것이다. 능력도 키울 것이다. 어떤 시점에 이르면 나는 의사, 환자, 공급업체, 투자자들과 의견을 교환하고 시장의 니즈를 파악할 생각이다." 아츠마사 도치사코는 가난한 사람들에게 수준 높은 금융 서비스를 제공하겠다는 열망을 가슴에 품고 25년 동안 벤처기업 론칭을 준비했다.

그러나 열망은 반대의 방향으로도 발생할 수 있다. 열망은 성공의 원인이기도 하지만 성공의 결과로 나중에 형성되기도 한다. 사실 샌디 체스코에게 처음부터 21개 국가에 소매망을 구축하고 싶다는 열망이 있었던 것은 아니다. 나중에 이 책에서 더 자세히 언급할 호르헤 로드리게스 역시 세계적인 물류 서비스 회사를 설립할 열망이 별로 없었다. 그들은 성공을 거두고 나서야 비로소 열망을 불태울 수 있었다.

나는 이것을 '열망의 발견'이라고 부른다. 나는 사람들이 생각하는 것보다 열망이 매우 흔하게 존재한다고 생각한다. 우리 가족이 막 이스라엘에 정착하여 살기 시작한 어느 뜨거운 여름 날, 나는 다섯 살 먹은 아들 이타이Itai가 냉장고 문을 열고 그 앞에 서 있는 모습을 발견했다. 나는 어머니 목소리를 흉내 내어 "이타이, 냉장고 문을 열어놓으면 안 돼!"라고 타일렀다. 열망이 행동을 이끌어낸다는 이론에 입각한 나는 "뭘 먹고 싶은지 먼저 생각한 다음에 문을 열고 찾아야지"라고 덧붙였다.

당신의 열망에 근거하여 목표를 세워라. 목표를 달성할 계획을 수립하라. 그리고 실행하라. 맞는 말 아닌가?

"뭐가 들어 있는지 먼저 알아야 뭘 먹고 싶은지 알죠"라고 아들은 대답했다. 이타이의 말은 "먹을 수 없는 것을 먹고 싶다고 원해봤자 무슨 소용이 있나요?"란 뜻이었다. 사람들은 가질 수 없는 것이나 달성할 수 없는 것을 열망하지 않는다.

반면 시장의 니즈에 대응할 자산, 스킬, 정보를 갖춘 사람이 시장의 니즈가 뭔지 잘 안다고 해도(냉장고 안에 뭐가 있는지 안다 해도_옮긴이) 그 니즈를 만족시키는 일(냉장고에서 무언가를 꺼내 먹는 것_옮긴이)에는 관심이 별로 없을지 모른다. 개인적 열망과 요구가 서로 충돌하기 때문에 그런 경우가 종종 발생한다. 내 제자 중 한 명은 MBA 과정에 들어오기 전에 인맥 구축 사이트를 만들어 브라질에서 선풍적인 인기를 끌었다. 사이트를 구독하겠다는 2100만 통의 이메일이 회사 서버에 쇄도했다. 그러나 그는 자기가 만든 벤처기업을 떠나 MBA 학위를 취득하고 싶어 했고, 결국 그의 벤처기업은 친동생과 아버지가 맡아 운영하고 있다. 짐 샤르페Jim Sharpe는 매사추세츠 주의 랜돌프Randolph에서 금속 부품을 제조하는 작은 업체를 인수하여 익스투르전 테크놀로지스Extrusion Technologies를 설립했고, 일정 규모로 성장시킨 다음 회사를 매각했다. 가족들과 시간을 함께 보내는 것이 그의 꿈이었기 때문이다.3

내 학생들이 매우 안타깝게 여기는 사례 중 하나는 메이 장Mei Zhang이 천식이 심한 아들의 건강을 보살피고 저널리스트로 활동하는 남편의 경력을 돕기 위해 로스앤젤레스로 이주하느라 자신이 설립해서 성장시킨, 벤처기업 와일드차이나WildChina를 '내팽개친' 이야기다.4 장은 그 여행사를 2000년에 설립하여 여행자들에게 중국을 특별한 방식으로 경험하도록 했다. 음식, 역사, 환경 등을 테마로 거대한 나라의 구석구석을 탐방하게 했던 것이다. 회사를 설립하자마자 장은 9.11 테러와 사스중증급성 호흡기 증후군(SARS)가 몰고 온, 죽음과도 같은 상황에 직면해야만 했다. 그녀가 이를 악물고 노력한 끝에 회사의 매출은 다시 상승했지만 2004년에 그녀가 전문경영인의 손에 네 살배기 아기 같은 회사를 넘겨주고 떠날 때에도 와일드차이나는 여전히 만만치 않은 시장에서 기반을 마련하느라 고군분투하고 있었다. 내 강의를 듣는 학생들은 남녀 비율이 정확이 반반인데, 그들 상당수가 육아와 남편 경력을 위해 자기가 심혈을 기울인 회사를 떠났다는 말에 충격을 받는다. 하지만 장의 열망은 다른 곳으로 옮겨가버렸다. 열망은 마음먹는다고 해서 간단히 얻어지지 않는다(이 이야기의 행복한 결말: 장은 가족과 함께 다시 베이징으로 돌아왔고, 회장이 되어 와일드차이나에 복귀했다. 회사는 멋지게 성장 중이다.)

지금까지 각 사례에서 살펴봤듯이, 창업가의 열망이 바뀌는 바람에 기회가 줄어들거나 사라지는 일은 자주 발생한다. 현실은 그리 단순하지 않다. 가치, 니즈, 역량은 서로가 서로를 밀고 당기면서 복잡하게 상호작용한다(그림 10-1).

그림 10-1 역량, 시장의 니즈, 가치 간의 상호작용이 바로 '기회'다

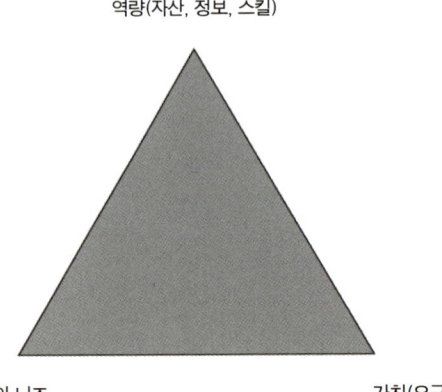

사고방식

역량, 시장의 니즈, 창업의 열망, 이 세 가지면 충분한가? 아마도 어떤 상황에서는 그렇겠지만 역발상적인 인식을 발전시킬 잠재적 창업가의 태도나 사고방식 역시 중요하다. 어떤 사람들은 유전적 기질이 중요하다고 생각하겠지만, 그런 이야기는 우리의 논의와 직접적인 관련이 없다. '메디센스MediSense'라고 불리는 혈당 모니터를 개발하고 수십억 달러의 벤처기업을 두 개나 더 설립한 론 츠반치거(이 책의 초반부에 언급했었다)는 내 학생들에게 있는 그대로를 말한다. "창업가가 되고 싶다면, 순한 양처럼 생각해서는 안 됩니다." 창업가들은 시장으로부터 테스트를 받는 동안 '독립적이고 어떤 면에서는 고집스러운 사고방식'을 나타낸다(그런데 츠반치거는 내 학생들에게 자기가 유전적으로 그런 성향이 있는 것 같다고 말한다).

창업가들은 다른 사람들과 달리 대부분 낙관적인 특성을 가지고 있다. 그들은 시장에 자신들이 영향을 미칠 수 있다는 점에서 특히 낙관적이다. 때때로 그들은 너무 낙관적이어서 성공확률을 극도로 과대평가하기도 한다. 어떤 사람들은 그런 성향을 '비이성적 낙관주의'라고 부른다. 객관적인 확률을 믿으려 하지 않기 때문이다. 사실 예비 창업가들은 남들이 실패한 곳에서 자신들은 실패하지 않을 거라고 과신하는 경향을 보인다.

비이성적 낙관주의는 좋은가, 아니면 나쁜가? 이례적이고 변칙적인 사건에 관심이 없는 통계학자들에게는 분명히 나쁜 것이다. 투자자들은 포트폴리오를 구성함으로써 비이성적 낙관주의를 약화시키곤 한다. 그러나 창업가들은 투자자와 달리 한 번에 오직 한 번만 돈을 걸 수 있다. 창업가정신은 '대체로 그럴 법한 것'을 일컫지 않는다. 창업가정신은 일반적 경향을 벗어나는 아웃라이어와 '그럴 만한 가능성이 조금이라도 있는 것'에 관한 것이다. 비록 비이성적 낙관주의는 성공의 결정적인 요소는 아니지만, 어쩌면 성공에 이르도록 만드는 전제조건 중 하나일지 모른다. 성공이 무작위적으로 발생한다고 해도, 창업가는 성공에 돈을 건다. 이상한 말일지 모르지만, 창업가가 '운에 의한 게임'을 '능력이 필요한 게임'으로 간주할 때 비범한 가치를 창조할 수 있는 가능성이 생겨난다. 만약 창업가가 기술적인 문제를 해결하는 데 도움이 되는 독특한 정보를 가지고 있다면, 그리고 처음에는 구입할 마음이 없었던 고객에게 신제품을 판매하는 비범한 역량을 가지고 있다면, 성공확률은 상승하는 쪽으로 변화할 것이고 그 후 놀라운 결과들이 나타날 가능성이 높아질 것이다. 이것이 바로 '비범함'이고, 이 비범함을 성취한 창업가의 낙관주의는 비로소 정당한 것으로 인정받을 수 있다. 그렇게 될 때, 그 창업가는 '운에 의한 게임'을 '능력이 필요한 게임'으로 전환시키는 능력을 지녔다고 말할 수 있다.

그러므로 창업가들이 관습적인 지혜에 도전하고 역발상적인 방식으로 행동하고 실천하는 것을 비이성적 낙관주의라고 매도해서는 안 된다. 척 보기에 쓸데없고 불가능하고 멍청하게 보이는 것들을 가치 있게 만들기 위해서, 그리고 나중에 높은 가격에 팔아 비범한 가치를 획득하기 위해서 창업가들은 남들이 평가절하하는 아이디어에 투자할 줄 안다.

창업가는 시장에서 과대평가된 자산을 평가절하하는 역발상적 발상도 한다. 역발상적 사고방식은 때에 따라 낙관적이거나 비관적인 양상으로 나타난다. 역발상적 낙관주의라는 카드의 뒷면에는 과대평가된 것을 구입하지 않거나 투자하지 않는다는 원칙이 그려져 있다. 시장이 언제 자신의 아이디어를 과대평가하는지 인식하는 것과, 언제 그 아이디어를 숨겨야 하는지 아는 것은 창업가의 성공에 있어 매우 중요하다. 셰익스피어의 연극에 등장하는 뚱뚱보 기사 폴스타프Falstaff가 "진정한 용기는 신중할 줄 아는 것이다"라고 말했듯이 말이다. 로랑 아다모위츠는 포숑의 과대평가된 부동산을 처분한 다음 평가절하된 자산들을 사들였다. 로버트 웨스만은 26건의 기업 인수를 성공적으로 완수했는데, 시장 가격보다 매우 낮은 가격으로 상당수의 인수를 진행했다. 시장이 변화해 인수자들이 프리미엄을 지불하면서까지 기업들을 인수하려고 하자 로버트 웨스만은 기업 인수를 중단했다. 50개가 넘는 기업의 창립자인 버트 트왈프호번은 자신의 지주회사인 인다이버스Indivers를 2001년에 매각했는데, 그 주된 이유는 많은 기업들의 가치가 과대평가되는 바람에 기업 인수를 통해 성장하려면 돈이 엄청나게 소요됐기 때문이었다.[5] 그가 당시에 역점을 두었던 제트엔진 공급 및 유지보수 산업이 매우 매력적인 산업으로 바뀌었기 때문에 그는 철수해도 좋을 만큼 높은 매각대금을 챙길 수 있었다. 이것은 낙관주의가 아니고, 그렇다고 비이성적 낙관주의도 아니다. 이것은 바로 역발상적인 사고방식이다.

결론적으로, 비이성적 낙관주의와 비범한 가치를 인식하는 역발상적인 사고 사이에는 매우 큰 격차가 있다. 그 격차는 손에 잡히는 가치를 바로 창조하는지, 그렇지 못한지의 여부다. 비이성적인 낙관주의는 그저 기회의 인식과 희망에 그치는 반면, 역발상적 사고는 그런 낙관적인 희망을 뛰어넘어 '실천에 옮기는 것'이다.

가치의 인식, 가치의 창조, 가치의 획득이라는 창업가정신의 '세 폭짜리 그림' 중에서 가치의 인식은 가장 중요도가 떨어진다. 예를 들어 겨우 한두 시간 우주 여행을 하는 데에 사람들이 수백만 달러를 쓰도록 만들겠다는 아이디어가 '틀렸는지, 혹은 괜찮은지'에 대한 상상을 해보라. 아니면 그런 '우주 수송'이 희귀광물을 우주에서 채굴하는 데 쓰일 수 있다고(혹은 쓰일 수 없다고) 상상해보라. 이 글을 쓰는 지금, 우주 여행과 우주 수송은 인구에 회자되는 첨단사업 중 하나이고, 엘론 머스크Elon Musk(페이팔과 테슬라의 CEO)나 제프 베조스(아마존의 CEO)와 같이 크게 성공한 창업가들은 현재 그 사업이 과대망상인지 아니면 훌륭한 선견지명인지를 규명하기 위해 엄청난 돈을 투자하고 있다. 가능성은 반반이다. 가능성을 '인식'하는 것은 창업가정신의 일부분일 뿐이다. 그것을 기술적으로 실현시키고 가치 창조적인 관점을 통해 만들어내는 것(제품을 실제로 구입할 진정한 고객을 확보하는 것) 또한 필요하다. 그림을 완성하려면 '창조'와 '획득'이 필수적인 이유를 다음에 이어지는 두 개의 장에서 살펴보자.

11장
비범한 가치 창조하기

아이디어는 그저 출발점일 뿐이다.

−파블로 피카소

비범한 가치 창조의 가능성을 인식하는 것은 가치를 실제로 창조하는 것보다 덜 중요한가? 아무런 가치를 창조하지 못했다면 우리는 그걸 창업가정신이라고 말할 수 있는가?

그저 노력했다고 해서 창업가에게 'A학점'을 줄 수 있는가?[1] 나는 가치 창조 활동이 비범해야만 창업가정신이라 인정할 수 있다는 말에 동의하지는 않는다. 그러나 가치 창조 활동이 창업가정신의 핵심이라는 말에 반대할 사람은 거의 없을 것이다.

'가치'라는 단어와 '창조'라는 말은 매우 긍정적이고 매우 쉬운 말이라서 그 뜻을 의심할 여지가 없다. 아니, 잠깐! '가치 창조'라는 말은 '결과'를 의미한다. 가치 창조란 말은 어떻게 해서 그런 결과를 얻었는지에 대해서, 즉 과정과 노력에 관해서는 아무것도 이야기해주지 않는다. 그러나 사람들은 창업가정신을 이야기할 때마다 노력과 결과를 곧잘 혼동하곤 한다. 우리는 새로운 것을 계속해서 시험해보려는 사람을 '창업가적'이라고 말한다. 문제에 대하여 새롭고 창의적인 해결책을 지속적으로 제안하는 사람에게 '그는 창업가적 기질로 충만하다'라며 칭찬하고, 조금이라도 더 많은 이익을 창출하려고 항상 방법을 찾아가는 조직에게 '그 조직은 언제 어디서든지 매우 창업가적이다'라고 평가한다. 한데 이런 식으로 창업가가 가진 창업가정신의 의미를 표현하는 것은 '노력'의 관점이지 '결과'의 관점은 아니다.

창업가정신에 관한 혼동은 학자들 간의 대화 속에서도 나타난다. 창업가정신의 개념을 정립하려는 시도들이 기회의 인식과 가치를 창조하려는 '의도(혹은 노력)'에 주로 초점이 맞춰져 있기 때문이다. 창업가정신은 '기회를 인식하거나 가치를 창조하려고 시도하는 것'이지, 실제로 '가치를 창조하는 것'은 아니라고 학자들은 말한다. 예를 들어 내가 가장 좋아하는 이론가 중 한 사람인 이스라엘 커즈너Israel Kirzner는 자산을 수익성 있게 배치하여 가치를 드러낼 수 있음을 섬광처럼 인식하는 것이 창업가정신이라고 간주한다.[2] 커즈너를 비롯한 여러 사상가들은 가치를 인식하기만 하면 잠재적 가치의 구현은 기정사실(자동적으로 얻어지는 결과)이라고 슬며시 이야기한다. 하버드에 붙어 있는 '기회를 추구하라'는 문구 역시 '노력'을 말하는 것이지, 실제로 손에 들어오는 '결과'를 언급한 말은 아니다.

열심히 노력한다고 해서 모두가 창업가인가?

나는 이 질문이 간단한 질문이라고 생각하지 않는다. 창업 아이디어는 때때로 매우 엉뚱하고 허황된 것처럼 보인다. 영화 「백 투 더 퓨처Back to the Future」에 나오는 브라운 박사는 시간여행의 '기회'를 잡기 위해 자신의 일생을 바친다. 비록 우리는 브라운 박사가 조금은 미친 사람이란 걸 알고 있어도 그에게서 매력을 느낀다. 그가 우리를 대신하여 어릴 적 환상을 펼쳐 보이기 때문이다. 그런데 역발상적인 아이디어를 가치로 전환시켜 창업에 성공한 이들은 보통 "모든 사람은 나를 미친 사람 취급했다"는 식으로 과거를 회상하곤 한다. 그렇다면 정말로 황당무계한 공상을 일삼는 사람과 지혜롭고 예언자적인 창업가를 구분하는 것은 과연 무엇일까? 왜 우리는 브라운 박사를 머리가 심하게 돌아버린 사람이라 비난하고, 상업적인 우주 여행의 방법을 모색하기 위해 '스페이스X SpaceX'란 벤처기업을 설립한 엘론 머스크를 창업가라고 부르는 것일까?

  이 질문에 대한 답은 바로 '결과'다. 나는 창업가정신을 말하려면 반드시 결과로 판단해야 한다고 생각한다. 나는 우리 가족이 키우던 달마시안이 왜 그렇게 고양이 뒤를 쫓아다니느라 고생하는지에 대해 궁금했던 적이 있다. 얼마 지나지 않아 나는 강아지가 그저 쫓아다니는 것을 정말로 재미있어 하기 때문이라는 것을 알게 됐다. 그러나 '실제로 잡는 것'은 매우 중요하다. '실제로 잡는 것'이 있어야 '어리석은 행동'과 '가치 창조'를 구분할 수 있기 때문이다.

언덕 위에 선 바보

노력의 관점에서 '어리석은 행동'과 '가치의 창조'를 바라보면 둘 사이에 차이가 크지 않지만, 결과의 관점으로 바라보면 엄청나게 큰 차이가 있다. 어리석은 행동은 '가치의 소멸'이나 '파괴'를 뜻한다. 시간, 노력, 돈, 대안적인 기회들을 헛되이 흘려보내는 행동이기 때문이다. 우리는 비이성적이고 비합리적인 기회를 좇는 것과 가치를 역발상적으로 인식하는 것(즉 창업가정신)을 척 보고 구분할 수 있을까? 이 질문에 '그렇다'라고 답할 수 있다면 얼마나 좋을까?

   이러한 구분은 매우 중요하다. 가치를 내기 전(즉 결과를 내기 전)까지는 모든 행동들이 어리석게 보이기 때문이다. 기븐 이미징의 가비 머론부터 로컬 모터스의 제이 로저스에 이르기까지 대부분의 창업가들은 "모든 사람들은 저를 미친 사람처럼 취급하더군요"라고 말했다. X-프라이즈 재단의 창립자이자 CEO인 피터 디아만디스는 TV에 출연하여 이렇게 말한 적이 있다. "엄청난 돌파구가 열리기 전까지 사람들은 그것을 미쳤다고 생각합니다." 엄청난 가치를 창조한 수없이 많은 창업가들은 이런 언급을 많이 한다. '역발상주의'를 실천하는 창업가들은 일반적으로 '왜 그 미친 사람은 가치 없는 것을 얻거나 만들어내기 위해 에너지와 시간과 돈을 퍼붓는 걸까?'라고 사람들의 손가락질을 받는다. 그렇다면 노력했지만 실패한 사람들(이들 역시 '미친' 아이디어를 가지고 있었을 것이다) 역시 역발상적으로 행동했던 것일까?

   벤처기업은 '어리석은 행동'과 '가치의 창조' 사이를 빠르게 왔다 갔다 한다. 10년이 넘는 시간 동안, 기술 기반의 벤처기업을 설립하여 엄청난 돈을 벌었던 딘 카멘Dean Kamen은 겉으로 보기에 개인들의 이동 수단에 일대 혁신을 일으킬 것 같았던 세그웨이Segway에 자신의 돈과 투자자들의 자금을 합해 수백만 달러를 투자했다. 아마 최근에 세그웨이가 시티 투어용이나 공항 내 이동용으로 사용되는 모습을 본 적이 있을 것이다. 사실 카멘은 뉴 햄프셔에 거대한 현대식 공장을 설립했고 그가 구상했던 대로 '완벽한' 이동 수단을 창조하는 데 성공했다. 전설적인 실리콘밸리의 벤처 캐피탈리스트 존 도어John Doerr는 세그웨이가 역사상 가장 빨리 10억 달러의 매출에 도달할 것이라고 예언했고, 세그웨이가 아직 비전에 불과할 때부터 카멘을 비롯한 여러 사람들과 함께 1억 달러를 세그웨이에 투자하는 등 자신의 예언을 확신했다.

그러나 지금까지 세그웨이로부터 창조된 가치는 미미하다. 가치 있는 무언가(보통, 돈)를 그 물건으로 교환할 때에야 비로소 '가치가 창조됐다'고 말할 수 있는데, 카멘은 몇 년이 지나도록 그 값비싼 기계를 많이 팔지 못하고 있기 때문이다. 세그웨이에 투자된 엄청난 자본은 경제적 가치를 잃었고, 카멘 자신뿐만 아니라 여러 투자자들은 손실을 입었다. 그들은 흰 코끼리(영어로 white elephant는 돈만 많이 들고 더 이상 쓸데없는 것을 의미함_옮긴이)를 창조했던 것일까? 크고, 놀랍고, 인상적인 흰 코끼리를? 2003년에 《와이어드Wired》는 세그웨이를 가치 창조에 실패한 대표적인 사례라고 언급하며 다음과 같이 뼈아픈 기사를 게재했다. "세그웨이의 몰락: 발명가 딘 카멘은 자신의 '슈퍼 스쿠터(세그웨이를 말함_옮긴이)'가 세상을 바꿀 거라고 약속했다. 결국 심한 타격을 받고 말았지만."

³ 2009년에 《타임Time》은 지난 10년 동안 가장 실패한 10대 기술 중 하나로 세그웨이를 꼽았다.⁴ 발명품으로 보면 세그웨이는 굉장한 물건임이 분명하다. 그러나 카멘 자신이 고백했듯이 "산이 너무 클 것이라고, 그리고 정상까지 가기 위해 넘어야 할 언덕이 그렇게 많을 거라고 예상하지 못했습니다."

그는 혁신적인 사람인가? 확실히 그렇다. 그렇다면 그에게서 창업가 정신을 엿볼 수 있는가? 그럴 수 있고 아닐 수도 있다. 시장의 평가는 아직 보류 상태이고 그들의 대차대조표는 공개되지 않았다. 사람들이 많이 오고가는 장소에서 세그웨이의 수가 증가하고 있다. 또한 수십 군데와 파트너십을 맺었다고 발표하는 등 회사의 웹사이트는 활기를 띠고 있다. TV 광고에서도 세그웨이를 볼 수 있게 됐다(물론 세그웨이 자체를 팔기 위한 광고는 아니다). 그러나 세그웨이가 가치를 창조할지, 아니면 가치를 창조하지 못하고 사라질지 그 누가 알겠는가? 세그웨이와 같은 처지의 기업들은 아주 흔하다.

노력으로 A학점을 받을 수 있을까?

지금은 이 세상에 없는 나의 옛 친구 나홈 샤프만은 두 곳의 성공적인 벤처기업, 컴터치Commtouch와 쇼핑닷컴Shopping.com(이베이에 6억 3400만 달러로 매각)의 창업자였다. 어느 날 그는 내게 이렇게 말했다. "당신네 학자들은 자기가 이룬 최고의 업적으로 기억된다네. 자네가 노벨상을 수상한다면, 자네는 언제나 노벨상 수상자로 불리지. 하지만 우리 창업가들은 자신이 한 가장 마지막 일로 기억된다네. 어떤 창업가가 실패했다면, 그가 한때 10억 달러를 벌어들였다는 사실은 아무도 기억하지 않아."5 그는 말을 이었다. "만약 창업가가 실패하면 '그 사람이 얼마나 많은 돈을 잃었는지 보라'며 부정적인 반응들이 쏟아진다네. 사실, 성공한 다음에 실패하는 경우가 가장 좋지 않아. 그래서 우리 창업가들은 계속 움직일 수밖에 없다네." 샤프만은 자신이 설립한 세 번째 벤처기업에서 일하던 중에 애석하게도 자가용 비행기 충돌 사고로 사망했다.

샤프만이 학자들을 살짝 비꼬면서 강조하고자 했던 요점은 '결과'가 창업가정신에 있어 매우 중요하다는 것이다. 사람들의 기대치는 계속 높아진다. 때때로 창업가 자신이 기대치를 높이기도 한다.

가치를 창조하겠다는 노력만으로는 충분하지 않다. 실제적인 가치 창조의 결과물이 반드시 나와야 한다. 가치가 창조되지 않으면 창업가정신은 완성되지 못한 것이다. 그래서 나는 노력했다고 해서 창업가에게 A학점을 줄 수는 없다고 생각한다. 만약 A학점을 준다면, 바보스럽고 우스꽝스러운 시도들까지 창업가정신이라고 불러야 할 것이다.

창업가가 가치 창조에 실패한다면, 시장에서 그의 벤처기업도 실패할 공산이 아주 크다. 최근에 나는 내가 투자한 벤처기업의 나딤 카쌈Nadeem Kassam이란 창업가로부터 한 통의 이메일을 받았다.6 그는 자신의 제품이 실시간으로 심박수, 혈압 등 신체 기능을 모니터하는 '킬러 제품'이 될 거라고 확신하며 6년 동안 일해오고 있다. 나는 그가 만든 제품이 매우 경이로운 것이라고 생각한다. 그는 초기 몇 년 동안 제품의 콘셉트를 다른 사람들에게 증명해 보이느라 죽음과도 같은 고비를 몇 번 경험한 바 있다. 작년에 본격적으로 제품 출시가 이루어질 것으로 예상됐지만, 그는 특허를 피하기 위해 복잡한 센서 세트를 자체 개발해야 했다. 그래서 제품 출시를 1년 이상 연기했다. 그러는 동안, 거대 경쟁자들이 진입하면서 시장은 치열해졌다. 이제 그는 제품을 출시했지만 어려움을 겪고 있다.

그의 회사가 난관을 헤쳐 나갈 수 있을까? 나는 이 책을 독자들이 읽고 있을 때 아무쪼록 그 회사가 승승장구하기를 바란다. 창업가는 실패할 가능성을 두려워하면서 항상 시장의 벼랑 끝에 서 있는 사람이다. 나는 몇 년 전에 이미 다른 사업을 통해 엄청난 돈을 번(내 생각에 확실히 그랬다) 한 창업가가 설립한 또 다른 벤처기업에 투자했다. 2년 후에 나는 3만 달러나 되는 투자금을 몽땅 날렸다. 그 엔지니어(사실 그는 창업가로 보기 어렵다)가 교묘하게 머리를 써서 데이터를 '뻥튀기했다'는 사실과, 그가 지적 자산이라고 말했던 것들이 아무런 쓸모가 없다는 사실이 드러났기 때문이었다. 그리도 불가능한 제품을 아주 훌륭하다고 믿었다니! 나를 포함한 여러 투자자들은 바보가 된 기분이었다.

실패를 감수한다는 것은 창업가정신의 필수적인 특성이다. 사실 사회적인 관점에서, '조기에 실패하는 벤처기업의 수'와 '실패의 수준' 사이에는 정$_正$의 상관관계가 존재한다(실패한 벤처기업이 가능한 한 조기에 시장에서 철수할수록 실패의 규모가 작다는 의미_옮긴이). 또한 '조기에 실패하는 벤처기업의 수'는 사회가 '성공적인 벤처기업의 수를 늘리는 능력'과도 정의 상관관계를 갖는다(실패한 벤처기업이 가능한 한 조기에 시장에서 철수할

수록 그 사회에서 성공적인 벤처기업의 수가 많다는 뜻임_옮긴이). 그러므로 사회가 사람들에게 창업가정신을 독려하려면 '구조적으로 실패를 용이하게 만들어줘야' 한다. 즉 법적으로, 행정적으로, 문화적으로 용이하게 실패가 '처리'될 수 있게 도와야 한다. 노동의 유연성이 높을수록, 파산의 용이성이 높을수록 창업가는 실패로부터 쉽게 탈출할 수 있다. 정부가 노동의 유연성과 파산의 유연성을 조금이라도 개선한다면 새로운 '창업가 지망생'들이 줄을 이을 것이다. 이율배반적이라고 생각하겠지만, 높은 실패율은 높은 가치 창조를 가능케 한다. 실패한 기업들을 빠르게 퇴출시키면 더 많은 창업가들이 경쟁에 뛰어들 수 있을 뿐만 아니라, 사회 전체적으로 금융자본과 인적 자산을 새로운 벤처기업에 '재활용'할 수 있는 효과가 있기 때문이다.

몇몇 국가들은 실패를 권장하는 수준을 넘어 글자 그대로 '실패를 축하'하기까지 한다. 싱가포르는 실패한 창업가에게 상을 주기 시작했다. 그러나 실패를 축하하면 창업가들에게 오히려 '실패는 축하하지 말고 피해야 하는 것(실패를 감수해서는 안 된다는 것_옮긴이)'이라는 잘못된 메시지를 전달할 수 있다. 나는 2012년에 리야드에서 개최된 '세계 경쟁력 포럼the Global Competitive Forum'에서 '실패의 예술'이라는 세션에 참석했다. 실패가 예술이라는 말에 동의하는 사람들이 있겠지만, 실패는 결코 예술이 아니다. 피카소는 이렇게 말했다. "예술이란 불필요한 것을 없애는 과정이다." 실패는 불필요한 것이 아니기 때문에 예술이라고 말해서는 안 된다. 사회적인 관점에서 볼 때, 실패란 바닥에 떨어진 부스러기나 나무토막 같은 것이라고 말할 수 있다. '차기 창업가'가 등장해서 그 부스러기를 가치 있는 것으로 전환시킬지 모르지 않는가? 가치 창조를 창업가정신의 핵심에 두는 이유는 가치를 창조하고 획득하는 것이야말로 예술이기 때문이다. 다시 말하지만, 실패는 예술이 아니다.

구불구불하고 험난한 길

창업가는 지속적으로 성공을 추구하고 실패를 감수하고자(물론 실패를 피하려고 애쓴다) 하기 때문에 가치 창조의 경로가 똑바로 뻗은 길인 것처럼 서술하는 이야기들은 본질을 호도하는 것이다. 가치를 획득하기 전에 가치를 창조해야 하고 가치를 창조하기 전에 가치를 인식해야 한다는 말은 가치 창조의 경로가 모두 동일한 것처럼 느껴지게 만들지만, 사실 그 경로가 동일한 경우는 거의 없다. 일반적으로 가치 창조의 경로는 순환적이고 복잡하다. 지나고 나서 창업가의 스토리를 들을 때는 '성공의 기승전결'이 뚜렷하게 보이지만, 실제로는 그렇지 않다. 기회의 인식은 대개 예비 창업가가 고객과 관계 맺고 자원(현금, 사람, 고객 등)을 확보하기 위해 노력하는 과정에서 매번 수정되고 변경된다.

창업가정신에 관하여 이곳저곳에서 여러 가지 정의가 난무하는 가운데, '반복적이고 비선형적인 길이 바로 창업가가 걸어가는 경로'라고 표현하는 사람들이 있다. 피터 심스Peter Sims는 자신의 책 『리틀벳Little Bets』에서 여러 번의 작은 시도가 방향을 재설정하는 데 매우 중요하다고 말한다.[7] 레너드 슐레진저Leonard Schlesinger, 찰스 키퍼Charles Kiefer, 폴

브라운Paul Brown이 쓴 『한 걸음의 법칙Just Start』은 가치 인식과 가치 창조를 향해 어떻게 첫 발을 내디뎌야 하는지 구체적인 방법을 알려준다.[8] '크리액션creAction'이나 '이펙튜언스effectuance'와 같은 신조어들이 창업가가 처한 불확실한 상황을 표현하는 말로 등장했는데, 이 신조어들은 장기적인 비용과 매출을 예측하는 것은 구체성이 떨어질 수밖에 없고 직접 '뛰어들어 헤엄쳐보는 것(물에 한 발 넣어보고 그다음에 무릎 깊이까지 들어가보는 것)'보다 유용하지 않다는 점을 강조한다.

  1984년에 나는 관리의 효과성과 인간의 학습 과정을 표현하기 위해 '사고-행동 사이클'이라는 말을 고안했다. '사고', 즉 무언가를 이해한다는 것은 우리에게 안락의자에 앉아 클래식 음악을 들으며 포트 와인을 한잔 기울이는 듯한 인상을 준다. 그러나 다시 생각해보면, 사고는 행동과 불가분의 관계다. 태어날 때부터 우리는 필요한 것을 얻기 위해서 환경에 적응하며 행동한다('맘마'를 먹으려면 어떻게 울어야 할까? 같이 놀려면 어떻게 소리 내어 웃어야 할까?). 사고는 행동의 '가마솥' 안에서 형성된다. 행동과 사고는 동전의 양면이다. 언어를 사용해야 언어를 배울 수 있다. 춤을 춰야 춤을 배울 수 있다. 수학 문제를 풀어봐야 수학을 배울 수 있다. 실행을 통해 학습하는 과정에서는 보통 자신이 실행하는 것을 계속 사고하기 마련인데, 그런 사고 과정은 어떻게 하면 무언가를 더 잘할 수 있을지를 깨닫게 한다. 물론 자동차를 몰거나 비행기를 조종하려면 시동을 켜기 전에 책으로 배우는 단계가 필요하다. 현장에서도 다양한 '필드 매뉴얼'들이 만들어져야 한다. 하지만 그것만으로 충분하지 않다. 대개 연습과 실험을 통해 학습하는 것이 효과적이다.

창업을 하려면 가치 창조의 방법을 학습하기 위해 시장에서 이것저것을 시도하며 기회가 어디에 숨어 있는지 알아내야 한다. 이러한 학습 과정을 통해 새로운 역량(정보, 자신, 스킬 등)이 계발되고, 단순히 기회를 인식하는 수준을 뛰어넘어 비범한 가치를 창조할 가능성을 깨닫게 된다.

샌디 체스코가 스튜디오 모더나를 성장시킨 방식은 가치를 인식하고 창조하는 과정이 반복적으로 나타났다는 점을 전형적으로 보여준다. 초기부터 체스코는 자신의 제품(하부요통을 완화시키기 위한 플라스틱 압박대)과 판매 채널(TV)이 실질적인 매출(가치의 교환)로 이어지는지 잠재 고객들을 대상으로 실험해봄으로써 자신이 인식했던 기회를 테스트했다. 그가 취한 첫 번째 행동은 하부요통에 시달리는 친구들에게 샘플 제품을 나눠준 것이었다. 친구들의 열광적인 반응을 접한 체스코는 제품을 정교화하는 데 자금을 투자했다. 이후 그는 첫 번째 '해설식 광고'를 제작하여 자신의 판매 방법이 고객들에게 '잘 먹히는지' 살펴보았다. 또한 그는 오프라인 매장을 통해 고객들이 제품을 구입하기 전에 직접 확인하고 체험할 수 있게 하면 어떤 결과가 나올지도 실험했다. 실험 결과는 매장을 '판매 전선'으로 삼아 일선에 배치시키면 제품 판매가 증가할 거라는 점을 그에게 알려주었다.

이런 실험 과정을 통해 체스코는 스튜디오 모더나의 첫 번째 제품인 코스모디스크만으로 수천만 유로의 매출을 달성했을 뿐만 아니라, 자신의 경험적인 접근 방식을 구조화하여 PIS라고 불리는 시스템을 개발했다. PIS는 신제품을 스튜디오 모더나의 판매 채널로 뿌리고 나서 시장이 그 제품을 받아들인다는 증거가 늘어나면, 그에 따라 마케팅 투자를 점차 확대하는 '증거 기반'의 시스템이다. PIS는 회사의 성장률 상승에 크게 기여했고 매년 회사의 카탈로그에 30개 이상의 제품(신제품을 포함하여)들이 들어왔다 나가는 '선순환'을 촉진시키기도 했다. 현재 스튜디오 모더나의 제품들과 판매 채널들은 20개 국가의 시장별 특성과 니즈를 만족시키기 위해 차별화되어 있다.

창업은 어느 정도 '점진주의'적이다. 1997년에 호르헤 로드리게스는 푸에르토 리코에서 PACIV를 설립했다. 그는 기회에 대한 명확한 인식조차 없는 상태에서 맨몸으로 뛰어들었다("저는 창업가란 말이 있다는 것조차 몰랐습니다").[9] 그는 생산 과정에서의 컴퓨터와 소프트웨어 사용에 관한 FDA의 까다로운 규정을 준수하도록 제약회사들을 돕는, '통합 관리 시스템 공급업체'가 되겠다는 생각으로 PACIV를 창업했다. 비전도 없었고 사업 운영에 관한 지식도 없었음에도 불구하고, 몇 개월 동안 로드리게스는 혼자 일하면서 제약회사에서 일할 때보다 훨씬 더 많은 돈을 벌었다. 그는 자신의 능력과 시장의 니즈를 강하게 연결시킬 수 있다는 사실을 알아차리고는 좀 더 큰 조직을 마음속에 그렸다. 기회를 예상하지 않았는데도, 그리고 의식적으로 기회를 기대하지 않았는데도 기회를 발견했던 것이다.

로드리게스는 계속해서 가치 창조에 도전했다. 그는 미국과 유럽 시장에 진출했고, 그(그리고 그의 회사)의 역량이 식품, 음료, 물 처리처럼 프로세스 집약적이고 고도의 규제를 받는 다른 산업에도 응용될 수 있다는 것을 깨닫고 나서는 제약산업을 뛰어넘어 다각화를 꾀하기도 했다. 그가 나에게 말하길, PACIV는 요즘 '바이오 과학'에 전력투구하고 있다고 한다.

가치 창조와 가치 획득의 가능성이 체스코와 로드리게스로 하여금 기회를 인식하게 한 원동력이 되었다. 비유하자면, "거기에 뭐가 있는지 보기 전에 제가 뭘 원하는지 어떻게 알 수 있나요?"라는 질문이 "제가 할 수 있는 것이 뭔지 알기 전에 어떻게 거기에 무엇이 있는지 알 수 있나요?"로 바뀐 셈이다. 이들 창업가들은 비전을 먼저 품고서 움직였다기보다는 여러 가지 기회에 부딪혀봄으로써 점진적으로 가치를 창조해 갔다.

그러나 흥분은 금물이다. 여러 해 전, 유명한 사회심리학자인 칼 웨익 Karl Weick 은 불확실성이 큰 상황에서는 '조준하고 쏘는 것'보다 '쏘고 나서 조준하는 것'이 필요하다고 말했다. 비록 '쏘고 나서 조준하라'는 말이 그의 대단한 학문적 업적은 아니지만, 그의 말은 사람들 사이에서 크게 유행했다. 웨익은 열정적으로 자신의 도발적인 생각을 여기저기에 설파하고 다닌다. 그의 글에서도 마찬가지다.

비판적으로 따져보지 않고 많은 사람들이 '쏘고 나서 조준하라'는 기억하기 쉬운 문구에 매료됐다. 그러나 달걀(창업가의 행동)이 닭(창업가의 사고)보다 먼저여야 하는지 혹은 그래서는 안 되는지를 누가 사전에 알 수 있을까? 시네멕스, 클러치 그룹, 기븐 이미징은 모두 오랜 기간 동안 상세한 계획을 수립한 후에 설립된 벤처기업들이다. 그들이 수립한 전략은 몇 년 앞을 내다볼 정도로 아주 효과적이었다. 적어도 그들이 오랫동안 수립한 상세 계획들은 성과 창출에 크게 기여했다. 물론 고도로 정교한 계획에 기초하여 사업을 추진한 창업가들이라고 해서 의외의 상황(곤경)에 직면하지 않은 것은 아니었다. 하지만 그들은 비범한 가치를 창조함으로써 사고가 행동보다 먼저임을 몸소 증명했다. 시네멕스는 최초의 사업 계획에서 수립했던 예측치를 크게 초과하는 성과를 달성함으로써 창업의 세계에서 흔치 않은 놀라운 사례로 남아 있다.

40년 이상을 기업가로 보낸 버트 트왈프호번은 전략적이고 '기회 추구적'인 행동 계획을 시의적절하게 수립했고, 성공하는 법을 학습해나가면서 제트엔진 공급망 내의 작은 틈새를 전략적으로 집중했다.[10] 그의 광범위하고 정교한 계획이 시장의 틈새를 재빨리 알아차리도록 일조했다는 점은 분명하다. 내가 이스라엘에서 벤처 캐피탈리스트로 일할 때, 파트너들과 나는 우리가 투자한 이스라엘의 창업가들에게 '더 시스템적이고 더 전략적인 접근 방식으로 가치를 창조할 수 없겠느냐'며 채근했던 적이 있다. 우리는 그들이 '아팍스 파트너스Apax Partners'의 창립자 로널드 코헨이 말했던 '꼴사나운 조급함'의 함정에 빠지지 않기를 바랐기 때문이었다.[11]

힘들었던 밤

창업가들은 반복적이고 혼란스럽고 불확실한 과정을 거치기 마련이다. 그래서 창업가정신은 창업가들에게 '오랜 시간 고되게 노동할 것'을 요구한다. PACIV의 로드리게스는 한때 유럽 시장의 문을 함께 열고 '게임의 판돈'을 함께 걸 파트너를 물색했던 적이 있다. 그는 "정말이지 피가 마를 정도로 힘들었죠. 오랫동안 몰두하고 헌신해야 했습니다. 시작부터 짜증나는 일이 벌어지기도 했고요. 정신적으로, 신체적으로, 감정적으로 준비를 철저히 해야 했습니다"라고 말했다. 벤처 캐피탈리스트 토드 다그레스의 말을 반복하자면 이렇다. "회사를 시작한다는 것은 결코 쉽지 않아야 한다."

버트 트왈프호번은 기업가로 살아온 42년의 세월 동안 자신이 겪은 마흔 네 번의 위기를 목록으로 정리해두었다.12 그 목록엔 법원의 명령으로 네덜란드의 공장을 닫아야 했던 일, 미국에서 매입한 세차장 체인의 워터 스프레이가 너무 강해서 최고급 프랑스 자동차와 이탈리아 자동차의 칠이 벗겨지고 만 일, 모 기업 매입자가 트왈프호번에게 '선일자수표(발행일보다 결제일을 뒤로 적은 수표_옮긴이)'를 회사의 자산이랍시고 건네주고는 말없이 사라져버린 일, 어느 공장이 하룻밤 만에 화재로 소실된 일, 독일인 파트너가 물리력을 동원하여 트왈프호번이 공장에 들어오는 것을 저지했던 일, 로스앤젤레스의 공장이 청산가리를 로스앤젤레스-와츠 지역의 상수원으로 몰래 흘려버리던 것이 발각된 일 등등. 다시 말하지만, 창업가정신이라는 '부엌'은 아주 뜨거운 곳이다.

창업가정신은 어렵다. 사람들은 그것을 어려운 것이라 여기고 또 어렵게 경험한다. 객관적으로 봐도, 창업가정신은 어렵다.

다시 한 번 이 질문을 던져보자. "창업가정신이 그렇게 좋은 것이라면, 왜 그것은 좀 더 쉬울 수 없을까?"

이는 6장에서 언급했듯이, '내재적인 역경'이 가치 있을 거라고 생각하고 출시한 제품이나 서비스에 사람들(고객, 투자자, 파트너 등)이 크게 저항하는 상황을 뜻한다. 그런 저항은 고객, 투자자, 채용하고 싶은 핵심 인재, 규제기관 등 거의 모든 이들로부터 발생한다. 아이디어가 역발상적일수록 저항은 더 거세기 때문에 수요를 창출하려면 훨씬 더 많은 노력이 필요하고 시장의 관성과 적대감을 극복해야 한다. 스튜디오 모더나는 슬로베니아에서 TV 쇼핑에 대해 사람들이 경멸의 시선을 보내는 상황에 직면했다. 창업가가 시장에서 저평가된 것을 기회로 인식하고 그 기회를 통해 가치를 실현시키고자 할 때마다 항상 장애물들이 나타난다. 이때 창업가는 어떻게 해야 할까? 장애물을 뛰어오르거나 장애물을 우회해야 한다. 아니면 장애물들이 놓인 순서를 바꾸거나 장애물을 치워버려야 한다.

창업가에게 리스크란?

창업가들이 이토록 '피가 마르도록' 힘든 까닭은 바로 리스크 때문이다. 리스크는 사람들이 크게 잘못 이해하고 있는 개념 중 하나다. "창업가 정신은 배울 수 있는 건가요?"는 내가 가장 자주 받는 질문인데, "창업가가 겪는 리스크는 큽니까?" "MBA 과정은 학생들에게 리스크를 회피하라고 가르치지 않나요?" 등의 질문은 빈도로 볼 때 두 번째쯤 되는 것 같다. 이제 창업가의 리스크에 대해 자세히 살펴보자.

자, 모든 사람들은 창업가의 사업이 위험한 비즈니스임을 알고 있다. 일부 경제학자들과 대부분의 창업가들은 '리스크 감수'를 창업가정신의 필수적인 요소라고 생각하고 창업가와 '월급쟁이'를 구분하는 근본적인 잣대라고 본다.[13] 리스크가 없으면 엄청난 이익이나 비범한 가치가 존재할 수 없다고 그들은 말한다.

창업가들은 리스크를 줄이는 문제, 즉 학술적인 용어로 말하자면 '리스크 완화'에 관심이 아주 많다. 창업가들, 그들을 가르치는 교육자들, 그리고 투자자들 중에서 '리스크를 감수하는 창업가는 허상'이라고 생각하는 사람들이 증가하고 있다.

창업가정신에서 리스크가 차지하는 역할은 어느 정도일까? 먼저 조금은 추상적인 관점으로 비범한 가치 창조의 과정을 살펴보자. 가치 창조가 어려운 이유는 창업가가 순리를 거스르며 앞으로 나아가야 하고, 시장에 새로운 무언가를 내놓아야 하며, 동시에 이익을 창출해야 하기 때문이다. 그런 과정에서 자연스럽게 수많은 불확실성들이 개입되기 시작한다. 모든 노력에도 불구하고 신제품으로 이어지지 못하거나, 고객을 확보하는 데 어려움을 겪을지 모른다. 추상적으로 말하자면, A라는 활동(노력, 돈, 시간 등의 투자)이 B라는 산출물(사람들이 돈을 내고 충분히 많은 양을 구입하는 제품)로 이어지지 않을 수 있다. 통계적으로 볼 때, 신제품이 성공할 확률은 아주 낮은 것이 사실이다. 사람들에게 새로운 것을 구입하도록 만드는 것은 그들에게 예전과는 다르게 행동하도록 만드는 것과 다를 바 없다. 행동을 변화시키는 일은 암벽을 등반하도록 만드는 것과 같다. 그만큼 엄청난 노력이 요구된다. 창업가의 앞에 놓인 암벽은 A에서 B로 전환될 확률이 매우 낮은 현실을 의미한다.

창업가가 하나의 장애물(기븐 이미징의 경우, 삼킬 수 있는 캡슐형 내시경의 프로토타입을 개발하는 일)을 성공적으로 뛰어넘을 확률은 100퍼센트보다 낮다. 필캠을 '팔릴 만한 곳'에 출시하기 위해, 다시 말해 가치 창조가 약속된 곳에 필캠을 출시하기 위해 극복해야 했던 모든 장애물들을 일렬로 죽 세워놓는다면, 당신은 주눅이 들 수밖에 없을 것이다. 규제기관의 승인을 받는 것, 충분한 자본을 확충하는 것, 필캠을 수용하고 홍보하도록 핵심 오피니언 리더들을 끌어들이는 것, 보험 적용이 가능하도록 보험회사를 설득하는 일 등등. 창업가가 이러한 장애물들을 하나라도 잘 극복할 확률은 100퍼센트보다 작다. 일반적으로 최종적으로 성공할 확률을 계산하려면 각 장애물을 극복할 확률들을 '결합'하면 된다. 최종적으로 성공하려면 10개의 장애물을 넘어야 하는데 각 장애물을 뛰어넘을 확률이 70퍼센트라고 해보자. 그러면 최종적인 성공확률은 고작 1퍼센트 정도밖에 안 된다(결합확률에 관한 좀 더 정교한 모델은 이보다 높은 수치를 내놓지만, 그래도 그다지 높지 않다). 1퍼센트의 성공확률은 매우 위험하다는 뜻이다.

창업가정신이 '리스크 감수'인지 '리스크 완화'인지에 관한 논쟁은 결과가 무작위하게 나타나는 '확률 게임'으로부터 발생하기도 하지만, 결과는 불확실하지만 참가자의 능력에 영향 받는 '기술을 요하는 불확실한 게임'으로부터도 발생한다. 그러나 창업가정신은 크랩스 도박(확률 게임)이 아니다. 창업가정신은 포커 게임(기술을 요하는 불확실한 게임)이다. 창업이라는 게임은 어떤 카드를 받느냐에 따라 어느 정도 결과에 영향을 미치지만, 어떻게 게임을 진행하느냐에 따라 승자가 결정된다. 앞에서 논의했듯, 창업가가 포커 테이블에 앉느냐의 여부는 본인의 역량(자산, 스킬, 정보)에 대한 스스로의 평가로 결정된다. 그러므로 벤처기업의 내재적인 위험성을 완화시키기 위한 창업가의 전략은 철저한 숙고와 치열한 판단을 바탕으로 해야 한다.

리스크의 최적화

이 책에서 나는 '리스크 최적화'라고 부르는 일종의 '종합적인 관점'을 제시하고자 한다. 리스크 최적화란 말은 시간, 노력, 자원 등의 투자가 불확실한 결과로 이어질 수 있다는 점을 내포하고 있다. 리스크 최적화의 과정은 불확실성과 리스크를 수반하는데, 이 둘은 비범한 가치를 창조하는 데에 필수적이다. 리스크는 초기 투자의 결과로 발생한다. 불확실성은 외부환경에 존재한다. 코헨이 자기 책에 썼듯이 "창업가라면 항상 불확실성을 이용하려고 노력해야 한다. 불확실성은 일이 기대한 바대로 돌아가지 않는다는 리스크를 수반한다."[14] 만약 창업가가 리스크를 회피한다면, 그는 비범한 가치를 창조하거나 획득할 수 없을 것이고 그저 그런 수준의 가치만을 획득할 수 있을 것이다(아예 없을 수도 있다). 손에 쥔 카드를 계속 들고만 있다면 돈을 따기 어려운 것과 마찬가지다.

그러나 많은 창업가들은 '리스크 감수자'라는 창업가상을 폄하하면서 자기들이 '안전한 게임'을 할 수 있다고 자신만만해한다. 나는 오리건 주에서 고등학교와 대학교를 다닐 때, 세 곳의 산을 등반한 적이 있다. 한번은 내 이웃이었던, 이제는 유명한 작가이자 등반가인 존 크라카우어Jon Krakauer가 16살일 때, 그의 가족들과 함께 산에 올랐다. 많은 등반가들과 익스트림 스포츠 애호가들은 '리스크를 완화시키는' 방법을 써서 안전하게 산에 오른다고 말한다. 그들은 최고의 장비를 구입하고, 여러 가지를 주의 깊게 점검하고, 엄격한 안전 규칙을 준수한다. 그들은 다음에 디딜 곳을 확실히 체크하면서 한 번에 한 걸음씩 앞으로 나아간다.

나와 크라카우어 가족이 제퍼슨 산을 등반할 때도 그런 식으로 했다. 그 산은 수년 동안 여러 건의 사망 사고를 비롯한 수많은 등반 사고가 발생했던 곳이었다. 나는 그날 얼음이 언 정상 부근에서 만난 남자를 똑똑히 기억하고 있다. 그는 어떤 장비도 갖추지 않은 채 산을 오르고 있었고, 한쪽 다리는 기형이어서 지팡이에 의존할 수밖에 없었다. 그에게는 악천후를 대비하기 위한 장비가 하나도 없었다. 나와 크라카우어 가족이 리스크 감수자라면, 그는 도박사였다. 비유하자면, 그는 자신에게 쥐어진 카드 패로는 이길 가능성이 아주 적었는데도 많은 규칙들을 어기면서 아무렇게나 게임을 즐겼던 것이다. 그는 '기적적으로' 산을 타고 있었지만, 그 세 시간 동안 그는 '언덕 위의 바보'에 불과했다. 가치 창조는 도박이 아니다. '꼴사나운 조급함'은 꼴사나운 쓰레기를 양산할 수밖에 없다.

그러나 동전의 양면 중 '리스크 완화' 쪽만 바라보는 것은 리스크가 본래 나쁜 것이라서 그것을 없애야 한다고 생각하는 것과 같다. 창업가는 자기 자신을 실패의 가능성에 노출시킬 줄 안다. 리스크는 그의 선택이지 그가 완화시키겠다고 다짐한 '나쁜 것'이 아니다. 등반가들이 리스크를 줄이고 싶어 하고 안전을 추구한다면 그들은 산에 오르지 않을 것이다. 그냥 언덕이나 오르내리는 게 훨씬 리스크가 적을 테니 말이다. 보상을 얻으려면 리스크는 필수적인 요소다(크라카우어 가족이 내 이름을 산 정상의 방명록에 써넣었지만, 나는 겁이 나서 정상으로부터 30미터 아래에서 그들이 돌아오기만을 기다렸다).

'리스크 감수'나 '리스크 완화'라는 말보다 '리스크 최적화'라는 말을 염두에 두어야 한다. 리스크 최적화는 진정한 가치 창조에 초점을 맞추면서 마치 아코디언처럼 '리스크 제거'와 '리스크 재수용'의 과정을 왔다 갔다 하는 과정이다.

리스크 최적화가 어떻게 작동하는지 단계적으로 살펴보자. 먼저 창업가가 '시장의 니즈', 창업가 본인의 '동기(열망)'와 '역량'이 서로 교차하는 지점을 발견한다. 간단히 말해, '기회'를 발견한다. 가비 머론이 필캠이라는 아이디어를 떠올렸을 때 처음에는 본인도 그것이 정신 나간 발상이라고 생각했다. 그러나 소장 내부의 이미지 촬영 문제를 연구하면서 그는 삼킬 수 있는 카메라를 개발할 수 있다면(매우 복잡한 성능을 가진 카메라를 출시할 수 있다면) 위장병 전문의들이 그걸 사용할 테고 보험회사들도 그것을 보험 대상으로 포함시킬 거라고 생각했다. 그는 자신이 사업 진행에 필요한 여러 가지 역량을 이미 지니고 있음을 또한 깨달았다. 그에게는 적은 돈을 벌더라도 아이디어를 현실로 이루고자 하는 동기가 있었고, 그 누구보다도 능력이 있었다.

예비 창업가가 자신의 역량이 비범한 가치를 창조하고 획득하는 데 기여할 수 있음을 깨닫는다면, 전체적인 리스크는 완화되고 창업가는 기회를 좀 더 뚜렷하게 인식할 수 있게 된다. 이것은 예비 창업가의 특별한 역량이 외부 상황에서 비롯된 리스크를 감소할 수 있다고 보는 관점이다. 다시 말해, 특별한 역량을 지니지 못한 사람은 동일한 상황에서 매우 커다란 리스크에 처할 수 있다는 관점이다. 많은 연구 결과들은 이러한 창업가의 '자기 인식'이 전적으로 주관적이었음을 보여주고 있다. 머론은 이렇게 말했다. "저는 그것을 성공시킬 수 있으리라고 절대적으로 확신했습니다." 여러 연구와 사례들로 볼 때 '절대적으로 확신한다'는 수준으로 자신감을 가져서는 곤란하다. 하지만 창업가들은 그런 식으로 생각한다.

이 시점에 이르면 창업가들은 다시 위험을 무릅쓴다('리스크 재수용'). 도박에 비유하면, '판돈을 올리는 것'이다. 머론은 두 가지 방향으로 리스크 수준을 높였다. 하나는 필캠의 개발 일정을 조속히 진행하여 FDA를 비롯한 규제기관의 승인을 조기에 획득하고 시장에 제품을 출시하는 것이었다. 나머지 하나는 세 개의 주요 시장인 미국, 유럽, 일본으로 동시에 진출하는 것이었다. 세 곳의 시장은 모두 규모가 컸지만 그만큼 경쟁이 치열했다. 머론은 점진적으로 시장을 확대하는 방법보다 시장마다 차별적인 전략을 구사해서 세 곳을 동시에 공략해야 한다고 이사회를 설득했다. 당시 그의 회사는 은행에 고작 100만 달러밖에 없었기에, 그런 전략이야말로 '리스크 재수용'의 표본이었다. 세 개의 주요 시장을 동시에 공략하려는 시도 때문에 리스크가 증가했지만, 머론은 규제에 관한 전문성과 자금력을 갖춘 현지 파트너들과 제휴를 맺음으로써 일본 시장의 진입 리스크를 크게 낮출 수 있었다.

당시 기븐 이미징의 이사회는 리스크가 큰 투자를 몇 개로 쪼개는 방식을 통해 리스크를 줄이기를 기대했다. 그러나 투자를 한 곳에 집중시키는 바람에 위험해 보였던 전략이 사실은 더 안전했던 것으로 판명됐다. 왜냐하면 FDA의 승인이 1년 연기되고 그에 따라 매출 발생이 늦춰졌지만, 유럽에서 CE의 승인을 받게 되면서 기븐 이미징이 유럽 시장에서 처음으로 매출을 올릴 수 있었기 때문이었다. 또한 과감한 전략은 기븐 이미징이 벤처 캐피탈리스트들로부터 더 많은 자본을 유치하기 쉽도록 해주었다. 벤처 캐피탈리스트들은 유럽에서의 성공을 보고 필캠의 잠재력이 크다고 판단했던 것이다.

기본 부품을 장착한 카메라로 돼지의 소장을 촬영할 수 있음을 증명해냄으로써 제품 개발 리스크를 크게 줄이자 머론은 자신의 통제에서 멀리 떨어져 있던 두 개의 영역에 집중하기로 했다. 바로 자본을 관리하는 일과, 의사들이 필캠을 수용하도록 설득하는 일이었다. 나중에 밝혀진 바에 따르면, 머론에게 가장 어려웠던 일은 필캠의 시장성에 의심을 품고 있던 투자자들이 투자금을 회수하지 않도록 단속하는 것이었다. 그는 FDA로부터 승인을 받고 나서야 비로소 충분한 자본을 기븐 이미징에 수혈할 수 있었고, 남아 있는 다른 리스크에 집중할 수 있었다.

다시 말하지만, 리스크 최적화는 리스크 수용, 리스크 제거, 리스크 재수용 사이를 왔다 갔다 하는 것이다. 여기에서 알아야 할 핵심사항은 리스크의 썰물과 밀물을 멈출 수 없다는 것이다. 왜 그럴까? 언덕이 아니라 산에 오르는 위험한 상황을 창업가 스스로가 선택했기 때문이다. 또한 창업가가 비범한 방식으로 가치를 창조하기 위해서 일부러 '최적

수준의 리스크'를 항상 유지하려고 하기 때문이다. 창업가는 리스크를 완벽하게 없애지 않는다. 창업가는 리스크를 향해 무턱대고 달려가지도 않는다.

그렇다면 왜 창업가는 리스크를 수용하려 하는 것일까? 가장 큰 이유는 비범한 가치를 획득할 수 있다는 기대 때문이다. 다음 장에서 이것에 대해 알아보자.

12장

비범한 가치 획득하기

무일푼이 될지 모른다는 두려움을 가져야 한다.
그런 두려움이 없다면, 자신을 발전시키고자 하는 욕구가 생기지 않는다.
–칼 비스타니, SABIS 에듀케이션 시스템스의 CEO

사람들은 창업가정신에 관해 대화를 나눌 때마다 비범한 가치를 '획득'하는 것(즉 개인적인 이득을 확보하는 것)은 하찮은 것에 불과하다고 말하는 듯하다. '사회적 창업가정신' '창업가적인 리더' '공동 창업가정신' 등과 같은 용어들이 유행하는 것만 봐도 그렇다. 내가 이 장에서 제기할 질문은 '개인적인 이득, 즉 가치의 획득을 대화의 핵심 주제로 복귀시켜야 하는지 말아야 하는지'다. 가치를 획득하지 않는 벤처기업은 가치를 획득하는 기업보다 더 창업가적이라고 말할 수 있나? 가치를 창조한 것만으로 충분하지는 않은가? 가치 획득은 가치 창조의 부산물이 아닌가?

앞으로 말하겠지만, 나는 상상 속의 가치를 손에 잡히는 가치로 전환시키기 위해 최고의 노력을 이끌어내려면 가치 획득을 향한 뜨거운 열망이 필수적이라는 결론에 이르렀다. 개인적인 이득은 가장 단순하고 가장 강력한 동기다. 만약 어떤 사람이 "이 일은 나에게 충분히 돈이 되는 일이야"라고 마음속 깊이 느끼지 못한다면, 가치 창조는 아마 불가능할 것이다. 창업가들이 아무런 동기를 가지지 않은 채 시장의 무시와 경멸을 극복하고 오랜 시간을 일하며 개인적인 생활을 희생하는 것은 결코 아니다. 한데 창업가들에게 그 이유를 물어보면, 아마도 그들은 돈을 벌기 위해서가 아니라고 답할 것이다. 대신 그들은 잠재력이 큰 것에 집중하지 않고 불가능한 것을 성취해내지 못하면 기업은 무너지고 말 거라고 대답할 것이다. 금전적인 이득이 중요하다는 나의 생각에 몇몇 사람들은 거부감을 느끼곤 한다. 그래서 나는 비금전적인 이득이 금전적인 이득을 대체할 수 있다는 점을 '가끔' 인정한다.

창업가정신은 그 자체가 복잡한 현상이다. 당신은 가치 획득이 창업가정신의 필요조건이라는 말을 들으면 '과연 그런가?'라는 의문이 생길 것이다. 나는 가치 획득의 가능성이 없거나 실제로 획득된 가치가 전혀 없으면 '창업가적'이라고 부를 만한 활동이 대폭 위축된다는 점을 사례로 보여주면서 그 의문에 답하고자 한다.

이크발 콰디르와 앤트 보즈카야(그리고 셀 수 없이 많은 창업가들)의 사례에서 봤듯, 가치 창조 후에 가치 획득이란 결과물이 자동적으로 나오는 것은 아니다. 두 사람은 모두 얼마나 보상을 받아야 하는지를 놓고 막강한 파트너들과 일전을 벌여야 했다. 그들이 얼마나 보상받아야 했는지에 관해서 의견이 일치하지 않을지 모르겠으나, 그들의 보상액이 쉽게 결정되지 않았다는 사실에는 동의할 것이다. 만들어진 잉여 가치를 분배하는 일은 꽤 자주 논란거리가 되곤 한다. 거의 모든 창업가들은 특정 시점이 되면 그런 논란에 직면한다. 처음에 가치를 창조할 때 각자가 감수한 리스크 수준에 따라 적절한 보상액을 결정하고 싶지만, 무엇을 객관적인 기준으로 설정해야 하는지 결정하기란 매우 어렵다. 보통 창업가는 사업을 위해 파트너들을 끌어들이는데, 적어도 누가 얼마를 받느냐의 문제에 대해 파트너들이 마음대로 하지 못하기를 바란다. 이런 이유로 보상액 결정 기준은 매우 중요하다.

예를 들어보자. 현재 미국에서 잘 알려진 기업인 집카Zipcar는 다른 국가들로 서비스를 확장 중이다. 집카는 도시 주민들에게 언제든지 이동수단을 구하기 쉽도록 하자는 혁신적인 아이디어를 바탕으로 로빈 체이스Robin Chase가 설립한 기업으로, 처음에는 보스턴의 '돈 없는' 대학생들과 도심 거주민들을 대상으로 서비스를 시작했다. 첫 해에 집카의 성장은 빨랐지만, 벤처 캐피탈리스트들이 매력을 느낄 만한 기하급수적인 성장 속도는 아니었다. 회사가 일정한 규모를 형성하기까지 기대했던 것보다 오랜 시간이 소요됐고 몇 번의 자금 수혈이 필요했다. 하지만 시간이 흐르자 집카는 성급했던 시장의 반응을 일소하며 상당히 큰 성공을 거두고 있다. 다른 창업가들은 집카의 성공을 보며 아파트와 같이 덜 활용되는 자산을 공유함으로써 이익을 창출할 수 있다는 아이디어를 착안해내기도 했다. 현재 집카는 미국에서 50만 명이 넘는 사용자를 확보했고 8000대의 자동차를 운영 중이다. 2011년 4월, 집카는 나스닥에 상장되어 즉시 10억 달러짜리 기업으로 우뚝 섰다. 보유 차량 1대당 12만 달러가 넘는 주식가치를 창조한 셈이었다.[1]

기업을 설립하고 비즈니스 모델을 널리 알린 대부분의 업적은 체이스에게 돌아갔다(그녀는 대학과 각종 컨퍼런스에서 인기 있는 연사다). 그렇다면 10억 달러의 가치 중에서 창립자 체이스가 자기 몫으로 얼마를 '획득'하는 것이 옳다고 생각하는가? 미국 증권 거래 위원회SEC에 의하면, 이사회 멤버들은 수백만 달러 이상을 받았다고 한다. 기업공개 직전에 투자하여 이사로 합류한 스티븐 케이스Stephen Case는 1억 달러 상당의 주식을 소유하게 됐고, 회사가 설립되고 4년 후에 CEO로 영입된 스콧 그리피스Scott Griffith는 1500만 달러의 주식을 취득했다.

그렇다면 창업자 체이스는? 그녀는 나에게 이렇게 말했다. "제가 취득한 주식은 제가 창조한 가치에서 아주 적은 일부분에 불과합니다. 총 발행주식의 1퍼센트보다도 적었으니까요. 게다가 전체적인 사업 개념을 잡는 데 매우 중요한 역할을 담당했고 초기 7년 동안 온갖 고생을 마다하지 않았던 최고기술담당임원CTO(그녀의 남편이기도 하다)은 저보다 훨씬 적었습니다. 푸대접이 따로 없죠."[2] 그녀가 그렇게 적은 보상을 받게 된 요인은 그녀의 표현대로 '자신이 경험한 제일 차가웠던 악수' 때문이었다. 그것은 바로 유럽에서 카셰어링이라는 사업 기회를 발견했던 공동 창업자 안처 다니엘슨Antje Danielson과 첫 번째 미팅을 가지면서 나눴던 악수였다. 체이스와 다니엘슨은 50대 50으로 지분을 나누기로 합의했다. 그러나 다니엘슨은 아이를 낳겠다면서 합의한 지 10개월 만에 집카를 그만두었고, 집카의 서비스를 시장에 출시하는 데에 아무런 역할도 하지 않았다. 체이스는 주의를 당부한다. "초기에는 모를 겁니다. 파트너가 앞으로 얼마나 많이 기여할지를." 여기에서 기억해야 할 한 가지 포인트! 그럼에도 불구하고 체이스는 다니엘슨과 나눈 악수를 존중했다. 비록 그 악수 값이 아주 비쌌지만 말이다.

'큐리그Keurig 커피 메이커'는 요즘 타깃Target과 코스트코Costco 등 미국의 주요 유통 매장의 진열대 위에서 빛나고 있다. 2006년에 '그린 마운틴 커피Green Mountain Coffee'는 약 1억 6000만 달러를 들여 큐리그를 인수했다. 세부 사항은 비밀이지만, 경쟁자들보다 몇 년 뒤쳐져 제품을 개발하느라 좌절감에 빠진 개발자들을 데리고 힘겹게 회사를 이끌어온 벤처 캐피탈리스트들과 경영진들은 이때 크게 한몫 잡았다.3 아주 적은 지분이 큐리드의 창업자인 존 실번John Sylvan에게 주어졌다. 내부인의 전언에 따르면, 고작 몇 십만 달러밖에 안 되는 것으로 추측된다.

창업가들이 푼돈이나 받아갔다는 걸 보여주려고 사례들을 열거한 것은 아니다. 가치 획득이 중요한 문제임을 강조하기 위함이고, 가치 창조를 이룬다고 해서 가치 획득을 보장할 수 없음을 실례로 보여주기 위함이다. 큐리그의 가치를 획득한 주주들은 아마도 발명가와 창업자가 큐리그의 가치 대부분을 창조한 것이 아니라, 초기에 CEO 역할을 넘겨받아 제품을 상용화하고 회사를 혁신업체로 일군 닉 라자리스Nick Lazaris가 창조한 것이라고 주장할 것이다. 여기에서 또 하나의 교훈! 창업가정신은 기업을 설립하는 것과 무관하다. 비범한 가치를 창조하고 획득하면 누가 설립했건 간에 그것이 창업가정신이다.

개인적으로 가치를 획득하지 못하면 창업가정신은 약화되고 창업가는 '빈곤'해진다. 콰디르, 보즈카야, 체이스, 실번이 자신들이 창조한 가치를 획득했더라면 더욱 훌륭하고 더욱 노련한 창업가라고 평가받았을 것이다.

창업가들은 기업의 소유권과 창업가정신이 동일한 것임을 '직관적으로' 알고 있지만, 생각보다 많은 창업가들이 가치 창조와 가치 획득 사이의 불일치 때문에 좌절감을 맛보고 있다.

소유권이 중요하다

홍콩에 기반을 둔 '고철왕' 스티븐 그리어는 "창업가가 아닌 사람들은 창업가에게 개인 보증이 무슨 대수냐고 말할지 모릅니다. 하지만 나는 그 문제 때문에 매일 밤 걱정하며 잠자리에 들었습니다"라고 회상한다.[4]

PACIV의 창업자 호르헤 로드리게스는 1990년대에 푸에르토 리코에 있는 '엘리 릴리Eli Lilly'라는 회사에서 시스템 엔지니어로 근무했다. FDA의 감사에 대응하는 능력이 탁월했던 그는 회사에서 록스타와 같은 평판을 얻었다. 릴리를 떠나 독립하기 직전이었던 1997년, 로드리게스는 약 4만 5000달러를 연봉으로 받았는데, 대학을 졸업하고 경력이 얼마 안 된 젊은 엔지니어에게는 아주 훌륭한 보수였다.

"제 회사를 운영하면서 첫 6개월 동안 받은 배당금은 회사에서 받던 봉급보다 50퍼센트나 많았습니다. 두 번째 해에 저는 7년 치 연봉을 한꺼번에 벌었습니다. 저는 늘 그 정도를 계속 유지했죠. 저는 자신에게 이렇게 말하곤 했습니다. '좋아, 오늘 회사를 접는다 해도 10년 동안 일하지 않아도 되겠는 걸?'"

초기에 로드리게스는 회사 다닐 때와 동일한 서비스를 고객에게 제공하면서 혼자 기업을 운영했지만, 회사 다닐 때보다 더 많은 돈을 벌었다. 그가 더 높은 수입을 얻을 수 있었던 한 가지 이유는 로드리게스 스스로가 필요할 때 쓰고 필요할 때 줄일 수 있는 '변동비'가 됐기 때문이었다. 이런 이점으로 그는 자신의 월급보다 더 많이 벌 수 있었다(리스크 감수가 가치 획득으로 이어진 셈이다). 로드리게스는 일하고자 하는 동기가 컸기에 하루에 18시간, 일주일 내내 열의를 다해 일했다. 시간이 흐르면서 로드리게스는 여러 엔지니어들을 채용했고, 인디애나폴리스, 아일랜드, 푸에르토리코, 이탈리아, 영국 등에 지사를 설치하고 90명 이상의 직원(한때는 150명까지)을 고용한 세계적인 기업으로 성장하여 여러 나라 고객들의 다양한 요구를 충족시키고 있다. 로드리게스는 2000만 달러가 넘는 배당금을 받았다. 그야말로 '비범한 가치를 획득'한 대표적인 사례라고 볼 수 있다.

당연한 소리로 들리겠지만, '소유권은 매우 중요하다'.

그런데 거대 조직 내에서 가치를 창조한다든지('사내 창업가'), 관심 분야에서 비영리 벤처기업을 설립한다든지('사회적 창업가'), 정부기관 내에서 혁신을 주도하는 것은 어떤가? 넓은 의미에서 이런 경우들을 모두 창업가정신의 정의 안에 포함시킨다면, '소유권이 중요하다'는 말이 당연한 소리로 들리지는 않을 것이다. 그런 경우들에서는 창업가적으로 행동한다고 해서 개인적으로 큰 이득을 취할 수 없기 때문이다. 사람들은 '선한 활동'을 하는 과학자, 발명가, 엔지니어, 학자, 교육자들을 창업가적이라고 생각한다. 어찌된 일인지 창업가정신은 이제 진취성, 지략, 창의성, 리더십 등과 같은 좋은 의미의 단어들과 동의어가 된 모양이다.

언젠가 나는 '부모 창업가~parentrepreneur~(사업을 하면서도 훌륭한 부모가 되려고 노력하는 창업가를 말함_옮긴이)', '예술 창업가~artrepreneur~(순수예술에서 벗어나 산업 현장과 연계하여 돈을 벌면서 예술 활동을 펼치는 사람을 뜻함_옮긴이)'라는 말도 들어본 적이 있다.

일부 사람들은 비범한 가치를 획득한다는 것의 의미, 그리고 비범한 가치를 획득하는 것과 창업가정신과의 관계를 개인적인 의견의 문제라고 간주한다. 물론 사람들은 창업가정신을 자신들이 원하는 대로 각자 정의할 수 있다. 그러나 그렇다고 해서 마음대로 정의 내려야 한다는 뜻은 아니다. 사실, '어떤 것이 좋은 정의인가?'란 문제는 매우 복잡한 주제라서 여기에서 자세히 다루기 힘들다. 쉽고 효과적으로 의사소통할 수 있도록만 해준다면, '얼마나 유용하게 쓰이느냐?'의 여부로 단어의 정의를 결정해도 충분하다. 하지만 모든 것을 아우르도록 단어의 정의를 확장시킨다면, 그 단어는 효용을 상실한다. 이것이 요즘 창업가정신이라는 단어에게 벌어지고 있는 현실이다. 그 의미가 빠르게 희석되고 있으니 말이다. 요즘 내 강의를 듣는 청중들은 내가 '좋은 일(즉 가치 창조)을 하긴 하지만 창업가정신이라고 보기 어려운 몇 가지 사례'를 재미 삼아 제시할 때마다 여기저기에서 킥킥거린다.

'좋은 정의'가 되려면 '합의된 타당성'을 지녀야 한다. 다시 말해, 사람들이 그 단어의 의미에 크게 동의하고 그 단어를 사용할 때마다 동일한 것을 지목할 수 있어야 좋은 정의다.[5] 창업가정신이 어떤 형태로든 소유권을 포함하는 것이라는 정의는 두 가지 조건, 즉 '유용해야 한다'는 것과 '합의가 이루어져야 한다'는 것을 모두 만족시킨다. 창업을 한 사람들은 노력의 대가로 일정 지분을 소유함으로써 사업을 통해 창조된 가치로부터 개인적인 이익을 취한다. 창조된 가치가 비범한 수준이라면, 개인적인 이익 역시 엄청난 수준이 된다.

내 경험상, 소유권은 아주 중요하다.[6] 소유주의 입장에서 임원으로 자리를 옮겼다가 다시 소유주가 되었고, 자기 회사가 인수된 후에는 다시 임원의 위치로 내려앉은 그리어는 이렇게 썼다. "과거에 내가 매일 정신을 집중했던 이유는 반드시 생존하고 발전하겠다는 의지 때문이었다. 그러나 경영자(임원)가 된다는 것은 파트너(소유주)가 된다는 것과 같지 않다. (임원이 되고 나서) 내 심장은 과거와 같은 열정으로 뛰지 않았다."[7] 소유권이 있을 때와 없을 때는 느낌과 행동이 판이하다. 동기도 다르고 업무 강도 역시 다르다.

자기가 먹고 싶은 것을 찾으려고 냉장고 앞에 서 있었던 큰아들 이타이는 이제 이스라엘에서 창업을 꿈꾸는 30세 청년으로 성장했다. 이스라엘은 세계에서 기술 기반의 기업들이 가장 밀집된 곳 중 하나라는 명예로운 평판을 얻고 있지만, 그는 통신 엔지니어도 아니고 의료 장비 개발자도 아니다. 이타이는 내가 농담조로 '오락 엔지니어'라고 부르는 일을 하고 있다. 그는 여러 곳에 나이트클럽을 세워 운영 중이다.

텔아비브는 최근 몇 년 동안 유럽에서 가장 인기 있는 클러빙clubbing(클럽에서 춤을 추면서 논다는 뜻_옮긴이) 장소 중 하나로 명성을 얻고 있다.

놀기 좋아하는 이탈리아, 프랑스, 영국의 젊은이들이 비행기를 타고 와서 주말 내내 아무런 제약 없이 춤추며 놀곤 한다. 여배우 클레어 데인즈Claire Danes가 최근에 코난 오브라이언Conan O'Brien이 진행하는 토크쇼에 출연하여 이렇게 말했다. "텔아비브는 제가 이제껏 가본 곳 중에서 가장 열정적인 파티가 벌어지는 도시예요." 매일 밤, 수십 군데의 나이트클럽에서 500명에서 1500명에 이르는 젊은이들이 춤을 추고 새벽 네다섯 시까지 파티를 벌인다. 주말에 클럽들이 공식적으로 문을 닫는 시간 이후에도 때때로 '뒤풀이'가 시작되어 아침까지 계속되기도 한다. 이러한 클럽들은 전일제 일자리 창출에 어느 정도 기여하고 있다. 예를 들어, 모 나이트클럽은 마케팅, 바텐더, 운영, 보안 등의 업무를 위해 50명 이상의 직원들을 고용한다고 한다.

나이트클럽의 비즈니스 모델은 바에서 술을 판매하여 돈을 버는 것인데, 그 마진이 매우 높다고 한다(내가 밝혀낸 바에 따르면, 바에서 판매하는 술은 물에 소량의 알콜과 극히 적은 양의 향을 희석한 것이다. 재료비를 알면 기겁을 할 것이다). 리스크는 여러 가지 방법으로 최적화되어 있다. 그중 하나는 매출의 크기에 따라 비용을 다양화하는 방법이다. 예를 들어 클럽은 독립적으로 활동하는 프리랜서('현장 관리자'라고 불린다)를 고용하여 그날 밤에 벌어지는 모든 일을 책임지고 수행하도록 한다. 그가 맡은 일에는 미남미녀들을 클럽으로 데리고 와서 그들에게 잘 보이고 싶은 사람들이 술을 많이 마시도록 유도하는 것도 포함되어 있다. 현장 관리자가 그렇게 하기 위해서는 마케팅 팀을 고용해야 한다. 현장 관리자의 수입, 그리고 자신을 돕는 사람들에게 보수를 줄 수 있는 능력은 바에서 발생한 매출에 의해 결정된다. 바의 매출이 없으면 수입도 없는 것이다. 리스크가 있어야 보상이 있는 셈이다. 현장 관리자의 일은 노력에 따른 보상, 실패 가능성, 가치를 창조하고자 하는 열망 등 창업가정신이라고 부를 만한 요소를 꽤 많이 포함하고 있다(현장 관리자가 그날 밤 어떻게 하느냐에 따라 매출이 좌우되기 때문이다).

하지만 여기에서 빠진 것은 바로 소유권, 즉 비범한 가치를 실제로 획득할 수 있는 기회다. 클럽의 현장 관리자는 일반적으로 클럽의 소유권을 갖지 않는다(물론 예외는 있다). 원칙적으로도 실제적으로도 소유권과 경영이 분리되어 있는 셈이다. 비록 실제적인 업무상의 차이는 크지 않지만, 현장 관리자에서 소유주가 되려면 요구되는 태도, 행동, 경험상에 큰 변화가 있다는 점을 유념해야 한다. 나는 이타이가 모 클럽에서 여러 해 동안 현장 관리자 역할을 매우 성공적으로 수행한 다음 자신의 첫 번째 클럽을 경영하기 시작할 때(그는 곧바로 두 번째 클럽을 열었다) 그런 상황을 직접 목격했다. 그가 실제로 수행했던 활동은 현장 관리자로 일할 때와 다를 바 없었지만, 소유주가 되고 나서 감정, 동기, 관심사 측면에서 엄청난 변화가 있다는 것을 깨달았다. 나이트클럽 운영자로서 자신의 이름을 걸어야 하고 재무적인 리스크를 감수해야 하기 때문이다.

그러나 그에게는 가치를 획득할 수 있는 기회가 있다. 그는 다른 사람들이 지나쳐버리는 곳에서 가치를 발견하고(추구하고 인식하고) 있다. 이타이는 예전에 지역 경찰서 본부였던 방치된 건물(콘도로 개조하기 위해 승인을 기다리는 중이었다)에서 잠재력을 발견했다. 한 달 만에 그곳은 멋진 옷을 차려 입은 사람들이 도로에 길게 줄을 서는, 텔 아비브에서 가장 인기 있는 명소 중 하나가 되었다. 그는 오래되고 역시나 방치되었던 옛 중앙 우체국 건물에서도 잠재력을 발견했고 역시 성공을 구가하고 있다.

이타이의 역할은 현장 관리자의 역할 이상으로 확장되었지만, 겉으로 보기에 둘 사이에 큰 차이는 없다. 물론 그는 혼자서 모든 일을 다 하지는 않는다. 이타이는 운영, 재무, 물품 공급 등의 중요한 역할을 수행하는 파트너들과 함께 일한다. 그에게는 월급을 받는 60명의 직원이 있다. 그러나 소유권이 있다는 사실 자체가 그의 사고방식, 열망, 경험을 변화시켰다. 그가 성공하든 실패하든 결과는 금세 드러날 테고, 만일 그가 재무적으로 실패하면 채권자들이 득달같이 달려들 것이 뻔하다. 성공하느냐 실패하느냐에 따라 이타이가 미래에 택할 수 있는 선택지는 달라진다. 성공한다면 자신감을 얻을 수 있고 클럽 개점을 위한 공간, 파트너, 자금을 확보하기가 용이해진다. 그가 개인적인 가치를 획득할 가능성이 없으면, 그런 상황은 벌어지지 않을 것이다. 비범한 가치를 실제로 획득하기 전까지는 성공했다고 볼 수 없다. 엄청난 돈이 이타이의 은행 계좌로 입금될 때야 비로소 그는 진정한 창업가라 말할 수 있다.[8]

"모든 아이들이 평균 이상인 곳"

이 말은 영화 「프레리 홈 컴패니언A Prairie Home Companion」에 출연한 게리슨 케일러Garrison Keillor의 독백에서 따온 천연덕스러운 농담으로서, 평범하게 살면서도 비범하기를 바라는 사람들의 이율배반적인 기대를 꼬집는 말이다. 가치를 인식하고, 창조하고, 획득하는 것이 창업가정신의 필수적인 세 가지 측면이라는 말에 당신은 동의할 것이다. 하지만 왜 비범해야 하는가? 평범한 가치를 창조하면 창업가정신이라 말할 수 없는가? 많은 사람들이 내게 묻는 질문이다.

어느 정도 논란이 있으리라 예상되지만, 나는 평범한 가치를 창조하고 획득하는 것을 절대로 창업가정신으로 간주해서는 안 된다고 확신하게 됐다. 그 이유는 두 가지인데, 하나는 현실적인 이유이고 다른 하나는 개념적인 이유다. 가치 획득이 비범해야만 하는 현실적인 이유는 만약 비범한 가치 획득이 없으면 대부분의 사람들은 리스크 감수, 오랜 업무, 끊임없는 노력, 스트레스, 투자 등을 정당화하기가 어렵기 때문이다. 비범함은 이 책에 등장한 모든 사람들에게 동기를 불어넣은 요소다. 평범한 가치를 얻으려고 심장이 두근거리지는 않는다.

반면 개념적인 이유는 가치의 특성과 관련이 있고, '가치 소비'와 '가치 창조'를 크게 혼동하는 것과 연관이 있다. 창업가가 평범한 수준의 가치 창조에 머문다면 그의 모습은 가치 소비 혹은 가치 파괴로 해석된다. 그렇다면 창업가정신이라고 말할 수 없는 것 아닌가?

당혹스러운 결론일 테니 자세히 설명하겠다. 당신은 일부러 돈을 찢어버리고 불태우는 것이 적어도 경제적 가치 측면에서 가치 파괴 혹은 가치 소비라는 말에 동의할 것이다. 그리고 그런 행동이 가치 창조의 반대라는 말에도 동의할 것이다. 가치 소비와 가치 파괴는 크게 다르지 않지만, 20달러짜리 지폐를 찢어버리는 것은 가치 파괴에 가깝고, 영화를 보거나 밥을 먹는 데 20달러 지폐를 지불하는 것은 가치 소비에 가깝다. 전자(지폐 버리기)의 경우는 '교환물' 없이 20달러가 그냥 폐기된다. 후자의 경우는 경험이나 영양분 섭취라는 교환물을 위해 20달러가 소비된다.

나는 한 자선 경매에서 제자 두 명이 10달러 지폐 한 장을 얻기 위해 경쟁을 벌일 때 이런 상황을 직접 목격했다. 둘 중 한 명이 75달러에 낙찰을 받았고 수익금(65달러)은 자선단체에 기부됐다. 그 행사를 지켜보던 나는 나중에도 잊지 못할 깊은 인상을 받았다. 9개월 동안 하버드 경영대학원에서 '돈을 버는' 거의 모든 방법을 집중적으로 배웠음에도 불구하고 두 학생은 '돈을 버리기 위해' 경쟁을 벌였으니 말이다! 승자는 고귀한 목적을 표방하는 자선단체에 기부하고 타인을 돕는다는 개인적인 만족감을 얻기 위해 자신의 부를 희생했던 것일까? 사실 그는 본인이 낙찰을 받음으로써 다른 사람이 기부하지 못하도록 막았다. 기부를 위해 가치를 창조하자는 것이 그의 목적이었다면, 그는 끝나기 전에 경쟁적인 분위기로 흐르는 경매를 중단했을 것이고 라이벌과 함께 서로 비긴 것으로 하고 둘이서 가장 높은 호가를 자선단체에 기부하자고 제안했을 것이다. 하지만 그는 그렇게 하지 않았다. 10달러짜리 지폐를 얻으려고 75달러를 지출하는 것은 가치 소비였지 가치 창조가 아니었다.

우리는 모두 매일 가치를 소비하지만 남에게 과시하고자 소비하는 경우는 그리 많지 않다. 우리는 영화를 보거나, 샌드위치를 먹거나, 버스 대신 택시를 타기 위해 20달러를 지출한다. 성공한 창업가들은 때때로 여봐란 듯이 사업을 통해 획득한 가치를 멋진 집과 보트, 프로 스포츠 팀을 사들이는 데 쓴다. 그런 목적으로 돈을 쓰는 것은 분명 창업가 정신이라 말할 수 없다. 그것은 그저 창업가 자신이 창조한 가치를 소비하는 것에 불과하다.

가치 소비는 '무언가를 얻기 위해 돈을 지출한다'만을 의미하지는 않는다. 사람들은 '옵션 A'에 시간, 노력, 기타 자원을 투자하면서 가치를 소비하곤 하는데, '옵션 B'를 하는 것이 돈을 벌게 해준다는 사실을 분명히 알면서도 그렇게 한다.

이제 이런 논리를 가지고 기업을 설립할 것이냐, 아니면 회사를 다니며 봉급을 받을 것이냐를 선택하는 문제에 적용해보자. 당신이 맨해튼에 있는 꽃가게를 매입하여 경영하기(옵션 A) 위해 월스트리트의 모 투자은행이 제시한 연봉 10만 달러 일자리(옵션 B)를 거절한다고 가정해보자. 꽃가게를 경영하면 최대로 10만 달러를 벌 수 있기 때문에 은행에서 받게 될 금액과 같지만, 일반적으로 8만 달러가 가장 가능성 있는 매출액이라고 해보자. 이런 경우는 '가치 창조, 가치 획득'이 아니라, '가치 손실, 가치 파괴, 가치 소비'라고 말할 수 있다. 영화를 보기 위해 20달러를 지출하듯이 2만 달러의 돈을 당신에게 중요한 무언가를 구입하는 데 쓸 수 있었을 것이다. 당신은 당신 소유의 꽃가게를 얻기 위해 2만 달러를 '지출(혹은 포기)'하고 말았다. 물론 당신에게 "고작 멍청하고 권위적인 상사로부터 벗어나려고, 또 자신만의 시간을 가지려고(적어도 꽃가게를 매입하기 전에 이렇게 생각했을 것이다), 아니면 오래전부터 꽃과 관련된 일을 하고 싶다는 꿈을 이루려고 더 높고 더 확실한 봉급을 포기해야겠는가? 당신에겐 그럴 권리가 없다"라고 말할 사람은 세상에 아무도 없다. 돈이 얼마나 들든지 그것은 당신의 선택이다.

하지만 독립을 위해서 2만 달러를 지출하는 것은 창업가정신이라 볼 수 없다. 영화를 보기 위해 20달러를 내는 것이 창업가정신이라고 볼 수 없는 이유와 마찬가지다. 2만 달러를 투자하면 그 이상을 벌 수 있다는 긍정적인 잠재력이 충만할 때야 비로소 창업가정신이라고 말할 수 있다. 당신 소유의 꽃가게를 여는 것만으로는 창업가정신을 논할 수 없다는 결론은 그 차액이 2만 달러이든, 200달러이든, 2달러이든 변함없다. 꽃가게를 소유하면 자영업자가 되는 것이지 창업가가 되는 것은 아니다. 비범한 가치를 획득할 가능성이 별로 보이지 않는다면, 꽃가게 소유는 절대 창업가정신이 될 수 없다. 만약 당신이 꽃가게를 소유한 후에 전국적인 체인으로 성장시켜 원래의 투자금보다 훨씬 많은 금액으로 회사를 매각하겠다는 목표를 가지고 있다면, 그때서야 당신과 나는 비범한 가치 창조에 대해 이야기할 수 있을 것이다.

내 친구 짐 맥컨Jim McCann은 정확히 그렇게 했다. 1976년, 맥컨은 뉴욕의 1번가와 62번 거리가 만나는 지점에 있는 꽃가게 하나를 매입했다. 그는 그 꽃가게를 '1-800-flowers.com'이라는 세계에서 가장 큰 꽃 배달 업체로 성장시켰고 현재 약 10억 달러의 매출을 기록 중이다. 그는 가치가 큰 대기업으로 키우겠다는 목적으로 그 작은 꽃가게를 매입했다. "저는 플로리스트가 되려고 꽃가게를 매입한 것이 아니었습니다. 사실 꽃에 대해 아무것도 몰랐기 때문에(전문성 전무!) 꽃가게를 매입할 수 있었죠. 식물과 꽃을 구매하려는 붐이 일어났기 때문에 꽃가게를 사들였는데요, 아무도 그 사업을 맥도날드와 같은 체인 사업으로 여기지 않더라고요(역발상적인!). 꽃을 판다는 것은 그리 멋진 일이 아니라서 (쓸데없는!) 좋은 인력을 유지하기가 힘들었습니다. 직원들은 리먼 브라더스나 베어 스턴스같이 다운타운의 근사한 금융업체에서 일하고 싶어 했죠(두 기업 모두 최근에 파산했다)."

그에게는 부양해야 할 아내와 아이들이 있었고 꽃가게에서 나온 수입을 모두 사업을 성장시키는 데 투자하느라 샐러리맨 생활을 한동안 계속 유지해야 했다. 그리고 어느새 그는 10년 만에 14개의 가게를 소유하게 됐다.

맥컨의 야망은 어디에서 왔을까? "아버지는 페인트공이었습니다. 아버지와 삼촌들은 어떻게 사업을 점점 더 크게 성장시킬 수 있을지 항상 논의했죠. 저는 월마트와 맥도날드에 관한 책을 즐겨 읽었습니다. 저라고 그들처럼 되지 못할 이유는 없었죠."

비범한 가치를 창조하고 획득한다는 것은 실로 대단한 업적이다. 엄청나게 재미있고 사회에 크게 기여하는 일이라 해도 가치를 소비하고 잃어버리고 파괴하는 것을 업적이라고 말할 수는 없다. 그러나 어떤 목적을 위해서든 '돈을 쓴다'는 것은 창업가정신이 아니다. '웨스트게이트 리조트Westgate Resorts'의 창업자 데이비드 시겔David Siegel에게는 15명의 집사와 가정부를 고용하고 '베르사유'라는 별명으로 불리는 플로리다의 새 저택(미국에서 가장 큰 저택으로, 비평가들의 호평을 받은 영화 「베르사유의 여왕Queen of Versailles」에 나오기도 했다)에 볼링장을 설치하는 데에 자신이 어렵게 번 수백만 달러를 과시하듯 사용할 권리가 있다. 힘들게 번 돈을

어디에다 쓰든지 그것은 창업가 마음이다. 몇몇 창업가들은 사회에 이득이 되도록 돈을 쓴다(시겔 역시 장학재단을 설립하고 자선단체에 돈을 기부했다). 그들 중 '기빙 플레지The Giving Pledge'의 창립자인 빌 게이츠와 워런 버핏은 그들이 살아 있는 동안 재산의 50퍼센트를 사회에 기부하겠다고 맹세했다. 이들 대부분은 엄청난 가치를 창조하고 개인적인 이득을 획득한 자수성가형 창업가들이다. 그러나 가치 소비가 과시용이든 아니면 자선을 베풀기 위해서든, 그것은 어디까지나 가치 소비일 뿐이다. 가치 창조도 아니고 창업가정신도 아니다.

비범한 가치를 위해 창업가는 남들이 과소평가하는(혹은 인식조차 못 하는) 자산으로부터 가치를 창조해야만 한다. 이 말은 쓸데없고 불가능하며 멍청해 보이는 것을 가지고 가치를 창조하고 획득한다는 뜻이다. 비범한 가치를 추구하는 길에서 중단은 없다. 멈춘다면, 창업가정신도 멈춰버릴 테니까.

돈으로 사랑을 살 수는 없다

지금까지 제시한 여러 사례들에서 우리는 가치를 돈과 동일시했다. 돈은 가치를 나타내는 꽤 훌륭한 대체물이긴 하지만, 둘을 동일시해서는 안 되는 합리적인 이유가 몇 가지 있다. 어떤 사람들은 비금전적 보상이 금전적 보상과 마찬가지로 강력한 동기부여 요인이라서 금전적 보상을 줄 때와 동일한 행동을 이끌어낸다고 주장할지 모른다. 사실 에이즈 발병을 줄이거나 빈곤을 경감시키는 등 사회적 문제를 해결한다면, 개인적으로 큰 만족감을 얻게 될 것이고 대중들도 그 업적을 칭송할 것이다.

게다가 돈은 우리가 생각하는 것만큼 보편적인 척도는 아니다. 인생에서 다른 단계에 있거나, 다른 사회 속에서 살거나, 혹은 다른 소득 수준에 있는 각각의 사람들에게 현금 100만 달러는 완전히 다른 의미를 가진다. 돈이 객관적인 척도라면, 성공적으로 여러 개의 기업을 매각하여 계좌에 수백만 달러의 현금을 보유하고 있는데도 다시 기업을 일으키는 '연쇄 창업가(계속해서 기업을 설립하는 창업가를 말함_옮긴이)'는 어떻게 동기를 가질 수 있었겠는가? 추가적으로 돈이 들어와도 그다지 감흥이 없을 텐데 말이다.

그럼에도 불구하고 돈은 매우 강력한 동기요인이다. 돈은 직접적으로 혹은 간접적으로 대부분의 물건을 습득하는 데에 사용될 수 있기 때문에 음식, 안전, 권력, 섹스 등과 같은 기본적 욕구만큼이나 근본적이다. 창업에 성공하려면 온통 마음을 사로잡는 동기가 있어야 하는데, 그런 동기 중에서 내가 찾아낸 유일한 비금전적 동기는 '문제 해결에 대한 막중한 책임감'이다. 어떤 사람이 문제 해결에 대한 막중한 책임감을 느낀다면, 그는 금전적인 동기가 없어도 창업가가 될 수 있다.

불가능하진 않지만 돈에 대한 생각 없이 창업가가 되는 것은 흔하지 않다. 그러나 돈은 가치에 대한 보편적인 대체물이기 때문에 돈은 문제 해결에 대한 막중한 책임감을 갖도록 만드는 데에 여전히 가장 직접적이고 가장 믿음직한 방법이다. 개인적으로 나는 금전적인 목적으로 기업을 론칭했고 비금전적인 동기로 기업을 설립하기도 했다. 금전적인 지분을 소유할 때의 경험과 비금전적 지분을 소유할 때의 느낌은 매우 다르다. '실제적이고, 손에 잡히며, 현실적인' 소유권 없이는 문제 해결에 대한 막중한 개인적 책임감을 불러일으키기가 어렵다. 두 가지 성격의 기업을 모두 경험한 사람들은 대부분 이 말에 동의할 것이다. 소유주가 아닌 사람들은 스스로를 기만하기가 훨씬 쉽고, 가치 창조와 가치 획득이라는 신기루에 훨씬 약하다.

내 왕국을 줄 테니 말을 다오

내 제자가 10달러짜리 지폐를 따려고 75달러를 '지르던' 그날 밤, 경매 수익금은 그의 동급생이자 내 제자이기도 했던 아비차이 크레머Avichai Kremer가 설립한 사회적 벤처기업으로 흘러들어갔다. 그는 학교를 다니면서 내가 아는 가장 뛰어난 사례 중 하나라 말할 수 있는 '비영리 사회적 기업'을 설립했다. 그의 이야기는 돈에 관한 것이 아니다. 솔직히 말해, 그가 이루어낸 것을 창업가정신이라고 부르기 어렵다. 사실 몹시 가슴 아픈 이야기이지만, 사례로 사용하기에는 적당할 것이다.

  루게릭병에 걸렸다는 확정 진단을 받은 2005년 3월 15일, 크레머(당시 하버드 경영대학원 MBA 1학년이었다)는 행동을 개시하기로 결심했다. 그는 2~3년 후 자신의 정신 능력은 하버드 경영대학원을 입학할 때와 동일하겠지만 온전했던 신체 기능은 빠르게 퇴화할 것이고, 이후 3년이 지나면 질식으로 인해 사망할 것임을 잘 알고 있었다. 크레머는 루게릭병을 치료할 수 있는 방법이 세상에 없다는 사실을 잘 알고 있었다. 그 병의 원인은 오늘날까지도 미스터리로 남아 있는데, 제약회사들이 연구 개발에 투자할 만큼 시장이 충분히 크지 않다고 생각하는 것도 하나의 이유다. 비록 그런 생각이 요즘 들어 바뀌고 있지만 말이다.

자신의 남은 인생을 루게릭병의 치료법을 찾는 데에 바치기로 결심한 크레머는 하버드 경영대학원생과 교수들 중 12명쯤 되는 핵심 멤버들에게 그때까지 충분한 자금 지원이 없었던 루게릭병 연구를 활성화시키기 위해 자선 활동에 많은 시간을 쏟아달라고 설득했다. 그 결과물이 바로 미국 백악관뿐만 아니라 이스라엘 총리로부터 루게릭병 치료와 처치법 탐색의 리더라고 인정받은 '프라이즈포라이프Prize4Life'다. 크레머는 프라이즈포라이프를 통해 2012년을 기준으로 900만 달러의 자금을 확보하여 수십 개의 연구팀, 수백 명의 자원봉사자, 수천 명의 임상시험 지원자들을 고무시켰다. 프라이즈포라이프란 말 중에 '프라이즈'는 루게릭병 퇴치에 큰 기여를 한 사람에게 상을 수여한다는 의미를 담고 있는데, 2011년에 처음으로 100만 달러의 상금이 보스턴 소재 '베스 이스라엘 메디컬 센터'의 연구원인 스튜어드 러트코브Steward Rutkove에게 수여됐다. 그 후 다섯 차례의 상이 더 수여됨으로써 1000명이 넘는 전 세계 연구자들이 혁신적이고 통찰력 있는 접근 방식을 제안하도록 독려했다.

프라이즈포라이프가 창설되고 7년이 지난 2011년에 크레머는 보통 3년에서 5년 정도라는 루게릭병 환자의 남은 수명을 뛰어넘었고, 이스라엘에서 '창업가정신과 혁신'의 귀감이라며 이스라엘 총리로부터 상을 수여받았다. 나는 그 시상식에 참여할 만큼 운이 좋았다. 루게릭병이 차츰 몸을 무력화시켰기 때문에 크레머는 상을 받기 위해 휠체어에서 일어날 수 없었다. 총리는 단상을 떠나 크레머의 움직이지 않는 팔 위에 상을 어정쩡하게 올려놓아야만 했다.

프라이즈포라이프는 비경제적인(비금전적인) 가치를 창조하기 위해 돈을 이용하고 있다. 그러나 사회적 기업가인 아비차이 크레머가 그런 가치로부터 무엇을 얻었는가? 그의 경우, 가치를 획득한다는 것이 어떤 의미를 가질까? 그게 금전적인 것이 아니라면 말이다. 크레머 자신이 루게릭병 치료의 잠재적인 수혜자가 아니라면 그는 다른 동기를 가지지 않았을까?

다음의 글은 최근에 크레머가 나에게 쓴 글이다(그는 앞머리에 장착한 안테나로 마우스를 작동시킨다. 그는 손으로 타자를 치거나 입으로 말을 하지 못한다).

죽음을 목전에 둔 사람에게 돈은 하찮은 것입니다. 셰익스피어도 그걸 알고 있었죠. 그가 쓴 희곡에서 리처드 3세가 "내 왕국을 줄 테니 말을 다오!"라고 했으니까요. '희망'은 가치 있는 화폐입니다. '목적'도 그러하죠. 목적은 여전히 중요합니다. 그걸 즐기는 사람이 별로 없더라도 말이죠. 저는 프라이즈포라이프에서 그 둘을 모두 얻고 있습니다.

제가 환자가 아니었다면 이 일을 하고 있을까요? 아마 아닐 겁니다. 제가 환자가 아니었다면, 돈은 강력한 보상이고 어떤 것이든 맞바꿀 수 있는 대단히 편리한 도구겠지요. 하지만 돈으로 모든 것(루게릭병 치료법처럼)을 살 수는 없습니다. 제 경우에는 돈이 아니라 좀 더 고귀한 형태로 가치 획득이 이루어지겠지만, 선생님의 주장(가치 획득이 없다면 창업가정신이라고 말할 수 없다는 주장_옮긴이)은 여전히 유효합니다. 희망은 분명 가치 획득의 동기요인입니다. 저는 제가 찾고자 하는 치료법을 통해 개인적으로 혜택을 보기를 희망합니다. 그 치료법은 루게릭병이 창궐하는 전쟁터에서 저를 구출하러 달려올 '말'이 되어줄 겁니다.

제 자신을 위해 치료법을 찾으려는 여정은 이미 시작되었습니다. 하지만 두 가지가 함께 진행되고 있네요. 하나는 제 상태가 악화된다는 것이고, 다른 하나는 제가 쏟는 시간과 노력이 많아질수록 그것이 더욱 제 인생의 미션이 되어가고 '산다는 것'이 저에게 중요해진다는 것입니다. 이 두 가지가 함께 진행되니, 개인적 가치를 획득하려는 '희망'은 '목적'을 이루고자 하는 생각과 섞이기 시작하네요.

크레머가 프라이즈포라이프를 설립하던 때와 동시에, 나와 그, 로버트 브라운Robert Brown은 루게릭병 치료법을 규명하고 상용화하자는 미션을 가지고 영리를 추구하는 벤처기업 아비티엑스AviTx Inc.를 설립했다.[9] 이 회사는 일반적인 영리 벤처기업은 아니다. 우리의 목적이 루게릭병 치료이지 돈을 버는 게 아니기 때문이다. 돈을 버는 것은 모든 참여자들에게 동기를 부여하고 그들을 단련시키기 위한 일종의 메커니즘일 뿐이다. 그래서 우리는 미션에 동의하는 부유한 기업가들로부터 몇십만 달러를 투자받았는데, 그 기업가들은 투자금으로 돈 벌기를 기대하지는 않는다. 또한 우리는 우리의 목적이 루게릭병을 퇴치하는 것이지 알츠하이머병이나 다발성 경화증을 퇴치하는 게 아니라는 점을 분명하게 밝히고 있다. 루게릭병이 아니라 알츠하이머병 치료를 목적으로 하는 후보 약품을 접한다 해도 우리는 관심을 주지 않는다. 비록 손실을 보고 루게릭병 외의 중증 질환을 치료하지 못한다 해도 말이다. 우리는 회사의 이익이 허투루 쓰이지 않게 사회적 미션을 추구하는 일에만 사용하도록 준비해놓았다. 우리는 물론이고 우리의 주주들이 이 점을 명확하게 인지하기만 한다면, 우리의 이익을 덜 최적인 상태로 두어도(이익만을 최우선으로 고려하지 않아도) 문제가 되지 않는다. 아이러니한 것은 우리가 심층 검증을 위해 일류 제약업체에게 한 가지 치료법을 허가해주고서 돈을 제법 벌었다는 것이다.

그러나 나는 솔직하게 말해야겠다. 우리는 자원봉사자들이라서 열심히 일하지는 않는다. 게임의 판돈을 따내는 것은 우리에게 그다지 중요하지 않기 때문이다.

| 에필로그 |

창업을 원하는 사람들에게 필요한 현실적인 조언

이 책의 개요를 조금 다르게 설명하고자 한다. 우리는 지금까지 창업가정신이 세 개의 요소로 정의된다는 것, 즉 비범한 기회를 인식하고 창조하고 획득하는 것이 창업가정신이라는 점을 살펴봤다. 비범한 가치를 창조하고 획득하는 유일한 방법은 많은 사람들이 인식하지 못하는 곳에서 가치의 잠재력을 인식하는 것이다. 다른 사람들(즉 시장)이 어떤 상황을 가치 없다고 여긴다면, 잠재적 가치를 지닌 자산들(혹은 아이디어들)과 정말로 가치 없는 자산들(혹은 아이디어들)을 구별해내기란 정말 어려운 문제다. 대부분의 사람들에게 그 둘은 똑같이 쓸데없고 불가능하고 멍청해 보이기 때문이다.

창업가들의 몇 가지 특성들, 특히 그들의 역량, 정보, 자산은 어딘가에 잠재된 비범한 가치를 인식하도록 창업가를 이끌어준다. 이러한 자기 인식과 비범한 가치 획득의 가능성(개인의 금전적 혹은 비금전적 이득)은 창업가가 여러 가지 형태의 역경들에 정면으로 맞서도록 도아주고, 시장이 알아차리지 못한 곳에서 비범한 가치를 창조하기 위해 어렵고 위험한 모험을 시작하도록 동기를 불어넣는다.

조금은 이론적인 배경

대부분의 사람들은 역발상적인 창업가를 처음 볼 때 시간을 낭비하고 있는 매우 어리석은 사람이라고 생각하곤 한다. 가치 창조로 달려가는 경로 어딘가에서 무언가 변화가 일어나야만 그 아이디어가 보기와는 달리 정신 나간 생각이 아니라는 것, 시장이 잘못 판단했다는 것, 전에는 존재하지 않았던 곳에서 새로운 가치가 모습을 드러냈다는 것이 명확해지기 시작한다. 우리는 지나고 나봐야 그것이 창업가정신이라고 자신감 있게 말할 수 있다. 지금까지 살펴본 수십 개의 사례들은 우리를 놀라게 하고 당황케 한다. 내가 지금껏 여행하며 관찰한 바에 따르면 모든 국가, 모든 사회에서 창업가정신의 수많은 사례들을 찾을 수 있다.

경제학 이론이나 심리학 이론을 상세하게 토론하는 것은 이 책의 범위를 뛰어넘는 일이지만, 나는 경제 사이클에 있어 '창조적인 파괴'의 중요성을 통찰한 업적으로 많은 사람들이 '창업가정신 이론'의 아버지라고 부르는 경제학자 조지프 슘페터 Joseph Schumpeter를 언급하고자 한다. 1993년에 슘페터 학파의 학자들은 슘페터가 1932년에 독일에서 쓴

미발표 논문 한 편을 발견했다. 논문 제목에 창조적 파괴라는 문구는 찾아볼 수 없었다. 그저 「발전」이라고만 되어 있었다. 논문에서 슘페터는 '경제적 발전'을 불연속적으로 이리저리 갑자기 '튀고' 갑자기 '홱 움직이는', 근본적으로 예측 불가능한 프로세스로 묘사하고 있다. "이러한 변화들은 아무것도 사전에 결정되어 있지 않다. 하나의 각인된 형태를 다른 것으로 바꾸는 변화는 반드시 '틈이 벌어지거나' '홱 움직이거나' '튀어오르는' 모습을 보여주어야 한다. 새로운 상태는 여러 번의 작은 단계들을 통해 점진적으로 도달되어서는 안 된다." (나중에 그는 이렇게 썼다. "새로운 상태는 극소의 작은 단계들로 분해될 수 없다.")[1]

창업가정신은 예측이 불가능하다. 창업가는 갑자기 홱 움직이고 갑자기 튀어오르지, 바닥을 기거나 서서히 움직이거나 느긋하게 걷지 않는다. 슘페터는 '점진주의'를 거부한다. 점진주의가 너무 순조롭고 부적절하리만큼 과잉 규정되어 있어서 경제 발전에 적용할 수 없다는 이유 때문이다. 그는 경제 발전이 기존의 모델이나 신념으로는 해결할 방법이 없는 바로 그 특성 때문에 벌어지는 프로세스의 결과물라고 주장한다. "트렌드를 추정하는 데에는 근본적인 불가능성이 존재한다. '불확정성, 참신성, 갑작스런 도약', 이 삼총사를 대적할 상대는 아무도 없다."[2]

이 매력적인 말이 경제학자가 한 말이라니! 슘페터가 죽고 20년 후에 세계의 선도 경제학자들이 모인 연례회의에서 그의 '불확정성 원리'가 이렇게 소개되었다. "영웅의 업적을 흠모하든 아니면 그 반대편에 서든 간에, 예외적인 개인들의 출현이 과학적 일반화에 도움이 되지 않는다는 이유로 미래를 예측하는 우리의 능력을 심각하리만큼 제한하고 있다는 사실을 우리는 깨닫지 않으면 안 된다."3

창업가정신(그리고 창업가들)은 예측될 수 없다. 그들은 예측 불가능하고 예외적이다. 게다가 언급한 바와 같이, 진정한 창업가정신이 실제적인 가치를 창조하기 위한 노력으로 막 형성되기 시작하면, 그때부터 창업가정신은 무관심과 저항, 비웃음과 조롱, 경멸과 적대감을 만나게 된다. 물론 성공하기 전까지 그렇다.

리더들을 위한 시사점

이것이 사회에 어떤 의미가 있을까? 이 책에서 제시한 아이디어에 잠재적으로 영향받을 만한 사람들을 세 그룹 정도로 나눌 수 있다. 첫 번째 그룹은 창업가정신이 충만할수록 사회에 득이 된다고 믿으며 더 많은 창업가정신을 육성하기를 원하는 사회 리더들이다. 두 번째 그룹은 전 세계의 잠재적 창업가들이고, 세 번째 그룹은 그 둘을 뺀 나머지 사람들이다.

이 책의 주제는 공공 부문의 리더들과 사적 조직의 리더들에게 매우 중요한 시사점들을 던져준다. 다시 말해, 선거로 선출된 관료들뿐만 아니라 기업의 우두머리, 대학교의 최고책임자, 문화 예술의 아이콘, 가치 환원을 원하는 성공적인 창업가, 사회적 문제를 해결하는 사적 기관의 장, 교육자 등에게 중요한 시사점을 제시한다. 그러나 창업가정신은 본래 예외적이고 불연속적인 특성이 있기 때문에 단순하거나 계획적인 정책 방안을 적용하는 것은 때때로 역효과를 낳기도 한다. 창업가정신의 진화를 전적으로 무작위적인 프로세스라고 간주하는 것 역시 부적절하다. 다음은 정책의 방향성에 대한 몇 가지 제언이다.

● 사회 리더들과 정부는 어디에 기회가 있는지 창업가들에게 말해줄 수 없다(말해주면 안 된다)

창업가들에게 무엇을 해야 하는지 혹은 어디에 기회가 있는지 말해주려는 시도는 둘 다 소용없고 오히려 역효과만 일으킬 뿐이다. 창업가를 양성하려는 부문, 지역, 기업의 형태 등을 대신 선택해주어서도 안 된다. 사회적으로 중요하다고 해도 지속가능하거나, 환경친화적이거나, 사회적이거나, 지식 기반이거나, 혁신적인 기회들을 구체적으로 명시하면 안 된다. 창업가들을 규정된 부문이나 규정된 기업 형태로 밀어 넣어 극단적으로 모든 창업가들을 가운데로 모은다면, 평범한 것들만 넘쳐날 뿐이고(즉 가치의 저하) 창업가적 마인드를 갖춘 인재풀을 고갈시킬 뿐이다. 창업가들의 일이란 정책 입안자들을 포함한 모든 사람들이 기회가 없다고 자주 지나쳐버리는 곳 어딘가에 기회가 숨어 있는지 규명하는 것이기 때문이다.

어지럽고 복잡한 과정을 통해 비범한 가치 창조의 잠재력을 발견하는 것이 창업가의 역할임을 깨달아야 정부(그리고 사회 리더들)는 비로소 창업가정신을 육성하겠다는 목표를 이루어낼 수 있다. 만약 정부가 어떤 부문이 다른 부문보다 기회가 많다는 것을 넌지시 내비친다면, 하향식으로 우선순위를 정하거나 특정 부문에 벤처기업 설립을 촉진시킬 목적으로 경쟁 전략을 수립하는 소위 '클러스터 전략'은 오류를 일으키고 만다. 이런 전략은 불필요할 뿐만 아니라, 한 사회 내에 존재하는 모든 창업가정신을 강화시키기는커녕 취약하게 만들 위험이 있다.

어느 유명한 개발경제학자는 부문별로 정부의 정책 입안자와 창업가들이 여러 가지 기회들과 '얼마나 인접해 있는지'를 표현해내는 정교한 방법론을 만들었다. 이 방법론에 따르면, 커피 생산에 강점을 가진 경제는 카카오 산업처럼 커피 생산과 동일한 스킬을 사용하는 산업으로 움직여야 한다. 또 석유를 생산하는 국가는 석유 부산물을 생산하는 쪽으로 창업가들을 독려해야 한다. 그러나 더 많은 창업가정신을 육성하는 것이 정책의 목표가 된다면 그런 부문별 처방전은 창업가들을 잘못된 방향으로 이끌 뿐만 아니라 잠재적으로 해로운 결과를 낳는다. 그런 방안들은 불필요하다. 분명히 말하건대, 커피를 생산하는 창업가는 카카오 등의 인접 산업에서 기회를 찾아야 한다는 말에 귀를 기울일 필요가 없다. 만약 인접 산업에 기회가 있다면, 의심할 여지없이 창업가들은 다른 사람들보다 먼저 그곳에 가 있지 않을까? 인접 산업에 기회가 있는데도 창업가들이 알아차리지 못한다면 그들은 결코 뛰어난 창업가가 아닐 것이다.

또 다른 정책 전문가는 2010년에 아이슬란드가 국가 경쟁력을 갖추려면 정부가 어획량, 아름다운 자연, 지열 에너지 등 아이슬란드가 보유한 풍부한 자연적 자산들을 중심으로 클러스터 창출을 촉진시켜야 한다고 주장했다. 일리가 있는 말이고, 실제로 아이슬란드의 몇몇 기업들은 그런 자연적 자산을 기반으로 설립되었다. 다행히도 그 전문가의 말에 귀를 기울이지 않은 아이슬란드의 창업가들이 적지 않았다. 그들은 복제약(액타비스)과 온라인 게임CCP, 그리고 보철 기구(오쎄Ossur) 부문의 세계적 리더로 성장하여 수많은 가치와 일자리를 창출하는 등 나름대로 독창적인 기회를 인식했고 그 기회를 창조했다. 군사 기술이 발달하여 데이터 통신과 보안 부문의 시장을 리드하고 있는 이스라엘 역시 절삭 공구(이스카Iscar)와 가정용 물 중성화 시스템(소다 스트림Soda Stream) 부문에서 시장을 리드하는 업체가 출현하도록 했다. 보스턴은 첨단 주문형 자전거 제조업체들이 무질서하게 모여 있는 본거지로 유명하다.

정책 입안자들의 논리적인 처방전으로는 그런 벤처기업들의 탄생을 예측하지 못한다. 모두가 갑자기 생겨나기 때문이다. 그 기업들은 비범한 가치 창조에 성공할 뿐만 아니라, 남들이 발견하지 못하는 곳에서 좀 더 많은 잠재적 창업가들이 기회를 규명하도록 자극한다. 만약 그 창업가들이 국가 경쟁력을 운운하는 전문가들의 말을 들었다면, 그들은 남들이 무시하거나 경시하는 기회를 결코 추구하지 않았을 것이다.

예를 들어보자. 이스라엘의 혁신 정책은 어느 부문에서 창업가정신을 고무시켜야 하는지 그 우선순위를 정하는 일을 별로 중요하게 생각하지 않았다.4 대신 이스라엘 정부는 창업가들이 자신들만의 아이디어를 가지고 앞으로 나아갈 수 있도록 장려책을 제공했을 뿐이었다.

사실 여러 지역에서 창업가정신을 위해 좀 더 나은 환경을 조성하고자 하는 정책 프로그램들과 그 밖의 시도들은 자주 저항에 부딪치고 있다. 창업가정신의 평균 확산도를 조사해보면, 애리조나, 루이지애나, 아이다호, 와이오밍, 테네시가 캘리포니아보다 월등히 앞선다는 사실을 알 수 있을 것이다. 그곳들은 세계에서 벤처 캐피탈 투자가 가장 고도로 집중된 지역인 실리콘밸리보다 '더 창업가적'인 곳이다(신규업체 설립 수를 기준으로). 캘리포니아 다음으로 벤처 캐피탈 투자가 많은 곳인 매사추세츠는 고작 하위 25퍼센트에 위치하고 있다.[5] 볼리비아, 가나, 앙골라, 우간다는 세계에서 세 번째로 벤처 캐피탈 투자가 많은 이스라엘보다 더 창업가적이다.[6]

● 더욱 우호적인 환경을 조성해야 한다.

지금까지 논의한 내용을 정부가 상관하지 말아야 한다는 주장으로 받아들여서는 곤란하다. 정부의 역할은 여러 가지로 이유로 필수적이다. 예를 들어 우호적인 법적 환경(규제 환경)을 조성하고 물리적 장벽과 의사소통의 장벽을 제거하기 위한 인프라를 제공하려면 정부가 앞장서야 한다. 정부는 사회적 우선순위를 설정하고 사회 문제(빈곤, 공해, 범죄 등) 해결을 강조하는 일을 회피해서는 안 된다. 그것은 정부의 권리이자 책임이다. 그러나 창업가정신에 있어서 정부가 취해야 할 최대한의 역할은 '시장 조성자'다. 정부는 사회적 문제에 대한 '가치 창조적 해결책'을 구매하는 소비자로 스스로를 포지셔닝해야 한다. 창업가정신의 독려자가 아니라 시장을 견인하는 주체인 소비자로서 말이다. 만약 창조하고 획득해야 할 가치가 있다면, 창업가들이 그걸 알아차리도록 그냥 놔두라. 지나치게 참견했다가는 오히려 역효과를 일으킨다.

나는 정부가 다른 공공 부문의 리더들이나 사적 조직의 리더들과 협력하면, 태생적으로 역발상적인 창업가들이 더욱 번창할 가능성이 높은 환경을 조성할 수 있다고 믿는다. 그렇게 함으로써 정부는 '창업가정신 생태계'를 구성하는 여섯 가지 분야, 즉 정책, 문화, 금융, 교육, 지원 조직과 인프라, 시장에 지대한 영향을 끼칠 수 있다.

나는 창업가정신 생태계를 둘러싼 환경에 관하여 광범위하게 글을 써왔다.[7] 여기에 정부(공공 부문 리더들)가 여섯 가지 분야에 영향을 미칠 수 있는 몇 가지 특별한 방법들을 예로 들어보겠다.

- 공공 부문 리더들은 기업이 실패할 경우를 대비해 노동의 유연성을 증가시키고, 파산 관련 법을 완화하고, 금전적 이익에 대한 세금을 깎아주는 등의 정책들을 제안할 수 있다.
- 그리고 창업가들에게 영감을 주기 위해 성공 스토리들을 전파하고 독창적인 생각과 행동에 가치를 부여하는 환경을 촉진시킬 수 있다.
- 또한 사회적 문제(예를 들어, 에너지 효율, 개인의 안전 혹은 건강 등) 해결을 위해 펀드를 조성하여 자연스럽게 창업가들을 끌어모을 수 있다.

창업가정신에 친화적인 정부라 해도 모든 창업가 개개인들을 반드시 성공시켜야 할 필요는 절대로 없다. 나는 도전적인 환경에 처한 창업가들에게 보통 이렇게 말한다. "환경을 적대적으로 다루어야 합니다. 화산에서 뿜어져 나오는 화산재처럼. 당신이나 그 누구도 단기적으로 그것에 대해 할 수 있는 일은 없습니다. 그러나 당신은 그 속에서 성공해야 한다는 점을 반드시 알아야 합니다." 하지만 정부와 공공 부문 리더들이 창업가정신이 사회와 경제에 핵심요소가 되기를 원한다면, 그들에게는 창업가정신의 장벽을 낮추는 데 철저히 집중하려는 마인드가 필요하다.

● **창업가정신은 사회적 비용을 낳는다**

공짜는 없다. 상당수의 사람들이 무시하거나 얼버무리고 넘어가곤 하지만, 창업가정신에도 역시 사회적 비용이 존재한다. 기존의 것을 거스르려는 기질로 인해 창업가들은 사회적 갈등과 경제적 갈등을 일으킨다(슘페터가 아무 생각 없이 '파괴'란 용어를 사용한 것은 아니다). 공공 부문 리더들은 기존의 상황에 도전하도록 창업가들을 독려하는 데 따른 '비용'이 창업가정신으로 인한 혜택을 얻기 위해 기꺼이 지불하고자 하는 '가격'인지 솔직하게 고민할 필요가 있다. 감춰져 있고 사람들에게 간과되는 비범한 가치를 찾아 일반적으로 용인되는 지혜와 규칙에 도전하는 것이 창업가의 일이기 때문에, 종종 창업가들은 사람과 사람 사이에서 갈등을 일으키거나 시장과 사회구조 측면에서 거슬리게 행동한다. 사람들의 공통적인 믿음과 견고하게 뿌리내린 관습에 도전하려는 마인드가 없으면 창업가가 될 수 없다. 은유적으로 설명하면 이렇다. 창업가가 잔디밭을 가로질러 갈 수 있는 빠른 지름길을 알아차린다면, 사회는 콘크리트를 부어 보도를 만들 수 없기 때문에 그저 창업가들이 잔디밭 둘레로 돌아가기를 기대하는 수밖에 없다. 어떤 사회가 주로 창업가들로 구성돼 있다면 그 사회는 아주 재미있는 곳이 되겠지만, 아마도 견디기 힘든 상태로 치달을 것이다. 사회적 갈등과 경제적 갈등이 크게 증가할 것이기 때문이다.

싱가포르는 '국가 통제주의'적인 방식, 즉 '사회적 규범'에 대한 강력한 문화적 순응과 권위에 대한 복종을 기반으로 자본주의를 실현하는 곳으로 잘 알려져 있다. 그 규범들 중 상당수는 개방적인 사회에서라면 매우 이상하게 들리는 법규의 형태로 공식화되어 있다. 그곳에는 이런 문구가 쓰여 있는, 유명한 여행자용 티셔츠가 있다. "싱가포르는 벌금의 도시: 쓰레기를 버리지 마시오-벌금 1000달러, 담배를 피우지 마시오-벌금 1000달러, 엘리베이터 안에서 소변금지-벌금 500달러……" 싱가포르는 번영을 구가하지만 창업가정신이 부족한 국가로 알려져 있다. 싱가포르인들은 어느 '국가 경쟁력 보고서'에서 자기네 나라를 이렇게 비판한다. "창업가정신은 실망스러운 수준이다…… 상대적으로 매우 낮다."[8]

사우디아라비아와 아랍에미리트처럼 권위주의적인 사회는 경제 발전과 일자리 창출을 위해 전략적으로 창업가정신을 지지하고 있지만, 정치적 절차뿐만 아니라 문화적 규범들은 기존의 전통적인 방식에 도전하지 못하도록 사람들의 의욕을 '적극적으로' 꺾어놓고 있다. 권위와 전통에 대항하여 목소리를 높이거나 규범에 의문을 제시하는 것을 극도로 못마땅해하고 때로는 징벌을 내리기도 한다.

반면 이스라엘은 사람들이 공공연하게 거칠고 경쟁적으로 행동하는 무질서한 문화로 잘 알려져 있다(아이러니하게도 어떤 사람들은 이를 협력적인 모습으로 보기도 한다). 방문자들은 걸핏하면 싸우려드는 정치인들을 볼 때뿐만 아니라 버스를 타거나 직접 차를 몰 때 그런 문화가 일상생활에 투영되어 있음을 즉각 알아차린다. 논쟁과 가혹한 논평은 아주 흔한 일이고, 자동차들은 공격적으로 사람들을 위협하고, 호전적인 태도는 오히려 사람들의 칭찬을 받는 경우가 다반사다. 이스라엘의 군대 생활은 상대적으로 평등하고 참여적인 문화로 알려져 있다. 계급이 낮은 병사는 자신의 의견을 상관에게 표현할 수 있고(또 표현해야 하고) 불손한 언행까지 드러낼 수 있다. 다른 군대에서는 찾아보기 힘든 광경이다. 텔아비브는 이제 세계에서 다양성에 가장 관대한 도시 중 하나로 손꼽히고 있다.9 첨단 기술 벤처기업에서 가장 어린 직원이 CEO에게 "당신은 잘못하고 있습니다"라고 직접 말하는 것은 전혀 이상한 일이 아니다(나 자신도 한 회사의 창립 CEO로서 그런 일을 경험한 바 있다). 실리콘밸리에서 유명한 가이 가와사키Guy Kawasaki는 몇 년 전에 과장법을 섞어 이렇게 말했다. "이스라엘은 인구가 500만 명인데, 창업가가 600만 명이고 1500만 개의 의견이 존재한다. 싱가포르 역시 인구가 500만 명인데, 창업가는 6명이고, 1개의 의견만 존재한다."10 도전과 독립적인 사고를 널리 허용하는 문화가 창업가정신이 번성할 수 있는 분위기를 조성한다.

● 정책의 목표가 어려움을 줄여주는 것이라면 절대 안 된다

사람들은 무언가가 쉬워지면 그것을 할 수 있을 거라고 생각한다. 그래서 창업을 위해 장애물을 없애주는 것이 공공 정책의 목표가 되어야 한다고 생각한다. 그러나 이 책에서 나는 창업가정신이 역경 속에서 번창한다고 주장했다. 역경을 줄여주겠다는 목표는 지나치게 단순한 발상이고 자칫 커다란 오류를 일으킬 수 있다. 역경이 도움이 되느냐 아니면 방해가 되느냐의 문제는 역경의 종류에 따라 다르고, 어떤 종류의 역경은 창업이 번창하는 데에 오히려 필수적이기까지 하다. 이미 언급한 바와 같이, 미국의 경우에 창업가들이 밀집된 유명한 지역이라고 해서 그

곳의 환경이 '소기업 친화적'인 것은 아니다. 오히려 그런 지역일수록 소기업 친화적이지 못하다. 비록 이런 인과관계를 밝혀내기가 어렵고, 또 그런 지역에서 창업가들을 몰아낸다고 쉽사리 결론 내리는 것이 옳지 않다고 해도 말이다.

창업가들은 자기들을 둘러싼 환경 변화에 대해 줄곧 불만을 터뜨린다. 그러나 창업가가 자금과 인재가 부족하다며 불만의 목소리를 높인다고 해서 반드시 어딘가에 문제가 있거나 '시장의 실패'가 나타난다는 의미는 아니다. 창업가는 필연적으로 극심한 자원 부족을 경험한다. 가장 좋은 시기와 가장 좋은 환경이 주어질 때도 그렇다!

사회적 관점에서 볼 때, 내재적인 역경은 감수해야 할 필요조건이다. 시장의 마찰과 저항은 창업가가 기회를 추구하는 과정에서 무언가 좋은 것을 발견할 가능성이 존재한다는 신호이고, 엄청난 가치를 창조할지 모를 잠재력이 존재한다는 신호이기도 하다. 창업가는 시장으로부터 유래되는 여러 가지 곤경들(제품, 자금, 인재 등의 문제)을 필히 경험해야 한다. 창업가들이 비범한 가치 창조에 매진하려고 할 때마다 보통 중요한 자원들을 확보하기가 더 어려워지는 경향이 있다. 고객, 자금 제공자, 고급 인재들은 당연히 자신들에게 가장 혜택이 되는 기회를 선택하기 마련이다. 다시 말해, 가장 혜택을 적게 제시하는 것들을 거부한다.

정책 입안자들은 전투에 개입하지 말고 창업가들이 맞서 싸우도록 놔둬야만 한다. 창업가들이 불만을 터뜨린다 해도, 그들은 기꺼운 마음으로 전투 경험을 해봐야 깨달을 수 있다. 그 전투에서 이기는 것이 비범한 가치 창조와 획득을 의미한다는 것을 말이다.

그러나 '외재적인 역경'은 시장에 의해 새로운 제품과 서비스가 '자연선택'의 과정을 거치도록 제품 시장, 노동 시장, 자금 시장이 제대로 기능하지 못할 때 나타나는 '나쁜 것'이다. 외재적인 역경은 형편없는 도로, 문제 많은 법원, 부패, 엉성한 통제, 보잘것없는 연계망, 노동의 비유연성, 부적절한 관료주의, 부실한 법규 등의 외부 힘들이 이들 시장(제품 시장, 노동 시장, 자금 시장 등)을 왜곡하고 방해할 때 발생한다. 그러므로 정책적인 관점에서 볼 때, 이 부분이 바로 정책 입안자들이 참가해야 할 전투다.

이와 관련하여, '기회 추구로 인해 발생한 역경'은 비범한 가치 창조와 획득에 추동력을 제공하기 때문에 '좋은 것'이다. 물론 사회적 병폐와 충족되지 않은 니즈가 좋은 것이라는 말은 아니다. 그러나 그것들은 분명히 존재하고 있고, 창업가들이 성공적으로 그것들을 극복해낼 때 상당한 가치가 창조된다. 이는 사회에도, 성장 중인 벤처기업에도 의미 있는 성공이다. 비범한 가치를 획득할 수 있다는 기회는 창업가로 하여금 가치 창조에 매진하도록 만든다. 앞에서 살펴본 X-프라이즈 재단이 대표적인 사례다.

그러나 이 말은 정부가 창업가를 그런 문제 해결의 방향으로 몰아붙여야 한다는 뜻은 아니다. 어느 곳에서든 창업가를 몰아갈 필요는 없다. 의료, 안전, 교육, 환경 등 사회적 문제 해결을 위해 자원 할당의 우선순위를 설정한다면, 창업가들은 자연스럽게 그쪽 분야로 몰릴 것이다. 장려책들이 창업가들을 그곳으로 밀어붙이든 그렇지 않든 간에, 기회는 그들을 끌어당긴다. 장려책들은 펌프에 마중물을 붓는 역할을 할 수 있지만, 펌프가 지속적으로 물을 쏟아내도록 만들 수는 없다. 창업가들은 과소평가된 기회를 발견하는 방법을 알고 있다. 그것이 그들이 할 일이고, 그것이 그들의 특기다.

● 스타트업 기업에 국한하지 말고 창업가정신의 모든 '변종'을 아울러라

대부분의 정책들은 비범한 가치를 창조하는 여러 형태의 기업들은 나 몰라라 하고 스타트업 기업 육성에만 집중하는 경향이 있다.[11] 기업이 작든 크든, 신생기업이든 오래된 기업이든 간에, 정부의 정책은 가치 창조의 장벽을 제거하는 데 초점을 맞춰야 한다. 정책 입안자들이 스타트업 기업과 창업가정신을 동일하게 생각하는 이유는 '창업가정신이 기업 소유권, 혁신, 청년 고용이라고 오해'하기 때문이다. 그러나 비범한 가치를 인식하고, 창조하고, 획득하는 데 있어 스타트업 기업들이 기존 기업들보다 본질적으로 더 잘 해낸다는 증거는 어디에도 없다. 기존 기업이 과소평가된 원래의 자산을 재배치하여 비범한 가치를 창조하지 못할 거라는 증거 역시 어디에도 없다.

로버트 웨스만은 90명 정도의 종업원이 딸린, 망하기 직전의 아이슬란드 기업을 인수하여 세계적인 기업으로 성장시켰다. 버트 트왈프호번은 제트엔진 공급망 속에 이미 존재하던 기술적 자산들을 확보하여 그것들을 상업적으로 재배치했다. 그가 미국에서 잘나가던 기존의 비즈니스 모델을 복제하여 유럽에 이식시킴으로써 처음으로 자신의 벤처기업을 성공시켰다. 칼 비스타니는 3대째 내려오는 가족기업을 인수하여 원래 5개이던 학교를 74개의 학교로 성장시켰다. 소유권은 창업가정신에

필수적이지만, 스타트업 기업 설립(이것이 창업가에 대해 사람들이 가진 일반적인 이미지)은 필수적인 요소가 아니다.

가치를 창조하고 획득하는 것 자체가 중요하지, 새로운 기업을 설립해서 가치를 창조할 필요는 없다. 창업가정신을 스타트업 기업과 합쳐서 생각하는 것은 상당한 잠재적 가치를 간과하도록 만든다. 기억하라. 창업가정신은 새것이든 아니든 간에 과소평가된 자산으로부터 가치를 창조하는 것이다. 신흥 시장의 가족기업들은 때때로 비범한 가치 창조의 '양식장'이 되기도 한다. 실적이 형편없는 기존 브랜드, 부동산, 생산 시설, 유통 채널 등을 인수하여 새로운 성장 동력을 불어넣으면 엄청난 규모의 가치가 창출될 수 있다. 은행과 벤처 캐피탈 기금들로부터 '괴롭힘'을 당하는 자산들을 구출해내는 것 또한 가치 창조의 잠재적 원천이다. 미국의 '스타트업 아메리카Start-Up America'와 수많은 국가별 스타트업 캠페인들처럼 전 세계를 휩쓸고 있는 스타트업 운동들은 무에서 유를 창조하는 것이 기존의 자산을 다른 용도로 사용하는 것보다 더 좋다는 (잘못된) 인상을 사람들에게 전달한다. 그러나 기존 자산을 통해 높은 가치를 창조하는 쪽으로 정부 정책이 초점을 맞춘다면 오히려 큰 기회가 될 것이다. '스케일업Scale-Up(스타트업과 대비되는 말로, 기존 기업을 성장시키는 것을 의미함_옮긴이)'은 스타트업만큼 중요하다.

그리 놀랄 것도 없지만, 다른 사람들이 냄새를 못 맡는 곳에서 창업가는 기회의 냄새를 찾아내기 때문에 그들은 비범한 가치 창조가 새로운 벤처기업 설립과 직접적으로 관련이 없다는 사실을 알고 있다. '기업 인수 및 기업 회생'은 경영대학원 MBA 과정에서 가장 인기 있는 과목 중 하나다. MBA 과정들이 조성하는 '서치 펀드search fund(성장 가능성이 있는 중소기업을 발굴하여 투자수익을 얻기 위한 펀드_옮긴이)'의 인기는 또 하나의 증거다(스케일업이 스타트업만큼 중요하다는 증거_옮긴이).[12] 유능한 창업가들은 이 점을 직감적으로 알아차린다. 정책 입안자들이 여러 가지 기업 형태들을 쏙 빼놓고 스타트업 기업만 강조하면 이러한 창업가들의 '깨달음'을 무시하는 것이나 다름없다.

작다고 해서 반드시 아름다울 필요는 없다. 작은 기업들이 일자리를 창출한다는 증거로 정책 입안자들이 종종 인용하곤 하는 고용 창출에 관한 연구들은 서로 상당히 미묘한 차이를 보인다.[13] 가장 자주 인용되는 카우프만 재단Kauffman Foundation의 연구를 보면, 순수 일자리 창출은 빠르게 성장하는 '중간 규모 기업군'에서 가장 활발하다. 기존의 대기업과 스타트업 기업들 중에서는 그보다 훨씬 적은 비율의 기업들만이 일자리 창출에 기여한다. 반면 더 광범위하게 진행된 다른 연구에서는 작은 기업이 아니라 '젊은 기업'이 일자리를 창출한다는 결과를 냈다.[14] 일자리를 창출하지 못하는 기업의 상당수를 작고 오래된 기업들이 차지한다는 것이다. 그런 기업들은 가치를 창조하지도 못한다. 비범한 가치 창조만이 일자리를 늘리기 때문이다.

● 소득 불평등을 기꺼이 용인하라

2012년에 수천 명의 페이스북 주주들은 캘리포니아에서 자신들의 주식 가치가 엄청나게 상승하는 짜릿한 순간을 만끽했다. 현재 추정하기로, 수천 명의 새로운 백만장자와 수십 명의 새로운 억만장자가 그때 출현했고, 수십 명에서 수백 명의 주주들은 그 사이에 위치하는 새로운 주식 부자의 반열로 등극했다. 수백억 달러에 달하는 새로운 유동성이 창출된 셈이었다. 비록 이 책을 쓰는 지금, 페이스북의 주식은 기업공개 시점의 가격보다 상당히 낮은 가격에 거래되고 있긴 하지만 말이다.

캘리포니아의 경제 규모는 약 2조 달러다. 실리콘밸리의 GDP 추정치는 그것의 약 10분의 1에서 12분의 1 사이인 1500억 달러 정도다.[15] 기업공개 후 페이스북의 시가총액이 약 1070억 달러였다. 페이스북 주식의 절반가량은 실리콘밸리를 중심으로 한 지역사회에서 움직이고 있다.[16]

페이스북의 기업공개는 지역 경제의 입장에서 아주 큰 경제적 이벤트였다. 샌프란시스코 일대의 인구는 약 800만 명인데 여기에 산호세 인구 100만 명을 더하고 인근 지역의 수백만 인구를 더하면, 약 1000~1200만 명이 된다(좀 더 보수적으로 추산하고 싶다면, 실리콘밸리 인구인 300만 명만 감안해도 된다. 그래도 전체적인 그림엔 변화가 없을 것이다). 만약 10명의 새로운 억만장자, 100명의 새로운 천만장자, 1000명의 새로운 백만장자가 그 지역에 생겨난다면, 단순하게 계산해도 페이스북 주주들의 '가치 창조와 획득'의 결과로 인해 거대한 불평등이 즉각 나타난다는 것을 알 수 있다. 1만 명 중 1명은 나머지 9999명과 비교할 수 없을 만큼 즉시 부유해진다.

말 그대로 하룻밤 만에 극소수의 사람들이 비범한 가치를 창조했고 획득했다. 그리고 그들의 부는 그렇게 하지 못했던 사람들의 부를 엄청나게 앞지르고 있다. 나도 이스라엘에서 수백 건의 기업 인수와 기업공개로 인해 단 며칠 만에 극소수의 사람들이 믿을 수 없을 만큼 커다란 개인적 부를 획득하는 모습을 목격한 바 있다.

물론 페이스북 창업자와 초기 멤버들은 자신들의 두뇌와 노력(그리고 리스크 감수)을 통해 부를 획득했지만, 페이스북이 만들어낸 불평등은 매우 컸다. 도시 경제에 관해 세계적인 전문가인 어느 경제학자가 썼듯이, "불평등이 가장 심한 미국 도시들을 나열한 목록은 지식경제의 중심지에 누가 있는지를 보여주는 인명록처럼 보인다. 소득 불평등이 가장 심한 도시들 순위를 살펴보면, 헌츠빌Huntsville(반도체와 첨단 산업의 중심지)과 실리콘밸리가 각각 1, 2위를 차지한다. 텍사스 주의 칼리지 스테이션College Station과 브라이언Bryan은 3위고, 《비즈니스 위크Business Week》가 스타트업 기업을 위한 최고의 장소라고 선정한 콜로라도 주의 볼더Boulder는 4위다. 연구의 트라이앵글로 유명한 노스캐롤라이나 주의 더럼Durham은 5위, 텍사스 주의 첨단 기업 밀집지 오스틴Austin은 9위, 뉴욕은 11위, 로스앤젤레스는 12위, 워싱턴 DC는 16위, 샌프란시스코는 18위다.[17]

창업가정신의 직접적인 결과(가치의 획득)로 나타난 이와 같은 부의 불평등은 좋은 것인가 나쁜 것인가? 작은 지역에 있는 소수의 손에 그와 같은 '현금의 쓰나미'가 쏟아짐에 따라 어떤 상황이 펼쳐질지, 그 영향을 어렵지 않게 예상할 수 있을 것이다. 단기적으로 볼 때, 분명히 그곳에서는 긍정적인 '낙수 효과'가 발생할 것이다. 소매업자들의 매출은 증가하고, 최고급 식당들은 손님으로 가득 차고, 여행업체들이 번창하고, 회계사와 재산 관리자들은 일거리가 늘고, 부동산 가격과 중개업자의 수수료는 높아진다. 베이비시터들의 수요도 많아질 테고, 자동차 딜러들은 더 많은 BMW, 포르셰, 페라리를 판매할 것이다. 조경, 집안 청소, 심부름 대행처럼 개인적 서비스에 대한 수요도 더욱 커지게 된다.

좋은 집을 팔려고 내놓은 사람들은 좀 더 높은 가격으로 신속하게 집을 판매할 수 있을 테니 주택담보대출을 바로 갚을 수 있다. 좀 더 많은 세금을 납부하게 되므로 지방 자치단체의 재무적 안전성은 크게 향상된다. 더 많은 엔젤 투자자들이 모여들기 때문에 스타트업 창업가들에겐 자금을 모을 수 있는 선택지가 더 많아지고, 그 지역은 기회를 탐색하는 창업가들의 '성지'로 위상이 높아진다. 또한 자기 자신을 창업가로 보지 않던 많은 사람들은 '뭔가를 해볼까' 하는 자극을 받는다. 새로이 부자가 된 몇몇 사람들은 불행한 이들을 돕기 위해 기부를 할 테고, 그에 따라 도움이 필요한 사람들은 그 지역으로 모여들 것이다. 사람들은 보통 문제가 가까이에서 느껴지는 자기 집 근처의 단체에 기부하고 싶어 하기 때문이다.

나는 내 눈으로 직접 이런 광경을 목격했다. 그런 식의 '낙수 효과'는 좋은 것이다. 그러나 사회적으로 부정적인 효과도 함께 발생한다. 피라미드의 밑바닥에 있는 사람들은 자택의 자산 평가액이 상승하여 부동산 세금을 납부하기가 어려워진다. 또한 자산 가치가 상승하는 바람에 그들은 자력으로 지금보다 나은 주택을 구매하기가 힘들어진다. 교육의 질은 나빠질 가능성이 높은데, 신흥부자들은 자신의 아이들을 시설 좋은 사립학교로 보내려고 하기 때문이다. 피라미드 밑바닥에 있는 사람들은 도심에서 거주하기가 점점 어려워져서 교외로 쫓겨나는 신세가 될지 모른다.

최상의 상황에서도 긍정적인 부의 낙수 효과가 최저 소득 계층에 이르려면 오랜 시간이 걸린다. 해당 지역의 변화가 소득 불평등 수치에 얼마나 크게 영향을 미칠지는 불확실하다. 하지만 의심할 여지없이, 불평등을 가리키는 일반적인 통계치인 '하위 10퍼센트 대비 상위 1퍼센트의 소득 비율'은 즉시 급등하고 그 후로도 높게 유지할 것이 틀림없다. 소수가 엄청난 부를 이루면 집단 전체의 부의 '평균값'은 증가하겠지만, 그 '중간값(분포의 중심을 나타내는 좀 더 보수적인 지표_옮긴이)'은 거의 움직이지 않을 것이다. 부의 집중도는 높은 수준으로 유지될 테고, 아마도 창업가들이 성공하기 전보다 부의 집중도는 더 심화될 가능성이 높다. 창업가정신이 붐을 이루는 보스턴은 다른 지역에 있는 능력 있는 사람들을 끌어모으기 때문에 인적자산 차원에서 다른 지역의 '인력 공동화' 현상을 야기하고 있다.

비범한 가치 창조와 획득을 원한다면, 그리고 진정으로 '우리 지역'에 창업가정신이 더욱 충만하기를 바란다면, 기꺼이 심각한 소득 불평등을 상당 기간 감수할 필요가 있을 것이다. 나는 좀 더 긴 안목으로 보면 장기적으로 '긍정적인 사회적 효과'가 나타나리라 믿는다. 왜냐하면 창업가정신의 충만함이 더 많은 사람들로 하여금 소매를 걷어붙이고 나서도록 자극할 것이고, 그러면 그들이 그렇게 하는 데 필요한 실질적 자원들이 더 많이 모여들 것이기 때문이다.

그래도 창업가정신이 발생시킬지 모를 '단기적 혹은 중기적 고통'을 무시해서는 안 된다. 대부분의 개방적 사회에서 경제 발전은 계단 밑으로 부드럽게 내려가는 '슬링키Slinky' 장난감(납작한 철사를 스프링처럼 나선형으로 둥글게 말아서 만든 장난감_옮긴이)에 비유할 수 있다. 부의 최상위자와 최하위자 사이에 커다란 간극이 존재하지만, 결국 부의 최상위자가 최하위자를 함께 끌고 간다. 나는 창업가정신이 그 둘의 연결을 강화할 것이고 연결되기까지의 시간을 단축시키리라 믿는다. 그러나 적어도 잠시 동안은 매우 심각한 격차가 존재할 거라는 각오를 해야 한다. 공공 부문의 리더들에게 주어진 도전 과제는 그 둘(부의 최상위자와 최하위자)이 계속 연결을 유지하고 사회의 기본 구조 속에서 절대로 그 둘이 찢어지지 않도록 확실히 해두는 것이다. 물론 창업가적 열망을 꺾지 않으면서 말이다.

창업을 준비하는 사람들을 위한 시사점

사람들에게 성공하려면 뭘 해야 하고 뭘 하지 말아야 하는지를 알려주는 책, 잡지, 블로그, 컨퍼런스, 강연자들은 무수히 많다(절대 부족하지 않다). 그중 좋은 책을 소개하자면, 『창업가정신으로 돌파하라Breakthrough Entrepreneurship』, 『바로 시작하라Just Start』, 『시작하는 습관Poke the Box』, 『승자의 본질Heart, Smart, Guts, and Luck』 등이 있다.[18] 데이비드 검퍼트David Gumpert는 수년에 걸쳐 여러 권의 실용서를 썼다. 아마도 당신은 그가 쓴 두 권의 책, 『성공적인 사업 계획을 작성하는 법How to Really Create a Successful Business Plan』과 『당신의 사업 계획을 태워버려라!Burn Your Business Plan!』의 제목을 보고 고개를 갸우뚱했을 것이다(제목이 상충되기 때문_옮긴이).[19] 이런 책 말고도 좋은 책들이 아주 많다.

내가 하버드 경영대학원에서 창업가정신을 가르치며 MBA 학생들에게 대부분의 교수들이 건네는 경력에 관한 전통적인 조언은 자신만의 기업을 창업하기 전에 다른 사람 밑에서 10년 이상 현업 경험을 쌓으라는 것이었다.

최근에 발행된 《월스트리트 저널》에는 "그렇다면 창업을 하고 싶은 거로군요?"란 제목으로 다음과 같은 체크리스트가 게재되었다.

1. 엄청난 금전적 리스크를 기꺼이 견딜 수 있습니까?
2. 오랜 기간 동안 개인 생활을 기꺼이 희생할 수 있습니까?
3. 배우자가 있습니까?
4. 사업 경영의 모든 측면을 좋아합니까?
5. 계획 없이 그때그때 봐가면서 결정을 내려도 편안함을 느낍니까?
6. 아이디어를 실행해서 얻은 실적이 있습니까?
7. 얼마나 설득력 있고 언변이 좋습니까?
8. 열정을 쏟을 만한 사업 콘셉트를 가지고 있습니까?
9. 자발적으로 행동하는 사람입니까?
10. 사업 파트너가 있습니까?[20]

이 체크리스트는 매우 의미가 있는 조언이다. 나는 《하버드 비즈니스 리뷰》에 내가 직접 만든 체크리스트(반은 농담조로 만들었다)를 실었는데, 놀랍게도 지금까지 수만 명의 사람들이 이 테스트를 해보았을 만큼 인기가 있다(다음의 표를 참조하라).

'당신은 창업을 해야 하는가?' 테스트

당신의 친구들 중 몇몇은 창업가로 일하고 있다. 정부는 창업을 하라고 당신을 독려한다. 오바마 대통령은 창업가정신에 대해 역설한다. 창업가의 얼굴은 잡지의 표지를 장식하고 매일 여러 웹사이트에 등장한다. 그렇다면 당신도 창업을 해야 할까? 당신은 매년 벤처기업에 뛰어드는 수백만 명의 사람들처럼 창업을 결심해야 하는가? 2분 동안 '아이젠버그 창업가 테스트'를 받아보고 그 답을 구해보라.[a] '예' 또는 '아니오'라고 답하면 된다. 자신에게 솔직하라. '최악의 거짓말은 스스로에게 하는 거짓말이다'라는 걸 명심하라.

1. 나보다 능력이 없는 사람들로부터 내가 해야 할 일을 듣는 것을 좋아하지 않는다.
2. 내 자신에게 도전하기를 좋아한다.
3. 이기는 것을 좋아한다.
4. 누구의 지시도 받고 싶지 않다.
5. 일을 하기 위한 새롭고 더 나은 방법을 항상 찾는다.
6. 관습적인 지혜에 의문을 제기하길 좋아한다.
7. 일을 완수하기 위해 여러 사람들을 모으는 것을 좋아한다.
8. 사람들은 내 아이디어에 열광한다.
9. 나는 거의 만족하는 법이 없고 현실에 안주하는 법도 없다.
10. 가만히 앉아 있을 수 없다.

11. 보통 어려운 상황을 타개하기 위해 끝까지 해낸다.
12. 다른 이의 일을 성공시키기보다 내 자신의 일을 실패하는 게 낫다
13. 문제가 생길 때마다 바로 뛰어들 준비가 되어 있다.
14. 늙은 개도 새로운 재주를 배울 수 있다고 생각한다.
15. 내 가족들은 가족기업을 운영 중이다.
16. 나에게는 가족기업을 운영 중인 친구가 있다.
17. 어렸을 때 방과 후 시간과 방학 동안 일을 해서 돈을 벌었다.
18. 무언가를 판매하면 아드레날린이 솟구친다.
19. 결과를 달성하면 아주 신난다.
20. 나는 아이젠버그보다 더 좋은 테스트 항목을 만들어낼 수 있다(그렇다면 여기에 바꿔 써보라).

a. 2010년 2월 12일자《HBR 블로그 네트워크》에 실린「당신은 창업을 해야 하는가?」란 기사에서 발췌함(http://bit.ly/HBR_ER_Test)

    이런 종류의 체크리스트들은 창업의 길을 선택(혹은 포기)하는 데 도움이 된다. 그러나 창업가정신이 가치를 창조하고 획득하기 위해 관습적인 지혜를 거부하는 것이라고 정의한다면, 창업을 성공하는 방법에 관한 관습적인 지혜도 역시 거부해야 한다. 사실 창업가정신이 비범한 가치를 창조하고 획득하는 것이라는 나의 말에 지금부터 동의한다면, 창업가정신을 성취하기 위한 셀 수 없이 많은 방법들이 존재할 것이다. 그 방법들 중 몇몇은 지금까지 노련한 사람들이 해왔던 '최고의 조언'과는

다른 방향을 가리킨다.

창업가정신에는 정형화하기 불가능한 무언가가 숨어 있다. 그 무언가는 슘페터가 말한 '참신하고, 갑작스럽게 튀어오르며, 휙 움직이는' 특성으로 표현할 수밖에 없다.

기회를 따져보라

창업가에 관한 패러디 중 내가 가장 좋아하는 것은 여배우 레이첼 세쿼이아Rachel Sequoia가 실리콘밸리의 엔젤 투자자들에게 투자를 요청하는 장면을 찍은 4분짜리 동영상이다. 세쿼이아는 자신의 스타트업 기업인 '셰어디에어108ShareTheAir108'(레이첼이 말하길, ShareTheAir란 이름은 누가 이미 쓰고 있어서 이렇게 정했다고 한다)을 소개하기 위해 조용히(맨발로) 나타났다.[21] 레이첼은 창업가가 따라야 할 '투자 요청의 규칙'을 정확히 준수했다. 그녀는 셰어디에어108이 관광지로 유명한 곳(예를 들어 로마)에서 공기를 담아와 그 엑기스를 추출하고 포장하여 전 세계의 소비자들에게 '로마의 공기'라는 이름으로 판매하는, 혁신적인 아이디어를 추진할 계획이라고 설명했다. 고객이 포장을 열면 로마에 가지 않아도 그곳에 있는 듯한 기분을 느낄 거라고 그녀는 덧붙였다. 포장 하나당 이익이 상당하기 때문에 셰어디에어108은 매우 큰 벤처기업이 될 거라는 말도 빼먹지 않았다.

레이첼은 창업가로서 완벽한 모습을 보여주었다. 분명한 제품 콘셉트와 매력적인 가치 제안, 참신한 비즈니스 모델을 가지고 있었기 때문이었다. 청중이었던 엔젤 투자자들의 몇몇은 그녀의 제안은 너무나 완벽하다고 생각했다. 소문에 따르면 레이첼은 투자하겠다는 제안도 받았다고 한다.

창업가정신이 틀에 박힌 사고에서 벗어나 가치를 창조하고 획득하는 것이라고 한다면, 창업가정신의 '규정집'을 만드는 일은 매우 무의미하다. 아이러니하게도, 창업가의 '일'이란 그런 규칙들이 만들어지자마자 그 규칙들(적어도 시장의 규칙들)을 깨뜨리거나 무시하거나 변화시키는 것이기 때문이다.

그런 규정집 안에는 많은 규칙들이 들어 있다. 예를 들면 이런 것들이다. '고객의 목소리에 귀를 기울여라, 사업 계획서를 작성하라, 현재의 비즈니스 모델이 제대로 작동하지 않는 것 같으면 바로 모델을 변화시켜라, 한 번에 크게 도약하기보다 작은 걸음으로 나아가라, 가능한 한 많은 자금을 투자받아라' 등등. 그러나 여러 상황에서 정확히 그 반대로 하는 것이 '잘 먹히고' 때때로 훨씬 더 좋다는 사실을 우리는 안다. 사실, 규정집 바깥에는 창업가들이 종종 가치로 전환시켜놓곤 하는, 언뜻 보기에 쓸데없는 것 같은 '쓰레기'들이 널려 있다. 그 쓰레기 더미는 냄새 나고 지저분해 보이지만, 창업가의 눈에는 '싸게 사서 비싸게 팔 수 있는' 절호의 기회로 보인다. 창업가의 일은 그런 쓰레기를 '돈 주고 사는 것'이라 해도 과언이 아니다. 창업가정신은 평균을 거부하는 정신이고, '평균에서 먼 것들'과 '시장이 먹다 남겨놓은 것들'로부터 가치를 창조하는 정신이기 때문이다.

비범한 가치를 창조하려면 시장과 반대로 생각해야 한다. 다른 사람들이 보지 못하거나 볼 수 없는 곳에서 가치를 만들어낼 수 있다고 인식해야 한다. 그러나 '가치가 그곳에 있다'는 믿음만으로는 충분하지 않다. 시장의 현실과 반대로 가려는 역발상적인 인식이 옳은지를 테스트해야 한다. "예상했던 비범한 가치를 내가 진짜로 창조했나?" 사람들이 실제로 그 가치에 돈을 지불할 때야 비로소 이 질문의 답을 알게 될 것이다.

모든 사업 콘셉트들은 아이디어를 시장에 내놓는 과정에서 몇 가지 리스크를 지니고 있다. 모든 사업 콘셉트들은 본질적으로 불확실하다. 일반적으로 불확실성이 클수록, 창조되고 획득되는 가치 역시 크다. 로널드 코헨은 간단명료하게 말한다. "성공하는 창업가들은 불확실성을 좋아한다."[22] 창업가들은 예외 없이 반대, 조롱, 저항, 무관심에 직면하게 된다. 시장은 창업가가 불확실성 속에서 가치를 발견하기는커녕 가치의 파괴로 인해 실패할 것이라고 쉽게 단정 짓곤 한다.

나는 '기회의 제1법칙'이라고 장난스레 이름 붙인 법칙을 생각해냈다. "정말로 거대한 기회는 항상 적어도 한 명의 거대한(그리고 똑똑하고 지혜롭고 경험 많은) '반대자'를 가진다." 만약 그런 반대자가 없으면, 아마도 그것은 거대한 기회가 아닐지 모른다. 똑똑한 사람들의 말에 귀를 기울여라. 그들 몇몇은 기회를 높이 평가하지 않을 것이다. 그들의 비판을 참작하라. 그들에게 지적하고 경고할 자격이 있는지 따져보라. 그런 다음, 당신 스스로 생각하라.

그러나 어떤 아이디어가 폄하되었다고 해서 그 아이디어를 '가치의 금광'이라고 성급히 결론 내리지 말기 바란다. 어떤 쓰레기는 유익하지만, 어떤 쓰레기는 냄새가 지독하다. 창업 아이디어들은 대부분 손에 잡히는 가치로 전환되지 못한다. 문제는 '가상세계에서만 존재하는 가치'와 '현실적인 가치', 즉 어처구니없는 가치와 실천 가능한 가치를 사전에 구별해내기가 어렵다는 데에 있다. 나는 어떤 아이디어가 가치를 지니고 있는지를 신속하게 판단할 수 있도록 체크리스트를 만들었는데(다음의 표를 참조하라), 그렇다고 체크된 결과를 곧이곧대로 받아들여서는 안 된다. 거대한 기회들은 대부분 어떤 식으로든 일반적 논리를 거부하기 때문이다.

창업을 위한 '기회' 체크리스트

1. 당신의 사업 아이디어가 누군가의 고통, 불편, 좌절감, 불만족을 누그러뜨리는가?
2. 그런 사람들이 시장에 많이 존재하는가?
3. 그 사람들(혹은 기업이나 정부)이 당신의 아이디어에 지불할 돈을 가지고 있는가?
4. 그들은 당신의 제품이나 서비스를 구입하기 위해 재빨리 의사결정할 수 있는가?
5. 당신의 아이디어에는 당신의 '뛰어남'과 독창성이 반영되어 있는가?
6. 당신은 아무도 가지지 않은 중요한 자산(돈, 고객 확보 능력, 기술, 리더십 스킬, 실행

력, 지리적인 이점, 세일즈맨 정신 등)을 지니고 있는가?

7. 적어도 두 명 이상의 사람이 당신과 함께하리라 생각되는가?
8. 그들의 스킬이 당신의 스킬을 보완할 수 있는가?
9. 그들은 당신이 가진 가치와 동일한 크기의 가치를 가지고 있는가?
10. 매우 존경하는 사람들 대부분이 당신의 아이디어가 좋다고 말하는가?
11. 매우 존경하는 사람들 중 적어도 1~3명이 당신의 아이디어가 나쁘다고 말하는가?
12. 그 아이디어와 그것의 구현 과정에는 당신 자신을 바칠 만큼의 특별한 무언가가 진정 존재하는가?
13. 당신은 얼마 동안 거대 경쟁자들 모르게 그들을 살금살금 따라잡을 수 있는가?
14. 당신의 전화를 받고, 당신에게 피드백해주고, 기꺼이 파일럿 테스트에 임해줄 잠재적인 고객을 찾아낼 수 있는가?
15. 큰돈 없이도 시작할 수 있는가?
16. 제품이나 서비스를 론칭하는 동안 고정비용을 낮게 유지시킬 수 있는가?
17. 당신의 아이디어는 최소한의 비용으로 가치 있는 정보를 산출할 수 있도록 '작고 점증적인 단계'들로 진행하는 것이 적당한가?
18. 아이젠버그가 잊어버리고 여기에 쓰지 않은 항목이 있다고 생각하는가? (그렇다면 여기에 추가해보라.)

2010년 3월 4일자 《HBR 블로그 네트워크》에 실린 「창업을 위한 '2분' 동안의 기회 체크리스트」란 기사에서 발췌함(http://blogs.hbr.org/cs/2010/03/the_2minute_opportunity_checkl.html)

가치를 역발상적으로 인식하는지를 테스트하는 방법들은 여러 가지가 있지만, 아이디어를 실제적인 가치로 전환하는 과정에서 리스크를 완전히 제거할 방법은 세상에 없다. 가치를 창조하고 획득하려면 반드시 혁신적이거나, 전문가가 되거나, 젊어야 하거나, 신생기업을 설립할 필요는 없다. 반드시 열정적이어야 할 필요도 없다(이에 관해 곧 언급하겠다). 사업 계획이 필요할 수도 있고 필요하지 않을 수도 있다. 상당한 재무적 리스크를 감수할 필요가 있을 수도 있고 없을 수도 있다.

창업을 향한 열정의 한계

내가 '무엇이 성공적인 창업가정신을 가능케 하는가?'라고 물을 때마다 사업들은 '창업의 열정'을 가장 많이 꼽곤 한다. 나에게 조언을 받기 위해 찾아오는 예비 창업가들 상당수는 "저는 이 아이디어에 정말로 열정을 다하고 있습니다!"란 말로 자신의 포부를 내보인다. 그들은 아이디어에 대한 열정이 성공확률을 더 높여주고 더 많은 가치를 가져다줄 것이라고 믿는다. 뭐, 그럴지도 모른다.

독자 여러분들이 혼동하지 않도록 확실히 해둬야겠다. 시장의 결핍과 니즈를 독특한 방법으로 만족시키는 데 필요한 특별한 정보, 스킬, 자산을 가지고 있다는 창업가 본인의 '자신감'을 열정이라고 착각해서는 안 된다. 단어의 의미론적인 해석은 배제하고 생각해보자. 만약 창업가가 '열정적'이라는 말을 자신의 시간과 돈을 기꺼이 걸고 본인의 사업 아이디어를 다른 것보다 우선하겠다는 뜻으로 사용한다면, 나는 그의 생각에 동의한다. 창업가정신의 성공을 위해서는 그런 의지가 필요하기 때문이다(물론 그것만으로는 충분하지 않다).

그러나 기꺼이 노력하고 기꺼이 리스크를 감수하겠다는 것은 열정이 아니다. 그것은 열정의 결과물이지 열정 자체는 아니다. 열정은 보통 사랑이나 미움같이 마음을 압도하는 강력한 감정이다. 열정은 비이성적인 감정이고, 스스로를 속이는 감정이며, 없는 것을 보게 하고 있는 것을 못 보게 만드는('맹목적인 열정') 등 현실을 왜곡시키는 감정이다. 열정과 의미론적으로 연관된 단어 중 하나가 '억누를 수 없는 충동이나 열광'을 뜻하는 '광적 습관cacoëthes'인데, '나쁜 성격'이라는 뜻의 라틴어 어원을 가지고 있다. 그렇다. 열정이란 감정은 엄청나게 강력한 동기요인이지만, 대개의 경우 열정은 실수를 범하도록 만들고 나쁜 방식으로 행동하도록 자극한다.

창업가정신의 대부분은 열정과 무관하다. '법률 업무 아웃소싱'이라는 사업 콘셉트로 클러치 그룹을 설립하기 전에 38가지나 되는 '위대한 (자기 딴에는)' 아이디어들을 냉정하게 솎아내던 아비 샤의 열정과, 일반 사람들이 신봉하는 열정을 서로 대조해보라. 가비 머론이 차분하게 6개월 동안 여러 가지 각도로 캡슐형 내시경을 연구하면서 장기적인 계획 수립뿐만 아니라 급진적이고 새로운 아이디어에서 발생할 결함들을 대응하려고 끊임없이 노력했다는 점을 떠올려보라. 친구들에게 코스모디스크를 테스트함으로써 자신의 의심을 떨쳐내려 한, 냉철했던 샌디 체스코를 생각해보라.

이것이 내가 창업을 하려는 사람들에게 "열정은 침대 위에 놓고 오라"고 기회가 있을 때마다 이야기하는 이유다. 희미하고 부드러운 불빛, 감미로운 음악, 꽃, 촛불과 같은 낭만적인 기대는 현실을 왜곡시킨다. 창업가정신은 실재적이고 비범한 가치 창조에 관한 것이다. 냉철함 없이 장밋빛 미래만을 꿈꾸며 뜬구름 같은 공상에 젖어 있다가는 아무것도 이루지 못한다. 열정적인 창업가들이 그런 공상에만 빠져 있지 않도록 체계적으로 계획을 수립하고, 사고하고, 조직을 구축하게 돕는 것이 바로 벤처 캐피탈리스트로서 내가 수행했던 일이었다.

사실 남들이 보지 못한 곳에서 커다란 가치를 발견하는 것(또 상상하는 것)과 그 가치를 창조하기 위해 구체적으로 실행하는 것은 기름과 물처럼 섞이지 않는, 양립되지 않는 심리적 과정에 따라 이루어진다. 그래서 창업을 하려면 남들이 보지 못한 곳에서 가치를 발견해내는 '뜨거운 기름'을, 명석함이라는 '몹시 차가운 물'과 섞는 법을 배워야 한다. 누군가가 나에게 둘 중 하나를 선택하라고 했다면, 나는 명석함을 택했을 것 같다. 그러나 서로 양립되지 않는 두 기질을 섞는 것이 바로 성공의 비결이다.

창업가가 춤추는 법을 배울 때

나는 항상 "누구에게나 창업에 성공하는 법을 가르치는 게 진짜 가능한가?"라는 질문을 받곤 한다. "창업가는 태어나는 것입니까, 아니면 만들어지는 것입니까?" 사실 일반적인 관행을 따르지 않는 기질, 자극을 추구하는 성향 등과 같이 창업가정신과 느슨하게나마 관련이 있어 보이는 유전적 요소가 존재한다는 몇 가지 증거가 발견되었다. 그러나 나 같은 교육자에게 "당신은 창업가정신을 가르칠 수 있습니까?"라고 묻는 것은 온당치 않다.

"누구에게나 춤추는 법을 가르칠 수 있는가?"라고 묻는다면 어떻게 대답하겠는가? 아마 "물론이죠!"라고 당신은 대답할 것이다. 물론 모든 사람이 바리시니코프Baryshnikov(미하일 바리시니코프, 라트비아 태생의 미국 무용가_옮긴이)처럼 될 수는 없지만, 원한다면 충분히 춤을 배울 수 있다. 내가 해봐서 안다! 54세 때 나는 살사를 배우고 싶은 욕망에 사로잡혔다(열정이란 단어는 이때 적절한 말이다). 하지만 나에게는 춤을 좋아하는 기질이 없었고, 춤을 배운 적도 없었으며, 가족 중에 댄서로 활동하는 사람도 없었다. 운 좋게도 춤을 배우고 싶다는 나의 열정이 너무나 맹목적이었기 때문에 나는 살사 춤이 그토록 복잡한 춤이라는 사실을 미처 알지 못했다! 비록 원래부터 음악을 좋아하긴 하지만, 나는 내가 훌륭한 살사 댄서가 될 거라고 생각하지는 않았다. 그렇지만 나는 진정으로 살사를 배우고 싶었다.

나는 100번은 족히 넘게 강습에 참여했고 살사 동영상을 보느라 많은 시간을 소요했다. 배우는 과정은 아주 힘들었고 고통스럽기까지 했다. 푸에르토리코에 있던 댄스 선생은 나에게 "주말 동안 어두운 방에 틀어박혀서 음악을 듣기만 하세요"라고 말했다. 정말로 나는 그렇게 했다. 난 일주일에 2~3일을 사교댄스를 연습했고, 일본, 프랑스, 이스라엘,

푸에르토리코, 콜롬비아, 남아프리카, 독일, 중국 등에 출장 갈 기회가 있을 때마다 그곳에 있는 살사 클럽에 들러 춤을 추었다. 또한 나는 며칠 동안 수천 명의 댄서들이 모여 공연하고 경연을 펼치는 '전국 살사 대회'에 참가하기도 했다(물론 나는 경연에는 절대 나가지 않았다).

그 후 6년이 흐른 지금, 엄청나게 노력한 끝에 나는 제법 괜찮은 살사 댄서가 되었다. 뛰어난 댄서는 아니지만 사람들로부터 꽤 훌륭하다는 소리를 듣는다. 나는 살사에서 가장 복잡한 장르인 '온투$_{On2}$'를 출 수 있게 되었고, 어디서든지 최고의 여성 살사 댄서와 함께 댄스장을 휘어잡을 수 있는 정도가 되었다. 푸에르토리코에서 나는 150명의 기업 대표들 앞에서 살사가 내 인생을 어떻게 변화시켰는지를 강의했고, 즉석에서 시범을 보여 큰 박수를 이끌어냈다.

창업가정신을 배우는 것은 살사를 배우는 것보다 쉽다고 볼 수도 있고 어렵다고 볼 수도 있다. 살사 춤에는 명확한 방식이 있고 뚜렷한 규칙이 있기 때문에 창업가정신이 살사보다 더 어렵긴 하다(최고의 살사 선생은 살사의 규칙을 엄격하게 가르치는데, 그 이유는 나중에 오히려 그 규칙을 깨뜨리기를 바라기 때문이다). 창업가정신에 있어 '시장의 규칙을 깨뜨리는 것'은 성공을 위한 방법이다. 당신은 사람들에게 규칙을 깨뜨리는 방법(즉 창업가정신)을 가르칠 수 있겠는가? 살사 춤을 추는 사람은 갑자기 홱 움직이고 갑자기 튀어오르는 것처럼 보인다. 그렇다면 당신은 창업가들에게 비범한 가치 창조와 획득을 위해 갑자기 홱 움직이고 갑자기 튀어오르는 법을 가르칠 수 있겠는가?

우리에겐 진정한 이야기가 필요하다

당신은 비관습적인 지혜를 창업가에게 어떻게 가르칠 수 있는가? 이 질문의 답은 여러 가지가 있겠지만, 그중에서 가장 중요한 것은 바로 '이야기'다. 당신이 예전에는 불가능하다고 생각했던 것을 누군가가 달성했다는 사실을 갑자기 알게 된다면, 그 사실은 무언가를 시도하고자 하는 당신의 동기에 극적인 영향을 미칠 수 있다. 그가 어떤 방법을 써서 성취해 냈는지를 알게 된다면 더 그럴 것이다. 누군가가 당신에게 건초더미 속에 바늘 하나가 숨어 있다고 말한다면, 당신은 기꺼이 더미 속에서 바늘을 찾으려 할 것이고 발견할 때까지 포기하지 않을 것이다.

이것이 창업의 생생한 이야기를 공부함으로써 얻는 효과이고, 내가 이 책에서 여러 가지 사례를 당신에게 제시한 이유다. 앞서 언급했듯이, 평범한 창업가들(그들은 당신과 나처럼 평범하게 생겼다)이 비범한 것을 성취했다는 사실을 알게 된 내 제자들은 그들 중 수십 명(아마 그 이상일지도)이 창업가의 길을 택했을 만큼 큰 자극을 받았다. 나는 지금까지 약 1000명의 MBA 학생들(하버드, 밥슨, 콜럼비아의 학생들)에게 창업가정신을 가르쳤는데, 그들이 나에게 벤처기업에 관한 조언을 구하지 않고 그냥 넘어간 일주일은 한 번도 없었다. 의심할 여지없이 그들은 체스코, 로드리게스, 츠반치거, 비스타니, 도치사코 등의 사례를 배우면서 끓어오르는 열망을 거부하기 힘들었을 것이다. 나는 이 책이 독자 여러분에게도 똑같은 열망을 일으키기를 바란다.

하지만 창업의 다양한 이야기를 배울 때는 두 가지 사항을 주의해야 한다. 전문적으로 가르칠 목적으로 쓰인 사례 연구 자료들은 보통 세심한 역사적 조사 결과를 바탕으로 하지만, 창업가가 쓴 자서전에는 일반적으로 '수정론자'들이 쓴 역사와 '성공에 대한 사후 해석'들로 가득 차 있다. 보통 자서전들은 '사건'이 발생하고 나서 수년 후에 쓰이고 실제로 발생했던 혼란스러운 사건을 깔끔하게 표현하는 바람에 현실을 있는 그대로 반영하지 못한다.

그보다 심각한 것은, 사람들이 종종 특별한 창업가가 특별한 상황에서 어떻게 성공하는지를 보며 잘못된 결론에 이르곤 한다는 점이다. 사람들은 창업가가 A를 해서 B가 발생했다는 것을 보면, A를 하면 B가 나온다고 자연스레 결론을 내려버린다. 그보다 한 발 더 나아가, A를 하지 않으면 B가 나오지 않는다고 간주한다. 이것은 예비 창업가의 미래를 잘못된 길로 인도할 논리적인 오류이자 착시다.

나는 제자들과 사례를 읽은 후에 토론을 벌이곤 하는데, 사례를 잘못 이해할까 염려스러운 마음에 제자들에게 단단히 주의를 준다. 예를 들어, 절박했던 로버트 웨스만이 독일 승인기관의 고위 임원에게 소송을 걸겠다며 위협적인 말을 했다고 해서 그런 행동이 언제나 바람직한 행동이거나 취할 수 있는 유일한 행동은 아니라는 점을 제자들에게 알려준다. 창업가가 그런 결정으로 성공을 거뒀다고 해서 '내가 그와 같은 결정을 내리면 똑같은 결과가 나올 거야'라고 생각해서는 안 된다. 사례들은 '가능성의 범위'만을 보여줄 뿐이다. 사례를 올바르게 사용한다는 전제 하에, 가능성의 범위를 공부하는 것은 예비 창업가들에게 매우 유용하다.

대기업에서 창업가정신의 발현은 여전히 요원할 것이다

많은 기업의 리더들은 자기네 조직이 '창업가적으로 변모하기를' 갈망한다. 이 책에서 내린 창업가정신의 정의에 비춰볼 때, 그들의 소망은 여전히 요원할 것이다. 결론적으로 말해, 비범한 가치 창조와 비범한 가치 획득을 이룬 대기업은 사실상 거의 없다. 회사를 위해 직접적으로 돈을 벌어들인(직접적으로 가치를 창조한) 직원들은 자기 몫을 별로 챙기지 못하는데 반해, 가치 창조에 직접적으로 기여하지 않은 사람들이 대부분의 이익을 획득하기 때문이다. 고위 임원들은 가치를 직접적으로 창조하지 않음에도 가치의 상당 부분을 획득하는 반면, 그보다 낮은 임원들이나 직원들은 가치의 대부분을 창조하지만 그 가치를 획득하지 못한다. 대부분의 대기업들이 지니고 있는, 가치 창조와 가치 획득 간의 '방정식'은 창업가정신과 상당히 거리가 멀다.

대기업이 직원들의 가치 획득을 제한하지 않는 경우는 매우 드물다. 생각해보라. 얼마나 많은 기업들이 제품과 서비스를 창조하여 회사에게 수십억 달러의 돈을 가져다준 직원들을 부자로 만들어주었는가? 그렇게 할 수 있는 기업은 거의 대부분 스타트업 기업일 것이다. 하지만 스타트업 기업들도 초기(회사가 설립되고 기업공개를 하는 시기_옮긴이)에만 직원들을 부자로 만들어줄 수 있다. 페이스북처럼 말이다. 앞으로 10년 후, 페이스북에 새로 입사한 직원들은 기껏해야 자신들 봉급의 두 배밖에 안 되는 스톡옵션과 보너스를 받을 것이다(초기 멤버들이 획득한 가치에 비하면 새 발의 피다_옮긴이).

동키 콩Donkey Kong, 슈퍼 마리오 브라더스Super Mario Brothers, 위Wii 등을

개발한 전설적 발명가 시게루 마츠모토Shigeru Matsumoto는 자신의 봉급 100만 달러를 닌텐도의 다른 임원들과 나눈 것으로 유명하다. 누가 봐도 마츠모토는 놀라운 발명가, 혁신가, 가치 창조자다. 그의 놀라운 업적은 자신의 고용주에게 수십억 달러의 돈을 가져다주었다. 그러나 그는 창업가가 아니다. 비범한 가치를 획득하지 못했기 때문이다. 대부분의 기업에서 직원들은(소수의 엘리트 임원들을 제외하고) 자신들이 창조한 수천만 달러 내지 수억 달러의 가치 중에서 극히 작은 부분조차 획득하지 못한다. 아이러니하게도, 사람들로부터 많은 지탄을 받는 투자은행, 사모투자 회사, 헤지 펀드 회사들이 직원들에게 비범한 가치 획득을 용인하는 몇 안 되는 기업들이다. 그들이 그렇게 엄청난 가치를 '실제로' 창조했느냐는 의심이 들긴 하지만 말이다.

최근에 PC 제조의 선두기업인 레노보Lenovo는 회사 주식의 8퍼센트를 소유한 CEO에게 520만 달러의 보너스를 주었고 1만 명의 직원들에게는 300만 달러를 지급했다는, 다시 말해 고작 직원 1인당 평균 300달러를 나눠줬다는 소식을 자랑스레(?) 발표했다.23 연매출이 290억 달러에 달하는 세계적인 전문 서비스 기업인 프라이스워터하우스쿠퍼스PricewaterhouserCoopers는 사내에서 경연 대회를 벌여 새로운 사업 아이디어 두 개를 선정했다.24 주어진 상금은 10만 달러였다. 고작 회사 매출의 0.0003448퍼센트밖에 안 되는 금액이었다. 여기에서도 마찬가지! 거대한 고릴라들은 자신들이 거머쥔 맛있는 바나나를 작은 침팬지들과 나누려 하지 않는다.

영국에 본사를 둔 광고 및 마케팅 서비스 분야의 선두 기업, WPP는 이러한 '관행'을 따르지 않는, 흔치 않은 예외다. 아이러니하게도 WPP는 바로 자신들의 독특한 '창업가적 문화' 때문에 사람들에게 거센 비판을 받았다. 《파이낸셜 타임즈》에 실린 칼럼에서 CEO이자 창립자인 마틴 소렐Martin Sorrell은 어떻게 자신이 1985년에 약 50만 달러를 빌려서 작은 회사의 지분 15퍼센트를 매입한 후에 오길비Ogilvy, JW 톰슨JW Thompson, 영 앤 루비캠Young and Rubicam과 같은 유명한 광고회사를 인수할 정도로 빠르게 성장할 수 있었는지를 직설적으로 묘사했다.[25] 그는 사치 앤 사치Saatchi & Saatchi에서 일했고, 40세가 되었을 때야 비로소 창업의 길로 나섰다.

WPP의 2011년 매출은 약 160억 달러에 달했고, 1986년 이래로 주주가치가 46배나 증가하면서 시장을 선도하는 기업으로 자리매김했으며, 불황 중에도 WPP 주가는 FTSE 지수를 능가했다. 소렐은 자신에게 주어진 보상의 많은 부분을 회사에 재투자했고, 현재 2억 달러에 달하는 자신의 지분을 판 적이 없다. 2억 달러라면 많은 것 같지만, 전체 주식 중에서 2퍼센트밖에 안 되는 지분이다.

하지만 그가 엄청난 가치를 획득했다는 주주들의 비난은 소렐로 하여금 WPP의 창업가적 문화를 적극적으로 변호하도록 만든 계기가 되었다.

익명으로 제기되는, 가장 가슴 아픈 비난은 내가 '많은 보수를 받는 경영자'라기보다 지금껏 소유주인 양 행동해왔기에 비난을 받아도 싸다는 말이다. 그렇게 생각한다면 내 책임이 크다. 나는 일개 경영자가 아니라 소유주와 창업가처럼 행동하는 것이 내 활동의 목표라고 생각했다. 여전히 나의 가장 큰 도전과제는 우리 회사가 '작은 회사'의 마인드와 심장을 가지고 계속 행동하도록 만드는 것이다. 성장할 때는 더 그래야 한다. 우리 회사의 규모는 이미 가장 큰 경쟁자보다 20퍼센트 더 크고, 대부분의 회사들보다 두 배나 더 큰 규모를 가지고 있다. WPP가 세계적인 선도 기업의 자격을 이어가려면, 반드시 창업가적이고 성과 기반의 회사로 유지되도록 만들어야 한다. 이것이 바로 우리가 최고 성과를 낸 직원들에게 지급하기 위해 영업이익의 15~20퍼센트를 인센티브 재원으로 설정하는 이유다. 작년의 경우, 성과에 따른 보상으로 5억 달러 이상이 지급됐다.[26]

WPP는 비범한 가치를 인식하고, 창조하고, 획득하는 쪽으로 방향을 정한 것 같다. 이 회사는 일반적인 관행을 따르지 않은 대기업이다. 직원들에게 자기들이 창조한 비범한 가치의 일부를 획득하도록 허용하는 WPP의 정책이 비난을 받는 것은 일반적인 관행을 따르지 않기 때문이다. 사람들은 창업의 길을 선택한 사람들을 인정하고 때로는 부러워하지만, 이상하게도 대기업 내에서의 창업가정신은 용인하지 않는다.

대기업 바깥으로 창업가정신을 몰아내려는 강력한 힘 때문에, 시장의 틈새(가치)를 발견하고 참신한 방법(비즈니스 모델)을 찾아낸 직원들은 회사를 떠나 자신만의 기업을 시작하기를 갈망한다. 대기업의 고위 임원들이 가치 창조에 기여한 직원들을 선정하여 진짜로 엄청난 보상을 주기로 한다면, 우수 직원들이 회사를 떠나는 위험을 막을 수 있을까? 아마도 그들은 누구를 선정해야 하는지를 놓고 정치적인 싸움에 직면할 것이다. 주주들 역시 직원에 대한 엄청난 보상이 부당하다고 비난을 퍼부을 것이다(주주들은 자신들에게 돌아올 이득이 줄어들 것을 염려하기 때문_옮긴이). 이런 이유로 나는 기존의 대기업 내에서 창업가정신을 추구하는 것은 언제나 헛된 꿈이라고 확신한다. 대기업이 비범한 가치를 창조할 수는 있지만, 이렇게 가치 획득의 문제가 계속되기 때문이다.

대기업에서도 창업가정신이 발휘될 수 있다고 여긴다면, 창업가정신이란 말은 혼동을 유발한다. 유명한 미국의 모 경영대학원에서 '창업가적 리더'의 특성을 정리한 목록에는 비전과 영향력, 팀을 규합하고 동기부여하는 능력, 불확실성을 다루는 능력, 효율적인 의사결정 능력, 기회를 간파하는 능력 등이 포함되어 있다. 아무리 봐도 그 목록은 '훌륭한 리더십이란 무엇인가'를 설명한 것에 지나지 않다. 거기에는 특별히 창업가적이라고 볼 수 있는 것이 하나도 없다. 비범한 기회를 인식하고 창조하고 획득하는 '역발상적 특성'이라고 할 수 있는 것은 아무것도 없다.

창업가는 훌륭한 리더가 되어야 한다. 그러나 훌륭한 리더라고 해서 창업가가 될 필요는 없다. 잭 웰치Jack Welch는 위대한 비즈니스 리더였지만, 그는 절대 자기집을 담보로 대출을 얻지 않았고 GE로부터 개인적인 융자를 받지도 않았다. 반면 웨스만과 소렐은 그렇게 했다. 웰치는 개인 보증을 섰다가 GE의 실패로 재산을 몰수당하면 어쩌나 걱정하면서 잠자리에 들지는 않았다(하지만 스티븐 그리어와 대부분의 창업가들은 끊임없이 불면의 밤을 보냈다).

이상하다고 생각할지 모르지만 내가 아는 한, 대기업들이 창업가정신을 육성하는 유일한 방법은 최고의 인재에게 회사를 떠나 자신의 기업을 시작하도록 격려하는 것이다. 하지만 대기업들은 그렇게 하면 우수 인재를 잃어버리고 그 인재에게 그동안 쏟았던 투자를 모두 날릴 거라며 반대하고 나설 게 뻔하다. 그러나 오랫동안 버트 트왈프호번이 경영하는 회사들은 창업을 꿈꾸는 직원들에게 디딤돌 역할을 제공해왔다. 트왈프호번은 많은 스타 직원들이 회사를 떠나 수백만 달러 내지 수십억 달러의 가치의 창출하고 있음을 숨기지 않는다. '성공적인 창업가를 위한 양성소'라고 알려진 회사에 들어가고 싶지 않은 사람은 아마 없을 것이다.

담대하게 나아가라

이제 나는 이 책을 긍정적으로 마무리하려 한다. 읽는 동안 당신은 가끔은 짜증나고 이 글이 너무 도발적이라는 느낌이 들었을 수도 있겠지만, 나는 이 책에서 역발상적인 시각을 전달하려고 노력했다. 지금까지 참아준 것에 대해 감사한다. 당신이 이미 믿고 있는 것을 내가 주장했다면, 당신은 나를 마음에 들어하며 편안했겠지만, 그만큼 이 책의 가치는 제한적이었을 것이다. 이 책이 비범한 가치를 독자에게 전달하려면 우리가 소중히 생각하는 믿음에 의문을 제기해야 한다. 최소한 '생각하도록' 만들어야 한다. 나는 이 책이 충분히 그런 역할을 했다고 본다. 창업가정신은 많은 이들에게 낭만적인 모습으로 받아들여지는 모양이지만,

사실 냉철함이 없으면 안 된다. 아름다움을 그리는 것만으로는 아무것도 이루어지지 않는다. 실행이 중요하다.

솔직히 말해, 수많은 예비 창업가들 중 소수만 성공한다 해도 사회 전체를 위해 그들이 갖는 창업가정신은 매우 가치 있는 노력이다. 성공확률은 적더라도, 성공을 추구하기 위한 끊임없는 노력이 엄청난 집단적인 가치를 창조할 것이다. 비범한 가치를 창조하고 획득하는 데 실패하더라도, 기술이 숙련되고 자기통제력, 통찰력, 지식이 향상되지 않겠는가? 나는 벤처기업을 설립했다가 실패한 적이 있다. 비록 실패를 반복하고 싶지 않지만, 나는 실패를 통해 성공으로는 절대 배울 수 없는 몇 가지 교훈을 얻었다. 한 가지만 예로 들자면, 나는 모든 사람들이 성공의 '고속도로'에 올라탔다고 칭송하는 소위 '잘나가는' 벤처기업이 까딱 잘못하면 믿을 수 없는 속도로 망가질 수 있다는 점을 배웠다. 성공을 구가했더라면 결코 이것을 배울 수 없었을 것이다.

일반적으로 성공하기까지 오랜 시간이 걸린다. 넘어야 할 장애물들이 많고, '죽을 고비' 같은 경험들도 역시나 많다. 비범한 가치를 창조하고 획득했던 창업가들은 거의 모두 시어도어 루즈벨트Theodore Roosevelt의 유명한 말에서 자기 자신을 발견했을 것이다.

비평가는 우리가 주목해야 할 사람이 아니다. 독재자가 어떻게 하면 발을 헛디디는지 알려주거나 행동가가 어디에서 잘 해낼 수 있는지 알려주는 사람은 아니니까. 그 영역에서 실제로 활동하는 사람, 얼굴이 먼지와 땀과 피로 얼룩진 사람, 용감하게 분투하는 사람, 실패 없는 성공은 있을 수 없다는 믿음으로 몇 번이고 실수하고 실패하는 사람, 위대한 열정과 위대한 헌신의 의미를 아는 사람, 대의를 위해 자신을 바치는 사람, 그런 사람이야말로 신뢰받아 마땅하다. 그들은 최선을 다해야 마지막에 높은 업적을 달성할 수 있음을 안다. 그리고 그들은 실패라는 최악의 상황에서도 담대하게 나아감으로써 승리할 줄 모르고 패배할 줄도 모르는 겁쟁이들의 자리에 절대 안주하지 않는다.

각자의 영역에서 '먼지로 얼룩진' 얼굴로 용감하게 분투하는 창업가들을 존경하는 마음을 이 책 전체에 걸쳐 담아냈다고 나는 확신한다.[27] 창업가정신은 평균에 가까워지려는 노력이 아니다. 이 책을 아름답게 꾸며준 창업가들은 창업가정신이 비범한 노력이며 비범한 승리임을 내게 보여주었다. 당신에게 더 높은 가능성이 있기를 기원한다.

이 책에 소개된 창업가들

창업가정신에 대한 나의 관점에 영향을 끼치고 내가 발표한 여러 사례에 나오는 창업가들을 모두 열거하기에는 지면의 제약이 크다. 메리 가담스(레이싱더플래닛, 홍콩), 프랭크 샌다Frank Sanda(일본 통신, 일본), 셰인 이멜만Shane Immelman(랩데스크LapDesk, 남아프리카), 에이리크 캄베-엔게Eirik Chambe-Enge(트롤테크Trolltech, 노르웨이), 산자이 나야크Sanjay Nayak(테자스 네트웍스Tejas Networks, 인도), 앤드류 프리호드코Andrew Prihodko(픽사모Pixamo, 우크라이나와 스위스), 벤토 고이케Bento Koike(텍시스 윈드Tecsis Wind, 브라질), 엡티스-삼 알고사이비Ebtis-sam Algosaibi(에럼 주얼리Erum Jewelry, 사우디아라비아), 죠엘 실버스타인Joel Silverstein(비발디 푸드 프로덕츠Vivaldi Food Products, 홍콩), 닉 네스비트Nik Nesbitt(켄콜Kencall, 케냐), 짐 샤프Jim Sharpe(엑스테크Xtech, 미국) 등 나는 그들과 가깝게 교류하면서 무엇이 창업가정신의 의미이고 무엇이 아닌지, 무엇이 창업가정신이 될 수 있고 무엇이 될 수 없는지에 관한 나의 '창업가정신관'을 정립하는 데 큰 도움을 주었다. 나는 당신에게도 그들이 똑같은 '충격'을 주기를 바란다.

가비 머론*
캡슐형 내시경이란 독특한 분야를 개척한 기븐 이미징의 창립자이자 전임CEO. 이스라엘에 본사가 있음. 하버드 경영대학원의 사례 연구 기업

로랑 아다모위츠

모바일 칼로리 계산 어플리케이션을 중심으로 설립된 '음식 데이터 분석' 회사인 본앱Bon'App의 CEO이자 창립자. 포숑의 전 소유주. 현재 매사추세츠 주 캠브리지에서 활동 중

로버트 웨스만

세계 4위의 복제약 전문업체인 액타비스의 전임 CEO. 아이슬란드에서 출발하여 현재 본사는 스위스에 있음. 하버드 경영대학원의 사례 연구 기업

론 츠반치거

헬스케어 분야에서 3개의 선두 벤처기업을 창립했고 20억 달러에 매각함. 현재 알레어의 CEO. 하버드 경영대학원의 사례 연구 기업

메이 장

'중국 문화 여행'이란 개념을 도입한 와일드차이나의 창립자이자 회장. 하버드 경영대학원의 사례 연구 기업

모 이브라힘

사하라 이남 지역에 무선통신 서비스를 제공하는 셀텔의 창립자이자 CEO. 셀텔은 자인Zain에게 34억 달러에 매각됨. 하버드 경영대학원의 사례 연구 기업

미구엘 다빌라, 아돌포 패스트리치트, 매트 헤이먼
멕시코의 멀티스크린 영화관 개발 및 운영업체인 시네맥스의 공동창립자이자 공동CEO. 이 회사는 로스Loews에게 3억 달러에 매각됨. 하버드 경영대학원의 사례 연구 기업

버트 트왈프호번
50개 이상 기업의 창립자이자 전임CEO. 주로 제트엔진의 공급망과 관련된 일에 집중함. 네덜란드에 뿌리를 두고 있음. 하버드 경영대학원의 사례 연구 기업

비노드 카푸르
쿠로일러라 불리는 닭 품종을 개발하여 인도의 가난한 사람들에게 가난을 극복할 수 있는 독특한 방법을 제시한 케그팜스의 창립자이자 CEO. 하버드 경영대학원의 사례 연구 기업

샌디 체스코*
슬로베니아의 다채널 유통업체 및 TV쇼핑의 선두 기업인 스튜디오 모더나의 공동창립자이자 CEO. 이 회사는 중부 및 동유럽 20개국을 석권 중. 하버드 경영대학원의 사례 연구 기업

션 디민, 마이클 디민
북미 및 중미 바다에서 잡힌 해산물을 신속하게 뉴욕의 고급 레스토랑에

공급하는 씨투테이블의 창업자이자 CEO(마이클 디민). 현재 뉴욕 시에 본사가 있음

스티븐 그리어
세계적인 고철 무역회사인 하트웰 메탈스의 창립자이자 CEO. 홍콩과 동남아시아를 본거지로 활동

아비 샤
앞서가는 법무 아웃소싱 업체 클러츠 그룹의 창립자이자 CEO. 방갈로, 뉴욕, 워싱턴 DC, 시카고를 중심으로 활동. 하버드 경영대학원의 사례 연구 기업

아비차이 크레머*
루게릭병 치료법 개발을 촉진하기 위한 비영리기업 프라이즈포라이프의 창립자이자 회장. 미국과 이스라엘에 본거지가 있음. 하버드 경영대학원의 사례 연구 기업

아츠마사 도치사코
금융 서비스 사각지대에 있던 사람들에게 금융 서비스를 제공하는 마이크로파이낸스 인터내셔널의 창립자이자 CEO. 워싱턴 DC에 본사가 있고 100개국에서 활동 중. 하버드 경영대학원의 사례 연구 기업

앤트 보즈카야

터키 등의 국가에서 일련의 독립적 전력 생산업체를 창립함. 역시 하버드 경영대학원의 사례 연구 기업

올리버 커트너

X-프라이즈 재단으로부터 500만 달러의 상금을 받아 자동차를 연구 중인 에디슨Edison2의 창립자이자 CEO. 미국에 본사가 있음

윌 딘

브룩클린에 본거지가 있는 극기 체험 이벤트 운영 회사인 터프 머더의 공동창립자이자 CEO. 하버드 경영대학원의 사례 연구 기업

이크발 콰디르

방글라데시의 농촌 지역에 무선통신망을 개척한 그라민폰의 창립자이자 전임 이사. 하버드 경영대학원의 사례 연구 기업

이타이 아이젠버그*

이스라엘의 나이트클럽 중 '제일 잘나가는' 더 정크야드The Junkyard의 창립자이자 CEO(저자의 큰아들)

존(제이) 로저스*

크라우드 소싱 방식으로 자동차를 개발하고 제조하는 로컬 모터스의 창

립자이자 CEO. 피닉스에 본사가 있음. 하버드 경영대학원의 사례 연구 기업

칼 비스타니

영리 목적의 교육 관리 회사인 SABIS의 CEO이자 이사. 현재 북미·중동을 포함한 4대륙 15개 국가에 진출. SABIS는 하버드 경영대학원의 단골 사례 연구 기업

호르헤 로드리게스

제약회사들의 컴퓨터와 소프트웨어 사용에 관한 FDA의 까다로운 규정을 준수하도록 돕는, 통합 관리 시스템의 공급업체 PACIV의 창립자이자 CEO. 현재 푸에르토리코에 본사가 있음. 하버드 경영대학원의 사례 연구 기업

* 현재 혹은 과거에 내가 소량의 지분을 가졌거나, 과거 비즈니스 관계를 가졌던 창업가들

| 나가는 말 |

이 책을 쓰게 된 계기

나는 1972년 처음 이스라엘에 가서 후에 나의 아내가 된 츠비아Tsvia를 알게 됐다. 나는 이스라엘에서 공부를 하다가 1976년에 이스라엘 생활을 정리하고 하버드 대학교의 로버트 프리드 베일스Robert Freed Bales 교수 아래로 들어가 박사학위 과정을 시작했다. 나는 프리드와 함께 사람들이 상호작용하는 방법을 관찰하고 연구하는 데에 5년의 시간을 보냈고, 그 후 하버드 경영대학원에서 조교수로 일했다. 그리고 1987년 8월 31일, 나는 아내와 두 아들을 데리고 이스라엘로 향했다. 하버드 경영대학원에서 누구나 탐내는 승진 기회를 포기하면서까지 말이다.

사실 이스라엘 이주를 결심했을 때만 해도 나는 가족들과 함께 이스라엘에서 무엇을 하며 지낼지에 대한 아무런 계획이 없었다. 오히려 이주를 준비하는 동안 계획이 구체화됐다. 나는 당시에 보스턴에 기반을 잡은 50여 명의 창업가들이 모인 친목 단체와 교류를 했는데, 한 명만 빼고 죄다 유대인이었다. 그들은 돈보다는 자신의 경험을 이스라엘에 기부하고 싶어 했다. 그들은 전부 MIT 동창생들이었고 MIT 교수인 에드 로버츠Ed Roberts의 친구이거나 멘티, 혹은 피투자자이거나 옛 제자들이었다. 로버츠 교수는 '기술 기반의 창업가정신' 분야에서 존경받는 학자였고 '128번 도로(미국 매사추세츠 주에서 컴퓨터와 전자산업 관련 기업들이 많이 몰려 있는 구역_옮긴이)'의 아이콘이었다(지금도 여전히 그렇다). 나는 그 멤버들과 로버츠 교수로부터 많은 것을 배웠다.[1] 그들과 자주 어울리면서 나는 그들의 꿈에 동참하기로 결심했다. 그리하여 나는 'TEA테크니온 창업가 협회(Technion Entrepreneur Associates)'라고 불리는 신생 조직의 최고 운영 책임자가 되기 위해 1987년 8월 31일에 이스라엘로 이주했던 것이다.

돌이켜보니 내가 창업가정신에 매료되기 시작했던 때는 이스라엘을 잠시 방문했던 1983년이었다. 그때 나는 레바논 경계선 바로 남쪽, 지중해에 면한 나하리야Nahariya라는 작은 마을 외곽에서 에이탄 베르트하이머Eitan Wertheimer와 처음으로 오찬을 같이 했다. 베르트하이머의 아버지 스테프는 1950년대에 나하리야에 작은 철물 공장을 열었다. 에이탄과 스테프 부자는 최종적으로 2006년에 당시 금속 절삭 공구 제조업체로 세계에서 1, 2위를 다투던 기업 이스카Iscar의 주식 80퍼센트를 워런 버핏의 투자회사에게 40억 달러를 받고 매각했다. 당시 이스카는 연매출이 1500~2000만 달러밖에 안 되는 작은 제조업체였고, 30대 초반이었던 에이탄은 아버지가 심각한 자동차 사고를 당해 일을 쉬게 되어 회사 경영에 막 참여한 차였다.

스테프는 이스라엘에서 우상파괴적인 선지자이자 별종 중의 별종으로 통한다. 1984년 가을, 하버드 대학교로부터 안식년을 허가받은 나는 가족들과 함께 나하리야에서 6개월의 시간을 보냈다. 이 여유 시간 동안 나는 스테프가 이스라엘 최초의 창업가 훈련 프로그램을 개발하는 것을 도왔다. 이 프로그램은 '테펜 앙트러파크Tefen Entrepark'에서 운영되었는데, 그곳은 스테프가 본인의 독특한 고객 창출 전략을 적용하여 신사업을 육성하기 위해 설립한 '혁신 단지'였다. 요즘 말로 '인큐베이터'라고 부를 만한 곳이었다. 1986년에 하버드 경영대학원의 동료 교수인 딕 로젠블룸Dick Rosenbloom과 나는 스테프의 지원과 적극적인 참여하에 창업을 꿈꾸는 사람들을 훈련시킬 목적으로 설계한 '테펜 창업가 프로그램'에서 1년 내내 진행할 첫 번째 과정을 개발하는 데에 매월 2~3일의 시간을 투자했다. 창업가정신이 뭔지도 몰랐던 나는 그때서야 비로소 창업가정신에 매료되기 시작했고, 곧바로 많은 것들을 배울 수 있었다.

이런 계기로 1987년에 나는 안정적인 대학 환경을 벗어나 가족과 함께 미국 밖으로 이주하여 새로운 인생을 시작하기로 했다. TEA의 최고 운영 책임자로서 나는 2년 동안 이스라엘의 기술 기반 창업가정신을 독려하는 데에 도움이 되는 것이면 무엇이든 실행할 수 있는 권한을 부여받았다. 사실 세계가 모르는 사이 이스라엘은 이미 30년 동안 기술 기반의 창업가정신이 널리 퍼져 있는 상태였다. 1987년만 해도 이스라엘에는 수없이 많은 기술 기반 스타트업 기업들과 벤처 캐피탈 회사들, 미국 다국적기업의 연구센터들(인텔, IBM, 내셔널 세미컨덕터 등)이 존재했고, 수출 지향 업체들을 지원하기 위해 수많은 정부 지원 프로그램들이 운영되고 있었다. 1900년대 초에 서유럽 개척자들이 늪지와 사막에 정착할 때부터 이스라엘은 활력이 넘치는 '창업가상像'을 국가적 상징으로 만들기 위해 부단히 노력했다. 1987년에 사이텍스Scitex, 엘비트Elbit, 엘론Elron, 바이오테크놀로지 제너널Biotechnology General, 파이브로닉스Fibronics, 옵트로테크Optrotech 등과 같은 이스라엘 벤처기업 열두 곳이 이미 수천 킬로미터나 떨어져 있는 나스닥NASDAQ에 상장될 정도였다. 또한 미국과 이스라엘의 몇몇 벤처 캐피탈리스트들(그중 가장 유명한 것은 프레드 아들러Fred Adler와 밥 데일리Bob Daly, 댄 톨코프스키Dan Tolkowsky가 운용하는 펀드였다)은 투자를 통해 실제로 돈을 벌고 있었다. 누구나 '이스라엘 창업가정신의 할아버지'라 인정하는 우지아 갈릴Uzia Galil은 이미 1987년에 지사펠Zisapel 형제(나중에 24개의 IT 기업을 설립했다)와 마찬가지로 여러 개의 회사를 연쇄적으로 창업했다.

1987년부터 1989년까지 나는 TEA의 지원 아래 여러 가지 활동을 착수했다. 우리는 이스라엘에서 창업가정신을 논의하려는 국가적 행사를 처음으로 개최했는데, 300명 이상의 참가자들뿐만 아니라 유럽 벤처 캐피탈 연합회 회장인 클라스 나투시우스Klas Nathusius, 어드밴스드 마그네틱스Advanced Magnetics의 게리 골드스타인Gerry Goldstein, 에드 로버츠, 파이브로닉스의 모리스 와인버그Morris Weinberg, 우지아 갈릴 등 저명한 연사들이 대거 참여했다. 나는 '프레지던츠 클럽The President's Club'이라는 포럼을 운영하여 창업가정신을 훈련받는 CEO들이 경험을 공유하고 서로 배울 수 있도록 했다. 앞서 언급했듯이 나는 테펜 창업가 프로그램을 공동 운영했고, 나와 공동 운영자들은 이스라엘의 스타트업 창업가들을 보스턴으로 데려가서 MIT의 창업가 프로그램에 참가할 수 있도록 주선했다. 그 프로그램을 통해 창업가들은 전문가 패널로부터 유용한 피드백을 받을 수 있었다. 나는 이스라엘 스타트업 기업 48개를 대상으로 설문을 실시하여 그들이 어떻게 성장하고 어떻게 세계로 진출하는지를 조사했다. 벤처 이코노믹스Venture Economics의 밥 마스트Bob Mast, 제이 팝Jay Paap과 함께 나는 일련의 세미나를 통해 신생 벤처기업들이 이스라엘 수출협회의 지원하에 국제적인 전략적 제휴를 맺는 방법을 전수했다. 셔먼 울프Sherman Wolfe를 포함한 몇 명의 TEA 멤버들은 이스라엘의 스타트업들을 대상으로 '엔젤 투자(초기 단계의 기업을 대상으로 한 투자를 말하는데, 투자 자체보다는 기업을 가이드하고 지원하는 데 초점을 맞춘다)'를 직접 실행하기도 했다. 또한 나는 '기술 경영자 과정'이라는 이스라엘 최초의 석사 학위 과정을 개설했고(나는 TEA에서 이 과정을 2년 동안 가르쳤다), 이는 후에 성공적인 기술 창업가들을 수없이 배출하는 과정으로 자리매김했다.

1989년에 나는 TEA를 떠나게 됐는데, 부분적인 이유이긴 하지만 내가 많은 사람들에게 감염시키려고 했던 '전염병', 즉 창업가정신에 내가 전염됐기 때문이었다. 나는 곧장 '트라이앵글 테크놀로지스Triangle Technologies'라는 회사를 설립하여 이스라엘의 잠재력 높은 신생 기술기업들이 자기네 제품과 기술을 일본에 판매할 수 있도록 도왔다. 당시 일본은 세계 2위의 경제 대국이었고 맹렬한 기세로 성장하고 있었다.

나는 1990년에서 2005년까지 아미르 포메란츠Amir Pomerantz, 요시 오이카와Yoshi Oikawa와 파트너를 이루어 마치 고대 과학자 아르키메데스

Archimedes(충분히 강한 지렛대와 받침대만 있으면 지구도 들어올릴 수 있다고 말했다_옮긴이)처럼 세계를 움직이고자 했던 이스라엘 창업가들과 함께 수십 개의 프로젝트에 참여했다. 고객과 시장으로부터 수천 킬로미터 떨어져 있는, 갈등이 끊이지 않는 중동의 작고 고립된 지역에서 100~200명의 이스라엘 창업가들이 사실상 전 세계 수십억의 사람들을 움직였다. 그들은 고객의 눈에 보이지 않는 수십 가지의 플랫폼 혁신뿐만 아니라 네트워크 방화벽, 인스턴트 메시징, USB 메모리 스틱, 캡슐형 내시경, 쇼핑닷컴과 같은 선구적인 혁신을 낳은 장본인들이다. 나는 그처럼 놀라운 발전이 펼쳐지는 광경을 맨 앞자리에 앉아 목격했다. 이런 일에 참여할 수 있었던 것은 나로서는 엄청난 행운이었다. 나와 동료들은 이스라엘에서 가장 전도유망한 창업가들과 함께 일하며 그들의 성공과 실패를 모두 가까이에서 지켜봤다. 나는 잠시 '볼테르Voltaire'라는 회사에서 '일본 사업 개발 담당' 부사장으로 일한 적도 있었는데 볼테르는 후에 나스닥에 상장되었고, 매우 성공적인 기술선도 기업인 멜라녹스Mellanox에게 인수되었다.

　1997년에 나는 JVP예루살렘 벤처 파트너스(Jerusalem Venture Partners)가 처음으로 조성한 7500만 달러 규모의 펀드에 4명의 파트너 중 한 명으로 합류했고, 2001년까지 그곳에서 일했다. 트라이앵글을 계속 경영하면서 말이다. JVP는 에렐 마르갈리트Erel Margalit가 설립하여 이끌었고, 나를 제외한 파트너로 유발 코헨Yuval Cohen과 아론 포겔Aharon Fogel이 함께했다. 이것이 '기업 매입 분야'의 전문가로서는 첫 번째 경험이었다. JVP 펀드는 엄청난 금전적 이득은 물론이고 놀라운 성과를 거뒀는데, 이스라엘에서 지금껏 깨지지 않는 가장 큰 투자금 회수 기록(크로마티스 네트웍스Chromatis Networks)을 세웠고, 유례없이 많은 투자 성공 기록을 남겼다. JVP의 실질적인 성과에 내가 기여한 부분은 미미했다고 생각하지만, 그래도 그때는 소매를 걷어붙이고 벤처 캐피탈 펀드가 진행되는 과정을 매우 상세한 수준까지 배울 수 있었다. 창업가정신에 대한 나의 관점을 풍요롭게 할 수 있었던 특별한 시간이었다. 나는 왕성하게 활동하는 수십 개의 벤처기업들을 관찰했고, 특히 마르갈리트로부터 많은 것을 배웠다. 그는 초창기에 협업을 종종 어려워했지만, 결과적으로 내가 만났던 벤처 캐피탈리스트 중 가장 예지력이 뛰어나고 배짱이 큰 사람이었다.

2005년에 하버드 경영대학원의 빌 살먼Bill Sahlman 교수와 테레사 아마빌레Teresa Amabile는 나를 하버드 경영대학원의 창업가정신 담당 교수로 초빙했다. 덕분에 나는 5년 동안 담당 과목인 '국제 창업가정신'을 위해 지구를 횡단하면서 흥미로운 창업가들에 관한 사례를 수집할 수 있는 기회를 얻었다. 나는 이 과목을 월터 쿠멀Walter Kuemmerle로부터 넘겨받았고 이를 전면적으로 재설계하여 4년 동안 가르쳤다(약 600명의 학생들이 내 과목을 수강했고, 내가 2009년에 하버드를 떠난 후에도 그 과목은 계속 유지됐다). 2005년과 2009년 사이에 나는 20여 개국에서 수백 개의 벤처기업을 만났다. 나의 관찰 결과는 모두 27개의 사례 연구 자료로 정리되었는데, 각 사례는 중대한 기로에서 세계적인 도전과 기회에 대처하기 위해 고군분투했던, 믿기 어려울 만큼 놀라운 창업가들의 진면목을 보여준다.

경제 위기로 전 세계가 시름에 잠긴 2009년, 비록 하버드 경영대학원과의 계약은 연장되지 않았지만 밥슨 칼리지Bobson College에 새로운 둥지를 틀 수 있는 행운이 찾아왔다. 밥슨 칼리지는 20년 넘게 세계에서 가장 앞서가는 창업가정신 교육 프로그램을 운영하는 곳으로 널리 알려져 있었다. 사우디아라비아의 창업 진흥 조직을 대상으로 6개월간 컨설팅을 진행한 후에 나는 '창업가정신이 여러 사회에서 어떻게 구축되는지 과연 우리가 충분히 알고 있는가'라는 질문에 사로잡혔다. 이런 질문의 결과가 'BEEP밥슨 창업가정신 생태계 프로젝트(Babson Entrepreneurship Ecosystem Project)'로 이어졌다. 이 프로젝트는 콜롬비아, 멕시코, 덴마크, 브라질, 캐나다에서 이루어지는 다른 프로젝트들과 함께 창업가들에게 창업가정신을 함양시키기 위한 실질적인 학습을 주도하고 있다. 이런 모든 경험들이 내가 이 책을 쓸 수 있도록 기초 자료와 사례를 제공해주었다.

| 감사의 글 |

 꿈을 이루기 위해 자신의 삶을 바친 사람들의 사례를 조사하는 일은 그들과 친밀한 관계를 유지하고 있어야 가능하다. 운 좋게도 아주 많은 사람들이 나에게 마음을 열어 자신들의 비밀을 털어놓고 자신들의 나약함, 의심, 열망을 가감 없이 드러내주었다. 어떤 경우에는 그들의 가족을 만나기도 했는데, 나는 그들과 즉시 친구가 될 수 있었다. 그들 모두에게 나는 큰 빚을 졌다.
 하지만 그들의 경험들을 책으로 쓸 생각은 사실 없었다. 창업의 길을 선택한 큰아들 이타이가 어느 날 내게 전화를 걸어와 이렇게 말하기 전까지는 말이다. "아버지가 제게 말씀하신 창업가정신에 대한 생각이 머리를 떠나지 않네요. 아버지가 쓴 책이 있나요?" 이타이의 말을 듣고 나는 5일 동안 꼬박 책을 썼다. 그들의 이야기를 통해 많은 사람들이 창업가정신의 참된 의미를 깨우칠 수 있을 거라 기대하며. 그리고 창업가정신의 '지식 창고'에 작은 기여를 하겠다고 다짐하며 나는 다시 펜을

들었다. 책을 완성하기까지 꼬박 4년이 걸렸다. 나는 책을 써달라는 뜻을 은근히 내비치며 오랜 시간을 기다려준 이타이에게 특별히 감사의 말을 전한다. 네 명의 아이들, 이타이, 탈, 아미르, 리히로부터 나는 삶과 리더십(그리고 그 밖의 것들)에 관하여 많은 것을 배웠다. 나는 그들 각자에게 따로따로, 그리고 그들 모두에게 하나의 인간으로서 나의 존재를 일깨워준 것에 대해 고맙다는 말을 전하고 싶다. 부모가 된다는 것은 매우 특별한 경험이고 인생이라는 무지개에서 독특한 빛깔을 발한다는 것을 나는 새삼 느낀다.

나는 밥슨 칼리지의 학장인 렌 슐레진저Len Schlesinger에게 특별히 감사의 말을 전한다. 그는 2009년에 밥슨 칼리지에 내 일자리를 만들어주었고 여러 가지 방법으로 나를 지원했으며, 창업가정신에 관한 나의 통찰을 'BEEP'를 통해 테스트해보도록 독려했다. 이 책은 BEEP에 관한 책은 아니지만, 이 책의 근간이 되는 통찰과 경험은 BEEP가 달성하려고 하는 모든 것들을 뒷받침하고 있다.

나는 푸에르토리코의 커피 사업가인 '톨리오' 로드리게스에게 감사한다. 그는 자신이 '획득한 비범한 가치'를 사용하여 도미니카 공화국에 전원풍의 별장을 지었는데, 고맙게도 그는 그곳에서 이 책을 쓸 수 있도록 해주었다.

감사의 말을 전하고 싶은 사람들이 좀 더 있다.

먼저 우연히 만나 스승과 제자의 관계를 맺었고 나에게 곤란한 질문을 던지곤 했던 옛 제자들과 현 제자들에게 감사한다. 그들은 종종 놀라운 성취와 노력으로 항상 나를 일깨워준다. 그들은 정말 귀중한 존재들이다(나는 방금 옛 제자들에게 이메일을 보냈는데, 그들 중 열 명이 지난 6년 동안 3000개의 일자리를 창출했다는 사실을 알게 됐다).

나의 전처인 츠비아에게도 고맙다는 말을 하고 싶다. 그녀는 내가 기업가, 벤처 캐피탈리스트, 창업 파트너로 오랜 기간 활동하는 동안 든든한 후원자가 되어주었다. 그리고 1987년에 이스라엘에 가도록 그녀가 나를 설득한 덕택에 나는 그곳에서 '창업가 혁명'의 일부가 될 수 있었다.

세상을 바꾸고자 하는 열의로 자신이 앓고 있는 루게릭병을 기회로 삼은 아비차이 크레머에게 감사한다. 그는 인생을 사랑한다는 것이 어떤 의미인지 나에게 깨닫게 해주었다.

나의 집필 협력자이자 편집자인 캐런 딜론은 함께 일하는 내내 나에게 즐거움을 주었고 내가 솔직함을 유지하도록 도와주었다. 그녀가 없었더라면 이 책은 결코 완성될 수 없었을 것이다.

《하버드 비즈니스 리뷰》의 편집자인 제프 케호Jeff kehoe는 내 옆에서 격려의 말과 전문적인 지도를 아끼지 않았다.

마지막으로, 오래전에 돌아가신 부모님, 어빈 아이젠버그와 신시아 아이젠버그에게 사랑과 감사와 그리움을 담아 이 책을 바친다.

| 주석 |

프롤로그

1 액타비스의 본사는 스위스로 이전했다.

1장

1 Daniel Isenberg, "Entrepreneurs: Stop Innovating, Start Minnovating," HBR Blog, November 19, 2009, http://blogs.hbr.org/cs/2009/11/entrepreneurs_stop_innovating.html.
2 Daniel Isenberg, "Robert Wessman and Actavis's 'Winning Formula,'" Case 9-808-127 (Boston: Harvard Business School, 2009).
3 같은 글.
4 James L. Heskett, "Cinemex," Case 9-898-109 (Boston: Harvard Business School, 1999).
5 Daniel Isenberg, "Entrepreneurship Outperforms Innovation," Bloomberg Business-Week, www.businessweek.com/debateroom/archives/2012/02/entrepreneurship_outperforms_innovation.html.

2장

1 DanielIsenberg, "Inverness Medical Innovations: Born Global (A)," Case 9-806-180 (Boston: Harvard Business School, 2009), and "Inverness Medical Innovations: Born Global (B)," Case 9-806-177 (Boston: Harvard Business School, 2009).
2 Vivek Wadhwa, Raj Aggarwal, Krisztina Holly, and Alex Salkever, "The Anatomy of an Entrepreneur," Kaufmann Foundation Report, 2009, www.kauffman.org/uploadedfiles/researchandpolicy/thestudyofentrepreneurship/anatomy%20of%20entre%20071309_final.pdf.

3   Naveen Jain, "Rethinking the Concept of 'Outliers': Why Non-Experts Are Better at Disruptive Innovation," Forbes, July 12, 2012, www.forbes.com/sites/singularity/2012/07/12/rethinking-the-concept-of-outliers-why-non-experts-are-better-at-disruptive-innovation/.

4   그의 벤처기업은 다른 이름으로 시작했다.

5   구자라트는 인도 서부에 위치한 주로서, 그곳 주민들은 근면하고 진취적이라는 평판을 얻고 있다. 인도에서 크게 번영한 주 중 하나다.

6   제리 라오와 저자와의 인터뷰, March 2007.

7   DanielIsenberg, "Clutch Group (India): Should Abhi Shah Grab This Opportunity?" Case 9-809-065 (Boston: Harvard Business School, 2010).

8   Rocky, directed by John G. Avildsen (1976; Los Angeles, CA: United Artists, Metro-Goldwyn-Mayer, United International Pictures).

9   X PRIZE Foundation, "Who We Are," www.xprize.org/about/who-we-are.

3장

1   G20 Young Entrepreneurs' Alliance, organization home page, , accessed July 25, 2012.

2   Youth Enterprise Council, "Empowering, Inspiring and Educating the Entrepreneurs of Today and Tomorrow," 홈페이지는 http://theyec.org/organization; and www.youthentrepreneurshipact.com.

3   DanielIsenberg, "Microfinance International Corporation: No, Not Another Micro finance Case," Case 9-808-104 (Boston: Harvard Business School, 2009).

4   일본의 문화는 창업가적 기질과 반대라는, 지극히 단순화된 고정관념이 지속되고 있다. 일본인들과 15년 동안 같이 일했던 나는 다른 관점을 가지고 있다.

5   Vivek Wadhwa, Krisztina Holly, Raj Aggrawal, and Alex Salkever, "Anatomy of an Entrepreneur: Family Background and Motivation," Kauffman Foundation Report, July 7, 2009.

6   Robert Fairlie, "Kauffman Index of Entrepreneurial Activity 1996~2011," Kauffman Foundation, March 2012.

7   "Researchers Find Risk-Taking Behavior Rises until Age 50," University of Oregon Communications, November 10, 2011.

8   Viva Sarah Press, "Study: Highest Work Vitality Comes at Ages 50~59," Israel21,

July 11, 2012, http://israel21c.org/news/study-highest-work-vitality-comes-at-ages-50~59/.

9   Frederic Delmar and Scott Shane, "Does Experience Matter? The Effect of Founding Team Experience on the Survival and Sales of Newly Founded Ventures," Strategic Organization 4, no. 3 (2006): 215~247.

10 아이러니하게도, 나는 그 후에 이 기사를 어디에 뒀는지 잊어버렸다. 여러 번 인용하면서 말이다.

11 Sarah MacBride, "Silicon Valley's Dirty Secret: Age Bias," San José? Mercury News, November 27, 2012, www.mercurynews.com/jobs/ci_22072709/silicon-valleys-dirty-secret-age-bias.

12 같은 글.

2부

1   Rossana Weitekamp and Barbara Pruitt, "Kauffman Foundation Study Finds More Than Half of Fortune 500 Companies Were Founded in Recession or Bear Market," Kauffman Foundation web page, June 9, 2009, www.kauffman.org/newsroom/the-economic-future-just-happened.aspx.

2   개인적으로 나는 천연덕스러운 벤처 캐피탈리스트들을 알고 있다. 나는 이스라엘에서 5년간 벤처 캐피탈 회사에서 파트너로 일했다.

3   Bessemer Venture Partners, "Anti-Portfolio," www.bvp.com/portfolio/antiportfolio.

4장

1   "Toyota Expects Its First Loss in 70 Years," New York Times, December 22, 2008, www.nytimes.com/2008/12/23/business/worldbusiness/23toyota.html.

2   로컬 모터스는 그 후 가격을 올렸다.

3   Kirby Garlitos, "2009?2012 Local Motors Rally Fighter," TopSpeed, August 9, 2011, www.topspeed.com/cars/local-motors/2009-2012-local-motors-rally-fighter-ar114008.html.

4   Barack Obama, "Advancing the Manufacturing Sector," speech given at Carnegie Mellon University, Pittsburgh, June 24, 2011, www.youtube.com/watch?feature=player_detailpage&v=j_2zD-hs0aU.

5 고백하자면, 나는 로컬 모터스에 적은 금액을 투자했다.

6 DanielIsenberg, "SABIS—A Global Educational Venture from Lebanon," Case 9–809-167 (Boston: Harvard Business School, 2009).

7 Winnie Hu, "Group Picked to Run Queens School Was Ousted in Chicago," New York Times, July 13, 1999, www.nytimes.com/1999/07/13/nyregion/group-picked-to-run-queens-school-was-ousted-in-chicago.html?pagewanted=all&src=pm.

8 KIPP, "The KIPP Foundation," organization web page, www.kipp.org/about-kipp/the-kipp-foundation.

9 FindTheData, "FAQ's for SABIS International Charter (District): How Much Total Revenue Does the SABIS International Charter (District) School District of Springfield, Massachusetts Have?" http://public-school-districts.findthedata.org/q/17240/948/How-much-total-revenue-does-the-Sabis-International-Charter-district-School-District-of-Springfield-Massachusetts-have.

10 SABIS 회사 문서와 매사추세츠 스프링필드에서 개인적으로 관찰한 결과에 의한 것임.

11 Anna Fifield, "A Lesson in Academic Acumen," Financial Times, April 15, 2009, www.ft.com/intl/cms/s/0/ce34fe72-2955-11de-bc5e-00144feabdc0.html#axzz20axLBRE5.

12 J. Tooley, From Village School to Global Brand (London: Profile Books, 2012).

13 Ronald Cohen, The Second Bounce of the Ball (London: Weidenfeld and Nicholson, 2007), 42.

14 Massachusetts Department of Education, "The Massachusetts Charter School Initiative," www.doe.mass.edu/charter/reports/2001/01init_rpt.pdf.

15 Hu, "Group Picked to Run Queens School Was Ousted in Chicago."

5장

1 원래 문장은 이렇다. "발견은 모든 사람이 본 것을 보는 것과 아무도 생각하지 못한 것을 생각하는 것으로 이루어진다."

2 Fred Smith articles, http://www.evancarmichael.com/Famous-Entrepreneurs/764/summary.php.

3 DanielIsenberg, "Given Imaging Ltd.—First We Take Manhattan, Then We Take Berlin?" Case 9-808-033 (Boston: Harvard Business School, 2009).

4   Jordan Siegel and Christopher Poliquin, "Tough Mudder's Global Expansion," Case 9-712-415 (Boston: Harvard Business School, 2012).

5   "Why the Marathon Is the Last Thing That New York Needs," Bloomberg Business-Week, October 31, 2012, www.businessweek.com/articles/2012-10-31/why-the-marathon-is-the-last-thing-new-york-needs.

6장

1   DanielIsenberg, "Studio Moderna—A Venture in Eastern Europe," Case 9-808-110 (Boston: Harvard Business School, 2009).

2   모든 성장은 자연스러운 성장에서 유래된다. 다시 말해, 기업 인수를 통한 성장보다는 기존 비즈니스 라인의 성장에 무게를 두어야 한다.

3   "About Meetup," 회사 홈페이지는 www.meetup.com/about.

4   Scott Heiferman, "The Pursuit of Community," New York Times, September 5, 2009, www.nytimes.com/2009/09/06/jobs/06boss.html.

5   Barbara Peterson, Blue Streak: Inside JetBlue, the Upstart That Rocked an Industry (New York: Penguin Books, 2004), 69~126.

7장

1   Daniel Isenberg, "Intelligent Evolution: New Ecosystems for Entrepreneurs," Babson Entrepreneurship Ecosystem Project web page, May 25, 2011, http://entrepreneurialrevolution.com/2011/05/intelligent-evolution.

2   H. Rocha and R. Sternberg, "Entrepreneurship: The Role of Clusters: Theoretical Perspective and Empirical Evidence from Germany," Small Business Economics 24 (2005):267~292.

3   Mary Hallward-Driemeir and Lant Pritchett, "How Business Is Done and the 'Doing Business' Indicators: The Investment Climate When Firms Have Climate Control," World Bank Policy Research Working Paper 5563, February 2011.

4   DanielIsenberg, "Will RacingThePlanet Ltd. Reach the Finish Line?" Case 9-807-148 (Boston: Harvard Business School, 2009).

8장

1 Marico Innovation Foundation, "IIA 2006: Innovation for India Awards 2006," Marico Innovation web page, www.maricoinnovationfoundation.org/awards/ii_awards_2006/pictures.html.

2 DanielIsenberg, "Keggfarms (India)—Which Came First, the Kuroiler™or the KEGG™?" Case 9-807-089 (Boston: Harvard Business School, 2008).

3 Richard Harth, "Chicken and Egg Question (and Answer) for Rural Uganda," ASU News, September 4, 2012; https://asunews.asu.edu/20120904_ugandachickens.

4 Daniel Isenberg, "An Indian FOPSE," Innovations: Technology, Governance, Globalization 3, no. 1 (2008): 52~55.

5 Richard Harth, "A New Breed: Highly Productive Chickens Help Raise Ugandans from Poverty," ASU Biodesign Institute, July 20, 2011; www.biodesign.asu.edu/news/a-new-breed-highly-productive-chickens-help-raise-ugandans-from-poverty.

6 같은 글.

9장

1 William R. Kerr, DanielIsenberg, and Ant Bozkaya, "TA Energy (Turkey): A Bundle of International Partnerships," Case 9-807-175 (Boston: Harvard Business School, 2011).

2 Daniel Isenberg, Carin-Isabel Koop, and David Lane, "Iqbal Quadir, Gonofone, and the Creation of GrameenPhone (Bangladesh)," Case 9-809-099 (Boston: Harvard Business School, 2009).

3 Jeffrey Sachs, The End of Poverty: Economic Possibilities for Our Time (New York: Penguin, 2005), 264.

4 옵션과 다른 보너스를 포함하면 고노폰의 전체 지분은 좀 더 높다.

5 Sheridan Prasso, "Nobel Peace Prize Winner Itching for a Fight," Fortune, December 5, 2006, http://money.cnn.com/2006/12/04/news/international/yunos_telenor.fortune/index.htm.

6 하버드 경영대학원의 논문에서도 그리고 이 책에서도 이 벤처기업들과 가족 재벌들의 이름은 가명이다. (Kerr, Isenberg, and Bozkaya, "TA Energy [Turkey]")

4부

1 www.peterpatau.com/2006/12/bohr-leads-berra-but-yogi-closing-gap.html.

10장

1 M. Aubet and M. Turton, The Phoenicians and the West: Politics, Colonies, and Trade (New York: Cambridge University Press, 2001).

2 Stephen H. Greer, Starting from Scrap: An Entrepreneurial Success Story (Short Hills, NJ: Burford Books, 2010).

3 DanielIsenberg and Paul Marshall, "To JV or Not to JV? That Is the Question (for XTech in China)." Case 9-807-118 (Boston: Harvard Business School, 2009).

4 DanielIsenberg and Shirley Spence, "Leadership at WildChina (A)," Case 9-807-046 (Boston: Harvard Business School, 2009), and "Leadership at WildChina (B)," Case 9-807-128 (Boston: Harvard Business School, 2009).

5 DanielIsenberg, "Bert Twaalfhoven: The Successes and Failures of a Global Entrepreneur," Case 9-807-165 (Boston: Harvard Business School, 2009).

11장

1 'A학점'이란 말은 미국에서 관용적으로 쓰이는 말로서, 열심히 노력해서 그 분야의 정상이 된다는 뜻이다.

2 Israel M. Kirzner, Perception, Opportunity and Profit: Studies in the Theory of Entrepreneurship(University of Chicago Press, 1979).

3 The article was written by Gary Rivlin and published in March 2003, www.wired.com/wired/archive/11.03/segway.html.

4 24/7 Wall St., "The 10 Biggest Tech Failures of the Last Decade: Failure to Launch?Segway," Time, May 14, 2009, www.time.com/time/specials/packages/article/0,28804,1898610_1898625_1898641,00.html.

5 내 친구들은 나를 학자라고 부르지만, 나는 창업가였고 투자자였다.

6 MyBasis, www.mybasis.com.

7 Peter Sims, Little Bets: How Breakthrough Ideas Emerge from Small Discoveries (New York: Free Press, 2011).

8 Leonard A. Schlesinger and Charles F. Kiefer with Paul B. Brown, Just Start: Take

Action, Embrace Uncertainty, Create the Future (Boston: Harvard Business Review Press, 2012).

9   DanielIsenberg, "Can PACIV (Puerto Rico) Serve European Customers?" Case 9-808-099 (Boston: Harvard Business School, 2009).
10 DanielIsenberg, "Bert Twaalfhoven: The Successes and Failures of a Global Entrepreneur," Case 9-807-165 (Boston: Harvard Business School, 2009).
11 Ronald Cohen, The Second Bounce of the Ball (London: Weidenfeld and Nicholson, 2007).
12 2012년, 버트 트왈프호번과의 개인적인 대화에서.
13 나는 리스크 감수라는 용어를 'T+1'시점의 불확실한 결과에 대해 'T'시점에 일정 자원을 투자하는 것이라는 의미로 사용한다. 그래서 투자를 날릴 본질적인 가능성이 존재한다. 나는 투자라는 말을 노력, 돈, 시간, 평판, 기회비용 등을 모두 포함한 개념으로 사용한다. 리스크에 대한 다른 정의를 보려면 다음을 참조하라. Frank H. Knight's classic Risk, Uncertainty, and Profit (Boston: Houghton Mifflin, 1921).
14 Cohen, The Second Bounce of the Ball, 106.

12장

1   10억 달러를 자동차 대수 8000대로 나누면, 12만 달러가 나온다.
2   2012년, 로빈 체이스와 나눈 개인적인 대화에서.
3   Paul W. Marshall and Jeremy B. Dann, "Keurig," Case 9-899-180 (Boston: Harvard Business School, 2004).
4   Stephen H. Greer, Starting from Scrap: An Entrepreneurial Success Story (Short Hills, NJ: Burford Books, 2010).
5   A process that epistemologist Donald Campbell referred to as "ostensive"; see William R. Shadish, Thomas D. Cook, and Donald T. Campbell, Experimental and Quasi-Experimental Designs for Generalized Causal Inference (Boston: Houghton Mifflin, 2001).
6   나는 벤처기업의 결과로 나타난 상당한 재무적 성과를 포함하기 위해서 계속해서 소유권이란 용어를 쓸 것이다.
7   Shadish, Cook, and Campbell, Experimental and Quasi-Experimental Designs for Causal Inference, 243.

8 가치 획득을 논할 때 혼동할까 봐 말하는 것인데, 나는 주식 매각이나 배당금으로 금전적인 이득을 얻는 것과 시장 수준보다 높은 보너스를 받는 것을 구별할 필요가 없다고 본다. 그 둘은 세금, 시점, 회계 측면에서 모두 가치 획득의 합법적인 수단이다.

9 나중에 엘칸 감쯔Elkan Gamzu, 피터 핀Peter Finn, 메리디스 웅거Meridith Unger가 합류했다.

에필로그

1 Joseph Schumpeter, "Development," Journal of Economic Literature 43, no. 1 (2005):108~120.

2 같은 글.

3 Thomas McGraw, Prophet of Innovation: Joseph Schumpeter and Creative Destruction (Cambridge, MA: Belknap, 2007).

4 최근에도 이런 예는 흔치 않다.

5 Daniel Isenberg, "Everything You Know About Silicon Valley Might Be Wrong," HBR Blog, August 31, 2011; http://blogs.hbr.org/cs/2011/08/everything_you_know_about_sili.html.

6 For example, Daniel Isenberg, "How to Start an Entrepreneurial Revolution," Harvard Business Review, June 2010, 40?50.

7 같은 글.

8 Christian Ketels, Ashish Lall, and Neo Boon Siong, Singapore Competitiveness Report, 2009 (Singapore: Asia Competitiveness Institute and National University of Singapore, November 2009).

9 "The Five Most Improved Places for Gay Tolerance," (London) Independent, September 17, 2008, www.independent.co.uk/life-style/love-sex/taboo-tolerance/the-five-mostimproved-places-for-gay-tolerance-932635.html.

10 Visa Veerasamy, "Guy Kawasaki, on Entrepreneurship in Singapore," April 17, 2011, www.visakanv.com/blog/2011/04/guy-kawasaki-on-entrepreneurship-in-singapore/.

11 Daniel Isenberg, "Focus Entrepreneurship Policy of Scale-up, Not Start-up," HBR Blog, November 30, 2012; http://blogs.hbr.org/cs/2012/11/focus_entrepreneurship_policy.html.

12 서치 펀드는 보통 몇몇 개인들이 2~3명의 서치 펀드 매니저에게 몇 십만 달러를 제공함으로써 조성되는데, 매니저들은 그 돈을 가지고 인수 대상 기업을 장기적으로 물색

하고, 적격 기업이 나타나면 경영권을 확보하기 위해 추가로 펀드를 조성한다. 그런 다음, 매니저들은 그 기업을 관리하고 성장시켜서 다른 업체에게 매각한다.

13 Dane Stangler and Robert E. Litan, "Where Will the Jobs Come From?" Kauffman Foundation, November 2009, www.kauffman.org/uploadedFiles/where_will_the_jobs_come_from.pdf.

14 John Haltiwanger, Ron Jarmin, and Javier Miranda, "Who Creates Jobs? Small vs. Large vs. Young," NBER working paper, August 2010; www.nber.org/papers/w16300.

15 Thayer Watkins, "Origins of the Silicon Valley," San José State University Department of Economics, www.sjsu.edu/faculty/watkins/sivalley.htm.

16 Mohannad Aama, "How Many Shares Does Facebook Have Outstanding?" Wall Street Dispatch, May 18, 2012, www.wallstreetdispatch.com/how-many-shares-doesfacebook-have-outstanding-483.html. At the time of this writing, the total market value of Facebook was down to about $90 billion.

17 Richard Florida, "The Inequality of American Cities," The Atlantic Cities, March 5, 2012, www.theatlanticcities.com/jobs-and-economy/2012/03/inequality-american-cities/861/.

18 Jon Burgston, Breakthrough Entrepreneurship: The Proven Framework for Building Brilliant New Businesses (San Francisco: Farallon Publishing, 2012); Leonard A. Schlesinger and Charles F. Kiefer with Paul B. Brown, Just Start: Take Action, Embrace Uncertainty, Create the Future (Boston: Harvard Business Review Press, 2012); Seth Godin, Poke the Box: When Was the Last Time You Did Something for the First Time? (Do You Zoom, 2011); Anthony K. Tjan, Richard J. Harrington, and Tsun-Yan Hsieh, Heart, Smarts, Guts, and Luck: What It Takes to Be an Entrepreneur and Build a Great Business (Boston: Harvard Business Review Press, 2012).

19 David E. Gumpert, Inc. Magazine Presents How to Really Create a Successful Business Plan: Featuring the Business Plans of Pizza Hut, Software Publishing Corp., Celestial Seasonings, People Express, Ben & Jerry's (Boston: Inc. Publishing, 1996); David E. Gumpert, Burn Your Business Plan! What Investors Really Want from Entrepreneurs (Needham, MA: Lauson Publishing, 2002).

20 Kelly K. Spors, "So, You Want to Be an Entrepreneur," Wall Street Journal, February 23, 2009, http://online.wsj.com/article/SB123498006564714189.html.

21 Spiralmoonmedia, "'Share the Air' Presentation," posted March 23, 2011, www.youtube.com/watch?v=wyrFWbGiGOc&feature=player_embedded#!.

22 Ronald Cohen, The Second Bounce of the Ball (London: Weidenfeld and Nicholson, 2007).

23 Laura Northrup, "Lenovo CEO Turns Fairy Godmother, Hands Over Bonus to Employees," Consumerist, July 23, 2012, http://consumerist.com/2012/07/lenovo-ceo-turns-fairy-godmother-hands-over-bonus-to-rank-and-file-employees.html.

24 Dan Schawbel, "How Big Companies Are Becoming Entrepreneurial," AOL Tech-Crunch, July 29, 2012, http://techcrunch.com/2012/07/29/how-big-companies-are-becoming-entrepreneurial/.

25 Martin Sorrel, "Mea Culpa: I Act the Owner That I Am," Financial Times, June 5, 2012, www.ft.com/intl/cms/s/0/ea12c3e6-aeee-11e1-a8a7?00144feabdc0.html#axzz20KAsnrRL.

26 같은 글.

27 이 창업가들의 면모를 간단하게 살펴보려면 '이 책에서 소개된 창업가들' 목록을 참조하라.

나가는 말

1 Edward B. Roberts and Charles E. Eesley, Entrepreneurial Impact: The Role of MIT (Hanover, MA: Now Publishers, 2011).

전 세계 창업가들의 27가지 감동 스토리
하버드 창업가 바이블

초판 1쇄 발행 2014년 8월 21일
초판 7쇄 발행 2016년 12월 15일

지은이 다니엘 아이젠버그, 캐런 딜론
옮긴이 유정식
펴낸이 김선식

경영총괄 김은영
콘텐츠개발1팀장 한보라 **콘텐츠개발1팀** 봉선미, 임보윤, 이주연
마케팅본부 이주화, 정명찬, 최혜령, 양정길, 박진아, 최혜진, 김선욱, 이승민, 이수인, 김은지
경영관리팀 허대우, 권송이, 윤이경, 임해랑, 김재경
외부스태프 표지디자인 씨디자인 **본문디자인** 김성엽

펴낸곳 다산북스 **출판등록** 2005년 12월 23일 제313-2005-00277호
주소 경기도 파주시 회동길 37-14 3, 4층
전화 02-702-1724(기획편집) 02-6217-1726(마케팅) 02-704-1724(경영관리)
팩스 02-703-2219 **이메일** dasanbooks@dasanbooks.com
홈페이지 www.dasanbooks.com **블로그** blog.naver.com/dasan_books
종이 한솔피엔에스 **출력·제본** 갑우 **후가공** 이지앤비 **특허** 제10-1081185호

ISBN 979-11-306-0387-2 (13320)

• 책값은 뒤표지에 있습니다.
• 파본은 구입하신 서점에서 교환해드립니다.
• 이 책은 저작권법에 의하여 보호를 받는 저작물이므로 무단 전재와 복제를 금합니다.
• 이 도서의 국립중앙도서관 출판시도서목록(CIP)은 서지정보유통지원시스템 홈페이지(http://seoji.nl.go.kr)와
  국가자료공동목록시스템(http://www.nl.go.kr/kolisnet)에서 이용하실 수 있습니다. (CIP제어번호 : CIP2014023197)

다산북스(DASANBOOKS)는 독자 여러분의 책에 관한 아이디어와 원고 투고를 기쁜 마음으로 기다리고 있습니다.
책 출간을 원하는 아이디어가 있으신 분은 이메일 dasanbooks@dasanbooks.com 또는 다산북스 홈페이지 '투고원고'란으로
간단한 개요와 취지, 연락처 등을 보내주세요. 머뭇거리지 말고 문을 두드리세요.